If life has a base,it is memory.

——Virginia Woolf

（如果生命有一个根基，那便是记忆。

——弗吉尼亚·伍尔夫）

教育部人文社会科学规划基金项目
南京师范大学中国现当代文学国家重点学科项目
南京师范大学211重点项目"文化变迁与中国现当代文学发展"
南京大学人文社会科学高级研究院资助项目

20Shiji Wentan Shang De Yinglun Baihe
Virginia Woolf Zai Zhongguo

20世纪文坛上的英伦百合

杨莉馨 ◎著

弗吉尼亚·伍尔夫在中国

Virginia Woolf

人民出版社

目　录

上　编
伍尔夫在中国现代文坛的译介与接受

1

下　编

伍尔夫在中国当代文坛的译介与接受

上　编

伍尔夫在中国现代文坛的
译介与接受

第一章 现代主义的流入与伍尔夫作品汉译

　　第一次世界大战之后，与思想理论界的各种非理性主义思潮彼此呼应、相互渗透，欧洲文坛上出现了声势浩大的现代主义运动。后期象征主义和未来主义、表现主义、超现实主义、意识流小说等，与 20 世纪后期出现的存在主义文学、荒诞派戏剧、新小说派、"黑色幽默"派、魔幻现实主义文学等文学思潮和流派一道，造就了现代主义文学波谲云诡、蔚为大观的局面。

　　在中国，自五四新文化运动以降，知识阶层产生了摆脱封建桎梏、向现代社会转型、融入世界经济与文化发展大潮的迫切的精神需求，中外文化与文学交流日趋频繁，文学观念与形式技巧方面的变革也日益成为有识之士的自觉追求。而由于"19 世纪欧洲的浪漫主义运动和 20 世纪中国的文学革命，两者都代表对古典传统的次序、理智、图式化、仪式化和生活结构化的反对。两者都开创了对真诚、自发性、热情、想象以及施放个人精力的新强调"①，因此，在 20 世纪 20 年代，被引入中国的西方文学作品主要来自 19 世纪

---

　　① 李欧梵：《中国现代作家的浪漫一代》，王宏志等译，新星出版社 2005 年版，第 296 页。

且以俄、法、英、德诸国作家的作品为多。李欧梵即认为,20年代是现代中国知识和文学史上前所未闻的英雄崇拜时期,"这些英雄多数是欧洲浪漫主义的杰出人物……这种戴了浪漫主义假面具的19世纪欧洲文学概论,为中国文学的现代化提供了背景"①。而"文以载道"的中国文学传统和儒家知识分子兼济天下的忧患与担当意识,又使包括易卜生、狄更斯、哈代、巴尔扎克、左拉、托尔斯泰和契诃夫等在内的19世纪现实主义文学大师的作品在中国得到大力推介与普遍欢迎,并直接启发与影响了"文学研究会"、"创造社"等中国早期文学社团的精神价值取向。

因之,总体而言,20世纪20年代的中国作家多数并不甚了解前述在欧洲开始的新的文学趋势。对创作界发生主要影响的还是19世纪欧洲文学的两大流派浪漫主义和现实主义,翻译文学也集中在这两大流派的作家作品的范围之内。虽然五四文学界并没有出现表现主义、未来主义或其他先锋派艺术形态的明显痕迹,但浪漫主义和现实主义文学的不同美学旨趣,还是有可能使中国作家感受到西方文学思潮与流派的渐进轨迹,并为他们理解与接受其后出现的新的变化提供了必要的知识铺垫。

第一节　作为背景的西方现代
主义文学译介

直到20世纪20年代后期,特别是在30年代之后,随着国门的不断打开,对西方新近出现的文学动向和不断涌现的文学思潮产生新奇之感、并欲借之推进中国文学发展与艺术变革的一大批

---

① 李欧梵:《中国现代作家的浪漫一代》,第281页。

4

留学欧美、日本,或通过其他渠道接触到西方优秀文化的知识分子,开始通过译介、推广、研究与模仿等形式,尝试实践现代主义文学技巧,追求中国文学艺术与西方的同步,由此开始了将西方现代主义各家各派引入中国的历史进程。现代中国诗人的小小圈子之内,开始感受到波德莱尔、T. S. 艾略特、奥登、里尔克及瓦莱里等的影响。20 世纪初的一些西方重要小说作家如乔伊斯、卡夫卡、海明威、福克纳、普鲁斯特等的名字,也逐渐在中国的报刊上出现并为人们所熟悉。

　　20 世纪 20—30 年代,中国文坛掀起了引介西方现代主义文学的第一次热潮。郁达夫即在 20 世纪 30 年代发表的《现代小说所经过的路程》一文中如此写道:"现代的中国小说,已经接上了欧洲各国的小说系统,而成了世界文学的一条枝干。"①据马良春、张大明等主编的《中国现代文学思潮史》(下册)所提供的资料,在这段时期内通过或直接译自西人著作,或经由对日本学者的著述加以转译,或中国学者自己撰著等形式,专门介绍或部分涉及西方现代主义文学思潮的著作即有罗迪先翻译的《近代文学十讲》(日本厨川白村原著,1921)、谢六逸主编的《西洋小说发达史》(1923)、侃工主编的《新文艺评论》(1923)、沈端先翻译的《欧洲近代文艺思潮论》(日本本间久雄著,1928)、瞿然翻译的《欧洲最近文艺思潮》(1930)、雪峰翻译的《现代欧洲的艺术》(匈牙利玛察原著,1930)、孙席珍撰著的《近代文艺思潮》(1932)、高蹈撰著的《近代欧洲文艺思潮史纲》(1932)、楼建南翻译的《20 世纪的欧洲文学》(苏联弗理契原著,1933)、徐懋庸编著的《文艺思潮小史》

---

①　《现代》1932 年第 1 卷第 2 期。

（1936）等多种。① 通过在报刊上刊登评介文章、在学者主持的课堂上讲授或在自撰诗文中践行其美学原则与技巧等形式，传播欧美现代主义文学的更是不可胜数。

作为西方现代主义文学思潮之重要组成部分的意识流小说及其美学观念，以及对意识流小说观念与技巧产生了重大影响的柏格森的直觉说、弗洛伊德的精神分析学说等，在20世纪20年代初期，即已获得包括茅盾、郑振铎、徐志摩等在内的中国学者与作家的关注。特别是弗洛伊德的精神分析学说的早期译介，作为意识流小说被引入中国的重要知识背景之一，发挥了重要的作用。

关于弗洛伊德学说在中国的早期译介与传播，现已发现史料如下：1907年，王国维翻译了《心理学概论》一书，涉及无意识与梦；1909年，弗洛伊德前往美国讲演，其学说开始获得国际学术界的肯定。5年之后，中国学者钱智修即根据美国报刊上的资料，正式向中国读者介绍了其学说。严家炎在《中国现代小说流派史》中写道："早在一九一四年五月，《东方杂志》第十卷第十一号刊载钱智修《梦之研究》一文，就开始介绍弗洛伊德的精神分析学。"② "一九一六年十二月，《东方杂志》译载《析梦篇》，转述了弗洛伊德分析梦的理论。"③

到五四时期，精神分析学作为西方新思潮的一种，得到较大规模的介绍。《新青年》杂志上刊登了陈大齐的《辟灵学》一文；《新潮》杂志刊登了汪敬熙的《心理学之最近的趋势》；《东方杂志》刊登了朱光潜的《福鲁德的隐意识说与心理分析》；《民铎》杂志刊登

---

① 马良春、张大明等主编：《中国现代文学思潮史》（下册），十月文艺出版社1995年版，第908—909页。
② 严家炎：《中国现代小说流派史》，人民文学出版社1995年版，第89页。
③ 严家炎：《中国现代小说流派史》，第89页。

了张东荪的《论精神分析》；《心理》杂志刊登了余天休的《分析心理学》、《弗洛伊德学说及其批评》，谢循初的《弗洛伊德释梦》、《弗洛伊德传略及其思想之进展》等。上述文章都正面介绍或侧面涉及了弗洛伊德的学说。[①] 日本学者松村武雄所著、路易翻译的《精神分析学与文艺》长文，先后连载于 1922 年 12 月 1 日、11 日、21 日，1923 年 1 月 1 日、11 日、21 日、2 月 11 日、3 月 1 日、21 日，4 月 22 日上海的《时事新报·文学旬刊》第 57—62 期、64 期、66 期、68 期和 71 期。[②] 1928 年 1 月出版的《一般》月刊第 4 卷第 1 期上，刊登了赵景深的《中国新文艺与变态性欲》一文，用精神分析学说对冰心的小诗、田汉的剧作等进行了分析。1933 年，美国心理学家威廉·詹姆斯的《心理学原理》，也由伍况甫以《心理学简编》为题译出，交商务印书馆出版发行。该书其后又在 1947 年获得再版。

除学者外，五四时期介绍弗洛伊德学说的人士当中，还有一批本身即是新文学家，其创作也体现出精神分析学说影响的痕迹，如杨振声写白日梦的小说《磨面的老王》，鲁迅"解释创造——人和文学的——缘起"的小说《不周山》，以及包括郭沫若、郁达夫等在内的创造社作家的作品，都是如此。上述翻译、研究与创作实践，为意识流小说在中国文坛的接受奠定了良好的基础。

作为 20 世纪初在西方兴起的、用与传统的写实主义不同的艺术手法创作的一种文学样式，意识流小说是 20 世纪上半叶西方现代主义文学的一个重要分支，活跃于英、法、美等国文坛，并于 20 年代达到鼎盛。代表作家与作品分别有法国马赛尔·普鲁斯特

---

① 参见严家炎：《中国现代小说流派史》，第 90 页。
② 参见贾植芳、陈思和主编：《中外文学关系史资料汇编（1898—1937）》，广西师范大学出版社 2004 年版。

(1871—1922)的《追忆似水年华》(1913—1927),爱尔兰詹姆斯·乔伊斯(1882—1941)的《尤利西斯》(1922),英国弗吉尼亚·伍尔夫①(1882—1941)的《达罗卫夫人》(1925)、《到灯塔去》(1927)、《海浪》(1931),美国威廉·福克纳(1897—1962)的《喧哗与骚动》(1929)等。意识流作家抛弃了传统写实主义将文学作为历史的副本的基本观念,拒绝外部世界纷繁表相的真实,而自觉将探索的焦点转向对现代人心理真实的挖掘。因此,他们以人物飘忽无定、流动不居的主观意识之流作为小说的基本内容,刻意表现个人精神生活隐秘幽微、瞬息万变的复杂特征,自觉使全知全能的作家退出小说,而将人物纷乱复杂的感觉、印象、直觉、联想、回忆等思绪逼真地记录下来,呈现在读者面前。从艺术上看,他们打破了传统小说忠实于外部物理时间的线性逻辑叙述方式,而依据心理时间的跳跃性特征,将过去、现在和将来相互穿插交叉,通过回忆、现实、幻想、梦境的组合使时空不断转换,使作品具有了纵横捭阖、自由舒展的空间,淡化了外部的故事情节而凸显了人物内在精神的丰富性。为了与人物纷乱无序的心理结构相适应,作家们充分运用了内心独白等艺术手段,不断进行叙述视角的转换,小说语言也飘忽、朦胧,具有象征色彩并充满了诗意。

意识流小说家对心理真实的高度关注,对人物复杂心理挖掘的深度等,均为当时活跃的中国知识界带来了新鲜而独特的审美体验。而英国作为欧洲文学大国,历来在中国作家、学者、翻译家的情感与知识视野中有着无可替代的地位。当时一位英国文学研究者欧阳兰在其编译的《英国文学史》序言中即这样写道:"英国

---

① 关于伍尔夫的译名,常见的还有"伍尔芙"、"吴尔芙"、"吴尔夫"等。本书统一使用"伍尔夫",仅在引文中保留原著、译者使用的译名。

文学在世界文学花园里,差不多要算最灿烂鲜丽的一朵花了! ……自莎士比亚、米尔顿诸大家产生以来,他在文学上的地位,便从此固定了。"①加之二三十年代的中国,大批优秀的知识分子如徐志摩、萧乾等赴英游学,广泛交友,与英国现代主义文艺团体"布鲁姆斯伯里团体"(Bloomsbury Group)中的诸多人士联系密切,更是深受濡染。弗吉尼亚·伍尔夫作为布鲁姆斯伯里精英知识分子中的精神领袖、英伦最具代表性的意识流小说大师和现代小说理论的倡导者,正是在英美现代主义文学译介热的大背景下被引介到中国来的。

　　根据陈思和的考证,早在 1921 年,"意识流"这一术语即已进入中国知识界:"柯一岑在《民铎》杂志上发表了《柏格森的精神能力说》一文,向读者介绍了'意识流'(Conscious Stream)的概念。"②但陈先生又认为在当时,这一概念并未对中国的文学创作产生太大的影响。

　　1922 年,也即爱尔兰小说家詹姆斯·乔伊斯出版意识流小说巨著《尤利西斯》的当年,茅盾即在《小说月报》第 13 卷第 11 号"海外文坛消息"一栏中发表了《英文坛与美文坛》一文,对这一盛事进行了报道,并介绍了英国文坛对《尤利西斯》的评价。该文当可算做中国文学界提及《尤利西斯》的最早文字。较早将乔伊斯介绍给国人的,还有徐志摩、赵家璧等人。在 1927 年 4 月由上海商务印书馆出版的《文学大纲》下册中,郑振铎也提及了法国意识流小说的代表作家马赛尔·普鲁斯特,认为"柏洛司特是很值得

---

①　欧阳兰编译:《英国文学史·自序》,京师大学文科出版部 1927 年版,第 1 页。
②　陈思和:《七十年外来思潮影响通论》,见《鸡鸣风雨》,学林出版社 1994年版,第 144 页。另:与"意识流"对应的英文表述一般为 stream of consciousness。

读的"①。

根据笔者查考的资料显示,周游列国、具有开阔的知识结构和深厚的西方文学素养的"新月派"领袖徐志摩,当为20世纪中国文坛提及弗吉尼亚·伍尔夫的第一人。关于徐志摩作为"新月派"的精神领袖与伍尔夫之间的文学因缘,本书将在上编第二章中集中论及,此处不复赘述。

第二节　20世纪二三十年代:赵景深等的推介与小说、文论的登台亮相

除徐志摩外,赵景深也是最早关注并研究伍尔夫并大力向中国读者推介其作品的中国作家与学者之一。1929年8月10日,在第20卷第8号《小说月报》上,赵景深撰文《二十年来的英国小说》,不仅提到了英国意识流小说的几位代表性人物如乔伊斯、伍尔夫和多萝西·理查逊,还指出他们的创作深受俄国作家契诃夫和法国作家普鲁斯特的影响:"朱士……的《尤利西》……的手法很特别……作者又曾研究过精神分析学,他的作品看起来虽然没有头绪,其实他是想把心的表现与过程如实地翻刻在纸上的。"而"伍尔芙夫人是当与丽佳笙和朱士并论的","他们是有名的心理小说家……俄国柴霍甫和法国柏洛司特对他们的影响最大"②。

这段时期,伍尔夫刚刚完成她最优秀的意识流长篇小说《达罗卫夫人》(1925)、《到灯塔去》(1927)和自称戏作的传奇小说

---

① 郑振铎:《文学大纲》(下册),商务印书馆1927年版,第2129页。
② 赵景深:《二十年来的英国小说》,见《小说月报》1929年第20卷第8号,第1237—1238页、1243页。

《奥兰多》(1928)不久,创作正在向巅峰迈进。中国学界能马上注意到这位在英国文坛冉冉上升的新锐作家,表现出敏锐的学术眼光和开放的求知视野。

值得注意的是,此时的中国文化界基本上是将法国的普鲁斯特、英国的多萝西·理查逊、伍尔夫以及爱尔兰的乔伊斯等视做同一阵营,即意识流小说或当时所谓"心理小说"中最重要的代表作家来理解的,同时初步地概括出了意识流小说"想把心的表现与过程如实地翻刻在纸上"、"把人性和神性,意识和潜意识都混合了起来"①的共同特征,但尚未深入探究上述意识流作家的不同创作主张、个性与风格差异。

进入 20 世纪 30 年代之后,随着中外文化交流的进一步扩大,社会氛围的相对自由宽松,国人渴望跟上世界文学步伐,推动中国文学的现代化进程,对西方现代主义文学,包括伍尔夫的意识流小说美学与技巧的介绍力度进一步加大。1930 年 2 月,上海神州国光社出版了赵景深撰著的《一九二九年的世界文学》一书。在这部追踪描述新近过去的一年中的世界文学概要的著作中,赵景深将伍尔夫称为"小说家的爱因斯坦",因为她"也说人的身体有四度,时间也是人身所不可少的本质","其实所谓时间,不过是心情变迁"。②赵景深在此抓住了意识流小说异于传统小说的本质特征,即基于对时间的不同观念而导致的对时间的相异处理。同年12 月,上海神州国光社又出版了由张我军翻译的日本学者千叶龟雄等人所著的《现代世界文学大纲》。该书在论及意识流小说时再次着重强调了乔伊斯和伍尔夫在打破文学陈规方面的特殊贡

献:"佐伊士……吴尔弗夫人等人,都实行因袭之打破,而以五光八门的手法问世了。"①

邵洵美1931年6月在《新月》第3卷第8期上发表的随笔《小说与故事——读郁达夫的〈薇蕨集〉》(署名为浩文),在探讨小说中"故事"的重要地位时,亦提到了伍尔夫:"近代的小说作家很多忽略了'故事'。英国女小说家吴尔芙氏也在和我同样地怨诉:'同时代的作家已失却了一切的信仰心了。他们里面最认真的也只不过写些关于他们自己的事情。他们已不会创造一个他们自己的世界了。他们也不会讲故事了,因为他们自己便先不相信那些故事是真的。'我们是说小说已另走了条新路呢,还是说小说已没落了呢?试想一篇小说而没有了故事!当然一篇小说的存在并不完全靠了故事,但是没有故事的小说却也难有其存在的理由。"②一般而言,伍尔夫的意识流小说是以缺乏外在的故事性而著称的,而邵洵美却在强调"故事"之于小说的无可取代的价值时特别援引了伍尔夫的观点,体现出对伍尔夫的独特理解。但因该文并未对此深入下去,而是语焉未详,所以现在也难以查考和确定邵洵美究竟是在何种意义上理解伍尔夫,他所理解的故事性究竟强调的是什么,是否存在对伍尔夫的误读,或是有"借他人酒杯,浇自己块垒"之意,等等。

1937年2月,金东雷在上海商务印书馆出版了他的《英国文学史纲》。这部《英国文学史纲》正文凡554页,堪称民国时期由中国学者自行撰著的、规模最大的英国文学史。作者将英国文学

① 千叶龟雄等:《现代世界文学大纲》,张我军译,神州国光社1930年版,第78—79页。
② 陈子善编:《洵美文存》,辽宁教育出版社2006年版,第277—278页。

史分成了"草创期"、"意大利文化影响期"、"法兰西文化影响期"、"近代的新时期"四个主要时期,在这四个时期的框架内,又将英国文学分为十个时代,即"盎格罗萨克逊时代"、"盎格罗诺曼时代"、"乔叟的时代"、"莎士比亚的时代"、"清教徒时代"、"古典主义时代"、"约翰逊的时代"、"浪漫主义时代"、"维多利亚时代"与"现代"。在"现代"部分,作者对英国文学史的叙述直到1933年。正是在这一部分,史著作者论及伍尔夫与乔伊斯在精细刻画人物心理方面的独特贡献,指出:"胡尔芙夫人和朱慈都是劳伦斯派的作家,一般人因他们俩作风相似,常相提并论。胡尔芙夫人著有《杰格勃的房间》、《到灯塔去》、《旅行》、《朝朝暮暮》、《特洛薇夫人》、《爱伦杜》等小说。……他俩描写人们的心理,无微不至,都是极有价值的作家。"①这里提及的伍尔夫作品,先后是《雅各的房间》、《到灯塔去》、《出航》、《夜与日》、《达罗卫夫人》和《奥兰多》。至此,伍尔夫众多优秀作品的名称,开始进入了国人的视野。

此时,一些颇有影响的报纸杂志如《小说月报》、《现代文学评论》、《新月》、《时与潮文艺》、《西洋文学》、《现代》等,纷纷成为引进西方新近文艺思潮的重镇。赵景深、叶公超、费鉴照、范存忠、赵家璧、卞之琳、朱光潜等当时一批一流的作家与学者的研究与译介,对于国人进一步了解伍尔夫这位"布鲁姆斯伯里团体"的精神领袖与才女作家,起到了重要的作用。

1931年6月10日,赵景深在《现代文学评论》第1卷第3期上发表《英美小说之现在及其未来》一文,将现代小说所受到的最重要影响,归结于科学"心理的势力",并认为其中以"现代最有权

---

① 金东雷:《英国文学史纲》,商务印书馆1937年版,第474—475页。

威的小说家"普鲁斯特、乔伊斯和理查逊为代表。"朱士"即乔伊斯"是三人中最重要的一个","他把自己完全交付给潜意识的潮流……"而"吴尔芙夫人"即伍尔夫则是英语世界中"现代小说"的最好代表,"也许英文小说中最好的例证是吴尔芙夫人……她的秘诀……在于专选择有力的最激动情感的地方来描写"①。

1932年9月,《新月》第4卷第1期刊载了叶公超所译"吴尔芙夫人"的《墙上一点痕迹》(即著名的意识流短篇小说《墙上的斑点》),成为迄今所见最早的伍尔夫意识流小说中译文。从小受到欧美文化熏陶、有着深厚的英美文学功底的叶公超,在引介西方现代主义文学方面拥有得天独厚的优势。叶公超童年时代已在英美学习三年,高中未及毕业再度赴美。1922年考入美国爱默思大学,成为该校建校一百多年来的首位中国学生。其间,叶公超成为美国诗歌新潮的领军人物罗伯特·弗罗斯特的高足,并出版了个人第一部英文诗集。爱默思大学毕业后,叶公超又赴英国剑桥大学攻读文艺心理学,不仅与"费边社"成员频繁交往,亦与著名诗人兼文艺评论家T.S.艾略特结为挚友,为艾略特的现代主义诗歌与诗论在中国的传播立下了汗马功劳。除了具体指导下之琳将艾略特的著名文论《传统与个人才能》译为中文,为赵萝蕤翻译的《荒原》作序,他还将其他西方作家如叶芝、瑞恰兹、赛珍珠等的优秀作品介绍给国人。

在《墙上一点痕迹》的"译者识"中,叶公超将伍尔夫称为"是近十年来英国文坛上最轰动一时的作家",认为她"违背了传统的观念。她所注意的不是感情的争斗,也不是社会人生的问题,乃是

---

① 赵景深:《英美小说之现在及其未来》,见《现代文学评论》1931年第1卷第3期,第10—12页。

极渺茫、极抽象、极灵敏的感觉，就是心理分析学所谓下意识的活动。当我们看见一件东西，我们的意识和下意识立刻就开始动员；下意识的隐衷和所积蓄的印象，都如饿鬼一般跳了出来为意识所呼使。所以，一个简单意识的印象可以引起无穷下意识的回想。这种幻影的回想未必有逻辑的连贯，每段也未必都能完全，竟可以随到随止，转入与激动幻想的原物似乎毫无关系的途径。吴尔芙的技术完全是根据这种事实来的。……在描写个性方面，她可以说别开生面"①。我们看到，叶公超不仅以自己对伍尔夫这篇意识流短篇名作的翻译，开中国伍尔夫文学作品翻译之先河，还以自己对意识流本身及意识流小说技巧的准确理解与评说，成为继赵景深之后，中国文坛最早对意识流小说的题材特点和形式结构进行较为深入地探索的学者。所以陈子善称赞叶公超"实在是把西方现代主义文学作品和文艺理论介绍到中国的值得肯定的先行者"②。

1932 年 11 月 19 日，在出版于天津的《益世报》上，武汉大学教授费鉴照发表了《英国现代散文作家华尔孚佛琴尼亚》一文，对伍尔夫的生活经历与创作风格作了介绍。③ 1933 年 1 月 1 日，他又在《文艺月刊》第 3 卷第 7 号上发表了《爱尔兰作家乔欧斯》一文，对乔伊斯的艺术创新实践进行了评价："他显示人类的下意识的世界与它神秘的美丽。"④

---

① 叶公超：《墙上一点痕迹·译者识》，见《新月》1932 年第 4 卷第 1 期。

② 陈子善主编：《叶公超批评文集》之"编后记"，珠海出版社 1998 年版，第 273 页。

③ 参见葛桂录：《中英文学关系编年史》，上海三联书店 2004 年版，第 201 页。

④ 费鉴照：《爱尔兰作家乔欧斯》，见《文艺月刊》1933 年第 3 卷第 7 号，第 953 页。

1933 年 10 月,伍尔夫的传记体小说《弗拉西》(*Flush*,1933)在英国出版。该小说的最大特色是从 19 世纪英国浪漫主义女诗人伊丽莎白·巴瑞特·勃朗宁的爱犬弗拉西的视角出发,来见证其女主人传奇般的爱情、婚姻和她的写作生涯。1934 年 4 月 20 日,《人世间》杂志第 2 期上,即刊登了彭生荃评介《弗勒虚》的文字,特别提到了伍尔夫独特的文风。"编者按"中这样写道:"华尔甫夫人文笔细腻温柔,作风又极怡然,自适。……其文体似议论而非议论,似演讲而非演讲,总在讲理中夹入追忆,议论中加入幻想,是现代小品文体之最成功者。"①

1934 年 9 月 1 日,《文艺月刊》第 6 卷第 3 期刊登了由范存忠译述的《班乃脱先生与白朗夫人》。这是伍尔夫于 1924 年 5 月 18 日在剑桥大学宣读的关于"现代小说中的人物"的演讲,后来整理成《贝内特先生与布朗夫人》一文发表。该文几乎可说是伍尔夫有关"现代小说"的美学宣言,不仅对当时的英国创作界产生了相当影响,亦成为后世了解、研究 20 世纪前期小说艺术的必读名篇。针对同时期现实主义作家阿诺德·贝内特(1867—1931)的真实观,伍尔夫将赫伯特·乔治·威尔斯(1866—1946)、阿诺德·贝内特和约翰·高尔斯华绥(1867—1933)称为爱德华时代(即英王爱德华七世在位的年代,1901—1910)的作家,而将 E. M. 福斯特、D. H. 劳伦斯、利顿·斯特雷齐、詹姆斯·乔伊斯和 T. S. 艾略特称为乔治时代(即英王乔治五世在位的时代,1910—1936)的作家。

威尔斯、贝内特和高尔斯华绥在 20 世纪 20 年代均已登上创作高峰,是拥有大量读者的著名作家。威尔斯以科幻小说和城市小人物塑造而知名。其社会性小说十分强调文学的客观性与新闻

---

① 葛桂录:《中英文学关系编年史》,第 216 页。

性。贝内特主张艺术家要精确与真实地描写生活,客观冷静地描绘现实。他以出色地创作了一系列反映英国工业小镇的中产阶级日常生活的作品而著称。其"五镇"小说以日常生活中许多并不引人注目的平淡无奇琐事的精细描摹,令人信服地表现出"五镇"居民既保守、自私、狭隘、固执,又有强烈的自尊和坚忍不拔的毅力的鲜明的个性特征。高尔斯华绥的《福尔赛世家》三部曲则通过系列典型形象的刻画,呈现了福尔赛家族从发家、兴盛到衰落的漫长历史过程,作家由此荣获诺贝尔文学奖。

作为初出茅庐的年轻文学批评者,伍尔夫对上述三位大师级作家的发难是需要勇气的。早在 1917 年,伍尔夫即在《泰晤士报》的文学副刊上发表了一篇未署名的书评,第一次提出了"爱德华时代"作家这一称呼,暗示了贝内特等的过时。1919 年,伍尔夫发表了论文《现代小说》,公开与三位作家就现代小说问题展开了辩论。此即是伍尔夫最早发表于 1919 年 4 月 10 日的《泰晤士报》文学副刊、后以《现代小说》为题收入 1925 年出版的随笔集《普通读者》的著名论文,堪称伍尔夫探索现代小说形式和艺术技巧的最早的重要论著。该文认为艺术的任务并不是给生活提供一个自然主义式的"复制品",而是要揭示人对生活的想象、理解和感悟。所以她反对以威尔斯、贝内特和高尔斯华绥为代表的所谓"物质主义者"(也即冯亦代译文中的"材料主义"者。1943 年 9 月,冯亦代翻译了伍尔夫的这篇论文,以《论现代英国小说——"材料主义"的倾向及其前途》为题,在郭沫若任主编的《中原》第 1 卷第 2 期上刊发。见下文),而推崇擅长表现"心理的幽暗区域"的"精神主义者"。伍尔夫将威尔斯、贝内特和高尔斯华绥忠实摹写现实到了连人物"外衣的最后一个纽扣都正符合当时流行的款式"的做法称做"遮蔽与抹杀了思想的光芒"的"物质主义",批评"物质主义者"、"写了些无关紧要的事情;他们浪费了无比的技巧和无穷的精力,去使琐屑的、暂时的东西变成貌似真实的、持久的东西。"①她认为生命的本质存在于心灵和精神当中:"把一个普普通通的人物在普普通通的一天中的内心活动考察一下吧。心灵接纳了成千上万个印象——琐屑的、奇异的、倏忽即逝的或者用锋利的钢刀深深铭刻在心头的印象。它们来自四面八方,犹如不计其数的原子在不停地簇射;当这些原子坠落下来,构成了星期一或星期二的生活,其侧重点就和以往有所不同;重要的瞬间不在于此而在于彼。"②在她看来,"生活并不是一副副匀称地装配好的眼镜;生活是一圈明亮的光环,生活是与我们的意识相始终的、包围着我们的一个半透明的封套。把这种变化多端、不可名状、难以界说的内在精神——不论它可能显得多么反常和复杂——用文字表达出来,并且尽可能少羼入一些外部的杂质,这难道不是小说家的职责吗?"③所以,伍尔夫认为,文学的使命在于:"让我们按照那些原子纷纷坠落到人们心灵上的顺序把它们记录下来;让我们来追踪这种模式,不论从表面上看来它是多么不连贯、多么不一致;按照这种模式,每一个情景或细节都会在意识中留下痕迹。"④

贝内特对这场指名道姓的论战迟迟未作答复。直到 1923 年 3 月 8 日,他才在一份杂志上发表了题为《小说衰退了吗?》的短文。他以前辈作家指点年轻作家的口吻指出:"今天有一批展示了种种优点的青年作家——他们的观点是新颖的,表现是巧妙的,

---

① 弗吉尼亚·伍尔夫:《论现代小说》,见瞿世镜编选《伍尔夫研究》,上海文艺出版社 1988 年版,第 523 页。

② 弗吉尼亚·伍尔夫:《论现代小说》,见瞿世镜编选《伍尔夫研究》,第 524 页。

③ 弗吉尼亚·伍尔夫:《论现代小说》,见瞿世镜编选《伍尔夫研究》,第 525 页。

④ 弗吉尼亚·伍尔夫:《论现代小说》,见瞿世镜编选《伍尔夫研究》,第 525 页。

常识是丰富的,甚至文体也是优美的。但在我看来,他们更感兴趣的是各种细节,而不是完整地塑造有个性的人物。他们是如此热衷于社会形态,却多半忘了任何社会都是由个人组成的,而且他们花了太多的力量来耍小聪明,而这也许是一切艺术品质之中最低级的因素。"[①]他还以伍尔夫的新作《雅各的房间》为例,指责其写得虽然十分聪明,但"作者一心耽于细节的独特和巧妙,那些人物却没有在头脑里生气勃勃地存活下来"[②]。由于贝内特的反击集中在人物性格与人物塑造问题上,所以伍尔夫便围绕人物形象问题再次撰文,回敬了贝内特。这才有了长文《贝内特先生与布朗夫人》的问世。1923 年 12 月 1 日,该文首发于《雅典娜神庙》杂志上。1924 年 5 月,伍尔夫在剑桥大学演讲时,宣读了这篇论文的修改稿。1925 年将之收入《普通读者》之中。

在《贝内特先生与布朗夫人》中,现实被拟人化为一个令人好奇但又模糊不清的人物布朗夫人——火车车厢内一位不知名的女士。伍尔夫认为,贝内特先生只告诉我们这位夫人的房租是多少,威尔斯先生进一步告诉我们她的房租应该是多少,而高尔斯华绥则告诉我们她不可能付得起房租。但无论怎样写,他们三人中没有一个描绘出了真正的布朗夫人。所以,她认为乔治时代的小说家的任务,就是要撇开贝内特的环境证据,以及威尔斯和高尔斯华绥的讲道和教化,探讨主要的奥秘,即布朗夫人本人:"她是一位具有无限的可能性和无穷的多样性的老太太;她可以在任何地方出现,穿任何衣服,说任何语言,并且天晓得会做出什么事情。但

---

① 阿诺德·贝内特:《小说衰退了吗?》,见瞿世镜编选《伍尔夫研究》,第136—137 页。

② 阿诺德·贝内特:《小说衰退了吗?》,见瞿世镜编选《伍尔夫研究》,第137 页。

是,她说的话,她做的事,她的眼睛、鼻子、语言、沉默都有一种压倒一切的魅力,因为,她当然就是我们赖以生存的灵魂,她就是生活本身。"①文学观念的演变,预示着一个新的文学时代的到来。由是伍尔夫宣称:"我们正在英国文学的一个伟大的新时代的边缘颤抖。但是,我们只有下定决心永远不抛弃布朗夫人,我们才能达到那个时代。"②

《贝内特先生与布朗夫人》再次表明了伍尔夫的内在真实观。该文和前述《现代小说》以及1927年8月14日首发于《纽约先驱论坛报》的另一篇著名论文《狭窄的艺术之桥》一起,被誉为伍尔夫最重要的三篇有关现代小说理论的文章。伍尔夫的侄子昆汀·贝尔认为:"《贝内特先生和布朗太太》其实是弗吉尼亚自己的私人宣言。她大致描述了自己未来十年里的计划。在某种程度上,她概述了自己的毕生事业。"③

而《班乃脱先生与白朗夫人》作为伍尔夫意识流美学理想在中国现代文坛的初次译介,使得中国学术界对伍尔夫的审美追求以及艺术实践,有了"知其然"亦"知其所以然"的更为直观与准确的认识。此后,她的文学主张越来越得到中国作家与学者的重视。

1934年,卞之琳在天津《大公报》上翻译了伍尔夫的论文《论俄国小说》。同年,赵家璧在《现代》杂志第5卷第5期上翻译发表了英国学者、小说家休·沃尔浦尔(Hugh Walpole)的题名为《近代英国小说的趋势》的文章。该文指出:"乔也斯、罗仑斯、伏尔夫

---

① 弗吉尼亚·伍尔夫:《贝内特先生与布朗夫人》,见瞿世镜编选《伍尔夫研究》,第565页。

② 弗吉尼亚·伍尔夫:《贝内特先生与布朗夫人》,见瞿世镜编选《伍尔夫研究》,第566页。

③ 昆汀·贝尔:《伍尔夫传》,萧易译,江苏教育出版社2005年版,第312页。

和郝胥黎这些人是在近 10 年来,对英国小说发生重大影响的人物。"文中还断言:"任凭平凡人和平凡的批评家如何地宣言,如何地抗议,如何地要求回到维多利亚的繁盛而丰富的时代去,英国小说绝不会像乔也斯、罗仑斯和伏尔夫以前的相同了。"① 由此我们看到,通过上述诸多学者的研究和译述,英国小说自维多利亚时代以来,中经爱德华时代,再到乔治时代在创作观念和艺术技巧上的变化,逐渐获得了中国文坛的认同。

五四新文化运动以后,中国一些高等学校开始纷纷成立外国语言文学系,如国立清华大学即于 1926 年成立了西洋文学系(1928 年改名为外国语文学系),1929 年又设立了相关研究所,由此聚集了一批从事西方文学教学与研究的人才。作为得时代风气之先的一流大学,20 世纪 30 年代中期之后,国立清华大学率先在外国文学课程中涉及伍尔夫的作品。根据史料,1936—1937 年间,国立清华大学文科研究所开设的外国文学课程中,即新增了由陈福田主讲的乔叟和吴可漫主讲的伍尔夫研究课程。② 而由于伍尔夫的爱侄朱利安·贝尔的来华任教,亦使得国立武汉大学也成为当时学习与研究包括伍尔夫与普鲁斯特的作品在内的西方现代主义文学的又一重镇。关于朱利安·贝尔、伍尔夫与中国现代女作家凌叔华之间的亲密关系,本书将在第四章详加论述。

自 20 世纪 30 年代中期开始,随着中国翻译界与创作界对伍尔夫美学观念、创作成就的渐进认知过程,对其作品的翻译也逐步推开。1935 年 12 月,石璞翻译的《弗拉西》作为"世界文学名著"之一种由上海商务印书馆出版。译文前有《译序》、《作者渥尔芙

---

① 《现代》1934 年第 5 卷第 5 期。
② 参见葛桂录:《中英文学关系编年史》,第 222 页。

夫人传》及《勃朗宁夫人小传》三方面的内容。在《译序》中,石璞说明自己的翻译意图在于"介绍出她更多的作品,为本国努力的作者作一参考"①。《弗拉西》文笔轻快活泼,深受中国读者喜爱。此后,这部作品不断获得重译与再版。

第三节　20世纪40年代:译本的拓展与
纪念性文章的集束出现

　　进入20世纪40年代之后,从可考的资料中我们发现,中国学界对伍尔夫的认识和译介依然主要停留在她作为意识流小说大师这一层面上。除了对其创作风格、艺术技巧的探讨外,作家最富有代表性的意识流小说之一《到灯塔去》首度被译成了中文,使国人第一次较为深切地感受到了伍尔夫意识流小说的特色与风貌。1945年11月,《到灯塔去》作为由巴金主编的"中英文化协会文艺丛书"之一,由谢庆尧译述,在重庆的商务印书馆出版。译文前有译者序,简介了作者的生平和创作。但这个译本仅是长达62页的节译本。第二年5月,上海的商务印书馆再次出版了该译本。同时,《一间自己的屋子》作为伍尔夫最具代表性的女性主义文化与文学理论的先驱之作,在20年代后期首先被徐志摩提及,之后经历了近20年的沉寂,终于获得了完整的译介。1947年6月,《一间自己的屋子》作为"文化生活丛刊"之第39种,由王还译出,交由上海文化生活出版社出版。当时对伍尔夫的译名为"伍尔孚"。这一版本持续发挥了重要影响,之后不断获得再版,引用率颇高,尤其是20世纪90年代之后随着中国女性文化研究热潮的兴起,

---

①　石璞:《弗拉西·译序》,商务印书馆1935年版,第6页。

再度获得了人们的高度关注。至此,到 40 年代后期,伍尔夫作为一位具有浓厚的女权倾向和女性意识的作家的特点第一次获得国人明确的定位。

1939 年 9 月,英国对德宣战。从 1940 年起,纳粹德国开始了对英国国土的狂轰滥炸。伦敦饱受战火侵袭,伍尔夫夫妇在伦敦的寓所被夷为平地,而且在伍尔夫夫妇居住的萨塞克斯乡间,德国轰炸机也几乎天天从空中掠过并扔下炸弹。面对满目疮痍的世界,极度忧郁、痛苦的伍尔夫深感自己再也无法回到从前那种安宁而幸福的写作状态。在精神疾患再度袭来的阴影下,1941 年 2 月 26 日,在完成了《幕间》的草稿后,伍尔夫在乡间寓所附近的乌斯河中投水自杀。对于这一悲剧事件,中国学界的反应并不算快捷,直至当年 11 月 1 日出刊的第 55 期《宇宙风乙刊》上,才刊登了由陈东林撰写的《英作家伍尔夫自杀》的消息,予以报道。

伍尔夫去世后,中国报刊上依然不断刊发有关她的生平、创作的介绍文字。1943 年 9 月 15 日,《时与潮文艺》第 2 卷第 1 期上刊登了方重撰写的名著介绍《乔叟和他的康妥波雷故事》、范存忠撰写的名著译介《卡莱尔的英雄与英雄崇拜》、谢庆尧撰写的介绍性文章《英国女作家吴尔芙夫人》,还有吴景荣撰写的书评《吴尔芙夫人的〈岁月〉》。本期杂志 4 篇集中译介英国文学的文章中,即有两篇是关于伍尔夫的。

谢庆尧在文中称伍尔夫往往被人误认为是一个不易了解的作家,认为这也许就是国人对她的作品尚不够重视的缘故,并指出"从大处看来,吴尔芙夫人对文学的贡献是不可磨灭的"[1]。谢庆

---

[1]　谢庆尧:《英国女作家吴尔芙夫人》,见《时与潮文艺》1943 年第 2 卷第 1 期,第 163 页。

尧还说她的作品之所以不为人了解,乃因其风格与众不同,其实她并不是一个生活在象牙之塔中的女性。谢文还高度评价了意识流小说对拓展小说创作空间、表达真正的人的灵魂的无可替代的价值:"小说——描写人生的艺术——应用'意识之流法'去写……唯有用的是,注写小说方能使读者体会到活的生命……它替小说技术疆界开辟了新大陆。"①

1937年问世的《岁月》是伍尔夫创作后期探索新的小说形式的再度尝试。作品以近60年的时间跨度,涉及了帕吉特家族三代成员漫长的生活经历,展现了包含维多利亚时代和爱德华时代的社会状况和家庭生活、大英帝国的海外殖民主义扩张、女权运动、第一次世界大战前的惶惑不安情绪、战争带来的惊扰和恐慌、战后的幻灭感,以及20世纪30年代人们心中的沮丧和愤世嫉俗等纷繁历史图景。在为这部小说撰写的书评中,吴景荣指出:"一个人的'自我',在现代错综复杂的社会中,绝非外表的行动可以表现;在内心黑暗的角隅里,在下意识里,才可以探求真理的埋藏所在。"②这一判断表明,作者是较为深入地理解了伍尔夫艺术理想的真谛的。

1943年9月,由郭沫若任主编的《中原》第1卷第2期上刊发了由冯亦代翻译的伍尔夫的论文《论现代英国小说——"材料主义"的倾向及其前途》;紧随其后,在1944年3月出刊的《中原》第1卷第3期上,又刊登了冯亦代翻译的雷蒙·莫蒂美的论文《伍尔

---

① 谢庆尧:《英国女作家吴尔芙夫人》,见《时与潮文艺》1943年第2卷第1期,第164页。
② 吴景荣:《吴尔芙夫人的〈岁月〉》,见《时与潮文艺》1943年第2卷第1期,第166页。

芙论》,①前文对前者已有说明。雷蒙·莫蒂美(Raymond Morti-
mer)则通常被认为是"布鲁姆斯伯里团体"中的年轻一代,后来继
任《新政治家》的文学编辑一职,兼任《星期日泰晤士报》的高级文
学评论员。1960 年,伍尔夫夫妇当年共同创办的霍加斯出版社出
版了其学术价值极高的著作《20 世纪文化研究》,其中回忆了"布
鲁姆斯伯里团体"中成员的思想和活动。他的《伍尔芙论》亦属于
圈内人士所撰写的一篇有着较高的可信度的回忆文字。

　　1946 年 12 月 31 号出刊的《文迅》第 6 卷第 10 期上,刊登了
白桦翻译的罗曼·罗兰所著《渥尔夫传》。1947 年 6 月 15 日出刊
的《文迅》第 7 卷第 1 期再次译载了 T. S. 艾略特、R. 麦考来、V. 萨
克微尔·韦斯特和 W. 卜络迈四位英国文学界人士纪念伍尔夫的
文章,这一组文章由柳无忌译出,总题为《维玑尼亚和她的朋友》。
1948 年 4 月 18 日,上海《大公报·星期文艺》第 78 期发表了萧乾
的书评《吴尔芙夫人》。1948 年 9 月 25 日的《新路》周刊第 1 卷第
20 期上,再度刊发了萧乾的论文《V. 吴尔芙与妇权主义》一文。②
1948 年,上海《文潮》月刊第 5 卷第 6 期发表了陈尧光撰写的又一
篇有关伍尔夫的传记性文字《吴尔芙夫人》。

　　概而言之,20 世纪 40 年代之后,由于伍尔夫的意外辞世,除
了传记类、回忆类文章较为集中地出现外,对伍尔夫意识流小说艺
术展开研究的深度并未能超越 20 世纪 30 年代的水平,可以查考
的略述文字大约包含以下两种。

　　一种为重庆商务印书馆于 1946 年 1 月出版、由 J. B. Priestley

---

　　①　参见吴锡民:《"意识流"流入中国现代文坛论》,见《外国文学研究》2002
年第 4 期,第 112 页。

　　②　参见葛桂录:《中英文学关系编年史》,第 254 页。

撰写、李儒勉译述的《英国小说概论》一书。该著中提到"'意识之流'底方法我们发现它应用在《一个青年人底艺术家的画像》和《游利西斯》里……这个方法底较精致的使用可以在弗姬亚渥而芙底小说里看到,特别是《德拉卫夫人》与《到灯塔去》,这两部小说像变化快的有色影片,间或有极深刻的描写"①。

另一种为上海大东书局于1946年9月出版的柳无忌的《西洋文学的研究》,其中指出"维多利亚正统的新叛徒……乔也斯,吴尔芙夫人……可称为心理分析派",认为他们的创作特色是"要废除时间与形式……小说没有了时间性,于是也没有形式、动作与布局。唯一重要的就是……表现人物……来回游动的下意识,那股滚滚不尽的紊杂无章的意识之流"②。

总体而言,与20世纪上半期外国文学译介的总体特征大体一致的是,中国有关弗吉尼亚·伍尔夫的汉译与研究活动开始于20世纪20年代后期,在30年代趋向活跃,无论在作家生平介绍、创作综述、艺术追求与形式技巧探讨还是作品翻译方面都有收获,形式上则既有报刊上的推介,也有课堂内的传习和专著、译著中的研讨。30年代末至40年代末,由于抗战的爆发,民族文化的音符中振响着救亡图存的主旋律。知识分子纷纷从艺术的象牙塔中、从清静的书斋内走出,奔向抗战的第一线。此后又有长达四年的国共战争的影响。战争状态下的中国分成了国民党统治区和共产党获得政权的解放区。外国文学翻译的种类和出版数量均大幅度减少。文学期刊上的外国文学译介,也没有了20世纪20—30年代

---

① J. B. Priestley:《英国小说概论》,李儒勉译,商务印书馆1946年版,第182—183页。

② 柳无忌:《西洋文学的研究》,大东书局1946年版,第164页。

的繁荣景象。在解放区,文艺观念受到了苏联文艺观念的深刻影响;而在国统区,战争的形势也使得关心时政的作家、学者、翻译家们将关注的目光更多投注在那些直面人生现实的作品上。"在翻译的选择上,社会政治现实促使了英国文学的翻译选择价值取向比较明显地转向了现实主义文学作品。狄更斯、哈代、萧伯纳等人的作品成为 20 世纪 40 年代的重要翻译对象。"①而乔伊斯、伍尔夫等人的现代主义美学实践则因相距中国切近的现实需要较为遥远而显得奢侈。加之世界范围内红色的 20 世纪 30 年代的影响,欧美不少作家重新回归了现实主义,意识流小说实验本身也渐呈退潮之势。诸多因素决定了中国 20 世纪 40 年代之后的伍尔夫汉译与研究难以出现向纵深发展的可能性。

至此为止,伍尔夫意识流短篇小说试作《墙上的斑点》、文论著作《一间自己的屋子》和传记小说《弗拉西》等已经被翻译到中国,并称为著名的"生命三部曲"的意识流长篇小说《达罗卫夫人》、《到灯塔去》和《海浪》中只有《到灯塔去》一部有节译本;在小说美学理论方面,只有《现代小说》、《贝内特先生与布朗夫人》等不多的数篇有介绍或译述,尚未有人对伍尔夫的现代小说理论进行全面的介绍与研究。除此之外,伍尔夫在尝试意识流小说之前的大量随笔写作和体现出现实主义倾向的小说创作,以及在人生后期新的艺术实践等,均未能获得中国知识界的充分认识。而在关于伍尔夫创作特色的定位上,中国学者此时基本上将之确定为一位优秀的意识流小说家,并将之与乔伊斯、普鲁斯特等笼统并举,既未从纵向的历史线索中把握住这位不断求新、求变的女作家

---

① 　谢天振、查明建主编:《中国现代翻译文学史(1898—1949)》,上海外语教育出版社 2004 年版,第 224—225 页。

的多方面特征,亦未能在广泛深入研究的基础上比较、甄别她的意识流小说艺术与其他数位意识流小说家,以及与她推崇的哈代、劳伦斯等作家的不同特色。伍尔夫在推进英国现代主义文学发展方面的理论探索与建树,以及她的性别意识对后代妇女创作乃至女性主义文化研究的意义,此时也未能获得充分的关注与有效的考察。

综上所述,民国时期的伍尔夫作品的汉译取得了一定的实绩,但较之诸多浪漫主义、现实主义作家作品的充分译介而言,还是初步的和有待深入的。有关她的译介与研究的状况,具体而微地反映出现代主义文学在现代中国的命运,从一个侧面折射出现代中国文化与文学的部分特征。

第二章 "新月派"作家与伍尔夫的文学关联

作为中国现代史上一个独特的文人学者团体,"新月派"的存在时间虽然短暂,却以丰硕的创作与研究实绩产生了重要影响。围绕着《新月》杂志,一批具有欧美留学背景和自由主义倾向的学者、作家与艺术家等会聚在一起,形成了一个无论在组成形式还是美学趣味上均与英国的"布鲁姆斯伯里团体"颇为类似的群体。"布鲁姆斯伯里团体"作为主要由剑桥大学的精英知识分子聚合而成的学术文化集群,不仅在 20 世纪上半叶对英国现代主义文艺的发展起到了重要作用,亦与中国现代文学有着不解之缘。① 以徐志摩、陈源、凌叔华、林徽因等为代表的"新月社",某种程度上说就是以它为模板建立的。"布鲁姆斯伯里"的精神领袖伍尔夫,更是对包括"新月派"的灵魂人物徐志摩以及文学中坚凌叔华、林徽因在内的诸多中国作家的创作产生了明显影响。本节主要论及

---

① 美国学者帕特丽卡·劳伦斯(Patricia Laurence)于 2003 年出版专著《丽莉·布瑞斯珂的中国眼睛:布鲁姆斯伯里、现代主义与中国》(*Lily Briscoe's Chinese Eyes:Bloomsbury,Modernism,and China*. Columbia, South Carolina:University of South Carolina Press,2003),再现了"布鲁姆斯伯里团体"与"新月派"成员之间复杂的亲缘关系。

徐志摩与林徽因作为"新月派"的代表与伍尔夫之间的精神契合与文学关联。

第一节　徐志摩：中国评介伍尔夫的第一人

　　宏阔开放的知识视野与兼容并包的文化胸襟，使得浪漫诗人徐志摩成为中国文坛最早介绍伍尔夫的思想与文学成就的播火者。

　　1918年，徐志摩赴美国克拉克大学修读银行业和社会学课程。1919年6月从克拉克大学毕业后，转至哥伦比亚大学攻读政治科学，一年后获得硕士学位。1920年秋，他放弃了在哥伦比亚大学攻读博士学位的计划，想师从哲学大师罗素读书，于是远渡大西洋来到英国。不巧罗素早在1916年便已离开剑桥，当时正在中国讲学。1921年，在其好友、英国作家高斯华绥·狄更生的推荐下，徐志摩进入剑桥大学国王学院当了一名随意听讲的特别生。"康桥"的丰富经历不仅为他走上诗人的道路提供了灵感，亦为他大量研读西方文学作品和熟悉伦敦文坛创造了条件。此后他大量创作，还陆续翻译了英国诗人伊丽莎白·巴瑞特·勃朗宁、史文朋、济慈、柯勒律治的诗以及多国作家的小说等，积累了深厚的西方文学素养。他逐渐走近了活跃的"布鲁姆斯伯里"精英文化圈，成为最早接触"布鲁姆斯伯里"的中国人。虽然未必能像凌叔华那样，被钦慕她的"布鲁姆斯伯里"第一位后代朱利安·贝尔①称为"中国的布鲁姆斯伯里人"，但徐志摩确实与多位"布鲁姆斯伯

---

　　①　为弗吉尼亚·伍尔夫的姐姐、画家范尼莎·贝尔和美学家克莱夫·贝尔的长子。

里人"惺惺相惜,结为挚友,著名的艺术评论家罗杰·弗莱(Roger
Fry)即是其中之一。弗莱曾赠画给徐志摩,与他讨论中国的青铜
艺术。徐志摩则按照其姓氏的发音给他起了中文名字"傅来义"。
徐志摩对绘画艺术的修养和美学趣味也颇受弗莱及英国唯美主义
理论诸家的影响。密友林徽因在徐志摩去世后的追忆文字中即提
到"他领略绘画的天才也颇可观,后期印象派的几个画家,他都有
极精密的爱恶……他也常承认文人喜画常是间接地受了别人论文
的影响,他,就受了法兰(Roger Fry)和斐德(Walter Pater)的不少
影响"①。

　　1928 年 6 月,徐志摩再度赴日、美、英、法、印度等地游览。
8—9 月间他正在伦敦,并数度前往剑桥大学故地重游。② 在伦敦
期间,他读到了伍尔夫的长篇小说《到灯塔去》,产生了美好的印
象,专门致信弗莱,表达了拜访伍尔夫夫妇的急切心情:"我在念
惠傅妮亚的《到灯塔去》,这真是精彩之至的作品。来义呀,请你
看看是否可以带我见见这一位美艳明敏的女作家,找机会在她宝
座前焚香顶礼。"③可惜的是,徐志摩的这一心愿未能实现。伍尔
夫 10 月赴剑桥发表关于妇女与小说关系的演说时,徐志摩已经回
国。所以,"新月"和"布鲁姆斯伯里"这两个气质、追求颇为相契
的文学团体的精神领袖在历史中擦肩而过。然而,我们却可以说,
正是《到灯塔去》给徐志摩留下的深刻印象,使他进一步追踪伍尔
夫的文学活动,终于通过对《一间自己的屋子》的介绍与发挥,成

---

　　① 陈学勇编:《林徽因文存·散文　书信　评论　翻译》,四川文艺出版社
2005 年版,第 7 页。
　　② 据《新编徐志摩年谱》。见《徐志摩全集》第 5 卷,广西民族出版社 1991
年版,第 554—555 页。
　　③ 《徐志摩全集》第 5 卷,第 303 页。

为中国文坛引入伍尔夫的第一人。

1928 年 12 月,刚刚归国的徐志摩应陈淑女士之邀,在苏州女子中学做了一场《关于女子》的讲演。讲演稿后刊于 1929 年 10 月《新月》月刊第 2 卷第 8 号。颇有意思的是,虽然该讲演的主题并非是关于"意识流",而是"关于女子的杂话"①,但徐志摩在自谦地表示要追踪"我自己的意识的一个片段"②时,却用诗意的语言准确地谈论了对"意识流"的认识:"我自己所知道的只是我的意识的流动,就那个我也没有支配的力量。就比是隔着雨雾望远山的景物,你只能辨认一个大概。也不知是哪里来的光照亮了我意识的一角,给我一个辨认的机会,我的困难是在想用粗笨的语言来传达原来那极微纤的印象,像是想用粗笨的织针来绘描细致的图案。"③

作为针对特定受众的主题演讲,徐志摩论述的中心是女性问题,两次提到了弗吉尼亚·伍尔夫。首先,在分析女性创作条件、探讨中外女性创作环境时,他提到了伍尔夫《一间自己的屋子》中关于女性创作空间问题的基本观点:"我看到一篇文章,英国一位名小说家做的,她说妇女们想从事著述至少得有两个条件:一是她得有她自己的一间屋子,这她随时有关上或锁上的自由;二是她得有五百一年(那合华银有六千元)的进益。她说的是外国情形,当

① 徐志摩:《关于女子——在苏州女子中学讲演稿》,见《徐志摩全集》第 4 卷,第 646 页。
② 徐志摩:《关于女子——在苏州女子中学讲演稿》,见《徐志摩全集》第 4 卷,第 646 页。
③ 徐志摩:《关于女子——在苏州女子中学讲演稿》,见《徐志摩全集》第 4 卷,第 646 页。

然和我们的相差得远,但原则还不一样是相通的?"①此处虽然并未直接提及伍尔夫的名字,但"英国一位名小说家"显然指的是伍尔夫,而"一篇文章"也即伍尔夫后来根据自己的剑桥演说整理而成的《一间自己的屋子》。有趣的是,伍尔夫申明女性为了获取经济和人格的独立而必须拥有的 500 英镑年收入,还在这里被徐志摩折算出了相当中国货币的数额。

为了激励中国的女学生们自立自强,说明历史上英国女性的创作同样是在遭受歧视的艰难处境下进行的,徐志摩还举出了《一间自己的屋子》中提到的温澈西夫人、纽卡所夫人的遭遇作为例证,②并援引了温夫人的感叹"趁早,女人,谁敢卖弄谁活该遭殃,才学那是你们的分!一个女人拿起笔就像是在做贼,谁受得了男人们的讥笑"③来说明,无论中外古今,女性创作的天空同样狭窄。徐志摩还提到英国女作家简·奥斯丁、勃朗特姐妹缺乏私人空间和经济保障的艰苦生活,并用中国历史上才女倍出,特别是清朝妇女文学达到繁荣的事实来鼓舞女学生,高度评价了中外妇女文学所取得的辉煌成就:"文学与艺术不用说,女子是早就占有地位的,但近百年来的扩大也是够惊人的。诗人就说白朗宁夫人、罗刻蒂小姐、梅耐儿夫人三个名字已经是够辉煌的。小说更不用说,英美的出版界已有女作家超过男作家的趋势,在品质方面一如数量。I. A. ,George Eliot,George Sand,Bronte Sisters,近时如曼殊斐

---

① 徐志摩:《关于女子——在苏州女子中学讲演稿》,见《徐志摩全集》第 4 卷,第 647 页。

② 参见弗吉尼亚·伍尔夫:《一间自己的屋子》,王还译,三联书店 1989 年版,第 71—76 页。

③ 徐志摩:《关于女子——在苏州女子中学讲演稿》,见《徐志摩全集》第 4 卷,第 647 页。

儿、薇金娜、吴尔夫等都是卓然成家为文学史上增加光彩的作者。"①这里,在论及英国当代妇女作家时,徐志摩再度提及伍尔夫,与之并举的另一位女作家则是凯瑟琳·曼斯菲尔德。他还热情洋溢地预言:"将来的女子自会有她莎士比亚、倍根、亚理斯多德、卢梭,正如她们在帝王中有过依利莎伯、武则天,在诗人中有过白朗宁、罗刹蒂,在小说家中有过奥斯丁与白龙德姊妹。我们虽则不敢预言女性竟可以有完全超越男性的一天,但我们很可以放心地相信此后女性对文化的贡献比现在总可以超过无量倍数,到男子要远担心到他的权威有摇动的危险的一天。"②可以说,在当时的文化背景下,徐志摩这篇讲演中有关女性应自强、解放、与男性平等、努力为人类进步贡献才情和创造力的观点都是相当深刻与超前的。而《一间自己的屋子》中对历史上女性困境的认识,对两性和谐观念的倡导等,都在徐志摩的讲演中留下了深深的烙印。"将来的女子自会有她莎士比亚、倍根、亚理斯多德、卢梭"的语言,亦可被视为《一间自己的屋子》中有关莎士比亚的妹妹"朱迪丝"故事的中国式发挥。

特别值得一提的是,徐志摩在苏州演讲中援引伍尔夫的观点时,距伍尔夫本人发表剑桥演讲的时间只有一个多月的间隔,由此可见徐志摩对英国文坛动态的快速反应。如此及时而又敏锐地注意到伍尔夫著作中的女权思想并拿来为中国所用,这一事件在现代中英文学关系史上,是值得大书特书的。而在大部分现代中国作家与学者尚未注意到《一间自己的屋子》这本薄薄的、日后却影

---

① 徐志摩:《关于女子——在苏州女子中学讲演稿》,见《徐志摩全集》第4卷,第651页。

② 徐志摩:《关于女子——在苏州女子中学讲演稿》,见《徐志摩全集》第4卷,第651—652页。

响深远、开启了西方女性主义文化与文学研究的小册子时,徐志摩的慧眼独具则更显难能可贵。

另外,"新月派"所追求的现代艺术旨趣,亦使徐志摩本人的创作实践留下了伍尔夫意识流小说影响的点点印痕。

1929 年 5 月,徐志摩在为自己的小说集《轮盘》所撰的"自序"中,再次提到了"胡尔弗夫人"即伍尔夫:"我念过佛洛贝尔,我佩服。我念过康赖特,我觉得兴奋。我念过契诃甫、曼殊斐儿,我神往。我念过胡尔弗夫人,我拜倒。……"[1] "佛洛贝尔"指的是法国小说艺术大师福楼拜,"康赖特"是英国作家康拉德,"契诃甫"是俄罗斯作家契诃夫,"曼殊斐儿"为徐志摩终其一生钦慕敬爱的英国女作家凯瑟琳·曼斯菲尔德,"胡尔弗夫人"即为弗吉尼亚·伍尔夫。他在发表自己的小说试作时,在"这些大家的作品"面前自叹不如,感慨道:"这才是文章! 文章是要这样写的:完美的字句表达完美的意境。……在他们的笔下,没有一个字不是活的,他们能使古奥的字变成新鲜、粗俗的雅训,生硬的灵动。"并探问"这是什么秘密?"[2]他于当年 2 月完成的短篇小说《轮盘》,即已初步体现出模仿伍尔夫式的意识流小说的努力。

《轮盘》写的是被称为倪三小姐的倪秋雁沉溺于轮盘赌,结果倾家荡产,不得不卖掉家传的珍珠项圈的故事,外部情节异常简单,特色在于以现实作为引发人物自由联想的媒介物,作品主体由主人公的回忆、梦境与幻觉所构成。如倪秋雁从轮盘赌中大输而出,问车夫阿桃时间,车夫答曰:"三点都过了。"[3]倪秋雁的思绪即

---

① 《徐志摩全集》第 2 卷,第 3—4 页。
② 《徐志摩全集》第 2 卷,第 3—4 页。
③ 《徐志摩全集》第 2 卷,第 73 页。

由这个数字引发,跳回到对赌桌上的小白丸"在那里运命似地跳"的回忆,进一步想到自己没有跳进"二十三"的好运,偏跳进了"三十五",由此自怨自艾。她坐上回家的车,感受到现实中风的寒冷,思绪又跃至胸前少了项圈感到的"冷"上,再跳入不得不卖掉项圈的情境中,然后是老娘临死前对她的嘱咐。女主人公再忆及自己与"老五"的交往,所受到的丑恶引诱,进一步联想到学生时代那个单纯的自己。回到家中,她由手中铁观音的浓香想到了厨子要领钱的事,随后又想到自己所养的鸟儿"小黄",在欣赏它曼妙歌声的过程中逐渐进入了幻觉状态:在母亲的膝下淘气,享受着母亲的宠爱,想到了父母对她的怜惜……而在幻觉由于女仆的进来中断之后,她的记忆又闪回到赌局中丑恶的人们身上:"小俞那有黑圈的一双眼,老五的笑,那黑毛鬼脸上的刀疤,那小白丸子,运命似跳着的,又一瞥瞥的在她眼前扯过。"①

我们看到,小说的叙述不断在现实的诱因和人物的回忆与联想中跳跃、穿梭,倪三小姐一路的行程及心理活动颇能使我们联想到伍尔夫《达罗卫夫人》开始部分克拉丽莎前往邦德大街买花时的一路场景,以及《到灯塔去》中拉姆齐夫人前往小镇寄信时纷繁的心理活动。《轮盘》还初步尝试了人物视角转换的技巧。作品以摹写倪三小姐的意识流为主,但也初步涉及了车夫阿桃的心理,虽则没有深入下去;同时,就和伍尔夫常常在她的意识流小说中表现出来的那样,徐志摩这篇小说中以第三人称口吻出现的意识流有时又转换成第一人称叙述,比如表现倪秋雁在幻觉中想起母亲和自己玩耍的场景时使用的便是第一人称意识流。

虽则徐志摩笔下人物的自由联想与非逻辑的意识摹写远不及

---

① 《徐志摩全集》第2卷,第80页。

伍尔夫的那么圆熟、丰富和富有诗意,他在《自序》中也自谦"我实在不会写小说,虽则我很想学写"①,但从他在剑桥时与"布鲁姆斯伯里人"的密切交往,创作《轮盘》前不久在英国研读《到灯塔去》,归国后快速地将《一间自己的屋子》中的妇女写作观与妇女解放思想介绍给国内听众,在《轮盘·自序》中表达出对伍尔夫创作的无限钦慕,以及《轮盘》结构、叙述技巧与伍尔夫式的意识流小说的暗合等事实来看,徐志摩的创作受到伍尔夫作品一定影响的论点应该说可以成立。徐志摩的弟子卞之琳在为《冯文炳选集》所作"序"中曾说:"徐志摩当然读过西欧第一次世界大战前后盛行过一时、到20年代登峰造极、或多或少影响到,影响过的西方各派现代小说家,也读过意识流小说老祖宗英国18世纪小说家劳伦斯·斯特恩,自己还显然有意识仿现代英国20年代意识流小说家写过一个短篇小说。"②这篇小说指的即是《轮盘》。到了《徐志摩选集·序》中,卞之琳更是明确指出:"他的《轮盘》这篇小说不但有一点像凯瑟琳·曼斯斐尔德(曼殊斐尔)现代小说,而还有一点维吉妮亚·伍尔孚意识流小说的味道。如其不错,那么他在小说创作里可能是最早引进意识流手法。"③

在卞之琳看来,徐志摩是中国现代小说家中自觉引入意识流手法的第一人。而在部分当代研究者眼中,不仅《轮盘》中有意识流的痕迹,"徐志摩的小说几乎都体现着'意识流'的构思特征"④。比如,《一个清清的早上》表现的即是一位西化绅士躺在床上难以入眠时的潜意识与性心理;《浓得化不开》则"利用潜意

①　《徐志摩全集》第2卷,第3页。
②　卞之琳:《冯文炳选集·序》,人民文学出版社1985年版,第6页。
③　韶华强编:《徐志摩研究资料》,陕西人民出版社1988年版,第481页。
④　朱寿桐:《新月派的绅士风情》,江苏文艺出版社1995年版,第438页。

识的流动和白日梦展示绅士文人的心理隐曲"①。意识流及其他现代主义技巧不仅是徐志摩借鉴西方的产物,亦是由作家本人的精神气质决定的,与他对小说艺术的美学理想相连。他在《轮盘·自序》中即自陈"常常想一篇完全的,像一首完全的抒情诗,有它特具的生动的气韵,精密的结构,灵异的闪光"②。"他的大多数小说都是为表述自己灵性的感觉——或者说性情而发的,因此带有明显的心灵独白的意味,而心灵独白式的小说在表现方法上必然较多地契合于现代主义艺术手法。"③因此,说徐志摩的意识流小说当是他自觉借鉴西方现代主义艺术和本人艺术旨趣共同作用的结晶,或者更为公允。

第二节　林徽因:东方版"布鲁姆斯伯里团体"的核心

"新月派"作家中,自觉展开意识流技巧尝试并初步体现出伍尔夫式的意识流风格特点的还有林徽因。

20世纪30年代,北平东城北总布胡同林徽因的家作为"太太的客厅",会聚着当时一批最优秀的知识分子,如徐志摩、金岳霖、沈从文、张奚若、陈岱孙等人。这个以纯粹的文艺、学术探求与对话为特色的"公共空间",成为现代文学史上的经典记忆。而兼有中西双重教育背景,集学识、智慧与美貌于一身的女主人林徽因,恰如伍尔夫之于"布鲁姆斯伯里团体"一样,是其东方版本的核心

---

① 朱寿桐:《新月派的绅士风情》,第439页。
② 《徐志摩全集》第2卷,第3页。
③ 朱寿桐:《新月派的绅士风情》,第448页。

人物。1935 年 11 月 5 日,朱利安·贝尔在给姨妈伍尔夫的信中写道:"叔华告诉我,在北平也有个中国的布鲁姆斯伯里。就我所了解,确实和伦敦的(布鲁姆斯伯里)很相似。"[1]

林徽因 16 岁时即随父来到英国,结识了"布鲁姆斯伯里团体"重要成员、汉学家阿瑟·韦利和小说家 E. M. 福斯特等人,后又与梁思成双双赴美学习建筑艺术。卞之琳在回忆中提到"林徽因一路人,由于从小得到优越教养,在中西地域之间、文化之间,都是来去自如"[2]。林徽因的挚友、费正清夫人费慰梅说得更为详尽:"听她(指林徽因)谈到徐志摩,我注意到她的记忆总是和文学大师们联系在一起——雪莱、基兹、拜伦、凯塞琳·曼斯菲尔德、弗吉尼亚·伍尔芙,以及其他人。"[3]因此,林徽因不仅在教养、才情等方面与伍尔夫颇多类似,事实上也熟悉并喜爱包括伍尔夫在内的英国文学大师的作品,并在自己的创作中兼收并蓄,体现了融中西文学技巧于一炉的美学追求。她因编选《大公报·文艺丛刊小说选》而于 1936 年 3 月 1 日在《大公报》文艺副刊上发表的评论《〈文艺丛刊小说选〉题记》,即表现出她部分的文学观:"生活的丰富不在生存方式的种类多与少,做过学徒,又拉过洋车,去过甘肃又走过云南,却在客观的观察力与主观的感觉力同时的锐利敏捷,能多面的明了及尝味所见,所听、所遇种种不同的情景;还得理会到人在生活上互相的关系与牵连;固定的与偶然的中间所起戏剧

① 凌叔华著、陈学勇编撰:《中国儿女——凌叔华佚作·年谱》,上海书店出版社 2008 年版,第 235—236 页。

② 卞之琳:《窗子内外·忆林徽因》,见张曼仪编《中国现代作家选集·卞之琳》,人民文学出版社 1995 年版,第 128 页。

③ 费慰梅:《中国建筑之魂:一个外国学者眼中的梁思成林徽因夫妇》,成寒译,上海文艺出版社 2003 年版,第 58 页。

式的变化;最后更得有自己特殊的看法及思想、信仰或哲学。"①林徽因对"生活"的理解是能够使我们想起伍尔夫的《现代小说》,想起她关于"生活并不是一副副匀称地装配好的眼镜;生活是一圈明亮的光环,生活是与我们的意识相始终的、包围着我们的一个半透明的封套"②的著名论述的。

虽然林徽因似乎并没有对意识流技巧的直接论述,但散文《一片阳光》中有关情绪的一段议论,却又证明她对意识流小说的时空转换艺术还是有所会心的:"情绪的驰骋,显然不是诗或画或任何其他艺术建造的完成。这驰骋此刻虽占了自己生活的若干时间,却并不在空间里占任何一个小小位置!这个情形自己需完全明了。此刻它仅是一种无踪迹的流动,并无栖身的形体。它或含有各种或可捉摸的质素,但是好奇的探讨这个质素而具体要表现它的差事,无论其有无意义,除却本人外,别人是无能为力的。我此刻为着一片清婉可喜的阳光,分明自己在对内心交流变化的各种联想发生一种兴趣的注意,换句话说,这好奇与兴趣的注意已是我此刻生活的活动。一种力量又迫着我来把握住这个活动,而设法表现它,这不易抑制的冲动,或即所谓艺术冲动也未可知!"③此处,引发作家对6岁时生活追忆的"一片阳光",似乎又起到了"墙上的斑点"之于伍尔夫的作用。

林徽因于1931年初夏发表于《新月》的小说处女作《窘》,即以对人物微妙心理的细腻刻画和对中西艺术手法的圆熟运用显示

① 陈学勇编:《林徽因文存·散文 书信 评论 翻译》,四川文艺出版社2005年版,第144—145页。

② 弗吉尼亚·伍尔夫:《论现代小说》,见瞿世镜编选《伍尔夫研究》,第525页。

③ 陈学勇编:《林徽因文存·散文 书信 评论 翻译》,第41页。

了出众的才华。1933年,她又创作了《九十九度中》。朱自清在读了手稿后肯定其"确系佳作,其法新也"。1934年,小说刊于新创刊的《学文》杂志第1期。这篇描摹都市下层众生相的小说就题材而言,本非身为大家闺秀的林徽因所长,但她却巧妙地扬长避短,舍弃了对生活作近距离的直观、逼真描摹,而以长镜头的形式展开写意式的表现,挖掘不同身份人物的心理。

伍尔夫在《贝内特先生与布朗夫人》中围绕虚构出来的布朗夫人,展开了"活的、真实的和逼真的人物"①以及"活生生的现实性"②究竟如何创造的探索,强调作家应努力表现"生命本身"③。伍尔夫批评了爱德华时代的小说家无视布朗夫人本人的存在:"他们看工厂、看乌托邦甚至看车厢里的装饰和陈设,但偏不看她,不看生活、不看人性。"④而"在过去一周的日常生活中,你的经历比我所描述的要奇异得多、有趣得多。你无意中断断续续听到的一些谈话使你目瞪口呆。你晚上就寝时各种复杂的感情使你迷乱。就在一天里,千万个念头闪过你的脑海;千万种感情在惊人的混乱中交叉、冲突又消失"⑤。因此,伍尔夫强调作家应"老老实实从高台宝座上走下来,把我们的布朗太太写得尽可能地美,至少写得真实。你应该强调她是一位有无限的能力和无止境的多样性的老太太,……因为她就是我们借以生活的精神,就是生命本身"⑥。

---

① 黄梅编选:《吴尔夫精选集》,山东文艺出版社2000年版,第569页。
② 黄梅编选:《吴尔夫精选集》,第575页。
③ 黄梅编选:《吴尔夫精选集》,第588页。
④ 黄梅编选:《吴尔夫精选集》,第581页。
⑤ 黄梅编选:《吴尔夫精选集》,第587页。
⑥ 黄梅编选:《吴尔夫精选集》,第587—588页。

在《九十九度中》中，林徽因即有意呈现"生命本身"的内在律动，追踪各色人等的飘忽思绪，混乱回忆、联想甚至幻觉等，将不同人物的意识流交织并呈在读者面前以展示人性的丰富性。具体而言，这些意识流包括政府职员卢二爷的街市印象、卢二爷的车夫杨三的回忆、"喜燕堂"中被迫出嫁的新娘阿淑的心理、婚礼上茶房的感受、阿淑暗恋的九哥的情思、参加张家大宅老太太寿宴的局长太太的感触等。在《达罗卫夫人》和《到灯塔去》中，伍尔夫借助外物作为刺激物或不同人物关注的共同焦点，巧妙而不着痕迹地从一个人物的意识流转到另一个人物的意识流之中，如从达罗卫夫人到赛普蒂默斯再到彼得等的心理流转，以及拉姆齐夫妇度假别墅的晚宴上，主客心理活动的不断跳动等，均是异常出色的例子。作为长篇小说，伍尔夫将人物的心理流程写得更为深刻、复杂而饶有诗意，物理时间与心理时间的跨度更大，作品中的某个(些)人物因与作家本人有着更多的生活、气质上的相近，也体现出更多的哲理与思辨色彩。而在《九十九度中》这篇篇幅仅有万余的短篇小说中，林徽因则以多位人物意识与思绪的娴熟、快速与自然转换，达到了远距离、长镜头包罗万象的目的，但由于篇幅、功力所限以及作家本人与下层生活场景之间的距离，而在深度上有所欠缺。小说的物理时空是从中午到晚上，在九十九度高温之下的都市。虽然和乔伊斯《尤利西斯》以及伍尔夫小说中的时空处理艺术尚不可同日而语，但小说中依然可以看出作家以对外部物理时间的提示来与人物的心理时间相互映照的努力。

李健吾于1935年撰写评论《〈九十九度中〉——林徽因女士作》，不仅高度评价了作品由对都市众生的俯瞰体现出的作家人类关怀，还慧眼独具地肯定了其中体现出来的现代性特征。他认为"一件作品的现代性，不仅仅在材料，而大半在观察、选择和技巧"①。"一件作品或者因为材料,或者因为技巧,或者兼而有之,必须有以自立。一个基本的起点,便是作者对于人生看法的不同。由于看法的不同,一件作品可以极其富有传统性,也可以极其富有现代性。"②接着,作者点明题旨,说明自己"绕了这许多弯子","只为证明《九十九度中》在我们过去短篇小说的制作中,尽有气质更伟大的,材料更事实的,然而却只有这样一篇,最富有现代性;唯其这里包含着一种独特的看法,把人生看做一根合抱不来的木料,《九十九度中》正是一个人生的横切面。"③由于"没有一件作品会破石而出,自成一个绝缘的系统",李健吾也指出林徽因是"承受了""现代英国小说的影响"④。《九十九度中》后来成为林徽因最富声誉的小说作品。前述也曾是"太太的客厅"座上客的卞之琳在指出徐志摩的《轮盘》"有一点维吉妮亚·伍尔孚意识流小说的味道"的同时,又在括号中特别强调"后来在1934年林徽音发表的短篇小说《九十九度中》更显得有意学维吉妮亚·伍尔孚而更为成功"⑤。

朱寿桐在论述新月派作家的绅士风情的专著中认为,林徽音的这篇小说虽然从题材上看涉及了平民生活,但作家对西方现代主义艺术技巧的运用却冲淡了作品的平民风味,使之相反体现出了一种与"新月派"崇尚英美文化的西化风格相一致的"绅士文化意味":"林徽音的小说《九十九度中》,本是一篇平民文化意识很浓的作品,可作者借用了先进的蒙太奇式的结构方法,将车夫们的

---

① 李健吾:《咀华集 咀华二集》,复旦大学出版社2005年版,第34页。
② 李健吾:《咀华集 咀华二集》,第34页。
③ 李健吾:《咀华集 咀华二集》,第34—35页。
④ 李健吾:《咀华集 咀华二集》,第35页。
⑤ 韶华强编:《徐志摩研究资料》,第481页。

生活同富人、相公们的生活交叉起来，比照起来，从而使平民的生活成为作者远距离观照广泛的社会生活的一个透视点，而不是像一般平民文学作品中占据着主要篇幅，这样，作品的绅士文化意味就得到了一定程度的彰显。"①朱寿桐的观点大略是该篇小说虽"土"犹"洋"。《林徽因文存》的编者陈学勇则在文集的"前言"中这样评价了《九十九度中》的艺术技巧："运用意识流手法，借以跳跃结构，篇幅不过万余字，竟鸟瞰了整个都市，弥漫着浓浓的旧都氛围，氛围里种种人物，个个鲜明。作品虽洋犹土，熔中西技法于一炉。联系到此时南方一批作家尝试西方手法显得的生涩，林徽因的娴熟程度就叫人非常钦佩。"②结合陈学勇对该小说"虽洋犹土，熔中西技法于一炉"的评价，我们大体可以得出这样的结论，即两位学者都看到了林徽因的这篇小说中西合璧的特色。它既有中国的生活、中国的血脉，又有来自西方的有机化用，堪称中国现代文学史上一篇不可多得的意识流小说，而林徽因深厚的家学传承和扎实的西学素养是她得以贯通中西的必要前提。

林徽因的另一篇短篇作品《窘》同样是借助于意识流等现代艺术手法，通过若干巧妙的"省略"曲折地表现绅士风情的成功作品。在这篇作品中，林徽因回到了她所熟悉的上层知识分子的生活之中，部分以自己的人生经历和心理体验为基础，表现了具有留洋背景、身为大学教授的中年男子"维杉"对朋友"少朗"的女儿"芝"既情不自禁又要止乎礼仪的窘态。"林徽音通过潜意识萌动、勃发和最终受到抑制的现代笔法，既在合理的人格透视中释放

---

① 朱寿桐：《新月派的绅士风情》，第435页。
② 陈学勇：《林徽因文存·前言》，第6页。

了这类人的精神压抑,揭示了其感情世界的丰富、复杂性,又在合度的心理把握中保全了他们的绅士尊严。"①作品在一段短短的场景中,追踪与精彩呈现了"维杉"既下意识地流露出对纯情少女的爱欲,又努力加以克制、以维护绅士的体面和矜持的复杂的心理活动。

总体而言,得天独厚的知识背景与崇尚"优雅"的美学品格使得"新月派"作家对西方现代主义艺术情有独钟。"新月派所属的绅士文学,同绅士文化一致地趋向于各方面要素的和谐、均衡,这种和谐、均衡化解了包括深刻的理性和冲荡的激情在内的各种驱使文学向紧张、强烈等力度化乃至功利化接近的因素,因而能直接与美学上的优雅联系起来。"②除了徐志摩、林徽因之外,"新月派"成员的小说中借鉴意识流的痕迹也比比皆是,如胡山源的小说《唱随》即借助了蒙太奇式的镜头转换笔法;常风的《那朦朦胧胧的一团》也通过意识流手法的运用,进一步凸显了作品的文人韵致。本身即是民国时期伍尔夫作品译介重要一员的叶公超后来在《新月小说序》中也赞赏自己所属的这个团体在小说创作上善于"以西洋文学技巧,来表现传统社会中人物的真实生活"③。伍尔夫去世后,E. M. 福斯特在剑桥大学所作的关于她的著名演讲中说道:"弗吉尼亚·伍尔夫创作出了数量庞大的作品,她以崭新的方式给读者带来了极大的欢乐,她在黑夜的映衬下,将英语的光芒进一步扩展到了更加遥远的地方。"④这更加遥远的地方也包括当

---

① 朱寿桐:《新月派的绅士风情》,第437—438页。
② 朱寿桐:《新月派的绅士风情》,第93页。
③ 朱寿桐:《新月派的绅士风情》,第101页。
④ S. P. 罗森鲍姆编著:《岁月与海浪:布鲁姆斯伯里文化圈人物群像》,徐冰译,江苏教育出版社2006年版,第142页。

时正向文艺现代化积极迈进的中国。"新月派"作家与伍尔夫的不解之缘,不仅成为中英文学交流史上的一段佳话,亦映照出 20世纪中国文学现代性进程的一个侧面。

第三章 "京派"成员与伍尔夫的
精神契合

如第一章所述,民国时期的伍尔夫汉译与接受,构成了 20 世纪中国文学现代化进程之中一个重要环节。而在这一进程中,与"新月派"一样,"京派"作家与学者同样具有不可忽视的重要地位。事实上,"新月派"与"京派"的成员构成本身即有重合与交叉。考察"京派"与伍尔夫乃至整个西方现代主义文学艺术的亲缘关系,对学术界更为准确而全面地评估中国现代文学史上这一重要的文学社团的价值取向与美学特质,有着积极的意义。事实上,"京派"成员不仅在翻译与研究伍尔夫意识流小说方面作出了贡献,其创作本身亦与西方现代主义有着密切的关联。他们中直接受到伍尔夫悉心指导、间接受到伍尔夫创作影响、对其艺术技法有所借鉴,或作品与伍尔夫的意识流小说具有一定的内在关联与精神契合之处的,即有凌叔华、李健吾、汪曾祺和废名等人。"京派"女作家凌叔华与伍尔夫乃至"布鲁姆斯伯里团体"的众多成员都有着深厚而长期的精神联系与直接交往,被誉为"最后一个京派作家"的汪曾祺则写出了中国现代文学史上最为成熟与出色的意识流小说。对这两位作家,本书将在第四、第五章中,专门加以论述。

第一节 "京派"学者的伍尔夫汉译与研究

作为主要由 20 世纪 30 年代活跃于北平的一批小说家、诗人、散文家和文艺评论家组成的松散集群的总称,"京派"是以乡土中国的视角和对现代城市文明的怀疑,而与都市化的"海派"作家形成鲜明对照的。① 但这一价值取向并非意味着"京派"成员对西方文化持一种保守与拒斥的立场。事实上,"京派"成员大多拥有留学欧美的背景与深厚的西方文化素养。以徐志摩为首的"新月派"文人身上体现出来的浓郁的英美绅士风情,林徽因主持的"太太的客厅"与英国"布鲁姆斯伯里团体"之间深刻的精神契合等,无一不是"京派"与西方文化之间亲缘关系的佐证。因此,"京派"成员所体现的,或许是一种更为理性而从容,既对褊狭的民族主义保持警惕,又抛却了盲目崇洋的文化自卑感的主体姿态,以及崇尚"诗、美、优雅、尊严、简朴、克制、和谐"②的美学风范。他们对"布鲁姆斯伯里团体"精神领袖伍尔夫的现代主义美学的仰慕和对其意识流小说的热情,应该说是其审美主义旨趣和推进中国文学的现代化进程的自觉意识共同作用的产物。这亦使"京派"作家不约而同地体现出译介伍尔夫创作的一致性,并使他们在民国时期伍尔夫的译介与接受史上拥有了无可忽视的重要地位。其中,对伍尔夫作品的汉译作出贡献的"京派"成员主要有叶公超和卞之琳,萧乾的伍尔夫研究则具体而微地映现出现代主义文学在特定

---

① 参见吴福辉:《乡村中国的文学形态》,见《中国现代文学研究丛刊》1987年第 4 期,第 232—246 页。

② 张英进:《中国现代文学与电影中的城市:空间、时间与性别构形》,秦立彦译,凤凰出版传媒集团、江苏人民出版社 2007 年版,第 31 页。

语境制约下的现代中国的历史命运。由于叶公超之于伍尔夫作品汉译的贡献,本书在第一章中已有论述,故本节主要涉及卞之琳与萧乾在此方面所做的努力。

卞之琳于 1929 年毕业于上海浦东中学后,即进入北京大学英文系就读,较多地接触到英国浪漫派与法国象征派诗歌,师从徐志摩,开始新诗创作,并深受赏识。徐志摩不仅将卞之琳的诗歌在其编辑的《诗刊》上发表,还请沈从文先生撰写题记。由于这段经历,卞之琳被公认为新文化运动中重要的诗歌流派"新月派"的代表诗人。卞之琳还是"京派"成员中一位重要的伍尔夫作品中译者。他在 20 世纪 30 年代已集中翻译了包括波德莱尔、马拉美、瓦雷里、里尔克、阿索林、纪德、普鲁斯特、乔伊斯等在内的现代派作家的作品,[①]并在 40 年代初任教于西南联大后,进一步大力推介西方现代主义文学。作为民国时期较早涉足伍尔夫作品中译的学者之一,他于 1934 年在杨振声、沈从文主编的天津《大公报》文艺副刊上发表了伍尔夫重要论文《论俄国小说》的译文;这段时期内还翻译了后来收入 1936 年初版的《西窗集》的伍尔夫短篇小说《在果园里》。这篇小说同样是一篇表现人物在静态中由于外物的诱发而产生丰富联想与感触的短篇佳作,它的翻译再次强化了读者对伍尔夫式的抒情小说风格的印象。

"京派"中特别要提到的,是兼具作家、学者、记者与翻译家等多重身份的萧乾所展开的更为专业化的伍尔夫研究。

萧乾早年即与外国文学结下了不解之缘。他于 1926 年到北新书局当学徒,由此接触到五四之后各种新的文化思潮和大量外国作品。1939 年来到英国后,他很快对现代主义文学产生了浓厚

---

① 参见卞之琳:《西窗集》,安徽教育出版社 2007 年版。

兴趣,并于1942年辞去伦敦大学东方学院的教职,奔赴剑桥大学国王学院当了一名专攻英国心理派小说即今天所谓的意识流小说的研究生。用他自己的话来说,是"在四十年代下了点傻功夫研究过意识流"①。萧乾当年的导师戴迪·瑞兰兹深爱亨利·詹姆斯、伍尔夫与D.H.劳伦斯的作品,经常约他的爱徒去自己的寓所用茶、谈心。萧乾在一篇散文中回忆道:"我们一边饮茶,一边就讨论起维吉尼亚·伍尔夫或戴维·赫·劳伦斯了。"②所以在导师的影响和指导下,萧乾对詹姆斯、E.M.福斯特、伍尔夫和乔伊斯的作品都做过深辟的研究,不仅在短时间内读完了伍尔夫几乎所有出版的作品和有关她作品的评论,还挤出微薄的薪金购买伍尔夫的作品。

1982年9月,萧乾在为《萧乾选集》第一卷所撰的代序《一个乐观主义者的独白》中回忆道:"在我五十年的创作生涯中,写小说仅仅占去五年(1933—1938)时间。那以后,我曾花了不少时间去研究小说艺术——不是泛泛地研究,而是认真地把福斯特、弗吉尼亚·吴尔芙等几位英国小说家的全部作品、日记以及当时关于他们的评论都看了。"③在别的回忆文字中,他进一步写道:"40年代,我曾有幸在剑桥钻研了几位我慕名已久的作家。我读过吴尔芙夫人、劳伦斯和福斯特的全集,迷上过亨利·詹姆斯,甚至死抠过乔伊斯的《尤利西斯》和她(他)那天书般的《芬内根的苏

---

① 萧乾:《访问记》,见《萧乾选集》第3卷,四川人民出版社1983年版,第324页。

② 萧乾:《茶在英国》,见《萧乾文集》,浙江文艺出版社1998年版,第56页。

③ 萧乾:《一个乐观主义者的独白(代序)》,见《萧乾选集》第1卷,四川人民出版社1983年版,第4页。

醒》。"①

事实上,萧乾刚一踏上英国的土地便打算去拜访自己心仪的女作家,无奈由于时局的影响,未能实现这一计划。下面这段回忆可堪资证:"1939年刚抵英伦,我就想去拜访维吉尼亚·吴尔芙。怎奈那时我的身份是'敌性外侨'。在伦敦和剑桥,我有行动自由。然而我不能去离海岸三英里的地方,而那时,维吉尼亚和她丈夫伦纳德住在色塞克斯郡滨海小镇路易斯的'僧屋'别墅里。珍珠港事变后,我一夜之间成了'伟大盟友',有了行动自由。那时我却只能由伦纳德领着去凭吊她自尽的遗址了——看来并不太深的乌斯河,岸边小树的疏枝在风中摇曳着。我在'僧屋'度了一个难忘的周末。灯下,伦纳德抱出这位绝世才女大包大包的日记供我翻阅,并且准许我做笔记。在后花园里,我们边谈边摘苹果。"②和徐志摩一样,萧乾在英国和他景仰的女作家失之交臂;但他在伍尔夫去世后不久即能前往作家的家中造访并受到友好接待,获得翻阅作家大量尚未公开面世并获系统整理的日记、进行摘录的特权,却无疑又是极其幸运的。

通过对伍尔夫高度评价的劳伦斯、乔伊斯、挚友福斯特以及亨利·詹姆斯作品的阅读,萧乾深入把握了各位作家的创作风貌,并特别倾心于伍尔夫具有浓郁的诗情画意和高贵气质的作品。四十多年后,他还深情地写道:"在意识流派的作家中间,我最喜爱沃尔芙夫人的作品,她是诗人多于小说家。在《波浪》、《戴乐薇夫

---

① 萧乾:《回顾我的创作道路》,见全国政协文史资料委员会编:《文坛档案:当代著名文学家自述》,中国文史出版社2001年版,第268页。

② 萧乾:《回顾我的创作道路》,见全国政协文史资料委员会编:《文坛档案:当代著名文学家自述》,第268页。

人》和《到灯塔去》里,我看到的是一位把文字当做画笔使用的作家。"①

当然,由于战事的影响,萧乾在剑桥的潜心攻读不久即告中断。1944年6月,随着盟军在诺曼底的登陆和反攻的开始,他毅然放弃了攻读学位,受命于《大公报》,奔赴欧洲战场当了一名随军记者,发回了一篇又一篇精彩的战局报道。虽然萧乾的意识流小说研究没有再继续下去,但在第二次世界大战结束、他本人1946年回国并在复旦大学任教之后,还是开设了《当代英国小说》课程,专门讲授乔伊斯、伍尔夫以及E. M. 福斯特等作家的作品,并将意识流小说和现实主义作品相提并论,作为课程的两大论题来进行探讨。此外,他还写了两篇专论伍尔夫的文章:一篇是1948年4月18日刊登于上海《大公报·星期文艺》第78期的书评《吴尔芙夫人》;另一篇是刊登于1948年9月25日《新路》周刊第1卷第20期的《V. 吴尔芙与妇权主义》。②

有必要强调的是,萧乾与伍尔夫及其他英国意识流作家关系的个案,从一个侧面也可以看出中国学界接受西方现代主义文学的某一方面的特点。作为一位中国作家与学者,萧乾对意识流小说这一现代主义美学观念的产物抱有情感上的迷恋,但从理性的层面上说却又很早即意识到了这类作品的内在缺陷,这一意识随着作家阅历的丰富与对中国社会与时局认识的深化而日渐明晰。

在《萧乾选集》第四卷《文论》卷中,收入了他于1942年在英国写成的论文《詹姆士四杰作——兼论心理小说之短长》。作为

---

① 萧乾:《萧乾短篇小说选》代序《一本褪色的相册》,见《萧乾选集》第3卷,四川人民出版社1983年版,第349—350页。
② 参见葛桂录:《中英文学关系编年史》,第254页。

萧乾在剑桥学习的阶段性成果,该文向国内读者介绍了亨利·詹姆斯的人生与艺术,重点分析了《某夫人绘像》、《鸽翼》、《大使》、《金碗》四部作品,描绘了作家的创作方法渐由现实主义向心理分析过渡的轨迹。文中四处提到伍尔夫的作品以作比照,但并非一味推崇,而是认为"心理小说"与现实主义小说比,也是有"可遗憾处"的:"詹氏的作品,也可以说是心理小说一般所企图捕捉的,不是人生本相而是生活在人心灵上所透的倒影。这观点的限定,这内心探索的结果,达成了英国小说史上空前的统一和深度。这倾向,其可贵处是把小说这一散文创作抬到诗的境界,其可遗憾处,是因此而使小说脱离了血肉的人生,而变为抽象、形式化、纯智巧的文字游戏了。这里,没有勃朗特的热情,没有乔治·艾略特的善感,更不会有狄更斯的悲怆谐谑的杂烩;一切都逻辑,透明,高雅,精致得有如胆瓶中的芝兰,缺乏的是土气。"①这一段分析里,萧乾表面上论述对一般意义上的"心理小说"特色与缺憾的评价,但概括出来的特色又是与伍尔夫小说非常吻合的,可见他潜意识中主要是以伍尔夫的小说为论述对象的。

继之,萧乾一方面从小说美学发展的角度肯定了意识流小说先锋实验的合理性;另一方面又从中国的现实需要乃至读者的接受心理和审美趣味出发,指出詹姆斯式的心理分析小说是不符合中国国情的:"从中国现阶段的处境,中国人热爱生活的先天气质,从小说本身的血肉性来看,《大使》、《金碗》是死路。但那并不是说,它们为达成'深度'而走过的路是不足借镜的。"②可见,作

---

① 萧乾:《詹姆士四杰作——兼论心理小说之短长》,见《萧乾选集》第3卷,第219页。

② 萧乾:《詹姆士四杰作——兼论心理小说之短长》,见《萧乾选集》第3卷,第221页。

为一名有强烈的社会责任感的知识分子,萧乾的研究与取舍始终立足于中国本土,这一思考与判断恐怕也是他不久之后投笔从戎的潜在背景之一。

1948年8月15日,他又在《大公报》上发表了一篇题为《谈"纠正"及其他——写给××的一封信》的文章,总结了自己研究英国心理分析小说的缘起,以及在踏返故土之后审美与情感取向上的变化:"因为想知道哈代死后向来重技巧的英国小说界有些怎样的进境,在剑桥我研究的四位作家(V. Woolf, E. M. Forster, James Joyce, D. H. Lawrence),两个是文体家,一个是温和主义者,另一个是矿工出身的,但终于走上了神秘路上去的。在英国,我为他们文学的成就所眩惑,有时研究的心情中夹杂了过重的崇拜。然而回来不上几个月,接触了中国的黄土,重见了中国的创痕,我评价很自动地在修改着了。"①

可见,萧乾以近乎现身说法的方式,一方面肯定了意识流小说的独特价值;另一方面也客观地指出了其与中国现实的隔膜以及受制于国情而远不及浪漫主义和现实主义的译介那么广泛和深入的原因。数十年后,李欧梵对上海文化的分析,进一步从学理的层面论证了西方现代主义文学难以在中国生根开花的事实:"如果我们看一下二三十年代的中国文坛,当时各种美学现代主义在欧洲达到了巅峰,但在中国很显然没有出现此类美学上的敌对或否定态度,也没有确定的资产阶级阵营可以攻击。事实上,'资产阶级'这个概念本身也是不久前由中国的左派革命作家引介进一个马克思主义框架中的。不像欧洲的现代派,他们还不明白工业革

---

① 鲍霁编选:"中国现代文学史资料汇编(乙种)"《萧乾研究资料》,十月文艺出版社1988年版,第544页。

命——以及因之而来的发育完全的'发达资本主义'——的全部冲击,甚至在上海都不可能明白。换言之,现代性可以成为一种文学时尚、一种理想,但它不是一个可确证的'客观现实'。当中国知识分子和作家在急于跟上西方的同时,他们没有条件借后视来采取一种对现代性完全敌意的姿态。"①正如本雅明所指出的,波德莱尔是发达资本主义时代的抒情诗人。而在尚处于前资本主义时代的中国,施蛰存、戴望舒、徐志摩和邵洵美们会热爱、推重和翻译波德莱尔的诗歌,但始终难以使之深入中国文化的深层。同理,意识流小说在当时的中国也是奢侈的艺术。

不过,萧乾早年的阅读与积累日后还是开出了灿烂的花朵,这就是在1994年,他终于和夫人文洁若女士经过了四年的艰辛劳动,合作完成了"天书"《尤利西斯》的中译,填补了这部伟大的意识流小说自1922年问世以来一直没有中译本的空白。

此处,和讨论意识流小说在中国后来的命运还有关联的另一个事实是:弗洛伊德的理论在中国获得接受的程度同样是有限的。李欧梵指出:"在更艺术的层面上,一个值得注意的现象是,西方现代主义的一个中心知识根源——一个根本性地改变了西方艺术家和作家观察现实之方式的理论——并没有在中国引起相同的效果。弗洛伊德的理论,虽然早在1913年就已被介绍到中国来了,却没有扎根于中国文学思想和实践中。在《现代杂志》上,也没有弗洛伊德专号或有关他的翻译。施蛰存倒是翻译了显尼支勒的一些小说,后者是和弗氏同代的维也纳人,弗氏亦视之为一个灵魂相通的人(尽管显尼支勒对弗氏理论一无所知)。除了施蛰存,

---

① 李欧梵:《上海摩登——一种新都市文化在中国(1930—1945)》,毛尖译,北京大学出版社2001年版,第161—162页。

绝大多数的中国作家也都并不准备拥抱弗氏的无意识理论,不像他们中的有些人非常热烈地拥抱马克思的关于社会各阶级和历史唯物主义的理论,认为那是控制'客观'现实的'科学'原理。事实上,弗洛伊德的释梦理论最初也是被当做科学接受的。相应地,西方现代派文学最值得注意的思潮——以一种比较碎裂的语言探索人的内在的、片断的心理,如乔伊斯和福克纳的小说——在中国也是相当暧昧地被接受的。"①造成这种"相当暧昧地被接受"的主要原因,当然是中国当时的社会文化现实。

第二节 "京派"创作与伍尔夫小说的暗合

废名的小说与伍尔夫式意识流小说的关系,也是学术界存有争议的一个话题。

废名(1901—1967)原名冯文炳,于20世纪20年代初开始文学创作。他早年在北大读外文系,学的是英文专业。除了受到晚唐诗风的深刻濡染之外,也许因为大量接触英国文学作品的缘故,他的小说在手法和语言上也自觉不自觉地受到了西方现代文学的影响。在1925—1932年间,他陆续出版了《竹林的故事》、《桃园》、《枣》、《桥》和《莫须有先生传》五部小说集。其中,特别以散文化或诗化的艺术风格和接近于意识流笔法的特色受到时人或后人关注的作品,主要是《桥》和《桃园》两部。

当代学者吴福辉将《桥》称为长篇诗化小说,特别指出了其抛弃传统意义上的故事性和人物性格刻画,散淡写意的抒情风格和神秘难解的禅趣:"没有了故事,甚至没有了刻痕清晰的人物性

---

① 李欧梵:《上海摩登——一种新都市文化在中国(1930—1945)》,第162页。

格,有的只是充满诗境、画意、禅趣的一个个场景,是由场景的颗颗珍珠串联起的流光溢彩的小说项链。《桥》写了十年,才完成第一卷的上下篇和第二卷的个别章节,好在是片断性的结构,随时都可以起笔,也随时可以终止。一般认为,第一卷的上篇写故乡山水、小林和琴子两小无猜的情趣最是神来之笔。到十年后长大,下篇小林从外面读书后转回,琴子之外插入表妹细竹,一直到第二卷,都是三人游玩,故事越来越淡,场景的象征、隐喻意义越来越神秘难解。"①

　　1937年7月,朱光潜在《文学杂志》第1卷第3期上即发表了《桥》一文,对废名"几乎没有故事"②的小说《桥》进行了评论。为了说明废名这部小说不拘俗套与陈规,而勇于创新的特色,朱先生首先举出了文学史上冲破陈规定律而别开生面的大作家的例子,其中就有莎士比亚、乔伊斯和伍尔夫:"在从前,莎士比亚的悲喜杂糅的诗剧被人拿悲剧的陈规抨击过;在近代,自由诗、散文诗、'多音散文'以及乔伊斯和吴尔夫夫人诸人的小说也曾被人拿诗和小说的陈规抨击过。但是真正的艺术作品必能以它们的内在价值压倒陈规而获享永恒的生命。"③随即,朱先生联系废名的作品进一步指出:"对于《桥》,我们所要问的不是它是否合于小说常规而是它究竟写得好不好,有没有新东西在里面。如果以陈规绳《桥》,我们尽可以找到许多口实来断定它是一部坏小说;但是就它本身来看,这虽然不免有缺点,仍可以说是'破天荒'的作品。它表面似有旧文章的气息,而中国以前实未曾有过这种文章;它丢

---

　　① 吴福辉:《桥·桃园》"导言",复旦大学出版社2006年版,第3页。

　　② 贺照田编:《朱光潜学术文化随笔》,中国青年出版社1998年版,第201页。

　　③ 贺照田编:《朱光潜学术文化随笔》,第202页。

开一切浮面的事态与粗浅的逻辑而直没入心灵深处,颇类似普鲁斯特与吴尔夫夫人,而实在这些近代小说家对于废名先生到现在都还是陌生的。《桥》有所脱化而无所依傍,它的体裁和风格都不愧为废名先生的独创。"①此处,朱光潜第一个指出了废名小说"直没入心灵深处"的"破天荒"的意义,并论及其与普鲁斯特与伍尔夫小说的可比性。

而关于《桥》与意识流小说的相似性,朱先生进一步申发道:"像普鲁斯特与吴尔夫夫人诸人的作品一样,《桥》撇开浮面动作的平铺直叙而着重内心生活的揭露。不过它与西方近代小说在精神上实有不同,所以不同大概要归原于民族性对于动与静的偏向。普鲁斯特与吴尔夫夫人借以揭露内心生活的偏重于人物对于人事的反应,而《桥》的作者则偏重人物对于自然景物的反应;他们毕竟离不开戏剧的动作,离不开站在第三者地位的心理分析,废名所给我们的却是许多幅的静物写生。"②此处的比较,朱先生既谈及废名"着重内心生活的揭露"的小说在内容上与普鲁斯特与伍尔夫式的意识流小说的差异性,亦结合民族性的不同初步探讨了造成上述差异的原因所在,可算一段具体而微的比较文学分析文字。

当代学者凌宇则认为,废名是我国最早自觉尝试在小说中运用意识流表现手法的作家。《桃园》也是运用这种手法进行创作的作品之一,原因是,在《桃园》中,阿毛一家人的命运正是通过13岁的阿毛头脑中流动的意识来表现的。王老大汲水浇桃,成为勾起阿毛联想的媒介。阿毛挑水浇桃,由此联想到桃树的长大,再及自己的童年生活和父亲的辛苦,并由父亲进而联想到母亲,联想到

---

① 贺照田编:《朱光潜学术文化随笔》,第202页。
② 贺照田编:《朱光潜学术文化随笔》,第203页。

她的死和她的坟。从回忆母亲又想到她生前与父亲打架的事,然后联想到神秘怪异的天狗吃掉日头的自然现象。上述诸种意象在阿毛的思想中不连贯地跳出,其间缺少理性的逻辑性,但又存在一种内在的关联,几乎是在一种潜意识的层次上展开的。由此,凌宇认为,意识流的表现手法所造成的特殊意趣,正是建构起废名诗化小说的重要因素。

那么,废名的创作究竟是如朱光潜所言,由于"这些近代小说家对于废名先生到现在都还是陌生的","《桥》有所脱化而无所依傍,它的体裁和风格都不愧为废名先生的独创",还是如凌宇所说的,是对西方现代意识流小说技巧的有意识借鉴与模仿?关于这个问题,废名的友人、徐志摩的弟子卞之琳在为人民文学出版社出版的《冯文炳(废名)选集》所作的"序言"中是这样说的:"年来听说有人研究废名散文化小说,说有现代西方'意识流'的笔法,我认为也许可以作此类比,却不能说他受过人家的影响。徐志摩当然读过西欧第一次世界大战前后盛行过一时、到二十年代登峰造极、或多或少影响到、影响过的西方各派现代小说家,也读过意识流小说老祖宗英国十八世纪小说家劳伦斯·斯特恩,自己还显然有意仿现代英国二十年代意识流小说家写过一个短篇小说。废名肯定没有读过,诗文如有西方所说'自由联想',则中国古诗文也早有这一路传统手法。徐冯二位同好契诃夫小说,徐当然更喜欢契诃夫的英国现代'高雅'文士版的凯瑟琳·曼斯菲尔德,冯则未必倾心甚至读过她。"①卞先生将废名与徐志摩作比,明确指出废名并没有读过西方意识流小说家的作品,当然也就谈不上受到影响,认为废名的技巧来自于自己的独创,其间或许有对中国艺术

---

① 卞之琳:《冯文炳选集·序》,人民文学出版社1985年版,第6页。

传统的继承与发挥,与西方意识流技法存在一种暗合,可以与之"类比",但却不能说是影响的结果。朱光潜在前述评论《桥》的文章中也持类似观点,并将《桥》在艺术上的创新与废名本人的心理倾向与气质特征联系了起来:"废名先生不能成为一个循规蹈矩的小说家,因为他在心理原型上是一个极端的内倾者。小说家须得把眼睛朝外看,而废名的眼睛却老是朝里看;小说家须把自我沉没到人物性格里面去,让作者过人物的生活,而废名的人物却都沉没在作者的自我里面,处处都是过作者的生活。"①

此外,《冯文炳选集》的编选者、冯文炳的侄子兼学生冯健男之说,当也比较可信。他在《冯文炳选集》的"编后记"中写道:"近年有的研究者把废名的小说跟西方的'意识流'联系起来,并说他是我国最早运用'意识流'表现手法的作家,这是不确的。废名从来没有读过西方现代派文学作品。西方作家,他读到哈代、波特莱尔,不及于现代。他的小说、诗歌确有内向和晦涩难解之病,但这是来自他自己的脑海深处,和西方'意识流'是不相干的。"②由此,本书作者认为,朱光潜作为废名的同时代人、卞之琳作为作家的友人、冯健男作为作家的亲人并学生,其说当更为可信。废名富有诗情画意的小说作品深受中国山水诗画禅趣、写意传统的濡染,亦是本人求新逐变的艺术追求和内向型的心理特征相结合之后的产物。当然,他的作品中与意识流小说不谋而合的倾向与特征,和西方作品进行平行比较研究的意义与价值,也完全是值得肯定与可行的。

---

① 贺照田编:《朱光潜学术文化随笔》,第203—204页。
② 陈振国编:《中国现代文学史资料汇编》(乙种),《冯文炳研究资料》,海峡文艺出版社,1990年版,第328页。

刘勇(格非)2000 年提交的博士学位论文《废名小说的叙事研究》,即对包含《桥》在内的废名小说叙事结构与西方现代主义小说,尤其是意识流小说的结构进行了仔细的比较。通过深入考察,作者认为它们之间是有着明显区别的:"废名小说中的自由联想虽然不乏其例,但这种联想并非是严格意义上的意识流,意识的飞行过程亦缺乏一个将过去的经验或记忆连接起来的过渡物。"①他也认为废名从未提及意识流小说,创作谈中也未见到过詹姆斯·乔伊斯、弗吉尼亚·伍尔夫等现代主义作家的名字。因此他更倾向于认为:"文化的不同、宗教的差异、语言的隔阂并不妨碍世界各地作家心灵的相通与暗合。"②当然,这种相通和暗合究竟在何处、差异又在哪里、原因是什么等,还是一个值得不断探索下去的问题。

李健吾早年创作的长篇小说《心病》,则是作家本人亲口说明受到了伍尔夫小说影响的作品。李健吾于 1931—1933 年间在法国留学,专攻法国文学,尤其是 19 世纪文学大师福楼拜的创作,著有才华横溢的厚厚一部《福楼拜评传》。他唯一的一部长篇小说《心病》写于 1930 年,即赴法前一年。1931 年起经朱自清推荐,在叶圣陶编辑的《妇女杂志》上连载。1933 年,上海开明书店出版了小说的单行本。该书虽仅有 13 万字,还是被誉为"新文学史上第一部用意识流手法完成的长篇作品"③。

小说主要写一对青年人的爱情悲剧,着重表现了男女主人公

---

① 刘勇:《废名小说的时间与空间》,见《当代作家评论》2001 年第 2 期,第27 页。

② 刘勇:《废名小说的时间与空间》,见《当代作家评论》,2001 年第 2 期,第28 页。

③ 韩石山:《李健吾传》,山西人民出版社 2006 年版,第 99 页。

陈蔚成和秦绣云各自的"心病",即由于无法实现和满足的爱欲而产生的性压抑和性躁动,细腻呈现了人物的种种潜意识心理。《心病》发表之后,朱自清又专门写了评介文章,发表于1934年2月7日《大公报》的文艺副刊。朱自清认为,当时的小说写作,"直到近两年,才有不以故事为主而专门描写心理的,像施蛰存先生的《石秀》诸篇便是;……但施先生只写了些短篇;长篇要算这本《心病》是第一部。施先生的描写还依着逻辑的顺序,李先生的却有些处只是意识流的纪录;这是一种新手法,李先生自己说是受了吴尔芙夫人等的影响。"①这里,朱自清明确指出了小说家运用"新手法"展开非逻辑的"意识流的纪录"的鲜明特色,还具体举出了几处有代表性的实例:"《心病》里有几处最可以看出向这方面的努力。如穷鬼变成旧皮袍、电门变成母亲、秦太太路中的思想、刘妈洗衣服时的回想。"②从朱自清转述李健吾本人话语的这一旁证中,我们亦可以推测:当时的李健吾应该是熟悉并喜爱伍尔夫的作品的。

张大明在论文《死角淘金——读李健吾的小说》中还认为,不仅长篇小说《心病》如此,李健吾的部分短篇小说也体现出模仿伍尔夫式的意识流技巧的努力。如短篇小说《最后的一个梦》、《红被》和《田园上》即同样成功地表现了人物心理,《田园上》则运用了十分明显的意识流技法:"小说基本上用的是第三人称的叙述法,称望生为'他',但时不时又以望生'我'的身份在观察、思索,个别地方更换成望生父亲'我'来摆谈。随着人物情绪和视角的

---

① 朱自清:《读〈心病〉》,见朱乔森整理《朱自清序跋书评集》,三联书店1983年版,第207页。

② 朱自清:《读〈心病〉》,见朱乔森整理《朱自清序跋书评集》,第208页。

变化,即意识的流动、不断改变人称、移动方位,画面显得绚丽和生动,人物不板结。"①另一篇短篇小说《影》同样运用了意识流手法:"作品中的'我'和'她'并立在土山上,放眼看,洗耳听,静心想,追逐意识的流动。"②应当说,分析、挖掘、追踪和呈现人物潜意识活动的内容、特征与走向,成为李健吾早年小说的自觉追求与特色。

上节已经述及萧乾早年的伍尔夫研读、研究与教学实践活动。由于萧乾早年也曾经写过一些有影响的小说,包括重要的长篇小说《梦之谷》,因此,他作为意识流小说研究与翻译者的身份,也很容易使人们产生这样一个疑问:他的阅读与研究,是否对他本人的创作产生过一定影响? 他的小说是否有自觉模仿意识流小说的痕迹? 关于这个问题,萧乾本人有过明确的回答。1980 年 8 月,萧乾在为自己即将出版的短篇小说选撰写序言时写道:"有位挪威汉学家不久前来信问我一些有关《梦之谷》的问题,其中特别问到那本书是不是受了英国意识流派(心理派)小说家沃尔芙夫人的影响,我在回信中告诉她,写《梦之谷》(1937 年春)时,我只读过沃尔芙夫人一本完全不代表她那风格的中篇《弗勒施》,是写 19 世纪英国女诗人伊丽莎白·勃朗宁和她的狗。当我接触到意识流派的作品时,我早已停笔不写小说了。"③此处所说的《弗勒施》即是伍尔夫为勃朗宁夫人所写的传记体小说《弗拉西》。如前所述,

---

① 张大明:《死角淘金——读李健吾的小说》,见《求索》1988 年第 6 期,第84 页。

② 张大明:《死角淘金——读李健吾的小说》,见《求索》1988 年第 6 期,第84 页。

③ 萧乾:《萧乾短篇小说选》代序《一本褪色的相册》,收于《萧乾选集》第 3卷,第 349—350 页。

该著早在1934年即已在中国杂志上获得评介。1935年,石璞的译本也已出版。虽然我们对当时的萧乾读的是石璞译本还是英文原本不得而知,但起码可以比较明确的是:萧乾的小说创作主要是在他前往英国任教和研究意识流小说之前进行的,这一时期他所读到的伍尔夫作品是并不具有明显意识流特色的《弗拉西》。因此,认为《梦之谷》及其他小说的创作技巧受到了伍尔夫意识流小说影响的观点是没有根据的。

1994年,江苏的译林出版社出版了由萧乾、文洁若夫妇合作翻译的《尤利西斯》中译本。在"译本序"中,萧乾再提此事:"1980年当挪威汉学家伊丽莎白·艾笛来信问我在写《梦之谷》时,是不是受到意识流的影响,我感到很奇怪。在回信中我告诉她《梦之谷》写于1937—1938年(从上海写到昆明),那时,我只听说过乔伊斯的名字,可并没读过他的作品。"①因此,无论是乔伊斯还是伍尔夫的意识流小说,萧乾都是在赴英之后才真正有接触的,仅根据他后来的研究与翻译就断言他早年的小说创作受到伍尔夫的影响,只是一种穿凿附会,并非实事求是。

总体而言,具有兼容并包的文化心态、追求艺术的独立品格和注重主体对人生的体验与领悟的"京派"作家"从容平和地融会中国传统文化的深厚底蕴与西方现代主义思潮的审美特质",以"'和谐、圆融、静美'的境地为自己的美学理想,创造出具有写意特征的独具美感的抒情小说文体,在中国现代小说艺术中独树一帜"②。他们对伍尔夫意识流小说的翻译、研究与东方化实践,

---

① 萧乾:《尤利西斯·译本序》,译林出版社1994年版,第3页。
② 丁帆:《京派乡土小说的浪漫寻梦与田园诗抒写》,见《河北学刊》2007年版第2期,第132页。

既与他们共通的美学理想一致,也从又一个层面,与"海派"作家另一种风味的审美现代性追求彼此映衬,起到了互补与促进的作用。

第四章　凌叔华与"布鲁姆斯伯里团体"的文学因缘

"布鲁姆斯伯里团体"作为主要由剑桥大学的精英知识分子聚合而成的学术文化集群,不仅在20世纪上半叶对英国现代主义的发展起到了重要作用,而且与中国现代文学有着不解之缘,特别是伍尔夫,更是与凌叔华结下了一段奇妙而感人的翰墨之缘,成就了中英文学交流史上的一段佳话。

第一节　朱利安·贝尔的武汉之行

1904年,在父亲莱斯利·斯蒂芬爵士去世之后,伍尔夫的姐姐范尼莎带领弟妹们从海德公园门的旧寓搬进了伦敦东部布鲁姆斯伯里戈登广场46号。在戈登广场的新居以及布鲁姆斯伯里的其他寓所,以伍尔夫、范尼莎和她们的兄弟、剑桥才子索比为中心,逐渐会聚了一批才华卓越、具有自由思想的青年知识分子。安德鲁·桑德斯在《牛津简明英国文学史》中这样写道:"'布鲁姆斯伯里'从来就不是一个正式的团体。它的雏形应当追溯到19世纪末期剑桥内的男性之间的友谊;20世纪第二个10年的初期,莱斯利·斯蒂芬的孩子们在并不引人注目的布鲁姆斯伯里地区的戈登广场的家形成了一个中心；只是到 1920 年'传记俱乐部'成立后，它才在友谊、关系和观点方面有了些松散的限定。……这个团体正如克莱夫·贝尔后来所形容的那样，'只要你乐意，便可以为探求真理而进行辩论，可以蔑视传统的思维和情感体验模式，可以对传统的道德观念嗤之以鼻'；正是基于这种共同的旨趣，他们彼此联系在一起。他们的争论把宽容的不可知论同文化上的教条主义，把进步的理性同社会势利，把促狭的俏皮话同巧妙的自我宣传统统融在一起。"①

　　这些"布鲁姆斯伯里人"（Bloomsburian）中包含一系列在现代文学、艺术、思想史上奕奕生辉的人物，如艺术批评家克莱夫·贝尔、经济学家凯恩斯、哲学家罗素、最先将法国后印象派绘画引入英国的罗杰·弗莱、小说家 E. M. 福斯特、诗人 T. S. 艾略特等。就在布鲁姆斯伯里，伍尔夫以随笔写作开启了日后辉煌的创作生涯；也是在这里，画家范尼莎和克莱夫·贝尔相爱结合，并于 1908 年生下了他们的长子朱利安·贝尔（Julian Bell）——布鲁姆斯伯里的第一个后代。伍尔夫的这位爱侄日后将来到中国，将布鲁姆斯伯里精神与现代主义文学带入武汉大学的讲堂，成为联结伍尔夫与凌叔华的重要桥梁。

　　凌叔华也是大家闺秀，有着深厚的古典艺术修养。她 21 岁时考入燕京大学主修英文与法文，开始在《晨报》副刊发表小说，并"立定主意作一个将来的女作家"。1923 年，她即写信给时任燕京大学教授的周作人先生，恳求周作人对自己的写作加以指导，表达了自己的雄心壮志："中国女作家也太少了，所以中国女子思想及

---

　　①　安德鲁·桑德斯著：《牛津简明英国文学史》（下册），谷启楠、韩加明、高万隆译，人民文学出版社 2000 年版，第 760—761 页。

生活从来没有叫世界知道的,对于人类贡献来说,未免太不负责任了。"①1924年印度诗人泰戈尔访华期间,作为学生代表的凌叔华结识了负责接待泰戈尔、时任北大教授兼英文系主任的批评家陈源(西滢)和诗人徐志摩,后来嫁给了陈源。1925年,她在陈源主持的《现代评论》上发表了成名作《酒后》,很快又发表了《绣枕》。这两篇短篇小说为她赢得了巨大声誉,使之成为与冰心、庐隐、冯沅君、陈衡哲齐名的现代女作家。鲁迅在《中国新文学大系·小说二集导言》中评价了其小说的独特价值,认为"她恰和冯沅君的大胆、敢言不同,大抵很谨慎的,适可而止地描写了旧家庭中的婉顺的女性……世态的一角、高门巨族的精魂"②。

　　1928年,凌叔华随夫前往国立武汉大学任教。陈源于1930年出任武汉大学文学院院长。1935年,年轻的诗人朱利安·贝尔获得中英文化协会与国立武汉大学任命,来华担任为时两年的英语与英国文学教授。他不仅教授英语作文、讲解莎士比亚,还每周做一次有关英国现代主义的讲座。他写信向母亲求助于现代主义文学课程方面的内容,将布鲁姆斯伯里处理个人关系的伦理、英国现代主义文学创作与批评观念带到了武汉。通过朱利安·贝尔、I. A.瑞恰兹、威廉·燕卜逊和其他20世纪30年代来华的学者的教育活动,中国学生开始接触现代英国文学。

　　当年,在一封写给弗吉尼亚·伍尔夫的信中,朱利安告诉他的姨妈:"这个国家十分可爱,中国人都很有魅力;我在做有关现代的讲座,时间覆盖了1890—1914年、1914—1936年两个时间段。

---

　　①　凌叔华著、陈学勇编撰:《中国儿女——凌叔华佚作·年谱》,第182页。
　　②　鲁迅:《中国新文学大系·小说二集导言》,见《中国新文学大系导言集》,良友图书公司1935年版,第129页。

我不得不阅读作家们的作品;这是必须要做的事:我们都写得太多啦;我想,我该把《到灯塔去》作为一本指定教材。"①此时,伍尔夫的作品已在中国获得译介,她也作为欧美"心理小说"的代表作家之一而获得了赵景深、叶公超、徐志摩、范存忠、卞之琳等学者与作家的推崇。就在1935—1936年间,朱利安将伍尔夫的传世名作《到灯塔去》的英文本介绍给了他的中国学生。

1935年10月,凌叔华开始旁听朱利安讲授的"莎士比亚"和"英国现代文学"课程。朱利安在10月23日写给母亲的信中,毫不掩饰自己对这位院长夫人的好感:"她,叔华,是非常聪颖敏感的天使……请想象一下那么一个人,毫不造作,非常敏感,极其善良,极其美好,生性幽默,生活坚定,她真是令人心爱。"又写道:"如果你能寄张水彩画让我送给叔华,我想她会高兴的。前天她给我看了很多画——很多卷——其中还包括罗杰送给徐(志摩——引者注)的画。在她家的墙上还挂有一张罗杰的装饰画。另外,她还有很多宋代画的复制品。我不知道你会在多大程度上喜欢叔华的作画风格——或许太文学了,尽管她喜欢简洁本色地表现事物,这与过去在欧洲看到的所谓中国艺术风格的装饰画很不一样。"②

陈源和凌叔华夫妇周围那种与"布鲁姆斯伯里团体"颇为相近的生活氛围使朱利安备感亲切,很快喜欢上了中国和武汉。他在1935年9月写给好友艾迪·普雷菲尔的信中说:"我的邻居陈源一家就像是光明的天使。这里还有'布鲁姆斯伯里—剑桥'的

---

① Patricia Laurence, *Lily Briscoe's Chinese Eyes: Bloomsbury, Modernism, and China*. Columbia, South Carolina: University of South Carolina Press, 2003, p.44.

② 凌叔华著、陈学勇编撰:《中国儿女——凌叔华佚作·年谱》,第235页。

外围文化。陈源是戈迪①的朋友,他们二人又都认识徐志摩——对布鲁姆斯伯里意义重大的穿针引线式的人物。整个环境和氛围酷似在家的时候。"②他还于1936年3月12日给姨妈写信,以诗人的风格和画家的眼睛描绘出自己印象中的武汉风景:"血红色的月亮升起来,从云间穿过。"③而在1936年5月21日写给朱利安的信中,伍尔夫一边对她的爱侄初来乍到的不适努力加以宽慰,一边表达了对中国这个神秘古老的国度的向往之情:"事实上我觉得你身上有很多值得羡慕的地方。但愿我在你这个年龄已经在中国待上了三年。"④武汉大学图书馆迄今还保留着朱利安和他的学生们在一起以及学生们举行英语演讲竞赛的合影。这些学生当中便有后来与朱利安发展起了亲密的私人友谊的叶君健。

朱利安秉承了"布鲁姆斯伯里人"反叛维多利亚传统道德的自由精神,不久即热恋上了长他8岁的凌叔华。在1936年1月到1937年3月回国前写给母亲、姨妈、弟弟昆汀·贝尔和好友艾迪·普雷菲尔的信中,朱利安均如醉如痴地报告了自己对这位优雅的东方才女的恋情。他十分欣赏凌叔华的作品,多次在信中向母亲和姨妈提及。在一封很可能写于1936年秋的信中,他告知姨妈:"我对院长夫人怀有柏拉图式的爱情,她是中国优秀的女作

---

① 即英国作家高斯华绥·狄更生。

② Patricia Laurence, *Lily Briscoe's Chinese Eyes*: Bloomsbury, Modernism, and China. p. 40.

③ Patricia Laurence, *Lily Briscoe's Chinese Eyes*: Bloomsbury, Modernism, and China. p. 229.

④ Patricia Laurence, *Lily Briscoe's Chinese Eyes*: Bloomsbury, Modernism, and China. p. 59.

家……她热烈地崇拜您的作品。"①1936年12月,伍尔夫亦在回复朱利安的信中写道:"我感觉东方人的血管中流淌着和我们同样的鲜血;他们全都显得那么沉静、含蓄而端庄持重。"②1935年12月17日,朱利安在给母亲的信中热切地写道:"我渴望着英国人能读到苏③的作品;她很可能会获得成功。"④他甚至在1935年11月1日给艾迪的信中把凌叔华称为"一个中国的布鲁姆斯伯里人",称院长的夫人是"我所碰到过的最出色的女性","她和弗吉尼亚一样敏感,充满了智慧,比我认识的所有人都要出色,她并不漂亮,但却很吸引我"⑤;并在一年后即1936年12月18日的信中,进一步赞美了凌叔华的作品:"它们好得不同凡响。我不知道,弗吉尼亚是否允许另外存在一位用中文写作的女作家。"⑥热恋中的朱利安在给艾迪·普雷菲尔的信里描述了自己每天上午和凌叔华一起翻译她的短篇小说和中国古诗的情景。他协助凌叔华翻译并加以润色的她本人的早期作品,起码包括《疯了的诗人》、《写信》和《无聊》三篇。

根据陈学勇编撰的凌叔华年谱,1928年4月10日,小说《疯

---

①　Patricia Laurence, *Lily Briscoe's Chinese Eyes: Bloomsbury, Modernism, and China*. p. 46.

②　Patricia Laurence, *Lily Briscoe's Chinese Eyes: Bloomsbury, Modernism, and China*. p. 70.

③　原文为SUE,与凌叔华名字中"叔"音相近,为朱利安·贝尔、弗吉尼亚·伍尔夫和范尼莎·贝尔在信中对凌叔华的称呼。

④　Patricia Laurence, *Lily Briscoe's Chinese Eyes: Bloomsbury, Modernism, and China*. p. 83.

⑤　Patricia Laurence, *Lily Briscoe's Chinese Eyes: Bloomsbury, Modernism, and China*. p. 63.

⑥　Patricia Laurence, *Lily Briscoe's Chinese Eyes: Bloomsbury, Modernism, and China*. p. 83.

了的诗人》首发于《新月》杂志第 1 卷第 2 号；1931 年，《写信》首发于《大公报》"万期纪念号"；1934 年，《无聊》首发于《大公报》"文艺副刊"。朱寿桐认为，"凌叔华的创作对于心理怔忡和心理变态的刻画也颇为热衷"①。如在《疯了的诗人》中，即"干净利落地运用了精神分析的现代文学笔法，人物内心深处的病态得到了淋漓尽致的揭示"②。应该说，上述作品的创作也是潜在地受到了西方现代心理学与文学的部分影响的。

1936 年，《无聊》由凌叔华与朱利安·贝尔合作，译成 *What's the Point of it?*，发表于温源宁主编、上海出版的英文刊物《天下》月刊第 3 卷第 1 期；1937 年，《疯了的诗人》由凌叔华与朱利安·贝尔合作，译成 *A poet goes Mad*，发表于《天下》第 4 卷第 4 期；同年 12 月，《写信》由凌叔华一人译为 *Writing a Letter*，发表于《天下》第 5 卷第 5 期。③ 而朱利安·贝尔对凌叔华部分英文表达的调整，则约略可见一位西方文化教养下的读者对中国文化的不理解和有趣误读。④ 他还尝试以"布鲁姆斯伯里人"的自由主义精神影响凌叔华，建议她在小说中大胆表现女性爱欲的真实。虽然深受中国传统文化濡染、属于"闺阁派"作家，而此时又已把主要兴趣转向宋元古画研究的凌叔华并未采纳他的建议，但朱利安的影响依然在多年后问世的《古韵》中潜在地体现了出来。因此，凌叔华在朱利安推荐和指点下对包括伍尔夫著作在内的现代主义文学的阅读，

① 朱寿桐：《新月派的绅士风情》，第 439 页。

② 朱寿桐：《新月派的绅士风情》，第 440 页。

③ 参见凌叔华著、陈学勇编撰：《中国儿女——凌叔华佚作·年谱》。

④ 参见附录 A。"Selection from Ling Shuhua's Story 'Writing a Letter' with Julian Bell's Annotations"，Patricia Laurence，*Lily Briscoe's Chinese Eyes：Bloomsbury，Modernism，and China*. pp. 405 – 408.

她所接受的布鲁姆斯伯里价值观对其创作的潜在影响以及传统文化教养对上述影响的抵制,两人共同参与的文学翻译活动等,均可在西方现代主义初入中国的语境下,被视为一次真正意义上的跨文化对话。而这一对话的珍贵结晶,除了上述文学交流的诸多史实之外,更有日后凌叔华的英文自传体小说《古韵》(*Ancient Melodies*)的写作与出版。

1953年,已定居伦敦的凌叔华在一封写给伍尔夫的丈夫伦纳德·伍尔夫的信中,曾忆及朱利安当年对她才华的赞赏:"朱利安总是对我说,我的故事和风格让他想起了那些俄国小说,那是他自学生时代起就十分喜欢的作品。我脑海中下定决心,要写出一部像托尔斯泰的《战争与和平》那样的著作来。"①虽然凌叔华并无托尔斯泰那样的才华,也未能写出堪与《战争与和平》媲美的巨著,但她确实在朱利安离开中国和牺牲在西班牙反法西斯战场上②之后,继续在写作之路上走了下去。

第二节　凌叔华与伍尔夫的锦书往还

1938年的中国正处在抗战的艰苦岁月之中。远在英伦的伍尔夫也处在第二次世界大战阴云的笼罩之下。在一篇简短的回忆性文字中,凌叔华描述了自己给从未谋面的伍尔夫写信的心理动因:"一天,我偶然间获得了弗吉尼亚·伍尔夫的《一间自己的屋子》并读了这本书,我深为她的写作所吸引,因此突然地,我决定

---

①　Patricia Laurence, *Lily Briscoe's Chinese Eyes : Bloomsbury, Modernism, and China*. p. 84.

②　爱情受挫的朱利安回国后志愿参加了奔赴西班牙的"国际纵队",并于1937年7月18日在马德里守卫战中牺牲。

给她写信,看看她要是处在和我同样的境地会做些什么。"①当时的伍尔夫已经出版了她几乎所有最优秀的作品,正在为其老友罗杰·弗莱撰写传记。两位女作家的通信时间大约在1938年3月到1939年7月之间。凌叔华致伍尔夫的信尚有部分在英国与美国保存,②而1975—1980年间出齐的6卷本《弗吉尼亚·伍尔夫书信集》第6卷中,亦收录了伍尔夫致凌叔华的6封信。从双方的相关资料与信件内容中我们可以推断,凌叔华是在战争的苦闷中向这位素未谋面却又深感亲近的异国作家寻求安慰和建议的。

1938年11月16日,凌叔华在致伍尔夫的信中写道:"在过去的几周内,所有的坏消息一起都来了;我们意外地丢了广州,汉口的军队也不得不撤退,西方人束手无策……我明白,上前线作战是无济于事的,因为我们甚至找不到敌人,我们只会看到机器……我梦想……我看到家里一片狼藉,家具成了碎片,屋外是横七竖八的死尸,没有来得及埋葬的尸体散发出恶臭,我想,你或许愿意了解一点点极度悲惨的感觉,于是我写了这些告诉你。"③而同受法西斯战祸侵害并屡遭丧亲之痛的伍尔夫也深深同情中国人民,力劝凌叔华像自己一样在写作中寻求寄托,忘却苦闷与焦虑。因此,联结痛失爱侄与挚友的两位女作家的桥梁不仅是朱利安,还有她们心爱的艺术。她们作为渴望写作的妇女作家,都生活在个人和民族历史困苦的挣扎状态下,又同样出身于上层官宦与知识分子家

---

① Patricia Laurence, *Lily Briscoe's Chinese Eyes*: *Bloomsbury*, *Modernism*, *and China*. p. 253.

② Patricia Laurence, *Lily Briscoe's Chinese Eyes*: *Bloomsbury*, *Modernism*, *and China*.

③ Patricia Laurence, *Lily Briscoe's Chinese Eyes*: *Bloomsbury*, *Modernism*, *and China*. p. 268.

庭,有着同样的教养,很容易产生心理上的亲近与精神上的共鸣。之前,凌叔华的小说作品如《无聊》等,已经体现出通过妇女之间的相互关系来描写妇女,表现人物内在精神世界和进行形式探索等特征。这也提供了她们沟通的基础。1938 年,伍尔夫刚刚完成了被誉为《一间自己的屋子》的姐妹篇的论著《三个基尼金币》并将其出版。该作围绕着妇女与战争的关系等核心问题,展开了许多有关妇女社会地位和社会责任问题的探讨。当下的战争危机构成伍尔夫反思战争根源、战争对女性命运的影响等问题的现实情境,而远在东方的凌叔华笔下中华民族惨遭异族涂炭的情景,或许也为伍尔夫的思考与写作提供了一个更为开阔的历史背景。"我们发现,在她们的丈夫们传记的字里行间,无数的妇女在工作着——但我们如何给这些工作定名呢? 生九个或十个孩子,操持家务,照顾残废,探望穷人和病人,这儿要照顾老父亲,那儿又要照顾老母亲——这个职业既无名也无利;但我们发现,19 世纪无数绅士们的母亲、姐妹和女儿在从事这一行业,我们不得不把她们的生活暂且堆积在她们丈夫和兄弟的生平故事之后,按下不表,留待那些有时间阅读,有足够想象力分辨的人们从中获取信息。"①伍尔夫呼吁在要求妇女尽一切可能帮助绅士们阻止战争之前,"首先使她们得到教育,其次使她们能够通过从事职业而谋生,否则,她们不会拥有独立而公正的影响力来帮助您阻止战争",而"这些事业是息息相关的"②。

在伍尔夫的鼓励下,凌叔华开始用英文写作《古韵》。她在写作

---

①　黄梅编选:《吴尔夫精选集·三枚金币》,山东文艺出版社 2000 年版,第670 页。

②　黄梅编选:《吴尔夫精选集·三枚金币》,第 676 页。

中先后获得了伍尔夫及布鲁姆斯伯里其他重要成员如范尼莎·贝尔、维塔·萨克维尔·韦斯特和伦纳德·伍尔夫的帮助。尤其是伍尔夫与凌叔华之间的通信,成为中英文学交流史上不可多得的重要事件。伍尔夫的爱侄日后在关于她的著名传记中写道:"弗吉尼娅对遭受痛苦的本能反应总是写作,她对疾病或不幸表示实际同情的方式是写信。"①

之前的伍尔夫已然对中国文化有所了解。1913 年,她即阅读了中国作家蒲松龄的《聊斋志异》,并在随笔中将其与同时期的英国作家亨利·菲尔丁和塞缪尔·理查生的小说进行了比较,谈到了它的"怪诞"特征。② 在她看来,蒲松龄笔下的小说与文化世界是"颠倒混乱"的,人在读完之后,会产生一种"仿佛在设法走过一座垂柳磁盘里的桥"③的感觉,并深为小说中一系列富于诗意的想象所吸引。这或许也潜在地成为她日后对凌叔华的自传怀有期待的心理背景。

在《弗吉尼亚·伍尔夫书信集》里,注明写于 1938 年 4 月 5 日的信,是现存于世的伍尔夫致凌叔华的第一封信:

> 亲爱的苏·凌:
>
> 我希望你已经收到了我对你的第一封信的复函。我收到你的信仅仅几天以后,就给你写了回信,文尼莎④刚刚又转来你 3 月 3 日的信,但愿我能对你有所帮助。我知道你有充分

---

① 昆汀·贝尔:《伍尔夫传》,萧易译,第 314 页。

② Virginia Woolf, *Collected Essays*, Vol. 2, New York: Harcourt Brace Jovanovich, 1967, pp. 7 - 9.

③ Virginia Woolf, *Collected Essays*, Vol. 2, p. 7.

④ 即弗吉尼亚·伍尔夫的姐姐范尼莎·贝尔。

的理由比我们更不快乐,所以,我想要给你什么劝慰,那是多么愚蠢呵。但我唯一的劝告——这也是对我自己的劝告——就是:工作。所以,让我们来想想看,你是否能全神贯注地去做一件本身值得做的工作。我没有读过你的任何作品,不过,朱利安在信中常常谈起,并且还打算让我看看你的作品。他还说,你的生活非常有趣,确实,我们曾经讨论过(通过书信),你是否有可能用英文写下你的生活实录。这正是我现在要向你提出的劝告。你的英文相当不错,能给人留下你希望造成的印象,凡是令人费解的地方,可以由我来做些修改。

你是否可以开一个头,把你所能记得起来的任何一件事都写下来? 由于在英国没人知道你,你的书可以写得比一般的书更自由,那时,我再来看看是否能把它印出来。不过,请考虑到这一点,不是仅仅把它当做一种消遣,而是当做一件对别人也大有裨益的工作来做。我觉得自传比小说要好得多。你问我,我推荐你读哪些书,我想,十八世纪的英语是最合适外国人读的英语。你喜欢读书信吗? 有考珀的,华尔浦尔的,都很清晰易懂;司各特的小说(《罗布·罗伊》);简·奥斯丁的小说;再有就是,盖斯凯尔夫人的《夏洛蒂·勃朗特传》。现在作家中,乔治·穆尔的小说就写得很平易。我可以给你寄一些英文书,可是我不知道这些书你是否有了。不过,从来信中可以看出,你的英文写得很好,你不需要效法他人,只需速读,以便取得新的词汇,我这里不谈政治,你可以从我说过的话里看出,我们英国人是多么深深地同情你们,又爱莫能助。从此间的友人那儿我们得知有关中国的事态,不过,也许现在事情会有所转变,最坏的时候就要过去。

无论如何请记住,如果你来信谈到有关你自己的任何事,

77

或者是有关政治的事,我总是高兴的,能读到你的作品,并加以评论,对我来说将是一大快事。因此,请考虑写你的自传吧,如果你一次只写来几页,我就可以读一读,我们就可以讨论一番,但愿我能做得更多。致以最深切的同情。

你的弗·伍尔夫①

1938 年 3 月 24 日,凌叔华在致伍尔夫的信中,告知已开始动笔写自己的生活经历。在同年 7 月 7 日的信中,她请求伍尔夫允许自己称她为老师(teacher or tutor),并对她解释了这一称呼在中国人心目中的崇高地位。大约是由于文化差异的缘故,伍尔夫在 7 月 27 日的回信中请凌叔华称自己为更为亲昵的"弗吉尼亚"而不是"伍尔夫夫人"。在"天空中满是飞机"的伦敦,伍尔夫将凌叔华寄来的礼品置于案头,回赠了《夏洛蒂·勃朗特传》和兰姆散文集,还叮嘱她"怎么想就怎么写",表示"我将乐于给你任何力所能及的帮助,我将乐于拜读你的作品,并且改正任何错误"。她选择盖斯凯尔夫人的《夏洛蒂·勃朗特传》也有激励之意,认为它"或许能使你领略到 19 世纪英国女作家的生活——她们面临的困难以及她如何克服这些困难"②。

第三节 自传体小说《古韵》的写作

在伍尔夫的鼓励下,凌叔华开始写作《古韵》,并逐章寄给她,

---

① 杨静远:《弗·伍尔夫致凌叔华的六封信》,见《外国文学研究》1989 年第 3 期,第 9 页。

② 杨静远:《弗·伍尔夫致凌叔华的六封信》,见《外国文学研究》1989 年第 3 期,第 10 页。

这中间历时约一年半。伍尔夫高度评价了凌叔华的作品,在1938年10月15日发自萨塞克斯僧舍的信中这样写道:"我非常喜欢这一章,我觉得它极富有魅力。自然,对于一个英国人,初读是有些困难的,有些地方不大连贯;那众多的妻妾也叫人摸不着头脑,她们都是些什么人? 是哪一个在说话? 可是,读着读着,就渐渐地明白了。各不相同的面貌,使我感到一种魅力,那些明喻已十分奇特而富有诗意。……说实在的,我劝你还是尽可能接近中国情调,不论是在文风上,还是在意思上。你尽可以随心所欲地,详尽地描写生活、房舍、家具陈设的细节,就像你在为中国读者写一样。"①

这一时期,凌叔华为避日军空袭而带女儿迁至四川乐山,但依然难以躲避战争的喧嚣。在1938年12月12日给伍尔夫的信中,她把写作"视为生活中唯一闪亮的火花,给我温暖与勇气"②,并继续和伍尔夫讨论有关非母语写作的困难问题:"我知道,要我用英文写出一部出色的书来几乎没有可能,因为我无法得心应手地运用我写作的工具。这就好比在烹调时,假如你用外国人的锅或炉子来烧中国菜,一定烧不出原来那种味道。美味常常会由此而丧失。对于写作来说,我不知道这其中的差别会有多少。每当我读到好的翻译,总是立刻觉得宽慰……亲爱的弗吉尼亚,我希望你能告诉我该怎么办,因为我总是处在一种紧张的状态中。噢,我又是

---

① 杨静远:《弗·伍尔夫致凌叔华的六封信》,见《外国文学研究》1989年第3期,第10页。

② Patricia Laurence, *Lily Briscoe's Chinese Eyes*: *Bloomsbury, Modernism, and China*. p.271.

多么希望你能像从前那样,对我说好好努力,不要失望啊。"①

其实,凌叔华的英文基础本来已经相当不错。根据陈学勇编撰的作家年谱我们发现,凌叔华早在燕京大学求学时期即编写过两出英文短剧《月里嫦娥》与《天河配》;1924 年先后在《燕大周刊》发表过三篇有关欧洲画家生平的英译汉文字,同年在英文刊物 Chinese Journal of Art and Science 上发表了 *The Goddess of the Han*(《中国女皇》)一作;1926 年翻译了契诃夫与曼斯菲尔德的短篇小说各一篇;1929 年有过翻译约翰·梅西(John Macy)所著《世界文学故事》(*The Story of the World Literature*)的念头;1932 年还翻译过半部奥斯丁的《傲慢与偏见》,更不用说在朱利安·贝尔的帮助下,将自己的作品翻译成英文过程中受到的锻炼。有这样先天的基础,再加之耐心的异国导师伍尔夫的精心指点,凌叔华英文写作的进步十分迅速。

伍尔夫试图指出凌叔华在用英语写作时害怕出错的恐惧,并了解在中国,在她书写女性自传时,是几乎没有传统可以借鉴的。她对凌叔华的同情、体谅与她对英国妇女作家历史处境的关注直接相关。在《一间自己的屋子》中,伍尔夫写道:"不论劝阻和批评对她们的写作有何影响——我相信影响很大——与她们把思想付诸笔墨之时所面临的其他困难相比,就显得微不足道了——所谓其他困难,是指在她们背后缺乏传统支撑,或仅有短暂而局部的传统,无甚裨益。因为如果我们是女人,就会去回想我们的母系前辈们。去求助于伟大的男作家们是无用的。"②

---

① Patricia Laurence, *Lily Briscoe's Chinese Eyes: Bloomsbury, Modernism, and China*. p. 273. 为 1938 年 12 月 31 日信。

② 弗吉尼亚·伍尔夫:《论小说与小说家》,瞿世镜译,上海译文出版社 2009 年版,第 133 页。

在战争的阴霾中,伍尔夫也忍不住向凌叔华描述了自己的处境:"终日里,飞机不断在房上掠过,每天都有不幸的难民上门求援。我正在读乔叟,并且试着为我们的老友罗杰·弗赖作传。"她还说:"我很羡慕你,你生活在一片有着古老文化的、广阔荒凉的大地上。我从你所写的东西里体会到了这一点。……我把劝告自己的话奉送给你,那就是,为了完成一桩非属个人的事业,只顾耕耘,不问收获。"①收于《弗吉尼亚·伍尔夫书信集》中的最后一封信标明写于 1939 年 7 月 16 日。当时的伍尔夫依然在忙于罗杰·弗莱传记资料的选择,并苦苦克制着战争有可能给自己带来的再度精神崩溃。她感谢凌叔华寄赠的红黑两色招贴画,并在信的最后写道:"飞机不断在我们头上盘旋,周围到处是防空掩体,但我仍然相信我们会有和平。"②

1940 年,纳粹德国的飞机终于轰炸了伦敦,伍尔夫的寓所被炸。随着战争摧毁了她沉浸于艺术的象牙之塔中的梦想,伍尔夫感觉到周围的文明正在崩塌。伦纳德·伍尔夫在《自传》的最后一卷中,回顾了 1940 年的法西斯侵略给他们夫妇的生活带来的威胁:"在城里的街道上,犹太人到处都被公开穷追不舍,直到逮捕为止,还遭到痛打和羞辱。我看到一张照片,在柏林的一条主要街道上,一个犹太人被冲锋队员们从店里拖出来。这人裤子上的纽扣被扯开,显示他被割过包皮,因而是一个犹太人。这人的脸上流露着可怕的表情,是一种茫然的痛苦和绝望,自从人类历史肇始以来,人们就已经在荆棘冠下遭到他们迫害和侮辱的受害人脸上看

①　杨静远:《弗·伍尔夫至凌叔华的六封信》,见《外国文学研究》1989 年第 3 期,第 11 页。
②　杨静远:《弗·伍尔夫至凌叔华的六封信》,见《外国文学研究》1989 年第 3 期,第 7 页。

到这种表情了。在这张照片上,更可怕的是那些可敬的男女们脸上的神态,他们站在人行道上,嘲笑着那个受害人。"①

伍尔夫在 1940 年的整个 8 月和 9 月都见证了那些零星的保卫英国、保卫伦敦的空战。在空袭中,姐妹俩都受到了损害。不仅伍尔夫的寓所被毁,范尼莎的画室也被炸掉了。伍尔夫在给密友埃塞尔·史密斯的信中这样写道:"……眼看着被炸得满目疮痍的伦敦,那也抓挠着我的心。"②1941 年,女作家终于带着无法再从事自己心爱的写作事业的遗憾,自沉于乌斯河。

根据凌叔华 1953 年致伦纳德信中的回忆,在抗战时期,尤其是 1938—1939 年间,她共向伍尔夫寄发了 8 或 10 份手稿。而伍尔夫也几乎是逐章阅读了凌叔华的手稿,提出意见并妥为保存。由于战乱及辗转迁徙,凌叔华失落了自己的保存稿。因此,正是诚挚而细心的伍尔夫对凌叔华手稿的尊重和保存,才使日后《古韵》的问世成为可能。她们在骚乱的战争年代,穿越个人、语言、文化和民族的障碍,相互通信与激励。这在整个人类的文化与文学交往史上,都是不可多得的一桩个案。

此外,在爱子牺牲两年后,范尼莎也开始了与凌叔华的通信联系。她的爱子念念于心的远在中国的心上人的来信,为她表达和宣泄内心的悲伤提供了一个出口。③ 1938 年 10 月 16 日,范尼莎在致凌叔华的信中写道:"你的来信十分伤感。我很高兴你把自己的感受告诉了我——请一直这样做吧。那样我也可能把自己的真实感受告诉你,我们就会更加亲密了。我想,朱利安的去世对你

---

① 昆汀·贝尔:《伍尔夫传》,第 433 页。
② 昆汀·贝尔:《伍尔夫传》,第 435 页。
③ 1996 年,伦敦的布鲁姆斯伯里出版社出版了范尼莎·贝尔的书信集,进一步提供了有关范尼莎、朱利安和弗吉尼亚等与凌叔华交往的新材料。

我之间关系的发展起到了某种促进作用,如果他还在世,很可能情况不会像现在这个样子——所以,亲爱的苏,让我们把这种关系变得更加亲密无间吧。"①和她的妹妹一样,范尼莎也始终关注着中国女作家的写作进展。伍尔夫自杀之后,在一封写于1941年5月27日的信件中,范尼莎甚至将妹妹的死与爱子的死联系了起来,向凌叔华描述了自己的孤寂心情。此后,她们保持通信联系长达16年之久,直至1955年11月方才中止。1938年7月24日,凌叔华在致范尼莎的信中透露了自己尝试英文自传写作的原因:"如果我的书能够向英国读者描摹中国人生活的部分图景,部分和英国人一样普通的经验,以一个东方孩子的眼光来呈现部分中国人生活和性的真相——而这些你们是绝无可能看到的,我就心满意足了。"②而在1939年12月5日的回信中,范尼莎亦对战乱中的凌叔华多有宽慰:"请不管别的,尽可能地开心起来吧——我知道朱利安如果活着,也会对你说同样的话。"③因此,可以这样说,是范尼莎和伍尔夫这对姐妹在精神上支持了孤独与痛苦的凌叔华,并见证与激励了她的写作与成长。这是一种跨越不同的地理疆域和文化,甚至超越了生死的联系与对话。

虽然伍尔夫和凌叔华的锦书往返还由于战争和伍尔夫的去世而终止,但"布鲁姆斯伯里人"与凌叔华之间的关系并没有结束,后面的巧合甚至更具有戏剧性。抗战胜利后的1946年,陈源出任常

---

① Patricia Laurence, *Lily Briscoe's Chinese Eyes: Bloomsbury, Modernism, and China*. p. 237.

② Patricia Laurence, *Lily Briscoe's Chinese Eyes: Bloomsbury, Modernism, and China*. p. 273.

③ Patricia Laurence, *Lily Briscoe's Chinese Eyes: Bloomsbury, Modernism, and China*. p. 269.

驻联合国教科文组织代表,凌叔华随行。她1947年定居伦敦时,伍尔夫已去世6年。在凌叔华到达后,范尼莎提供了力所能及的帮助。她后来还认识了女诗人维塔·萨克维尔-韦斯特。她即是与伍尔夫有着深厚的情谊并成为伍尔夫小说名作《奥兰多》中同名主人公原型的人物。维塔是哈罗德·尼科尔森太太的笔名。关于弗吉尼亚和维塔的关系,维塔之子奈杰尔·尼科尔森后来在《树丛里的塞尚以及其他关于查尔斯顿的回忆》中写道:"从1925年到1928年,她们曾经保持了3年的恋情。至今我仍认为这是最不可思议的恋情。……就维塔而言,她完全是出于对弗吉尼亚的为人和创作天赋的崇拜才一直保持着这种关系的。"①"自从她认识了弗吉尼亚,那段情谊再也没有断开过,甚至在爱情结束以后她们也一直保持着良好的私人关系。她们的爱美丽而纯洁,只要和对方在一起,彼此便能感受到发自内心的快乐。"②

昆汀·贝尔的传记中也写道,1925年秋及随后的数年中,"她是弗吉尼娅生活中最重要的人——除了伦纳德和瓦尼莎之外。……维塔似乎是为了让弗吉尼娅欢喜而被创造出来的"③。

在定居伦敦后,凌叔华注意到了发表在《观察家》杂志上的、总题为《在你的花园里》的一系列文章,作者正是维塔。维塔对中国植物的谈论让凌叔华深深着迷,她便写信给维塔。维塔邀请她到自己在西辛赫斯特的城堡去参观那显赫的花园。由于知道凌叔华的文学兴趣,维塔偶然问起凌叔华是否曾以英文写作过,凌叔华遂提起往事。维塔惊奇地找出了自己与伍尔夫的合影和伍尔夫送

---

① S. P. 罗森鲍姆编著:《回荡的沉默:布鲁姆斯伯里文化圈侧影》,杜争鸣、王杨译,江苏教育出版社2006年版,第42页。
② S. P. 罗森鲍姆编著:《回荡的沉默:布鲁姆斯伯里文化圈侧影》,第45页。
③ 昆汀·贝尔:《伍尔夫传》,第323页。

给她的书,并建议她要把《古韵》完成出版。热心的维塔后来又找到伦纳德·伍尔夫,伦纳德终于在僧舍旧居伍尔夫的遗物中发现了《古韵》的文稿。

由于伍尔夫的关系,凌叔华自1952年5月起,亦开始了与伦纳德之间的通信。他们之间的联系保持到1969年2月,即伦纳德去世前不久。1952年7月6日,在写给伦纳德的信中,凌叔华明确谈及自己的中国观以及对流行的一些误读中国的作品的批评意见:"我希望自己能写出一部真实地表达中国和中国人的书。在西方有很多有关中国的书,但它们大多是为满足西方人的好奇心而写的。作者们有时只是出于自己的想象而虚构了一些有关中国人的故事。他们对读者的态度是不诚实的。因此,在西方人的眼中,中国人成了某种半幽灵、半人的生物。"①1952年5月29日致伦纳德的信中再度写道:"我写这部作品的计划开始于(1938年)写信给弗吉尼亚期间。当时,她是第一个,也是唯一的一个鼓励我不断写作的人。当我听到她的死讯时,我无法再继续把这本书写下去了。正如你所知道的那样,中国当时正处在第二次世界大战期间,我不得不面对各种困难,承担起作为一名中国人的所有责任。我只能等到战争结束才能恢复写作。"②凌叔华还在伦纳德的陪同下参观了伍尔夫的起居室和心爱的花园,并在1952年8月29日给伦纳德的信中感慨道:"她一定有一颗伟大的心灵;她甚至

---

① Patricia Laurence, *Lily Briscoe's Chinese Eyes*: *Bloomsbury*, *Modernism*, *and China*. p. 274.

② Patricia Laurence, *Lily Briscoe's Chinese Eyes*: *Bloomsbury*, *Modernism*, *and China*. p. 287.

竭力去帮助一个远在千里之外、过着和她完全不同的生活的人。"①后来,在《回忆录》中,她又写道:"在过去的20年中,人们常常提及弗吉尼亚·伍尔夫。人们知道她是一位杰出的作家。但却很少有人认识到,她也古道热肠、乐于助人。"②

就这样,自1937年起,由于朱利安的关系,凌叔华和布鲁姆斯伯里成员的友情像滚动的雪球一样越来越深厚饱满,终于在他们的倾力帮助下,在1952年修订完成《古韵》,于次年交由伍尔夫夫妇创办的著名的霍加斯出版社出版。

第四节 《古韵》在霍加斯出版社的出版

《古韵》初版时附有凌叔华手绘的七幅精致水墨素描画。凌叔华将该著题献给了弗吉尼亚·伍尔夫和维塔·萨克维尔-韦斯特。维塔还为之亲写序言,称赞"她的文笔自然天成,毫无矫饰,却有一点惆怅。因为她毕竟生活在流亡之中,而那个古老文明的广袤荒凉之地似乎非常遥远"③。

《古韵》以第一人称的叙述口吻,通过"我"这个不谙世事的小女孩的眼睛,呈现了清末中国旧式大家庭的日常生活和人情是非。作品由18个片段构成,包括身为直隶布政使的父亲、母亲、三妈、五妈等的日常生活场景,亲睹的刽子手行刑场面,父亲在家中所设的旧式法庭上审理犯人的情景,以及回忆中的母亲朱兰幼年被拐

---

① Patricia Laurence, *Lily Briscoe's Chinese Eyes: Bloomsbury, Modernism, and China*. p. 287.

② Patricia Laurence, *Lily Briscoe's Chinese Eyes: Bloomsbury, Modernism, and China*. p. 287.

③ 傅光明:《凌叔华:古韵精魂》,大象出版社2004年版,第73页。

后卖为大户人家的养女,再以后被骗嫁入北京丁家,成为第四房小妾的不幸婚姻,等等。在这个复杂的大家庭中,作者呈现了两个世界:一个是由父亲、三妈、母亲、五妈和六妈等组成的成人世界,那里充斥着男权的压迫、妻妾们的争风吃醋与明斗暗争。父亲要娶第六房小妾了,妻子们和孩子们强作欢颜,被迫道喜。性情刚烈的五妈"哭了一整天"①,"大颗的泪珠像断线的珍珠一样从脸颊上滚下来"②。"她的手指在发抖,胸脯起伏"③;另一个则是由"我"和姐姐们组成的儿童世界,描写了"我"作为父亲第四房小妾的第三个女儿、整个家中的第十个女儿在大院中寂寞成长、习画的经历:"也许是因为是妈的第四个孩子,家中的第十个女儿,自然没人留心。时间一久,我也习惯了。"④小说写到凌叔华长大进入女校,参加五四运动,并开始写作,在文坛崭露头角为止。

从小说中,我们可以清晰地感受到伍尔夫《一间自己的屋子》中对女性历史命运的分析的中国式回响。其中父亲审理的媳妇谋害婆婆一案,通过中国封建社会的恶婆婆虐待媳妇的典型现实,涉及了女性的地位和命运问题。而凌叔华关注中国旧式大家庭中妻妾的不幸命运并着力通过女性关系群体刻画人物形象的倾向,亦与伍尔夫的文学主张彼此呼应。在凌叔华笔下的大家庭里,妻妾明争暗斗,争风吃醋。生下儿子的妾得意洋洋,三妈和六妈之间不仅恶语相向,甚至厮打起来。而嫁进家门的新娘在卸下了冠冕和大红的衣装之后,等待她的将是一生凄凉的命运:"只有在这种特殊的场合,新娘才是尊贵的,新郎只是她恭顺的仆人。但这顿饭一

---

① 凌叔华:《古韵》,傅光明译,中国华侨出版社1994年版,第28页。
② 凌叔华:《古韵》,第36页。
③ 凌叔华:《古韵》,第37页。
④ 凌叔华:《古韵》,第39页。

过,她就得伺候丈夫一生,当然得柔顺贤淑。"①五姐即是包办婚姻的牺牲品,最后被迫进了尼庵。小说中还写到自己的父亲从不让她在他的书房中自由读书的事情,表明凌叔华对女性受教育问题以及在现实生活中难以接受正规教育的状况是十分敏感的,这一点也和伍尔夫在《一间自己的屋子》中对作为高等学府象征的"牛桥"歧视女性的暗讽彼此呼应。

同时,我们看到,在20世纪30年代的中国,凌叔华探索书写女性生活的方式本身也受到伍尔夫的影响。中国传统的传记写作,几乎都是表现高僧、豪门显贵和帝王将相的,女性没有在文学与文化中获得表达的可能性;同时,传统的传记书写是反对自我表达和内省的。特别是在危机时代,个人话语只能融于家庭、团体和国家这样的集体名词中,隐没于国家话语之下。而自传的书写则有赖于自我的存在和足够的心理人格空间。通过与伍尔夫的书信来往,凭借着伍尔夫的激励与帮助,凌叔华大胆讲述了个人生活,使自己的心灵获得了解放。由于鼓励凌叔华将英文自传的章节一一寄给她阅读,伍尔夫还为凌叔华创造了一个隐形的英语读者,使之在文化上有可能更加开放地对待妇女和自传这种文体,脱离时代和环境在观念与形式上的约束,自由地表现个体的早年生活,并以诗意的笔触表现家庭内部关系和女性处境。而凌叔华从她所处的时空的文类和意识形态约束中挣脱出来之后,亦显示了自己独特的本土写作策略。

与中国传统的以男性生活为叙述中心的文本不同,凌叔华在此运用了儿童叙述者的视角,以一种隐含的文化批评的态度专注于中国清末妇女儿童的生活,表达了一种既可以自我保护又对社

---

① 凌叔华:《古韵》,第111—112页。

会提出质疑的声音。因为这种方法可以使得儿童观察者既观察到社会的不公与腐败，又不用承担政治责任。通过将天真无邪的话语和对罪恶的观察相融的形式，凌叔华巧妙而公开地讨论了中国妇女的包办婚姻和妻妾之间的猜忌等问题。

由于布鲁姆斯伯里艺术观的影响，凌叔华较之其他中国女作家亦更加重视人的心灵状态的呈现，对叙述语言也有着自觉的意识。孟悦、戴锦华准确地评述了凌叔华的小说艺术之于中国现代妇女文学的独特意义："在新文化初年，她以一种女性方式接过了西方小说艺术并重建为一种适合女性表达的形式。她的人物塑造、情节设置、叙述语调乃至叙事视点都体现了一个女性作家的特有选择。她把女性的经验从一种小问题、一种呐喊变为一种艺术，这正是一代浮出地表的女儿们所能做的最大建设。"①

小说问世后，一时好评如潮。一流的报刊如《时与潮》、《泰晤士报文学副刊》、《观察家》、《新政治家》、《环球》等都有文评论和赞扬。《时与潮》(*Time and Tide*)周刊评论说："书中洋溢着作者对生活的好奇、热爱和孩子般的纯真幻想，有幽默、智慧、不同寻常的容忍以及对生灵的深切同情。无论新旧，只要是好的，叔华都接受，从不感情用事。"布鲁姆斯伯里重要成员哈罗德·阿克顿未署名地在《泰晤士报文学副刊》评论说："叔华平静、轻松地将我们带进那座隐蔽着古老文明的院落。现在这种文明已被扫得荡然无存，但那些真正热爱过它的人不会感到快慰。她向英国读者展示了一个中国人情感的新鲜世界。"②

---

① 孟悦、戴锦华：《浮出历史地表——现代妇女文学研究》，中国人民大学出版社2004年版，第90—91页。

② 傅光明：《凌叔华：古韵精魂》，第64页。

1962年，凌叔华在巴黎东方博物馆举办了她个人的绘画和所收藏的元、明、清名家画作及中国文物古玩展，主持该活动的是法国国家研究院院长、法兰西学院院士、传记大师安德烈·莫洛亚。他在后来印成的纪念册的序言中写道："她结识了两位英国作家弗吉尼亚·伍尔夫和维塔·塞克维尔-韦斯特，在两位的指导下，尝试着用英文写作，并成功地将自己中文作品里那充满诗意的韵致融会在了英文作品之中。"①1969年，霍加斯出版社重版了《古韵》，并译成法、德、俄、瑞典等国语言出版。1988年，《古韵》在美国再版。

关于"布鲁姆斯伯里团体"与凌叔华的文学因缘，帕特丽卡·劳伦斯写道："凌叔华的自传吸收了布鲁姆斯伯里文化圈的营养：早期受到了朱利安·贝尔和弗吉尼亚·伍尔夫的鼓励；由马乔里·斯特雷奇编辑，后来又在维塔·萨克维尔-韦斯特鼓励下完成，维塔还为她的作品撰文加以介绍；C.戴·刘易斯随后也读了这本书；此书是由伦纳德·伍尔夫的霍加斯出版社出版的；哈罗德·阿克顿在《泰晤士报文学副刊》上发表了书评（未署名）；J.B.普里斯特里称之为年度书籍；而且，亨丽塔·加内特（安吉利卡·贝尔和戴维·加内特之女）还把这本书高声朗读给她的外祖母——范尼莎·贝尔听。"②

然而，直至凌叔华去世（1990）后，《古韵》的中文本才由傅光明译出，先后于1991年和1994年由台湾的业强出版社和大陆的中国华侨出版社出版。2005年，山东画报出版社出版了该作的图

---

① 傅光明：《凌叔华：古韵精魂》，第78—79页。

② Patricia Laurence, *Lily Briscoe's Chinese Eyes*: *Bloomsbury*, *Modernism*, *and China*. p.284.

文版,更名为《古韵:凌叔华的文与画》。《弗吉尼亚·伍尔夫书信集》中收录的伍尔夫致凌叔华的 6 封信早在 1988 年也由与凌叔华、苏雪林并称为"珞珈山三女杰"的剧作家袁昌英之女杨静远译出,先在《中国之友》1988 年第 1 期刊出,随后又发表于《外国文学研究》1989 年第 3 期,但都未能获得学术界的充分关注。

　　1968 年,在伦敦接受的一次采访中,凌叔华再次说到自己最心爱的西方作家是弗吉尼亚·伍尔夫。李欧梵在题为《追求现代性(1895—1927)》的论文中认为:"维吉尼亚·伍尔夫的那份遗产传给了后来的两位女作家:凌叔华和张爱玲。"①他所提及的那份遗产指的即是"自我开始从外部退回来,并且把自己几乎像是当做世界本身那样投到对自身的内心动力做的一种精细考查中"②,即对人的精神世界深处的追踪和呈现。而我们从夏志清《中国现代小说史》第 15 章对张爱玲的分析也可以看出,张爱玲的小说确是较为典型地表现出了"自我从外界现实退回来"的特点的。因此,有关伍尔夫与凌叔华、张爱玲等创作的关系与比较研究,是有待进一步展开的跨文化课题。

第五节　"布鲁姆斯伯里团体"与叶君健

　　如前所述,在 20 世纪 30 年代,除了凌叔华之外,得到"布鲁姆斯伯里团体"帮助、与"布鲁姆斯伯里人"相知相交的中国作家与学者,还有作为《大公报》记者来英的萧乾,以及朱利安心爱的中国弟子叶君健等。朱利安在华期间的日记,曾经纪录下了他对叶

---

①　李欧梵:《现代性的追求》,三联书店 2000 年版,第 238 页。
②　李欧梵:《现代性的追求》,第 238 页。

君健的美好印象:"英俊、坦诚,穿着卡其布的衣服,看上去非常聪明和富有魅力。"①叶君健在朱利安的指导下阅读了包括乔治·艾略特、巴尔扎克、福楼拜、乔治·桑、法郎士、左拉、威尔斯、王尔德、萧伯纳、陀思托耶夫斯基、屠格涅夫、契诃夫、果戈理、普希金、高尔基等在内的大量欧洲作家的作品,为其日后成为功底深厚的作家与翻译家奠定了良好的基础。②

　　1985年,叶君健的母校武汉大学出版社出版了叶君健的文集《读书与欣赏》。在收入文集的散文《有关武汉的回忆》中,老先生深情回忆了自己当年和朱利安·贝尔的交往和友谊:"头一年我在大学毕业后,因为找不到职业,便和当时在武汉大学教我英国文学的一位年轻英国教授朱理安·贝尔(也是我在武汉大学所交的一位最好的朋友)商量。"贝尔建议他远走东京,还资助了叶君健100元钱,够他去东京的旅费和3个月的生活费。该慷慨之举大大缓解了叶君健的燃眉之急,"在这3个月中我学会了讲日文,于是我便在东京开始教英文和世界语,并且还为日本世界语者编的刊物写文章"③。

　　1937年春,叶君健用世界语写的短篇小说集《被遗忘的人们》在日本出版。这期间,贝尔"接连不断地写了好些信来,谈他的决心,要到西班牙去参加国际纵队,抗击法西斯"④。卢沟桥事变前夕,朱利安的这些涉及反法西斯内容的信件受到了日本警察的注

---

　　①　Patricia Laurence, *Lily Briscoe's Chinese Eyes*: *Bloomsbury*, *Modernism*, *and China*. p. 48.

　　②　Patricia Laurence, *Lily Briscoe's Chinese Eyes*: *Bloomsbury*, *Modernism*, *and China*. p. 48.

　　③　叶君健:《读书与欣赏》,武汉大学出版社1985年版,第230页。

　　④　叶君健:《读书与欣赏》,第230页。

意,叶君健终于被捕并被驱逐出日本。可是回到武汉后,他却接到了噩耗:"等待我的是一封从英国寄来的信。那是我那位年轻英国教授朋友朱理安·贝尔的母亲瓦涅莎·贝尔(一位极负盛名的画家)写来的。她告诉我她的儿子、我的最亲密的朋友朱理安·贝尔在西班牙爱斯古里亚尔前线牺牲了。他死在反法西斯的战场上,当时战斗激烈,尸骨就埋在战地的土壤里,没有运回英国。一年多以前,我们在武汉告别的时候,他还是一个生气勃勃的年轻诗人!"①失去了恩师兼挚友的叶君健深感哀痛。此后,对朱利安的怀念一直深植于他的心中。在收于同一文集的另一篇回忆文章《一段与日本文学的因缘》中,叶君健再度回忆了自己的这位异国导师与友人。

　　叶君健于 1936 年从武汉大学外文系毕业。抗战开始后,他在武汉国民政府军事委员政治部第三厅从事国际宣传工作,同年参加发起成立中华全国文艺界抗敌协会,在香港主编英文刊物《中国作家》,并先后在重庆大学、中央大学和复旦大学任教。1944年,他受命前往英国,任中国抗战情况宣讲员,向英国人民宣传中国的抗战事迹,以配合英国准备开辟欧陆第二战场的国内动员。第二次世界大战结束后,他又来到剑桥大学国王学院研究西方文学,直至 1949 年归国。在英期间,虽然朱利安和伍尔夫已先后去世,布鲁姆斯伯里不再聚会,但是朱利安的长辈友人们包括福斯特等,还是给了他许多帮助。他的主要文学创作,如长篇小说《土地三部曲》(《火花》、《自由》、《曙光》),《寂静的群山三部曲》(《山村》、《旷野》、《远程》)),散文集《两京散记》,短篇小说集《叶君健小说选》,《叶君健童话故事集》等,都是在剑桥大学从事研究期间

----

①　叶君健:《读书与欣赏》,第 231 页。

完成的。而在这段珍贵的时间里，或许是由于朱利安的推荐、教授与影响，伍尔夫的意识流小说，始终是叶君健的挚爱。

《读书与欣赏》中，同样收录了叶君健的研究专论《芙吉妮娅·吴尔芙和"意识流"》一篇，并附有他亲自翻译的伍尔夫短篇小说《伦敦植物园》。和《墙上的斑点》一样，小说同样没有所谓的"故事"，只有对名为"邱园"的伦敦郊区皇家植物园里四组游人的断片式描写，主要集中在对他们的感觉、情绪和散漫意识活动的记叙，首尾和中间则是对景物氛围的一幅幅印象主义式的描绘。

叶君健认为该作"能代表她的创作手法"①。专论中首先简略描述了伍尔夫的生平与创作，然后围绕对"现实"与"真实"的理解问题，介绍了伍尔夫的美学思想，别致而又深入浅出地展开了如下的议论："事实上，我看她还是没有离开传统写小说的要求，即'现实'和'真实'。不过她所理解的'现实'和'真实'与过去一些作家，如她所指的那些比她较早的'自然主义'作家不同罢了。她所理解的'现实'和'真实'是客观事物在她的头脑中所引起的种种变幻无常、纯个人感觉而无异己成分干扰的印象和感觉。作家的任务据她的看法和她写作的实践，就是把这些感觉和印象忠实地表达出来。这也可以说是另一种'自然主义'或'现实主义'，因为它究竟还是反映出了'个人'的'现实'，反映出了在一定社会条件下某些个人的真实情况。在这种意义上，'意识流'的小说也应该说是一种'现实主义'的作品，仍值得我们重视，特别是因为它曾在西方世界起过很大的影响，成为一代创作的风尚，还特别是因为它反映出了一定社会条件下某些阶层的人物的观念形态。因此它

---

① 叶君健：《读书与欣赏》，第 172 页。

也是时代的产物。"①随后,叶君健强调了意识流不是从天而降,而是"反映出一种特定的'时代精神'"②,并特别尊崇伍尔夫在意识流小说的发展中,将意识流手法"归纳成为体系,提高到理论的高度"③的特殊地位。

叶君健为谢璞的中篇小说集撰写的序言《写作这行手艺》一文,同样收于《读书与欣赏》中,其中再次谈到了伍尔夫在表现现代人心理深度方面的贡献和在小说艺术史上承前启后的重要地位:"'意识流'大师芙吉尼亚·吴尔芙是深入研究了19世纪现实主义大师们的作品而后发现,他们的艺术表现手法不足以反映现代人的全面的复杂活动,因而另辟蹊径,探索出一套自己独特的表现手法——意识流。"④

1990年第1期的《外国文学评论》杂志在"中国作家与外国文学"栏目中,也刊登了叶君健的《谈外国文学研究和创作》。其中写道,伍尔夫是他"从之学习并且从中真正得到了实际教益的"⑤数位外国作家之一。"弗吉妮娅·吴尔夫,她可以说是本世纪初的作家中的一代'精英'。她对英国传统文学——特别是小说创作——的修养之深是她那一代作家中无与匹敌的。正因为她的修养深,所以她才发觉传统的写法不足以充分表达现代人的心灵活动,得另辟蹊径,从而她开创出一个新的流派——意识流。但她的作品最吸引人的还是文字风格。她采摘了英国文学语言中的精

---

① 　叶君健:《读书与欣赏》,第175—176页。
② 　叶君健:《读书与欣赏》,第176页。
③ 　叶君健:《读书与欣赏》,第176页。
④ 　叶君健:《读书与欣赏》,第22页。
⑤ 　叶君健:《谈外国文学研究和创作》,见《外国文学评论》1990年第1期,第114页。

华,再糅进她细微的、高度锐敏的感觉,从而创造出一种诗意浓厚的新鲜语言,给读者以感官上的极大享受。"①叶君健不仅谈到了意识流,还论及伍尔夫独特的语言风格。而他自己的小说与散文写作,也是以简洁与诗意取胜的。结合他对伍尔夫艺术的深入领悟与在剑桥大学五年专业研究的经历,认为他的艺术风格受到了伍尔夫一定的影响或熏陶,或许并非完全没有根据。

另外值得一提的事件还有,20世纪80年代,叶君健邀请了朱利安·贝尔的弟弟昆汀·贝尔夫妇来华讲学。昆汀·贝尔即是伍尔夫唯一幸存的外甥、《伍尔夫传》的作者。贝尔夫妇先后来到武汉大学、北京大学和上海外国语学院三所学校,讲的主要内容就是弗吉尼亚·伍尔夫的写作。联系前述"布鲁姆斯伯里人"与徐志摩、凌叔华等的交往,这或许可以说是"布鲁姆斯伯里团体"成员与中国学术界之间最后一次直接的文化与文学交流了。

<hr>

① 叶君健:《谈外国文学研究和创作》,见《外国文学评论》1990年第1期,第114页。

第五章　伍尔夫的影响与汪曾祺的意识流小说实验

　　作为活跃于中国现、当代两个不同的文学阶段，既"早熟"而又"晚成"的短篇小说大家，汪曾祺早在20世纪40年代初，即20岁时已登上文坛，并以洋溢着诗情画意、温润而又柔美的笔致引起了公众的注意。

　　在1939到1946年的大半时间内，汪曾祺都是在西南联大的校园中度过的，尤其是成为了沈从文的"得意高徒"。他在"自报家门"时曾说自己读的虽然是中国文学系，但是大部分时间都在看翻译小说，阅读范围广涉法国作家纪德、普鲁斯特、萨特，英国作家伍尔夫，俄罗斯作家契诃夫，西班牙作家阿索林等人。当时的西南联大外语系集中了一批中外著名的学者如叶公超、燕卜荪、冯至、卞之琳等。他们在课堂上讨论现代主义作家，通过著作、翻译和编辑活动介绍现代主义作品，对在校的青年学子和后方文艺界均产生了很大影响。中文系的名教授和作家们如朱自清、闻一多、沈从文、李广田等也给予他们以支持。作为在西南联大民主、自由、开放的氛围中成长起来的作家，汪曾祺初入文坛，就显示出中西合璧、兼收并蓄的特色，作品明显受到外国文艺思潮的影响，体现出浓郁的实验意味。

其实不仅他是如此,他的老师们在开放的校园文化中,也在经历着创作生涯的各自"转型":沈从文在《看虹摘星录》中展开了更为繁复的文体实验;卞之琳也转向了对散文化小说的叙事和文体的探索。无论是成熟作家的转型还是习作者的尝试,都是需要自由的文化氛围与开放的文化环境的,西南联大的课程设置、教师构成、学术环境与教学理念,均为汪曾祺的文学实验提供了开阔的空间。

第一节　汪曾祺早年的伍尔夫阅读及所受的影响

关于自己早年通过阅读所受到的西方现代主义文学的影响,汪曾祺多次在不同的文章与访谈中有所提及。如前所述,20世纪三四十年代的中国,是伍尔夫汉译与研究第一个相对集中的重要阶段。虽然汪曾祺未必能通读所有翻译引进的伍尔夫作品,但20世纪30年代末到40年代中后期基本上在西南联大苦读的他,接触到部分译作是完全有可能的。

原载于1947年5月31日天津《益世报·文学周刊》第43期的论文《短篇小说的本质——在解鞋带和刷牙的时候之四》已经表明,40年代的汪曾祺是相当熟悉伍尔夫的论文《贝内特先生与布朗夫人》的,因为他在首先亮出了自己的观点即"用最经济的文学手腕,指写事实中最精彩的一段或一面"①之后,随即化用了《贝内特先生与布朗夫人》中所使用的比喻。

----

① 中国现代文学馆编:《汪曾祺代表作》,华夏出版社2008年版,第239页。

　　吴尔芙夫人以在火车中与白朗宁太太同了一段路的几位先生的不同感情冲动譬像几种不同的写小说法，我们现在单摘取同车一事来说明小说与其人物的关系。设想一位作者，我们称他为 X 先生，在某处与白朗宁太太一齐上了车，火车是小说，车门一关，汽笛拉动，车开了，小说起了头。X 先生有墨水两瓶，钢笔尖二盒，一箱子纸，四磅烟草，白朗宁太太有的是全部生活。X 先生收心放志，集中精神，松开领子，咬起大烟斗，白朗宁太太开始现身说法，开始表演。我们设想火车轨道经行之地是白朗宁太太的生活，这一列车随处可停，可左可右，可进可退，给 X 先生以诸方便，他可以得到他所需要的白朗宁太太生活中任何场景节目。白朗宁太太生来有个责任，即被写在小说里，她不厌烦，不掩饰省略，妥妥实实回答 X 先生一切问话。好了，除去吃饭睡觉等不可不要的动作之外，白朗宁太太一生尽在此中，X 先生也颇累了，他们点点头，下车，分别。小说完成！

　　先生，你觉得这是可能的么？①

　　汪曾祺在此对火车上的 X 先生与白朗宁太太关系的栩栩如生而又充满幽默的想象，是着意论证前面亮出的观点，强调小说不是历史铺叙，不是流水账，而是需要选择、取舍、结构与剪裁的。

　　那么，如何"写事实中最精彩的一段或一面"？如何出新？汪曾祺指出："我们那种旧小说，那种标准的短篇小说，必然将是个历史上的东西。……此世纪中的诗、戏，甚至散文，都已显然与前

---

　　①　中国现代文学馆编：《汪曾祺代表作》，第 239—240 页。

一世纪异趣,而我们的小说仍是18世纪的方法,真不可解。"①他感慨道:"我们耳熟了'现代音乐'、'现代绘画'、'现代雕刻'、'现代建筑'、'现代服装'、'现代烹调术',可是'现代小说'在我们这儿远是个不太流行的名词。"②随后,他表明了自己的现代小说观,尤其是短篇小说观,认为写短篇小说,"日光之下无新事,就看你如何以故为新,如何看,如何捞网捕捉,如何留住过眼烟云,如何有心中的佛,花上的天堂"③。呼吁"多打开几面窗子吧!只要是吹的,不管是什么风"④。这里的"如何捞网捕捉,如何留住过眼烟云,如何有心中的佛,花上的天堂"的中国式表述,和普鲁斯特笔下的人物由一块小小的玛德兰点心而"追忆似水年华"的构思相映成趣。汪先生强调"一个真正的小说家的气质也是一个诗人","'事'的本身在短篇小说中的地位行将越来越不重要"⑤。"短篇小说者,是在一定时间、一定空间之内,利用一定工具制作出来的一种比较轻巧的艺术,一个短篇小说家是一种语言的艺术家。"⑥短篇小说是"一种思索方式、一种情感形态,是人类智慧的一种模样"⑦。

汪曾祺的老师沈从文在《烛虚》中也曾诗意地写道:"流星闪电刹那即逝,即从此显示一种美丽的圣境,人亦相同。一微笑、一皱眉,无不同样可以显出那种圣境。一个人的手、足、眉、发在此一闪即逝更缥缈的印象中,即无不可以见出造物者手艺之无比精巧。

---

① 中国现代文学馆编:《汪曾祺代表作》,第243页。
② 中国现代文学馆编:《汪曾祺代表作》,第243页。
③ 中国现代文学馆编:《汪曾祺代表作》,第243页。
④ 中国现代文学馆编:《汪曾祺代表作》,第244页。
⑤ 中国现代文学馆编:《汪曾祺代表作》,第244页。
⑥ 中国现代文学馆编:《汪曾祺代表作》,第245页。
⑦ 中国现代文学馆编:《汪曾祺代表作》,第245页。

凡知道用各种感觉捕捉住这种美丽神奇光影的,此光影在生命中即终生不灭……这些人写成的作品虽各不相同,所得启示必中外古今如一,即一刹那间被美丽所照耀、所征服,所教育是也。"①我们看到,汪曾祺的意识流小说实验,是有清晰而自觉的理论意识的,既得之于老师的潜移默化,也是他借西方现代主义美学主张以革新传统小说之积弊的责任意识与创新意识的必然产物。所以他的这篇论文,当可被视为伍尔夫的《贝内特先生与布朗夫人》在现代中国作家中的回应。

在新时期之初复出文坛后不久,汪曾祺写道:"我曾经很爱读弗·伍尔芙……的作品(通过翻译)。"他大声为现代主义与意识流小说疾呼:"意识流是可以表现社会主义内容的,意识流和社会主义内容不是不相容的,而是可以给社会主义文学带来一股清新的气息的。""我觉得现实主义是可以、应该,甚至是必须吸收一点现代派的手法的,为了使现实主义返老还童。"②

1992 年第 2 期的《外国文学评论》在"中国作家与外国文学"栏目下,汪曾祺又发表了散文《西窗雨》,自陈"喜欢在气质上比较接近我的作家"③,谈到大学时代广泛涉猎外国文学,尤其喜爱英国作家的作品。而在"英国文学里,我喜欢弗吉尼亚·伍尔夫。她的《到灯塔去》、《海浪》写得很美。我读过她的一本很薄的小说《弗拉西》,是通过一只小狗的眼睛叙述伯朗宁和伯朗宁夫人的恋爱过程,角度非常别致。《弗拉西》似乎不是用意识流方法写

---

① 《沈从文选集》第 5 卷,四川人民出版社 1983 年版,第 78—79 页。
② 汪曾祺:《晚翠文谈新编》,三联书店 2002 年版,第 256—257 页。原载于《北京师范学院学报》1983 年第 3 期。
③ 《外国文学评论》1992 年第 2 期,第 124 页。

的"①。关于意识流小说，汪先生接着写道："意识流有什么可非议的呢？人类的认识发展到一定阶段，就会发现人的意识是流动的，不是那样理性，那样规整，那样可以分切的。意识流改变了作者和人物的关系。作者对人物不再是旁观、俯视，为所欲为。作者的意识和人物的意识同时流动。这样，作者就更接近人物，也更接近生活，更真实了。意识流不是理论问题，是自然产生的。林徽音显然就是受了弗吉尼亚·伍尔夫的影响。废名原来并没有看过伍尔夫的作品，但是他的作品却与伍尔夫十分相似。"②

这段表述不仅表现了汪曾祺对人的意识流动特征与规律等的清晰认识，对伍尔夫"内在真实"观的认同，对意识流小说写作中作者与笔下人物关系与距离变化的体察，也证实了前文所述废名的小说创作与意识流小说暗合，而林徽因的小说则自觉借鉴了伍尔夫式的意识流技巧的观点。

关于他本人的创作，汪曾祺坦率承认："意识流造成传统叙述方法的解体。我很年轻时是受过现代主义、意识流方法的影响的。"③他还自己举出了《复仇》与《钓人的孩子》两篇短篇小说为例，明确指出其中有对意识流技巧的借鉴与使用。

如前文所述，在中国现代文学史上，徐志摩的《轮盘》，林徽因的《九十九度中》、《窘》，李健吾的《心病》，还有创造社诸作家和海派作家施蛰存等的小说作品，都有着模仿、实践心理分析和意识流技巧的鲜明印痕，但就质与量两方面而言，恐怕用力最勤、成就最高的还要属汪曾祺。严家炎曾说："真正圆熟的意识流技巧，在

① 《外国文学评论》1992 年第 2 期，第 124—125 页。
② 《外国文学评论》1992 年第 2 期，第 125 页。
③ 《外国文学评论》1992 年第 2 期，第 125 页。

中国,恐怕要数20世纪40年代的汪曾祺,他的《绿猫》、《复仇》、《礼拜天早晨》、《小学校的钟声》、《囚犯》等作品,较之40年后出现的意识流小说,其实更为出色,更有成就,可惜注意到这点的人还不太多。"①他在另一篇文章中再次指出:"至于京派的后起之秀汪曾祺,更以他富有灵气的笔墨,创作了一批颇为圆熟自如的意识流小说。"②

严家炎认为这批意识流小说"具有丰富的意象、通感的色彩和跳跃的语言,因而富有诗的质素"③,"以怀乡之作《小学校的钟声》为例,它采取独白的方式,写小学钟声引起的朦胧恍惚的初恋情绪。也有废名式的人生感悟:'韵律和生命合为一体,如钟声。我活在钟声里。钟声同时在我生命里'"④。严先生认为汪曾祺的"意识流手法,运用得圆熟自如,既不艰涩,也不做作。而且能通篇坚持统一的内心视角,贯彻到底"⑤,最后他的结论是:"到了汪曾祺手里,中国才真正有了成熟的意识流小说。"

第二节　汪曾祺早年的意识流小说实验

汪曾祺在40年代发表过两篇同名的、题目都叫《复仇》的小

①　严家炎:《开场白:闲话小说文体》,见《严家炎论小说》,江西高校出版社2002年版,第6—7页。

②　严家炎:《试说20世纪中国小说的总体特征》,见《严家炎论小说》,第22页。

③　严家炎:《小说艺术的多样开拓与探索——1937—1949年中短篇小说阅读琐记》,见《严家炎论小说》,第253页。

④　严家炎:《小说艺术的多样开拓与探索——1937—1949年中短篇小说阅读琐记》,见《严家炎论小说》,第253页。

⑤　严家炎:《小说艺术的多样开拓与探索——1937—1949年中短篇小说阅读琐记》,见《严家炎论小说》,第254页。

说。第一篇首发于1941年3月2日的《大公报》，副标题为"给一个孩子讲的故事"。1944年，汪先生重写了这篇小说，发表于1946年第1卷第4期的《文艺复兴》。两篇作品在基本情节上没有太大变化，主题都是表现仇恨的化解，赞美博爱、悲悯与宽恕，体现出佛家思想的影响，流露出青年时代的汪曾祺在民族战争期间和之后的历史背景下某种单纯、幼稚和具有乌托邦色彩的政治意识，风格上以印象式的诗意描写与回忆为特色，只不过第一篇更为古雅、简洁，第二篇更具细节上的丰富性，内容表达亦更为充实。

两篇《复仇》均没有具体时空的交代，仿佛一则寓言。主人公是一个身佩宝剑、孤独地走遍天涯、为父寻仇的年轻人。另两个人物，一个是在荒山野岭的小庙中孤身独处的老和尚，一个则是在山下日夜苦修功德，试图在绝壁中打通一条道路的"瘦头陀"。小说家为读者设置了意外而又在意料之中的巧合，让年轻人和"瘦头陀"这两个都曾走遍天涯的复仇者相遇。仇人相见，应是分外眼红，但刀光剑影、血雨腥风、极端的悲与喜都不是汪曾祺小说的风格。于是，年轻人放下屠刀，加入了"瘦头陀"造福后世的无量功德之中。终于，"一天，凿子敲在空虚里，一线天光，第一次照入永久的幽黑。'呵'，他们齐声礼赞"①。

第一篇《复仇》中缺乏精致的细节描写和客观场景的描绘，而以表现外部刺激诱发人物的感受与印象见长，善于从人物的主观视点加以描写。如表现寻仇的年轻人到庙中借宿，对款待他的老和尚的印象时这般写道："出家人的长袖如黄昏蝙蝠的翅子，扑落

---

① 汪曾祺：《复仇——给一个孩子讲的故事》，邓九平编：《汪曾祺全集一·小说卷》，北京师范大学出版社1998年版，第6页。

一点神秘的迷惘,淡淡的却是永久的如陈年的清香的烟。"①描写年轻人听到远处传来令他不解的声音时,是从主观感受的角度展开的:"何处有丁丁的声音,像一串散落的珠子,掉入静清的水里,一圈一圈漾开来,他知道这绝不是磬。他如同醒在一个淡淡的梦外。"②年轻人眼中的老和尚的外貌同样不是自然主义笔法的产物,而是印象式的:"和尚年事已大,秃顶上隐隐有剃不去的白发,但是出家人有另外一副难描画的健康,炯明眸子在黑地里越教人认识他有许多经典以外的修行,而且似乎并不拒绝人来叩问。"③第二篇《复仇》中增加了年轻人眼中禅房的描写,同样具有浓郁的主观化色彩:"这间屋,他一进来就有一种特殊的感觉。墙极白,极平,一切都是既方且直,严厉而逼人。"④

　　而在整篇作品的结构安排中,主人公大多处于静态,缺乏外部行动,但人物思绪的激越奔流恰与外部行动的凝滞形成了富于张力的映照。在第一篇《复仇》中,主人公先是猜测接待他的老和尚的身份和生活状态,随后转到了自己此行的目的,回忆起离家前夕母亲谆谆叮嘱的情形,想到了父亲的死和自己的孤儿生活,再就是此后多年寻仇未遇的孤独而漫长的旅程以及对故土的思念。作家仿佛进入了年轻人的头脑之中,忠实地刻录下了他思绪的全过程,令我们自然地联想起了达罗卫夫人和自己的初恋情人彼得·沃尔什多年后默然相对时紧张的意识流动,那在达罗卫夫人手中抚摩

---

　　① 汪曾祺:《复仇——给一个孩子讲的故事》,邓九平编:《汪曾祺全集一·小说卷》,第1页。

　　② 汪曾祺:《复仇——给一个孩子讲的故事》,邓九平编:《汪曾祺全集一·小说卷》,第2页。

　　③ 汪曾祺:《复仇——给一个孩子讲的故事》,邓九平编:《汪曾祺全集一·小说卷》,第4页。

　　④ 汪曾祺:《复仇》,见邓九平编《汪曾祺全集一·小说卷》,第35页。

不已的衣裙,彼得·沃尔什神经质地不断摆弄的折刀,以及傍晚时分在窗台下织袜子的拉姆齐夫人跳跃不已的思绪……只不过后者的意识层次更为丰富、复杂、多向,具有非理性与下意识色彩,而《复仇》中主人公的思想之流则基本上还是符合逻辑的。到了第二篇《复仇》中,汪曾祺的实验色彩更为浓厚,主人公的意识流动更加绵长细腻。作家几乎通篇从年轻人的感受、印象出发来写,主观性进一步增加,甚至加入了幻觉与梦境的表现。如果说第一篇中主人公思绪从老和尚身上跳到自己的旅行和母亲身上还略显突兀的话,该篇中则进一步交代了引发思绪转向的外部刺激物,使得人物的意识流动更为顺畅,如他从对老和尚本该"有头多好的白发"的想象,自然转到了"他的白了发的母亲"①,由山里夜的安静联想到一路上的"动",再进一步联想到"他的家"等等,都是这方面的出色例证。

《复仇》之后,汪曾祺在意识流小说实验的道路上越走越得心应手。1944年4月27日写成、发表于1946年《文艺复兴》上的《小学校的钟声》一篇,堪称汪曾祺早年实验之作中最精美的意识流小说之一,也是最难懂的篇什。他自云当时"读了一些弗吉尼亚·伍尔夫的作品,读了普鲁斯特小说的片断。我的小说有一个时期明显地受了意识流方法的影响,如《小学校的钟声》、《复仇》"②。

作品从第一人称"我"的视角与感受来写,表现了自己初恋时微妙朦胧的感受,通篇贯穿着小学校的"钟声"作为物理时间的提示和情节发展的纽带,且有较多非逻辑、无秩序、下意的混乱思

---

① 汪曾祺:《复仇》,见邓九平编《汪曾祺全集一·小说卷》,第30页。
② 汪曾祺:《晚翠文谈新编》,第268页。

绪的表现。比如,关于标题所涉自己曾经读过书的"小学校的钟声",作家是在"我"的追忆与想象中展开的,却栩栩如生。

　　我听见钟声,像一个比喻。我没有数,但我知道它的疾徐、轻重,我听出今天是西南风。这一下打在那块铸刻着校名年月的地方。校工老詹的汗把钟绳弄得容易发潮了,他换了一下手。挂钟的铁索把两棵大冬青树干拉近了点,因此我们更不明白地上的一片叶子是哪一棵树上落下来的;它们的根须已经彼此要呵痒玩了吧。又一下,老詹的酒瓶没有塞好,他想他的猫已经看见他的五香牛肉了。可是又用力一下。秋千索子有点动,他知道那不是风。他笑了,两个矮矮的影子分开了。这一下敲过一定完了,钟绳如一条蛇在空中摆动。①

　　伴随着脑海中昔日重来,"我"的思绪显得相当富于跳跃性。悠扬的钟声中,"我想起背乘数表的声音。现在那几棵大银杏树该是金黄色的了吧。它吸收了多少种背诵的声音。银杏树的木质是松的,松到可以透亮。我们从前的图画板就是用这种木头做的。风琴的声音属于一种过去的声音。灰尘落在教室的皱纸饰物上"②。特别值得注意的是作家对时间的处理。小说中的物理时间是从傍晚到天黑,再到第二天一早"我"上船旅行直到靠岸为止,这一段短暂的时间以小学校中老詹的钟声加以提示和连接,比

---

　　①　汪曾祺:《小学校的钟声》,见邓九平编《汪曾祺全集一·小说卷》,第16—17页。
　　②　汪曾祺:《小学校的钟声》,见邓九平编《汪曾祺全集一·小说卷》,第21页。

如:"我可以听见打预备钟再走。"①"老詹第一堂课还是常晚打五分钟么?"②"听好,第一次钟是起身钟。"③"老詹的钟声颤动了阳光,像颤动了水,声音一半扩散,一半沉淀。"④"当然,老詹的钟又敲起来了。"⑤钟声提示的时间代表了生命的流逝,而在这一流逝中,"我"展开了对生命的思考:"我活在钟声里。钟声同时在我生命里。"⑥虽然时光是短暂的,生命是有限的,但在人无限丰富的心灵深处,通过记忆的延展,却可以使时光定格、生命永驻。这里,《小学校的钟声》中的时间与生命意识,堪称是《达罗卫夫人》中主人公们的思想探索在东方的回声。喻示时间和生命流逝的钟声,让我们的思绪也意识流了一下,在恍惚中听到了伦敦议会大厦顶楼大本钟那悠远浑厚的声音。

汪曾祺1947年7月2日写于上海、刊登于同年第5卷第2期《文艺春秋》上的《绿猫》,同样是一篇出色的意识流作品。小说主要写深夜时分到天亮之后这一时间段内,人物在静态下的思绪奔流和复杂回忆,结构上与伍尔夫的《墙上的斑点》十分相似。

《墙上的斑点》和《现代小说》发表于同一年。作为伍尔夫直

---

① 汪曾祺:《小学校的钟声》,见邓九平编《汪曾祺全集一·小说卷》,第17页。

② 汪曾祺:《小学校的钟声》,见邓九平编《汪曾祺全集一·小说卷》,第18页。

③ 汪曾祺:《小学校的钟声》,见邓九平编《汪曾祺全集一·小说卷》,第22页。

④ 汪曾祺:《小学校的钟声》,见邓九平编《汪曾祺全集一·小说卷》,第24页。

⑤ 汪曾祺:《小学校的钟声》,见邓九平编《汪曾祺全集一·小说卷》,第27页。

⑥ 汪曾祺:《小学校的钟声》,见邓九平编《汪曾祺全集一·小说卷》,第17页。

接展示人物心理流程的第一次尝试,小说以外部世界的事物作为触发人物意识流动的媒介,使人物静坐在壁炉前的沙发上,深深潜入回忆、自由联想与想象之中。作品中外界事物即客观真实的代表是"墙上的斑点",叙述者"我"意识的流动则代表了主观真实。小说作为"有意味的形式"的基本特点是叙述者看到外界事物,立即触发了内心的活动,整篇作品就是由外界事物和内心活动之间的往返交叉组合而成的。

小说开篇处,伍尔夫径直写道:"大约是在今年 1 月中旬,我抬起头来,第一次看见了墙上的那个斑点。……我透过香烟的烟雾望过去,眼光在火红的炭块上停留了一下,过去关于在城堡塔楼上飘扬着一面鲜红的旗帜的幻觉又浮现在我脑际,我想到无数红色骑士潮水般地骑马跃上黑色岩壁的侧坡。……墙上的斑点是一块圆形的小迹印,在雪白的墙壁上呈暗黑色,在壁炉上方大约六七英寸的地方。"①我们看到,"我"的意识活动由斑点激发,当时炉子里生着火。"我"的眼光落在炭火上,产生了红色骑士跃登岩坡的联想。

"但是,我还是弄不清那个斑点到底是什么;我又想,它不像是钉子留下的痕迹。它太大、太圆了。我本来可以站起来,但是,即使我站起身来瞧瞧它,十之八九我也说不出它到底是什么;……"②这里,"我"的意识流回到"斑点",否定了它是一只钉子留下的痕迹的猜测,并由钉子进一步联想到挂肖像画的前住房客以及这位房客保守的艺术趣味。

"可是墙上的斑点不是一个小孔。它很可能是什么暗黑色的

---

① 伍尔夫:《墙上的斑点》,见黄梅编选《吴尔夫精选集》,第 3 页。
② 伍尔夫:《墙上的斑点》,见黄梅编选《吴尔夫精选集》,第 4 页。

圆形物体,比如说,一片夏天残留下来的玫瑰花瓣造成的,……"①
"我"如脱缰之马一般的思绪再次流回到斑点,猜想它会不会是夏
天残留下来的玫瑰花瓣,然后进一步延展开去,回溯到了希腊人和
莎士比亚的艺术。

"在某种光线下面看墙上那个斑点,它竟像是凸出在墙上的。
它也不完全是圆形的。我不敢肯定,不过它似乎投下一点淡淡的
影子,使我觉得如果我用手指顺着墙壁摸过去,在某一点上会摸着
一个起伏的小小的古冢,……"②斑点像凸出的圆形物的模样又使
"我"联想到古冢,想到考古学者什么也不能证明,无非是愚弄人
的巫婆和隐士的后代而已,进一步想象一个没有学者、思想自由的
感性世界。

"假如我在此时此刻站起身来,弄明白墙上的斑点果真
是——我们怎么说才好呢?——一只巨大的旧钉子的钉头,钉进
墙里已经有两百年,直到现在,由于一代又一代女仆耐心的擦拭,
钉子的顶端露出到油漆外面,正在一间墙壁雪白、炉火熊熊的房间
里第一次看见现代的生活,我这样做又能得到些什么呢?"③信马
由缰的意识再度回到了斑点,它是否旧钉子露出的钉头?"我"由
此联想到一棵树的生命,它虽然被雷雨击倒,却化为千百条生命分
散到世界各处。有的在卧室里,有的在船上,有的在人行道上,还
有的变成房间的护壁板……

但是,"斑点"原来是一只蜗牛!随着别人说话的声音传来,
"我"的思路被打断,意识流动戛然而止。

---

① 伍尔夫:《墙上的斑点》,见黄梅编选《吴尔夫精选集》,第5页。
② 伍尔夫:《墙上的斑点》,见黄梅编选《吴尔夫精选集》,第8页。
③ 伍尔夫:《墙上的斑点》,见黄梅编选《吴尔夫精选集》,第9页。

第五章 伍尔夫的影响与汪曾祺的意识流小说实验

在这个短篇中,"我"的主观想象不断由对墙上"斑点"究竟是什么的猜测与疑问蔓延开去,历经数个回合,最终返回"斑点"本身。读者真切感受到了主客观世界的对比与差异。客观真实是枯燥乏味的,它只不过是墙上一只无意义的蜗牛,而人的内在体验却色彩斑斓并具有无限的丰富与多变性。

小说的实验倾向十分明显。伍尔夫在小说中通过叙述者"我"之口表示:"我希望能静静地、安稳地、从容不迫地思考,没有谁来打扰,一点也用不着从椅子里站起来,可以轻松地从这件事想到那件事,不感觉敌意,也不觉得有阻碍。我希望深深地、更深地沉下去,离开表面、离开表面的生硬的个别事实。让我稳住自己,抓住第一个一瞬即逝的念头……"①在伍尔夫看来,只有深潜下去,捕捉到人物"那些一瞬即逝的念头"并将之诗意地再现出来,才是一个小说家真正的职责。

《绿猫》通篇也是第一人称叙述者"我"的感受、印象、联想、回忆等的全纪录,堪称《墙上的斑点》的中国版。如前所述,汪曾祺在创作初期即已深受伍尔夫的现代小说美学、意识流技巧、印象主义表现方式和诗化的散文风格的深刻影响,甚至在《绿猫》文本中,作家也提及了自己喜欢的诸多外国名家,如高尔基、伍尔夫、纪德、瑞恰兹、叔本华等。在描述"我"的朋友"柏"居住环境恶劣、嘈杂,难以清静地从事文学创作的可悲状态时,他还提到了伍尔夫的《一间自己的屋子》。

具体说来,"我"的意识流动大约经历了这样几个阶段:由深夜扰人的汽车声、对白天高尔基像的印象联想到画家、雕刻家笔下的高尔基,由高尔基的形象联想到高尔基式的小说,再进一步想到

① 伍尔夫:《墙上的斑点》,见黄梅编选《吴尔夫精选集》,第5页。

111

朋友"柏"要写的一篇关于绿猫的小说,回忆了自己在一个黄梅雨天里因郁闷无聊而去寻找"柏"聊天的过程。与"柏"的交谈是小说重点描绘的事件,完整、翔实,仿佛小说之内套的一篇小说。朋友叙述难以写成以绿猫为主题的小说的苦恼、身处环境的糟糕等等,其间又杂以"我"对与朋友一起在昆明求学时情景的回忆、对朋友"柏"小时候生活的追述,还援引了三大段"柏"回忆"猫"的散文的片段。作家在时间处理上使心理时间一次次回溯,物理时间一步步前推,中间又有两种时间的交织与缠错。最后,在"风雨如晦,鸡鸣不已"时分,"我"终于从神思恍惚中醒来,惊觉:"哎呀,我已经在这里坐了几个钟头了?天已经透蓝。"①

思绪回到当下,我脑海中依然浮想联翩:"想起柏文章中提到的小院子……想起那棵大白兰花树,现在正是开花的时候了。……我们常搬了一张竹椅,在花树下看书,听老姑娘念经敲磬。……一个老蜂窝又大了不少。一个蜘蛛结网,忙碌辛勤,忽然跌落下来,吊在半空……这时候! 我们多半已经到了呈贡,骑马下乡了。……我们大声呼喝,震动群山。村边或有个早起老人,或穿鲜红颜色女孩子,闻声回首,目送我们过去。……"②

思绪忽然又转到了高尔基身上,由"高尔基就像那个道士"的念头联想到道士降神的场景,③由对高尔基生活状态的缅想回到了自己那位不得意的朋友"柏"。意识流终于回到了当前:"隔壁那个老头子咳了整整一夜。——不得了,汽车都出来了,这个世界上充满了汽车! 还有,那是无线电的流行歌曲,已经唱起来也! 我

---

① 中国现代文学馆编,《汪曾祺代表作》,第57页。
② 中国现代文学馆编,《汪曾祺代表作》,第57页。
③ 参见中国现代文学馆编,《汪曾祺代表作》,第58页。

想起那位乖戾的哲人叔本华的那一篇荒谬绝伦的文章:论嘈杂。"①

《墙上的斑点》以"斑点"作为触发人物意识流动的媒介物,最后以"斑点"结束。在《绿猫》中,这媒介物则是屋外喧嚣的汽车声以及"我"由白天偶然翻阅的杂志上高尔基的像联想到的画家、雕刻家笔下高尔基的形象,最后也是以天亮后各种喧嚣之声、汽车声与高尔基式的小说的议论来结尾的。

《墙上的斑点》中,"我"静坐在壁炉前,《绿猫》中,"我"静坐在书桌前;前者的思绪被别人的话语声打断,后者的意识同样是被外面的喧嚣声打断的;两篇小说均严格遵从了人物内心视角的叙述,在意识的流淌中,时空均处于不断跳跃状态,由一点随意地触发另一点,逼真地再现了主人公心灵的复杂状态;而从内容上看,《墙上的斑点》体现了伍尔夫作为饱读诗书的英国上层知识女性敏感、诗意、更其关注形而上的人生思考的精神特征,《绿猫》则更为准确地揭示了20世纪40年代中国部分青年知识分子潦倒、孤独、苦闷的心理状态。

特别难能可贵的是,汪曾祺的小说还深入到了现代派文学艺术的内核之中,表现了现代人的孤独与异己感。《绿猫》中的"我"对他朋友"柏"写作的认识是"他写的是他自己"②。

> 柏的《绿猫》,要写的,是一个孩子。小时极爱画画,可是大家都反对他。反对他画画,也反对他画的画。有一回,他画了一个得意杰作,是一头猫。他满腔热望,高高兴兴的拿给父

---

① 中国现代文学馆编,《汪曾祺代表作》,第59页。
② 中国现代文学馆编,《汪曾祺代表作》,第59页。

亲看,父亲看也不看。拿给母亲看,母亲说:"做算术去!"拿给图画老师看,图画老师不知道生了什么气,打了他十个手心,大骂他一顿:"哪有这样的猫?哪有这样的猫!"他画的是个绿猫。画了轮廓,他要为猫着色,打开颜色盒子,一得意,他调了一种绿色,把他的猫涂成了绿的。长大了,他作公务员,不得意。也没有什么朋友,大家说他乖僻。他还想画画,可是画不成,乱七八糟地涂得他自己伤心。他想想毛姆的《月亮和六便士》更伤心。到后来他就老了。人家送他一个猫。猫,人家不要养了,硬说他喜欢猫,非送给他不可,没有办法,他就收养了。他整天就是抱着他的猫。有一天,他忽然把他的猫染成了绿的。看到别人看到绿猫的惊奇样子,他笑了。没有两天,他就死了。①

小说中那只凄凉怪异的"绿猫"正是不得意的"柏",以及和他一样渴求爱与理解而不得,只能在孤寂的人生歧路上彷徨的部分青年知识分子的象征。所以严家炎分析道:"《绿猫》的主旨,就体现在核心意象——无中生有的'绿猫'身上,它实际是现代人孤独感的象征。故事中那个完全不被人理解的孩子,后来虽然长大,却终生是孤独的。从这个意义上说,汪曾祺的现代主义小说真正做到了形神兼备。"②较之我们后面还将论及的新时期之后部分作家模仿意识流写出的得其外观,而无其精髓的小说而言,汪曾祺的意识流小说在20世纪中国现代主义文学发展史上的价值,是无可磨

① 中国现代文学馆编,《汪曾祺代表作》,第58—59页。
② 严家炎:《小说艺术的多样开拓与探索——1937—1949年中短篇小说阅读琐记》,见《严家炎论小说》,第255页。

灭的。

如前所述，严家炎在论述汪曾祺早年意识流小说成就时，是两次将《囚犯》算在其内的。《囚犯》首次刊登于 1947 年复刊第 7 期的《人世间》杂志上。但仔细读后笔者认为，它并不能算做一篇真正意义上的意识流小说。作品的外部情节是"我"和父亲在河堤上等候、过浮桥、挤上前往江边码头的汽车，又熬了半个多小时，终于和父亲上了过江轮渡的一路情景，以极为细致的观察、逼真传神的细节描述取胜。当然，作家在观察和记录的同时穿插"我"随时随地的感受、印象、猜测和联想，中心是对同行的三个囚犯的观察，对意识流技巧的局部使用还是可以肯定的。

1948 年 9 月写成的《礼拜天早晨》[①]包括《礼拜天早晨》和《疯子》两个片段。《礼拜天早晨》明显具有和《墙上的斑点》相似的意识流小说形态，而且和《绿猫》一写早晨，一写深夜，相映成趣。伍尔夫典型的意识流小说结构上大体上可分为两种：一种是在静态中表现人物在外物诱发下产生的联想与感触，如《墙上的斑点》与《在果园中》的整体构思，《达罗卫夫人》中彼得·沃尔什，赛普蒂默斯夫妇在公园内沉入内心世界后的缅想，《到灯塔去》中拉姆齐夫人编织袜子与女画家莉丽·布里斯科作画时纷繁的意识流动等都属于此类；另一种则使人物处于动态行进之中，并耳闻目睹周围即时转换的场景，人物意识与潜意识在万花筒般的不同刺激物的激发下频繁变动，流向多变，层次丰富，《邱园记事》中的人物活动，《达罗卫夫人》开篇时女主人公前往邦德大街买花时的所见所闻所思，《到灯塔去》中一对小儿女詹姆斯与凯姆十年后随老父前往灯塔的航程中的心境变化等，属于此类。伍尔夫在短篇小说和

---

①　中国现代文学馆编《汪曾祺代表作》中将之列入"散文"辑中。

长篇小说中交替使用这两种类型的意识流。大约是由于汪曾祺更钟情于短篇小说这一形式与个人偏好的缘故,纵观其意识流小说结构,大致以前一类为主,包括20世纪80年代复出之后的新作,亦是如此。1997年9月21日,汪曾祺在《中国青年报》上发表《谈散文》一篇,再度表达了对伍尔夫作品结构与文风的情有独钟:"我倒喜欢弗吉尼亚·吴尔芙,喜欢那种如云如水,东一句西一句的。既叫人不好捉摸,又不脱离人世生活的意识流的散文。生活本是散散漫漫的,文章也该是散散漫漫的。"①

《礼拜天早晨》就属于以"散散漫漫的"形式表现"散散漫漫的"生活的一类。小说开篇同样使人物处于行动静止而思维活跃的状态,并任由"我"的思绪"如云如水"般流淌:"洗澡实在是很舒服的事。是最舒服的事。……多好啊,这么懒洋洋地躺着,把身体交给了水,又厚又温柔,一朵星云浮在火气里。"②身体与头脑松懈下来,各种想法纷至沓来:"我"提醒自己要送衣服出去洗,因为这是剩下的最后一件衬衣了;又想起要去邮局寄信,感慨时间的转瞬即逝;想到了今天早晨看见的凤仙花;想要抽烟,于是舒舒服服地抽了一支,又联想到"把一个人的烟卷浇上水是最残忍的事",想到"水是可怕的",自己"沉下去,散开来,融化了","我的身体已经离得我很遥远了,渺茫了",于是,"我睡了,睡着了,垂着头,像马拉,来不及说一句话"③。

此时我们发现,主人公"我"的意识渐由逻辑、清晰转入混沌与朦胧,并开始产生幻觉与幻听:"一只知了叫起来,在那棵大树

---

① 汪曾祺:《汪曾祺全集六·散文卷》,第334页。
② 中国现代文学馆编:《汪曾祺代表作》,第153页。
③ 中国现代文学馆编:《汪曾祺代表作》,第153页。

上,(槐树,太阳映得叶子一半透明了)在凤仙花上,在我的耳朵里叫起来。"①

"我"起身拧毛巾。"可是我站在我睡着的身上拧毛巾的时候我完全在另一个世界里了。"②一个"我"站起身了,而另一个"我"还在另一个世界内遨游。恍惚中,我由将两条毛巾放到一起拧时的费力感觉联想到小时候,由别人为他洗脸时粗暴动作的记忆联想到母亲。此时,与水一起,毛巾以及拧毛巾的动作成为激发联想的又一诱因。"我"由拧毛巾引发回忆,再由回忆与联想返回到毛巾:"可是我的毛巾在手里,我刚才想的什么呢。"③小时候拧毛巾的力不胜任使"我"感到了自卑、可怜和"人生的灰暗",于是思绪进一步流回到童年时代生活过的房屋之中,当年的陈设在记忆中逼真地浮现出来:"我看到那个老式的硬木洗脸桌子……后面伸起来一个屏架……几根小圆柱子支住繁重的雕饰。松鼠,葡萄。"这松鼠有着"太尖的嘴,身上粗略的几笔象征的毛,一个厚重的尾巴","葡萄总是十粒一串,排列是四、三、二、一,每粒一样大"。"我仿佛又在那个坚实、平板,充满了不必要的家具的大房间里了。"④那里还有白地印蓝花的窗帘、厚磁的肥皂缸、嵌在屏架上头的椭圆形大镜子,以及老式的"玻璃灯"……栩栩如生的细节使"我"如身临其境,思维进一步活跃起来:"……我想到那些木格窗子了。想到窗外的灰青墙,墙上的漏痕,青苔气味,那些未经一点剧烈的伤残,完全天然的销蚀的青灰,露着非常的古厚和不可挽救

---

① 中国现代文学馆编:《汪曾祺代表作》,第153页。
② 中国现代文学馆编:《汪曾祺代表作》,第154页。
③ 中国现代文学馆编:《汪曾祺代表作》,第155页。
④ 中国现代文学馆编:《汪曾祺代表作》,第155页。

的衰索之气。我想起下雨之前，想起游丝无力的飘转。想起……"①对似水年华的追忆，似乎又使我们看到了一点普鲁斯特的影子。

正如伍尔夫坚信，生命的丰富、深邃与诗意在于人的心灵那样，汪曾祺笔下的"我"的思想流同样可以无限地继续下去。恰如《墙上的斑点》的收尾干净利落、令人回味一般，《礼拜天早晨》的结束也是相当漂亮的："我"在无边遐想中猛然醒觉："可是我一定得穿衣服了。"②意识回到当前。沐浴过后的"我"神清气爽，感到很快乐："我非常喜欢我的这件衬衫。太阳照在我的手上，好干净。"③生活将继续下去，而"我"也将笑着面对新一天的开始。和《绿猫》一样，该篇小说同样是与《墙上的斑点》相类似的实验之作，以展现心灵的丰富性取胜，意识流转自然、熨帖。

总体而言，汪曾祺民国时期的小说散文，实验色彩强烈，欧化风格明显，印象式的抒写与表达比比皆是，尤其在意识流小说创作上取得了突出的成就。究其原因，这一方面和西南联大开放的文化氛围，作家长期浸润其中的现代主义哲学与文学的影响，以及他对伍尔夫现代小说美学的认同、与伍尔夫诗人与散文家气质的投契有关；另一方面也应当与作家青年时期的创作逐新求变，以及他和部分师友都处于孤独彷徨的人生状态，想象特别活跃、心灵特别敏感有关。抗战期间与战后因时局的变化和个人生活的飘浮感而形成的焦虑、失落、无奈与荒谬，成为汪曾祺认同意识流创作方法的思想基础。

---

① 中国现代文学馆编：《汪曾祺代表作》，第155页。
② 中国现代文学馆编：《汪曾祺代表作》，第155页。
③ 中国现代文学馆编：《汪曾祺代表作》，第155页。

值得强调的是,虽然汪曾祺师法伍尔夫的意识流技巧与诗化的散文风格,但其创作同样深刻地体现了中国传统诗文的影响。汪曾祺在骨子里是有着中国传统文人情结的,这亦使其在多年后复出之时,在诸多因素的作用下更多地回归了传统的现实主义创作方法。

第三节　汪曾祺复出后向民间与传统的回归

20 世纪 70 年代末 80 年代初,随着新的政治与文化时代的到来,汪曾祺在文坛锋芒重现。刊登于 1980 年第 10 期《北京文艺》的《受戒》以及刊登于 1981 年第 4 期《北京文学》的《大淖记事》,让人们惊呼 80 年代的文坛上出现了一个具有三四十年代风格的作家。但汪曾祺近 40 年前纯粹的意识流笔法此时已几乎不见,人们看到的是一个温柔敦厚、返朴归真,以平白洗练的笔致与含蓄蕴藉的白描手法为特色的汪曾祺。他的小说、散文甚至文论中均体现出浓郁的民间文学气息。孟繁华写道:"80 年代最初两年,汪曾祺连续写作了《黄油烙饼》、《异秉》、《受戒》、《岁寒三友》、《天鹅之死》、《大淖记事》、《七里茶坊》、《鸡毛》、《故里杂记》、《徙》、《晚饭花》等小说。这些故事连同它的叙事态度,仿佛是一位鹤发童颜的天外来客,他并不参与人们对'当下'问题不依不饶的纠缠,而是兴致盎然地独自叙说他的日常生活与往事。"①

汪曾祺的文风为什么会发生这样的转变? 在一篇未编年的回忆文章《我的创作生涯》中,汪先生本人有过这样的说明:"我在年

---

①　孟繁华:《1978:激情岁月》,山东教育出版社 1998 年版,第 218 页。

轻时曾经受过西方现代派的影响。……后来为什么改变原先的写法呢？有社会的原因，也有我自己的原因。简单地说：我是一个中国人。"①关于社会原因，我们可以猜测或许是当时曾影响了大批作家、艺术家，使他们纷纷从象牙塔中走出的民族抗战。虽然汪曾祺算不得政治文化上的激进派，但精致、唯美、不食人间烟火和相对晦涩的意识流对于一个西南联大出身的 40 年代青年而言，却不能不说有些奢侈。事实上，汪曾祺在《绿猫》中亦通过"我"之口，发出过"心理小说在中国还是个颇'危险'的东西"②的议论。因此，从外部环境加以考察，汪曾祺向现实主义传统的回归，是有国情的考虑因素在内的。特别是在经历了反右运动的坎坷与"文革"的浩劫之后，"一种走向日常生活的写作悄然兴起。……它深长悠远的境界，充满怀旧情调的叙事，以及平实素朴的表达，日渐深入人心，……赢得了久远的审美魅力"③。人们对金刚怒目式的批判型文学的厌倦，对僵化、非人性的教条式文字的反感，对左倾思想的噤若寒蝉，都使得他们更怀恋一种朴素、具有亲和力和世俗情怀的美学。严家炎在分析新感觉派文学之所以在现代中国昙花一现时指出，根本原因是在于它没有在民族生活中扎下根。他认为扎根要有两个条件：一是要对自己的民族生活感受得很深；二是要同本民族的文学传统有所结合。汪曾祺后期的转向大约也可从中寻出端倪。

就个人因素而论，我们大约可以概括出以下两个方面的可能性。首先，被誉为"中国最后一个纯粹的文人"④的汪曾祺是坚执

---

① 汪曾祺：《汪曾祺全集六·散文卷》，第 495 页。
② 中国现代文学馆编：《汪曾祺代表作》，第 59 页。
③ 孟繁华：《1978：激情岁月》，第 218 页。
④ 《汪曾祺小传》，见中国现代文学馆编《汪曾祺代表作》，第 1 页。

认同中国传统文化的,而这种认同势必会影响到他对意识流的态度与接受方式。汪曾祺曾说:"我不赞成把现代派作为一个思想体系原封不动地搬到中国来。"又说:"一个作家,如果是用很讲究的中国话写作,即使他吸收了外来的影响,他的作品仍然会具有鲜明的民族风格。……中国第一个有意识地运用意识流方法、作品很像弗·吴尔芙的女作家林徽音(福州人),她写的《窗子以外》、《九十九度中》,所用的语言是很漂亮的地道的京片子。这样的作品带洋味儿,可是一看就是中国人写的。"[①]他在《传统文化对中国当代文学创作的影响》中又写道:"中国的新文学一开始确实受了西方的影响,小说和新诗的形式都是从外国移植进来的。但是在引进外来形式的同时,中国新文学一开始就没有脱离传统文化的影响。"[②]汪曾祺强调的是和谐,是化用。而在这其中,本民族的文化传统是作家立身的根基。

汪曾祺的夫子自道中,也不止一次地强调过自己的中国人身份,1983年发表的一篇散文的标题就是《我是一个中国人》[③]。而在改革开放以来,中国传统文化遭遇西方科技与价值观的强劲挑战的背景下,汪曾祺深入骨髓的民族情结自然愈发强烈。他钟情于风物、民俗的抒写,撰美文、制美食的行为,大抵都可以理解为是对民族传统的亲近。也正是在此意义上,汪曾祺对"寻根"文学思潮期望甚殷:"据我的理解,无非是说把现代创作和传统文化接上头,一方面既从现实生活取得源头活水;另一方面又从传统文化取得滋养。如果是这样,我以为这是好的。一个中国作家应当对中

---

① 汪曾祺:《汪曾祺全集三·散文卷》,第303页。
② 汪曾祺:《汪曾祺全集六·散文卷》,第357页。
③ 参见汪曾祺:《汪曾祺全集三·散文卷》,第302页。

国文化有广博的知识和深刻的理解,他的作品应该闪耀出中国文化的光泽。否则中国的作品和外国人写的作品有什么区别呢?"①

《汪曾祺全集》凡8卷,散文占4卷之多。除去其中记人事、风物、习俗的,相当一部分属于创作谈。而在这些涉及创作的文字中,汪曾祺几乎篇篇都要讲到语言问题。他之所谓"语言是本体"的说法中,是包含有明确的文化意蕴的。他写道:"文学语言总得要把文言和口语糅合起来,浓淡适度,不留痕迹,才有嚼头,不'水'。……我以为语言最好是俗不伤雅,既不掉书袋,也有文化气息。"②这里的"文化"指的正是中国的传统文化。在《寻根》一文中,汪曾祺写道:"大学时期,我读了不少翻译的外国作品。对我影响较深的有契诃夫、阿左林、弗·伍尔芙和纪德。有一个时期,我的小说明显地受了西方现代派影响,大量地运用了意识流,后来我转向了现实主义。西方现代派的痕迹在我现在的小说里还能找到,但是我主张把外来影响和民族传统融合起来,纳外来于传统,我追求的是和谐。"③因此,如何"把现代创作和传统文化结合起来","把外来影响和民族传统融合起来",达到"和谐",无疑是汪曾祺一直在努力思考的问题。意识流作为西方现代主义文学中的一个重要分支,在汪曾祺而言越来越成为一种丰富自己乃至本民族创作的艺术手段,被有机地化入了自己的艺术探索之中。

其次,生活阅历与民间文学的影响对于汪曾祺后期创作的转向,也起到了十分重要的作用。关于生活阅历,我们知道,汪曾祺1958年春被补划为"右派",是年秋天下放河北劳动改造,一去4

---

① 汪曾祺:《汪曾祺全集六·散文卷》,第371页。
② 汪曾祺:《汪曾祺全集六·散文卷》,第334页。
③ 汪曾祺:《汪曾祺全集六·散文卷》,第371页。

年。"文革"中,他也经历了被关进"牛棚"和"控制使用"等遭遇。进入20世纪80年代之后,汪曾祺已步入花甲。青春年华的锐气与开拓精神在时光的无情销蚀和数十年的坎坷中渐渐远去,而长期以来有关西方的一切都是腐朽、没落、僵死、肮脏的舆论神话也造成了人们对来自资本主义世界的精神文化的退避三舍。富有抒情气质和唯美情调的汪曾祺难以接受长期以来垄断文坛的假、大、空的所谓社会主义现实主义创作方法,在复出后宁愿返归朴素而真实的现实主义传统,恐怕也是天性使然。

民间文学同样在汪曾祺在新中国成立之后的生活和工作经历中留下了鲜明的印记。汪曾祺自1950年开始在《北京文艺》(后来改名为《说说唱唱》)杂志社工作;1955年被调至中国民间文艺研究会,任《民间文学》杂志编辑部负责人。1956年,他还专门写过一篇学术性颇强的论文《鲁迅对于民间文学的一些基本看法》。汪曾祺总结说,从民间文学那里,自己至少学到了两点东西:一是语言的朴素、简洁和明快;二是结构上的平易自然,在叙述方法上致力于内在的节奏感。他说:"如果说我的语言还有一点口语的神情,跟我读过上万篇民间文学作品是有关系的。"①他还感慨道:"我认为,一个作家要想使自己的作品具有鲜明的民族风格、民族特点,离开学习民间文学是绝对不行的。"②因此,年轻时"洋"味颇足的汪曾祺在民间文学的海洋中"涵泳"过后,终于确立起了自己文人味十足的书面语言与生动的民间口语相融合的、纯净而又活泼柔美的语言风格。

民间文学亦使汪曾祺获得了一种新的美感体验。他从最日常

---

① 汪曾祺:《汪曾祺全集三·散文卷》,第427页。
② 汪曾祺:《汪曾祺全集三·散文卷》,第427页。

的吃食、风俗、玩物中发掘出"雅"趣,寻常酒菜、各地小吃、家乡风物、市井小民,在他的笔下莫不获得无尽的韵致。在《水边的抒情诗人》中,汪曾祺动情地写道:"乡情的衰退的同时,就是诗情的锐减。可惜啊,我们很多人的乡情和诗情在多年的无情的生活折损中变得迟钝了。"①所以,汪曾祺是文人气息浓厚的作家,也是世俗气息浓厚的作家。他将世俗"审美化"了,两者在他身上,实现了奇妙而自然的统一。

概而言之,在汪曾祺眼中,民族身份、民族传统与民族语言、民间文学有着密不可分的亲缘关系,而文化环境的变更、不同人生阶段与状态的不同抉择,以及民间文学传统的深厚滋养等因素,使得汪曾祺20世纪80年代之后的小说与散文创作体现出明显的技巧与风格上的转变。伍尔夫式的意识流作为局部性的技巧依然依稀可辨,大多是在现实主义的白描式写作中,含蓄表现人物心理时有所运用。通篇采用主人公内视角的作品不是没有,但颇为少见,而且也不再体现出前期那种相对晦涩、散散漫漫、跳跃性强的特征,而具有了更强的情节上的逻辑性。

比如《受戒》与《大淖记事》这两篇新时期以来最为人称许的名作,都并不能算做意识流小说,至多只能说保留了少量的、对人物恍惚意识状态的揭示。在《大淖记事》中,美丽勤劳的大淖女儿"巧云"在失身于当地一个豪强之后,因未能将处女的贞操献给心上人而产生了痛苦与恍惚的心理。汪曾祺自陈此处运用了意识流技巧。这一段表现巧云心理的文字是这样写的:

> 巧云破了身子,她没有淌眼泪,更没有想到跳到淖里淹

---

① 汪曾祺:《汪曾祺全集六·散文卷》,第351页。

死。人生在世,总有这么一遭! 只是为什么是这个人? 真不该是这个人! 怎么办? 拿把菜刀杀了他? 放火烧了炼阳观? 不行! 她还有个残废爹。她怔怔地坐在床上,心里乱糟糟的。她想起该起来烧早饭了。她还得结网,织席,还得上街。她想起小时候上人家看新娘子,新娘子穿了一双粉红的缎子花鞋。她想起她的远在天边的妈。她记不得妈的样子,只记得妈用一个筷子头蘸了胭脂给她点了一点眉心红。她拿起镜子照照,她好像第一次看清楚自己的模样。她想起十一子给她吮手指上的血,这血一定是咸的。她觉得对不起十一子,好像自己做错了什么事。她非常失悔:没有把自己给了十一子!①

这一段心理描写表现巧云纷乱的思绪,但总体而言思维还是清晰的、富有逻辑性的。巧云因意外被人强暴而陷入了情绪冲动之中,恨不能亲手杀了那个害了她的人,或者一把火烧死他。但她马上理智地想到她还有一个需要赡养的父亲,她还得承担照料、供养他的责任,想到了家里马上需要处理的家务。本来对婚姻怀有美好憧憬的少女又自然想到了小时候看别人家新娘子的情景。而受了欺负、无处申告的女儿,自然又会想起不在身边的母亲。随后,巧云的意识流回到了她的心上人"十一子"身上,后悔自己没有早一点向心上人表明心迹。这段叙述中,主人公由目前处境的沉思返回到对小时候观看婚礼的追忆,思念母亲,想起心上人等内容确实具有一定的跳跃性,但较之汪曾祺早年《绿猫》、《小学校的钟声》与《礼拜天早晨》等作品中的描写,跳跃性并不强。如果说它还能算做意识流的话,那其中流动的意识基本上也是处于理性

---

① 中国现代文学馆编:《汪曾祺代表作》,第111页。

层面,并经过作家的剪裁与处理的。

载于 1981 年第 1 期《人民文学》上的《晚饭后的故事》可算一篇坚持使用人物内视角的作品。作品通篇为京剧导演郭庆春晚饭后在微醺状态下的回忆,引起回忆的刺激源则是白天招考演员时巧遇初恋对象许招弟的女儿于晓玲,并意外地与许见面引发的心理波澜。

从形式上看,汪曾祺似乎又恢复了早年意识流实验中那种对人物在静态环境中飘忽意识的全记录。事实上,该篇作品中人物的意识流程确也历经了对童年时生活、卖西瓜的经历、戏班子学戏、与许招弟的两小无猜、"倒仓"后的沦落、许的结婚、北京解放后他生活改变、重返舞台事业顺利、和主管领导结婚、改行当导演等等的回忆。但是,思绪和回忆是富于逻辑性的,作家甚至有意强调了主人公回忆的清晰易懂,甚至出面解释说这是自己自觉干预的结果,这就和他早年有意识地退出小说,追求作品的实验性和散漫效果的特点形成莫大差异。比如,小说中在最后部分这样交代道:

> 以上,是京剧导演郭庆春在晚饭之后,微醺之中,闻着一阵一阵的马缨花的香味时所想的一些事。想的时候自然是飘飘忽忽、断断续续的。如果用意识流方法照实地记录下来,将会很长。为省篇幅,只能挑挑拣拣,加以剪裁,简单地勾出一个轮廓。①

这里,作家清晰地向我们表明,这篇小说如果遵照严格的意识

---

① 汪曾祺:《汪曾祺全集一·小说卷》,第 411 页。

流小说技法来写,会是另一番情形,"会很长"。而目下的这篇作品则并未"照实地记录下来"郭导演在"晚饭之后,微醺之中"、"飘飘忽忽"、"断断续续"、"所想的一些事",而是经过了"挑挑拣拣"、理性"剪裁",抛却了其中非理性、无逻辑、下意识的部分之后的结果。所以,即便说汪曾祺20世纪80年代后的小说与散文写作中还有着意识流及其他现代主义技巧的痕迹,但总体上还是回归了现实主义。而汪曾祺这一个案,也具体而微地浓缩了20世纪中国作家的现代主义实践在历史的干预和国情的制约下难以向纵深拓展的共同命运。

　　总体上看,作为20世纪40年代初登文坛的作家,汪曾祺继承了废名、沈从文等作家抒情、诗意的人道主义传统,并以自己大胆的艺术实践,拓展了中国现代小说的艺术发展之路。进入新时期之后,在大多数同辈或前辈作家已先后离世或辍笔,几十年的风云动荡和十年的文化荒漠使得新一代作家难以实现对文化传统的接续的历史背景下,汪曾祺的复出尤其显示出难能可贵的意义。在人们读到《受戒》和《大淖记事》,惊呼"小说原来还可以这样写"的时候,我们看到了汪曾祺在借鉴西方和继承传统、融会贯通方面起到的示范作用。汪曾祺使年轻一代作家意识到了艺术之于小说的重要性。20世纪80年代中期"寻根"文学思潮中的部分作家不同程度地受到了他的影响。由此说来,汪曾祺在20世纪中国现、当代文学发展中,是起到了承上启下的作用的。

下　编

伍尔夫在中国当代文坛的
译介与接受

第六章　新中国成立后到新时期
之前的汉译与研究

　　如上编所述,20 世纪 20 年代之后,由于内外诸种历史与现实条件的制约,中国学术文化界对西方文学的了解并不能说是十分全面、深入的,但总体而言,在较为自由而开放的思想、学术氛围中,几乎任何作家、作品,任何思潮、流派,还是可以被介绍给国人,任何观点还是可以在报刊、讲堂上加以讨论的。经过历史的沉淀与淘洗,成就辉煌且已获得人们公认的西方文学经典,如莎士比亚的戏剧,18、19 世纪欧美浪漫主义与现实主义文学作品等自然是人们介绍、研究的重点,但新近崛起的西方现代主义文学也并未因此受到排斥与忽视,相反成为不少勇于革新文学观念、探索新型艺术技巧、重视艺术审美品质的作家、艺术家追捧的对象。中国现代文坛也因之增添了不少新的文学质素,出现了众多新的文学气象。

　　到了 20 世纪 40 年代末期,随着国共政权的更替和无产阶级革命的节节胜利,30 年代的左翼文学和 40 年代的解放区文学更其注重文学的意识形态功能、强调作家的政治态度与阶级立场的价值取向,越来越成为文坛主流,并随着新中国的成立而逐步在大陆文学发展中占据了领导地位。与此对应的是,对"无产阶级及其文学"和"资产阶级(小资产阶级)知识分子及其文学"之间的界限作清晰划分,也越来越被提上了议事日程。在此背景下,西方林林总总的现代主义文学由于被判定为体现了腐朽、没落、颓废的资产阶级或小资产阶级的精神文化特征,而从意识形态的层面上被宣判为不受新诞生的人民共和国欢迎的异类。

第一节 现代主义批判与有关伍尔夫的研究

　　1948 年 3 月创刊于香港、成为即将在大陆执政的中国共产党文艺政策风向标的《大众文艺丛刊》即"特别"指出了"1941 年以后,19 世纪欧洲的资产阶级的古典文艺在中国所起的巨大影响"①,因为"大量的古典作品在这时被翻译过来了。托尔斯泰、弗罗贝尔,被人们疯狂地、无批判地崇拜着。研究古典作品的风气盛行一时。安娜·卡列尼娜型的性格,成为许多青年梦寐追求的对象。在接受文学遗产的名义下,有些人渐渐走向对旧世纪意识的降服"②。在"左"的、阶级论的认识观念指导下,托尔斯泰、福楼拜等作家所代表的 19 世纪欧洲古典文学精华,被斥为麻痹、腐蚀中国青年革命意志,使之"降服"于"旧世纪意识"的东西,受到了高度的警惕。钱理群认为,这一姿态其实包含着以下的双重疑惧:"既表现了长期处于西方世界包围中的落后国家的民族主义者对西方侵略(包括文化侵略)近乎本能的警觉,又显示了长期处于资产阶级对抗中的无产阶级对资产阶级意识形态的异己感与不

---

　　① 《对于当前文艺运动的意见》,见《邵荃麟评论选集》(上),人民文学出版社 1981 年版,第 142 页。
　　② 《对于当前文艺运动的意见》,见《邵荃麟评论选集》(上),第 142—143 页。

洁感。"①

《大众文艺丛刊》的批评家们还受到了苏联极"左"的文艺观念,特别是日丹诺夫文艺理论的影响,把批判的锋芒尤其指向了西方所谓资产阶级没落阶段的文学代表现代主义。"伴随着中国文学对苏联文学理论的接受,日丹诺夫和他有关文艺的种种言论——'日丹诺夫主义',也在40年代末至50年代的中国文学生活中留下了它的破坏性印迹。"②作为苏联文学最热烈的歌颂者、"资产阶级文学"最激烈的批判者和"社会主义现实主义"最权威的阐释者,曾主管苏联意识形态工作的日丹诺夫在40年代后期所作的《关于星和列宁格勒两杂志的报告》(1946),不仅诋毁、谩骂了作家左琴科的小说和阿赫玛托娃的诗歌,还猛烈抨击了俄国象征派、阿克梅派、"谢拉皮翁兄弟"等所谓"反动的文学派别","树立了从政治的高度评判作品和一些文学现象的典范"③。"在40年代末期,日丹诺夫的名字以及他就文学、艺术乃至哲学问题发表的基本言论,便已经为中国文学界所广泛知晓。"④"在40年代末,日丹诺夫主义的精髓,即强调文学艺术为政治斗争服务,以及断言作家的政治倾向、作品的阶级性具有头等重要的意义,等等,已经为中国的某些理论家、批评家所完全接受。"⑤

日丹诺夫提出:无产阶级可以批判地继承处于上升时期的资本主义文化(如文艺复兴时期文学,18、19世纪浪漫主义时代的文

---

① 钱理群:《1948:天地玄黄》,山东教育出版社1998年版,第36页。

② 汪介之:《回望与沉思:俄苏文论在20世纪中国文坛》,北京大学出版社2005年版,第194页。

③ 汪介之:《回望与沉思:俄苏文论在20世纪中国文坛》,第196页。

④ 汪介之:《回望与沉思:俄苏文论在20世纪中国文坛》,第198页。

⑤ 汪介之:《回望与沉思:俄苏文论在20世纪中国文坛》,第199页。

学以及现实主义文学），却要坚决拒绝处于没落时期的19世纪末与20世纪的西方现代主义文学。在新中国成立之初以及之后相当长的一段时间人们将苏联文艺思想视为圭臬的背景下，日丹诺夫的极"左"言论与文化政策对中国的文化取向便产生了深远的影响。他的报告于解放初即被译成中文并作为重要文献收入权威性的文集《苏联文学艺术问题》（人民文学出版社1953年版）之中。此后，中国学术界有关西方现代主义文艺的文章，从观点到词汇使用基本上都来自于日丹诺夫。

因此，在1949年至改革开放的新时期到来之前的较长一段时期内，西方现代主义文学被作为没落、腐朽、来自敌对阵营的垃圾受到了批判，这一倾向无论在研究还是翻译等领域都有着非常明显的体现。

首先，是有关现代主义文学的研究成果顺理成章地少，而且被打上了强烈的情绪化、政治化、简单化的烙印，有些是特定情况下研究者言不由衷的产物。在这一背景下，对欧美意识流小说的评价自然是一边倒的。

1955年6月，周扬曾指示人民文学出版社："外国文学史一时写不出来，可译些苏联人写的外国文学（指英、美、法、德等国家的文学）的研究文章，先让大家看看。"①因此，1958年，作家出版社出版了苏联学者普什科夫编著、由盛澄华等翻译的《法国文学简史》，其中，普鲁斯特的小说被视为"整个欧洲的颓废倾向的特殊的总结"②。1959年10月，苏联文学史家阿尼克斯特的《英国文

---

① 转引自龚翰熊：《西方文学研究》，福建人民出版社2005年版，第343页。
② 普什科夫：《法国文学简史》，盛澄华等译，作家出版社1958年版，第154页。

学史纲》由人民文学出版社出版发行,1980 年获得再版。虽然该文学史在"前言"第一段中说明"本书的目的是叙述英国文学的历史,从它的起源直到现在"①,但是在现代文学的论述中,却根本没有提及伍尔夫的文学成就。

该书作者在前言中提出:"只有密切联系任何时期发生的阶级斗争和这个国家的社会政治历史,才可能了解英国文学的发展。这个文学不但反映英国社会中曾经进行的种种过程,而且它本身是社会斗争的积极参加者。""甚至在最伟大的天才英国文学家的世界观和创作中有着种种矛盾,更不消说那些次一流的作家了。"②因此,"我们的社会估价是根据某一作家的作品在人民的文化中所起的作用,并根据他的作品从该时代的社会矛盾这方面看来所具有的客观意义",并特别提到"鉴于现今帝国主义的反动意识形态力图从过去文学中的反动现象找到支持,这一点尤其是必需的"③。这里,对人民性、阶级性等政治学观念的应用,对文学工具性社会功能的强调以及建立在这一基础上的对英国作家作品的评价,均导致了对英国文学史理解的严重歪曲与失衡,并对我国的英国文学研究产生了深刻的负面影响。在阿尼克斯特笔下,英国现代主义作家是受到批评与否定的,如詹姆斯·乔伊斯被认为是"20 世纪颓废文学的典型代表"④,他的"创作方法把自然主义原则弄到近乎荒谬的极端程度。小说中琐屑细碎的描写竟到了破坏

---

① 阿尼克斯特:《英国文学史纲》"前言",戴镏龄等译,人民文学出版社1959 年版,第 1 页。

② 阿尼克斯特:《英国文学史纲》"前言",第 1 页。

③ 阿尼克斯特:《英国文学史纲》"前言",第 2 页。

④ 阿尼克斯特:《英国文学史纲》,第 619 页。

生活现象的真实比例的地步"①。而伟大的"荒原"诗人T.S.艾略特则更是被指斥为"反动文学的领袖",因为他"竭力污蔑过去英国文学中一切进步和伟大的东西"②。

该书以来自老大哥国家的权威身份,长期以来在中国学术界产生了重要影响。它极"左"的文学史观,亦进一步强化了中国外国文学研究界的"左"倾倾向。所谓革命性强、体现了"进步"或"正确"的意识形态和阶级对立意识的作家作品受到推崇,而对相当一部分作家的理解与评价被强行打上了浓厚的时代与政治印记,对所谓人民性、进步性、革命性的凸显,甚至违背了作家的基本创作之实。比如,杰弗里·乔叟的现实主义,威廉·布莱克和罗伯特·彭斯的人民性、约翰·弥尔顿和英国宪章派诗人的革命性等,都是当时英国文学研究界的时髦话题。

在这一时代背景下,阶级性、政治化的理解渗入到西方文学的认识、研究和译介之中,典型的例子,可以举出袁可嘉的艾略特批判为代表。

20世纪40年代末,沈从文先生在北大教书、写作。他的周围,会聚了一批优秀的诗人、小说家与翻译家。诗人与小说家有穆旦、郑敏、杜运燮和汪曾祺,批评家有少若、吴小如,翻译家有盛澄华、王佐良等。袁可嘉也是这一时期圈内颇有才华的诗人、"九叶诗人"之一,青年时代即开始译介外国诗歌,为中国新诗现代化和中国文学走向世界作出了重要贡献。他的诗歌创作与翻译等,堪称该时期中国现代诗坛的重要收获。然而,1960年,在时代的高压下,袁可嘉还是在《文学评论》第6期上发表了一篇题为《托·

---

① 阿尼克斯特:《英国文学史纲》,第620页。
② 阿尼克斯特:《英国文学史纲》,第620页。

史·艾略特——美英帝国主义的御用文阀》的批判文章。该文指出艾略特是"第一次世界大战以来美英两国资产阶级反动颓废文学界一个极为嚣张跋扈的垄断集团的头目,一个死心塌地为美英资本帝国主义尽忠尽孝的御用文阀。从本世纪20年代起,他在美国法西斯文人庞德,英国资产阶级理论批评家瑞恰慈等人的密切配合下,在美英资产阶级理论批评界和诗歌创作界建立了一个'现代主义'的魔窟。40年来,他们盘踞着美英资产阶级文坛,一直散布着极其恶劣的政治影响、思想影响和文学影响"①。

其后,袁可嘉发表了一系列批判现代主义文学与文论的论文,如发表于《文学评论》1962年第2期的《"新批评派"述评》认为"新批评派"是以T.S.艾略特、瑞恰慈为总代表的形式主义理论流派,是从垄断资本的腐朽基础上产生并为之服务的反动的文化逆流;发表于《文学评论》1963年第3期的《略论美英"现代派诗歌"》认为现代派诗歌反映了50年来西方资本主义社会所经历的深刻的精神危机和艺术危机。

然而,由于在20世纪40年代就对欧美现代主义文学有浓厚兴趣,不仅阅读、研究现代主义文学,发表评论加以推介,自身还创作过具有浓郁现代主义特色的诗歌作品,因此,袁可嘉对现代主义总有一种抹不掉的深刻记忆和特殊感情,其审美经验与现代主义又有着密切的关联。这就造成了他在不得不进行批判的同时,又对现代主义如数家珍,忍不住花费大量笔墨梳理现代主义的来龙去脉,对其代表作品加以专业性解读的特殊现象。例如在《"新批评派"述评》中,袁可嘉就对"新批评派"成员休姆、庞德、艾略特、

---

① 袁可嘉:《托·史·艾略特——美英帝国主义的御用文阀》,见《文学评论》1960年第6期。

燕卜荪等的文学理论、文学批评和文化思想等的沿革与特点作了详细的介绍,对"新批评派"的核心命题进行了剖析。而在《略论美英"现代派"诗歌》中,他一方面从政治立场上非常谨慎地与现代派拉开了距离,断言"就其主流而论,'现代派'无疑是为当代资本主义制度效劳的反动创作流派"①。但另一方面,他并未概念化地简单否定现代派,而是如自己所言,要对现代主义诗歌作专业性的"探讨"。因此,他不仅点评了艾略特的《四个四重奏》、《窗前晨景》、《荒原》等作品,还介绍了现代派的某些艺术理论和特点,肯定了现代派技巧对于当时中国文学建设的正面价值。所以,上述两篇文章均体现出融政治批评话语、具体史实介绍和细致的文本解读为一体的特点,呈现出在荒诞的政治语境下,专业研究者被迫作违心之言的无奈特点与话语策略。

袁可嘉还借用了例证这一形式,大量引用了现代派诗歌和小说文本以作说明,这就使他的批判文字又成为了一种耐人寻味的文化研究文本,在批判文字本身的空泛与文本细读的精致与扎实之间构成了一种有趣的张力。《美英"意识流"小说述评》②一文即是这方面的一个典型实例。文中认为美英"意识流"小说具有反社会、反现实、反理性三大特征,但又曲折地提出应对作品取具体分析的态度。全文3万余字,对英美"意识流"小说进行了全面的评述和批判,重点评述了8部最为重要的英美"意识流"小说,分别是乔伊斯的《青年艺术家画像》、《尤利西斯》、《芬内根们的苏醒》,伍尔夫的《黛洛维夫人》、《到灯塔去》、《海浪》,福克纳的《喧嚣和狂乱》和《当我临终之际》。

---

① 袁可嘉:《略论美英"现代派"诗歌》,见《文学评论》1963 年第 3 期。
② 发表于《文学研究集刊》第 1 册,人民文学出版社 1964 年版。

由于众所周知的原因,文中有许多过激之词,如"极端虚无主义、个人主义"、"反动颓废"、"资本主义制度的产物兼帮凶"等,但袁可嘉对于上述 8 部作品的阅读和分析无疑却又是比较具体和深入的。他充满矛盾地写道:"'意识流'小说无疑是反动颓废的创作流派。但每一部具体的小说,每一个具体的作家之间都还有一些差别,不可一概而论。"①关于伍尔夫,他这样写道:"伍尔芙在政治上当然是个保守派,精神上还是个贵族主义者,但她反对种族歧视,要求妇女平等。"②这些评价,无不体现了批判者理智与情感、政治与审美之间的矛盾,以及内心深处的苦苦挣扎。

比如,该文一开始就写道:"总称为'现代主义'的欧美颓废文学,在小说方面最典型、最有影响的流派就是所谓'意识流'小说。"之后,作者写下这样一段分量颇重的话:"无论从思想倾向或艺术方法来看,'意识流'小说都是直接反对 19 世纪现实主义传统的,它的种种特点在和现实主义小说的对比中可以看得最清楚。欧洲现实主义小说,在自己的局限以内,反映了当时广泛的社会生活,既有积极的一面,也有消极的一面,而'意识流'小说无视现实,一味描写隐晦曲折的颓废意识,只起反动的作用。现实主义小说里的故事总以重要的事件——诸如战事的得失、事业的成败、婚姻的离合、人物的生死——为线索,按照先后次序,徐徐道来,有开始,有转折,有高潮,有结局,而'意识流'小说所叙事件支离破碎、忽东忽西,叙述的次序先后颠倒、古今错杂;你以为读到的正是甲的意识状态,其实你已进入乙的脑袋,你刚庆幸触及了现代生活,

---

① 袁可嘉:《美英"意识流"小说述评》,《文学研究集刊》第 1 册,人民文学出版社 1964 年版,第 202 页。

② 袁可嘉:《美英"意识流"小说述评》,《文学研究集刊》第 1 册,第 202 页。

作者影射的却是往事古迹。现实主义小说里成功的人物有血有肉,有理想,有行动,一般地说至少也是个正常的人,而'意识流'小说中的人物往往恍惚迷离似鬼魄神魂,只是某种抽象概念的影子,某种感性活动的象征,不但说不上什么理想和行动,有的连姓名也不完备,连性别也不清楚;更常见的则是白痴、疯子、梦幻者和半疯半疯的艺术家,他们神经错乱,胡思乱想,或则望着自己的影子喃喃自语,探索人生是什么,时间是什么,自我又是什么这类玄而又玄的问题,或则孤傲地与全世界为敌,高呼'流亡就是我的美学!'现实主义小说家着重直接叙述和正面描写,一上来就把人物的身世籍贯、音容笑貌、故事发生的时间地点交代得清清楚楚,而'意识流'小说家片面强调象征和联想,从来不屑正面交代人物的身世和事件的背景,甚至连他的性别、年龄,故事发生时的外界环境都得在小说开始了几十页乃至更多页以后,才偶然地从某一人物的内心独白中透露出来。简言之,19 世纪欧洲小说的主流是资产阶级尚未开始没落以前,在一定程度上反映了社会生活的作品,有积极的意义,也有消极的成分,在创作方法上是现实主义的或浪漫主义的;现代'意识流'小说是资产阶级开始没落以后表现种种腐朽思想的作品,只有反动颓废的一面,在创作方法上是象征主义和自然主义的奇异混合。"①

通过冷静分析我们看到,除了少量非学理化的表述之外,其实袁可嘉先生是通过与传统现实主义创作方法的比较,准确、精当、全面而形象地概括出了意识流小说美学与创作技巧的核心内容的。这也许是 1949 年至 1978 年间我国大陆发表的唯一一篇在批判中申说意识流小说美学的长篇论文了。不仅批判文字与文本细

---

① 袁可嘉:《美英"意识流"小说述评》,《文学研究集刊》第 1 册,第 202 页。

读的篇幅不成比例,在对文本的阐释过程中还为读者提供了许多珍贵的第一手翻译资料。方长安认为,这类文章中"述评"与"译文"二者的文风也是迥然不同的,"反映了那批知识分子面对欧美现代派时深层的心理冲突,彰显了他们的政治理性与个人审美倾向之间的某种矛盾"①。

随着粉碎"四人帮"和拨乱反正的新时期的到来,中国文坛也逐渐恢复了生机。和大批老作家、老学者一样,袁可嘉以积极的姿态,纠正了自己在特殊历史时期的违心之举。自 1980 年开始,他和董衡巽、郑克鲁两位学者一起,主持编译了 4 册 8 本的《外国现代派作品选》,陆续交由上海文艺出版社出版,创造了新中国历史上第一次系统而精当地大规模引进西方现代主义文学的壮举,在文坛引起轰动,并产生了长久的影响。

第二节　伍尔夫著作翻译与创作影响

从翻译这一层面来看,新中国成立后到新时期之前的外国文学翻译情况,总体上说是萧条寥落的,现代主义作品的翻译更是成了重灾区。"20 世纪 50—70 年代,由于受到政治意识形态的影响,中国现代英国文学译介史上曾译介的英国名家,如布莱克、王尔德、康拉德、劳伦斯、叶芝、T. S. 艾略特、华兹华斯、乔伊斯、伍尔芙等,在很长一段时间内都被排斥在译介选择的范围之外。"②

新中国成立后 27 年间,虽然有十几部现代派作品被翻译出

---

①　方长安:《"十七年"文坛对欧美现代派文学的介绍与言说》,《文学评论》2008 年第 2 期,第 72—73 页。

②　谢天振、查明建主编:《中国现代翻译文学史:1898—1949》,第 258 页。

版,但都是作为"内部发行"、"供批判用"的。而为了曲线救国或者出于一种或自觉或朦胧的自我保护的心理,"在当时的文化语境下,现代派文学的译介者对现代派文学的阐释都有意和无意地突出了现代派文学在对社会批判和认识价值方面的意义,将其与现实主义联系起来,寻找并强调它们的交合点。……将现代派文学与现实主义相联系,既是在政治层面消解现代派文学译介的政治危险性,也是将现代派文学'熟悉化'的一种途径,减少现代派文学与传统'期待视野'的反差"①。

而在上述这些译介过来、少得可怜的作品中,没有一部是意识流小说。另外,通过查阅孙致礼编著的《1949—1966:我国英美文学翻译概论》一书,我们发现,在长达17年的时期内,中国译坛丝毫未有对伍尔夫文学作品的翻译。② 虽然该书成书较早,但编著者还是承认:"在英国的一流小说家中,当时没介绍给中国读者的,似乎只有劳伦斯等现代作家。"③

与对劳伦斯、伍尔夫等现代主义作家的冷落相反的是,中国对伏尼契的长篇小说《牛虻》的阅读与研究却形成了耐人寻味的热潮。据相关资料,"她于1897年发表的《牛虻》,描写了19世纪30年代意大利革命者反对奥地利统治者、争取意大利独立和国家统一的斗争。小说塑造了一个青年爱国者的动人形象,因而是对青年进行爱国主义教育的生动教材。该书由李俍民翻译,中国青年出版社1953年7月出版,后又多次重印,是发行量最高的英国文

①　查明建:《意识流小说在新时期的译介及其"影响源文本"意义》,《中国比较文学》1999年第4期,第62页。
②　参见孙致礼编著:《1949—1966:我国英美文学翻译概论》,译林出版社1996年版。
③　孙致礼编著:《1949—1966:我国英美文学翻译概论》,第30页。

学作品"①。

　　这一时期有关伍尔夫著作翻译的唯一收获,大约要算是朱虹所译的《班奈特先生和勃朗太太》一文了。它被收入《现代英美资产阶级文艺理论文选》,于1962年由作家出版社出版。但是由于该文同样是供内部参考和批判使用的,所以也难以发挥它真正的影响。

　　而从1966年"文革"爆发,到1976年"四人帮"垮台,中国的外国文学翻译更是进入了有史以来的最低谷。根据《文革期间的外国文学翻译》(见《中国翻译》2003年第3期)一文的作者马士奎的统计,"文革"期间公开出版的外国文学译作大致有34种,不仅数量稀少,而且类型单一,其中绝大部分是来自一些和我国友好的国家,比如越南、老挝、柬埔寨、莫桑比克、阿尔巴尼亚、朝鲜等国的新作,少数译作是苏联和日本文学名著的再版或重译。因此,关于"文革"十年文化沙漠中的翻译文学概况,孟昭毅、李载道主编的《中国翻译文学史》(北京大学出版社,2005年)以"沉寂的译坛"、"扭曲的翻译"这样两个标题,进行了准确的概括。

　　从创作并接受影响的层面来看,本来在20世纪40年代末,包括沈从文及弟子汪曾祺、"九叶"诗人等在内的一批作家、学者与翻译家在西方现代主义文学精神的影响下,正在尝试多种文本与文体实验。他们的小说、诗歌、论文与翻译等,成为该时期中国文学的重要收获。特别是汪曾祺尝试创作的伍尔夫式的意识流小说,更是达到了中国现代文坛意识流小说的最高水准。钱理群这样写道:"40年代末,一个以沈从文为中心的,以'探索、实验'为追求的北方青年作家群体,正在形成中,他们与沈从文的同辈人,

---

　　① 孙致礼编著:《1949—1966:我国英美文学翻译概论》,第25页。

如朱自清、冯至、废名、朱光潜、李广田诸先生一起，在战争的废墟上，在国民党统治下的政治高压、经济混乱之中，坚护着文学艺术的阵地，以诚实的劳动，显示着坚韧的民族文化精神。"①然而，他（她）们对文学艺术的忠贞，他们对艺术创新的热情却被看做是对革命政治的消极抵抗而受到批判。一篇题为《1948年小说鸟瞰》的文章，指责"沈从文所代表的现代主义的幻美倾向"，并且具体点名批评汪曾祺1948年3月发表于《文艺春秋》第6卷第3期上的小说《鸡鸭名家》"发掘了民间特殊技人而加以美化"，以"一种幻美的迷力"，"蒙蔽了人们面对现实的眼睛"。而在朱光潜主编的本年度《文学杂志》上连载的废名的小说《莫须有先生坐飞机以后》则被指斥为"厌世主义和神秘主义"的"代表作"②。这样，由于与时代潮流格格不入，这批作家、学者的现代主义艺术实验终难在新中国成立之后持续下去。

　　势不可挡的"左"倾力量不仅全面而深刻地影响了当时人们的文学史观、对具体作家作品的认识，也彻底影响与改变了相当一部分作家的创作走向。曾经进行过现代主义实验并卓有成效的作家们改弦更张，小心翼翼地回避、否定任何与所谓的社会主义现实主义相冲突的文学，如前述袁可嘉；部分作家因难以适应新的形势而终于放弃了文学创作，转而从事历史研究与学术著述，如沈从文、施蛰存、钱锺书等；部分作家则返回传统的现实主义，一头扎入民间，向赵树理们这些代表了新时代的创作方向的、来自解放区的根红苗正的作家靠近，如汪曾祺。这一现象与潮流由来自外部世

---

　　① 钱理群：《1948：天地玄黄》，第255页。
　　② 适夷：《1948年小说创作鸟瞰》，载《小说月刊》2卷2期（1949年2月1日）。转引自钱理群《1948：天地玄黄》第十章注释23，第265页。

界的人看来,则显得更加触目惊心。当时从英伦返国不久的萧乾就曾在耳闻目睹了一些现象后,颇有感慨地说:"1949年来到北京,没过多久就发现,意识流小说可万万提不得,因为文学方面也是一边倒,苏联文学是主流。西方文学基本上只介绍那些揭露资本主义丑态的批判现实主义作品。"①所以近50年后,孟繁华沉痛地总结道:"解放后从思想改造运动开始,批《武训传》、批俞平伯、批胡适、批梁漱溟、批胡风、反右斗争、批'中间人物论'、批'三家村'一直到所有的作家全军覆没的文化大革命,知识分子似乎与'历史精神'已经无缘,他们彻底地成了历史的'边缘人'。这一悲惨而残酷的历史境遇,极大地改变了作家们的心态。"②而与作家心态的畸变相联系的,则是文学备受摧残的现实。这一历史境遇的改变,需要等到改革开放的新时期之后。

---

　　① 萧乾:《回顾我的创作道路》,引自全国政协文史资料委员会编《文坛档案:当代著名文学家自述》,第268—269页。

　　② 孟繁华:《1978:激情岁月》,第10—11页。

第七章　现代主义译介与研究热的再度兴起

　　20 世纪 70 年代末 80 年代初,随着改革开放的新时期的到来,中国的外国文学研究界期待着解放思想、突破禁区,打破唯阶级论和反映论是从的、违背文学规律的僵化研究格局。最初酝酿这一变革的,正是中国社科院外文所从事西方现代文学研究的专家学者。如前一章所述,在"十七年"与"文革"时期,他们被迫说了一些违心之言,奉命对自己熟悉和热爱的作家作品展开了批判,甚至在那些批判之辞中也暗暗显示了他们内心的扭曲。而在进入新的文化发展阶段,国门重新打开,人们可以开始较为实事求是地认识西方文化与文学的背景下,上述专家学者很快集束性地发表了一批重新评价现代主义文学的文章,如骨鲠在喉,不吐不快。

　　这些文章包括卞之琳的《分与合之间:关于西方现代文学和"现代主义"文学》(《外国文学研究集刊》第一辑,中国社会科学出版社,1979 年)、柳鸣九的《现当代资产阶级文学评价的几个问题》①(《外国文学研究集刊》第一辑,中国社会科学出版社,

---

　　①　最初是柳鸣九于 1978 年 11 月在广州举行的全国外国文学研究规划会上的发言,经修改后又发表于《外国文学研究》1979 年第 1、2 期。

1979 年)、朱虹的《对西方现当代文学评价问题的几点意见》(《外国文学研究集刊》第二辑,中国社会科学出版社,1980年)等。

而在与弗吉尼亚·伍尔夫有关的意识流小说的介绍与研究方面,特别值得提到的是袁可嘉与陈焜两位先生。他们的研究,使得意识流小说成为 20 世纪 80 年代初中国现代主义文学研究中的一大热点,对人们了解现代主义文学中这一重要分支起到了很大的作用。

第一节　袁可嘉、陈焜的意识流与伍尔夫研究

在 1979 年至 1980 年的两年时间内,袁可嘉连续发表了好几篇专门对意识流小说加以重新评价的论文,如《意识流》(1979)、《欧美现代派文学漫议》(1979)、《象征派诗歌·意识流·荒诞派戏剧——欧美现代派文学述评》(1979)、《略论西方现代派文学》(1979)、《意识流是什么?》(1980)、《欧美现代派文学概述》(1980)等。当然,在乍暖还寒的初春时节,在现实主义文学依然被视为正统的环境下,袁先生为了说明意识流小说的合法性,对意识流小说进行了较为全面的介绍和评析,还强调了意识流是对现实主义文学表现技巧的一种补充。

1979 年 12 月,袁可嘉写成长文《略论西方现代派文学》,从人与社会的关系、人与人的关系、人与自然的关系和人与自我的关系四个层面上,全面、深入地分析、归纳了西方现代派文学的思想特征。在论及人与自我的关系问题时,他举出了伍尔夫《海浪》的例子,以说明现代派作家"力图在作品中表现人物意识的复杂

变化"①的特征:"书中一家六个兄弟姐妹以独白的方式畅论以自我为中心的一系列问题:自我是什么? 这个自我和那个自我之间的影响如何? 在时间和空间的变化里,自我是固定不变的吗? 一个人死了以后自我又变成什么? 伯纳特——作者的代言人——时刻意识到自我的千变万化,不可确定。他读拜伦的诗,感到拜伦成了'自我'的一部分;他结交朋友,又觉得友谊改变了'自我'的面貌;有诗人气质的纳维尔即使在诗名大震以后,口袋里仍然放着一张自己的名片,作为自我的证明。"②该文在论述西方现代派文学的艺术技巧,讨论其"表现内心的生活、心理的真实或现实",即"心理现实主义"的特征时,再次举出了伍尔夫的文学观以为说明:"维吉尼亚·沃尔夫把生活看做'一个明亮的光圈,自始至终笼罩着我们意识的一个半透明的封套'(指感性活动),要求小说表现'人物私有的幻想'。"③这正是伍尔夫于1919年发表的论文《现代小说》中有关生活之本质的著名的"封套"说。由于伍尔夫采用了比喻手法,为了更加清晰明了,袁可嘉还特意在括号中标注了"感性活动"四字,强调伍尔夫"生活"观的主观性质。

在首发于1982年12月30日《光明日报》的另一篇论文《我所认识的西方现代派文学》中,在"作历史的、唯物的、辩证的考察"④和"剥离其唯心主义,吸收其合理因素"的指导思想下,袁可嘉再次对现代主义文学表现内心真实或现实的倾向作了一番一分

---

① 袁可嘉:《略论西方现代派文学》,见《现代派论·英美诗论》,中国社会科学出版社1985年版,第9页。

② 袁可嘉:《略论西方现代派文学》,见《现代派论·英美诗论》,第9页。

③ 袁可嘉:《略论西方现代派文学》,见《现代派论·英美诗论》,第11页。

④ 袁可嘉:《我所认识的西方现代派文学》,见《现代派论·英美诗论》,第30页。

为二的评价。我们看到,刚刚从极"左"文艺框框的禁锢中走出来的老学者的评述还是有所保留的:"现代派在发掘人类心理活动的深度上是有成就的,在开辟文学题材的领域上(如潜意识活动)也跨出了前所未有的步子。但是,由于他们盲目接受非理性主义的现代心理学等学科的影响,往往过分强调以本能为主导的心理活动的变化多端和异常复杂,不免做了头,一刀切断内心与外界的联系、个人与社会的联系,结果有些作品不仅未能通过内心活动来反映现实,连内心活动本身也得到歪曲的描写。"①由于意识流小说艺术是其美学观念的具体实践,是关于生活与真实的不同理解的产物,袁先生这里说其"切断内心与外界的联系、个人与社会的联系",认为其对内心活动的描写本身也是"歪曲"的评价是不够实事求是的。这里举出的例子,同样是《海浪》:"例如维·沃尔夫的《海浪》全书九章写的主要是人物的内心活动,涉及一家六个兄弟姐妹各自进行'自我是什么?'的探讨。读者不仅难以看出这些活动和外界的联系,还会怀疑这在多大程度上符合这些特殊人物——即使是极度敏感的知识分子的心理真实。"②其实,小说中的六个主要人物和波西弗都来源于伍尔夫"布鲁姆斯伯里文化圈"中的朋友和她的亲属。然而,根据伍尔夫的设计,她要追踪的是这六个人生命的内在发展线索,呈现性格、情感、精神和心灵的图像,而不是堆砌"物质主义"的材质。用伍尔夫在《狭窄的艺术之桥》中的说法,即"它将很少使用作为小说的标志之一的那种惊人的写实能力。它将很少告诉我们关于它的人物的住房、收入、职

---

①　袁可嘉:《我所认识的西方现代派文学》,见《现代派论·英美诗论》,第34 页。

②　袁可嘉:《我所认识的西方现代派文学》,见《现代派论·英美诗论》,第34—35 页。

业等情况;它和那种社会小说和环境小说几乎没有什么血缘关系。带着这种局限性,它将密切地、生动地表达人物的思想感情,然而这是从一个不同的角度来表述。它将不会像迄今为止的小说那样,仅仅或主要是描述人与人之间的相互关系,以及他们的共同活动;它将表达个人的心灵和一般的观念之间的关系,以及人物在沉默状态中的内心独白"①。所以,《海浪》基本上由六个人在从童年到老年的人生不同阶段上的独白构成。而正是通过这一次次独白,人物各自生命的主导意象逐渐呈现了出来。它们相互对比而又组合起来,汇成人类总体的生命大合唱。学者 A. H. 邦德指出:"这部作品是对贯穿于生命循环过程中的同一性的建构与消解的无与伦比的研究。"②

在 1979 年撰写的另两篇论文《欧美现代派文学漫议》和《象征派诗歌·意识流小说·荒诞派戏剧——欧美现代派文学述评》中,袁可嘉对伍尔夫小说诗化的结构、象征的色彩和独特的时空处理技巧,都作了较为中肯的评述。在《欧美现代派文学漫议》中,在论及意识流小说家"为了形象地表现人们意识流动的状态,使用大量的象征手段来暗示,来比喻。从语言形式、叙述方法、结构安排到故事情节、人物塑造和作品寓意都贯串着这种方法"③的特征时,他还是举出了《海浪》的例子,可见袁先生对这部小说确实是情有独钟:"例如维吉尼亚·沃尔夫的小说《海浪》每章开头都有一段诗体散文,用一个又一个的意象来暗示从早晨到晚上的九

---

① 弗吉尼亚·伍尔夫:《狭窄的艺术之桥》,见瞿世镜编选:《伍尔夫研究》,第 576 页。

② Alma Halbert Bond. *Who Killed Virginia Woolf*? Human Sciences Press Inc. 1989,p. 30.

③ 袁可嘉:《欧美现代派文学漫议》,见《现代派论·英美诗论》,第 70 页。

段不同的时刻,象征一个人从童年到老死的过程。"①而在《象征派诗歌·意识流小说·荒诞派戏剧——欧美现代派文学述评》中,他则较为细致地介绍了伍尔夫小说的意识流动特征:"英国女作家维吉尼亚·沃尔夫的著名小说《达罗卫太太》写的是同名女主人公在 1923 年 6 月中旬某天,从早晨出去买花到晚上举行宴会,其间 12 小时的生活,实际则通过主人公的回忆,追溯了她从 18 岁到 52 岁期间的几十年经历。小说着力描写达罗卫太太上街买花沿途所见事物在她的意识荧光屏上留下的印象,以及如何通过联想,唤起她对往日的回忆和对未来的展望。当前的所见所闻只是一块跳板,让主人公的意识不断地从这块跳板跃前退后,向未来或过去流动。作家交替地采用两种方法使意识流动的方向不断改变:或则以时间(教堂的钟声)为固定中心,截取横切面,描写不同人物在同一时间内的思想活动;或则以人物为固定中心,截取纵切面,描写这个人物在不同时间里的思想意识。小说家这样用力地描写人们的意识流,仿佛本身就是目的,它好像在说:'瞧!人的意识活动就是这个样儿!'"②由于《达罗卫夫人》在民国时期尚未有中译本问世,新时期之后第一个完整的译本也要迟至 1988 年才由孙梁译出,在上海译文出版社出版。因此,袁可嘉对小说基本内容、结构方式和艺术技巧的介绍,也为读者加深对这部作品的了解,提供了较为可靠的依据。

　　陈焜先生是另一位较早展开深入的现代派文学与意识流研究并卓有影响的学者。1980 年 11 月 25 日,在中国当代文学研究会

---

① 袁可嘉:《欧美现代派文学漫议》,见《现代派论·英美诗论》,第 70 页。
② 袁可嘉:《象征派诗歌·意识流小说·荒诞派戏剧》,见《现代派论·英美诗论》,第 109—110 页。

第二次学术讨论会上,陈焜作了《关于意识流》的发言,后收入北大出版社 1981 年为其出版的论文集《西方现代派文学研究》之中。在发言中,陈先生首先指出:"意识流主要是西方现代主义文学在 20 年代发展起来的一种文学表现方法"①,而不是一种文学流派。陈先生也反对对意识流进行简单化的定义,而是概括出了它的下列特点:"它在理解人的意识和心理时突出意识和潜意识的交织,注意人的外部活动和内心活动的相互关系,强调人和外界以及自我的相互矛盾,在对因果关系的认识上很注意各种因素的相互联系和相互作用,对人的行为很注意过去的经验对现在的影响和两者的有机统一,并且在作品中表现了一种把时间发展的序列在内心中重新加以组织的心理时间,这些特点都使作品出现了复杂的层次,在一种新的透视的基础上形成了立体的经验结构和叙述结构,表现了一种在复杂性的基础上掌握和表现世界与人的能力,体现了复杂的现代意识、现代感受和现代经验。"②

陈先生研究的另一可贵之处在于,虽然当时的中国尚处于重新认识、评价意识流的早期阶段,很多人会笼而统之地评说意识流,他却在深入考察、细读文本的基础上突破了对意识流的定型化、模式化与平面化的认识,指出"雷同是文学的死敌"③,强调了各意识流作家在意识流手法与技巧运用方面的区别:"乔哀斯用意识流描写对读者说来是客观的生活,普鲁斯特则用于表现作家主观的精神生活;普鲁斯特的作品很容易懂,福克纳则比较困难。"④他还进一步指出了同一位意识流小说家随着自身文学观念

---

① 陈焜:《西方现代派文学研究》,北京大学出版社 1981 年版,第 167 页。
② 陈焜:《西方现代派文学研究》,第 170 页。
③ 陈焜:《西方现代派文学研究》,第 177 页。
④ 陈焜:《西方现代派文学研究》,第 169 页。

的发展而在实验技巧方面发生的变化："不但此一作家和彼一作家不同,此一国的意识流往往和彼一国也不同。就是同一位作家也经常有发展变化。乔哀斯是从传统的写实主义入手的;其后写成了《尤利西斯》,是意识流的经典;最后的《菲那根的醒来》,把意识流的混乱推向极端,公认是难以卒读的启示录式的作品。"①在这篇长篇发言中,陈先生还先后阐释了威廉·詹姆斯的意识流概念,柏格森的心理时间观念以及弗洛伊德的心理分析理论等,勾勒出西方现代心理学发展的轨迹、成果,论述了其对意识流小说发展的影响,然后则以《尤利西斯》的片段为例,说明了意识流技巧的某些特点,以文本细读进行示例,呈现了意识流方法的"基本的格局"②。

在《西方现代派文学研究》中,还收入了陈先生另一篇标题为《意识流问题》的长文。在这篇论文中,陈焜再次坚持了前文的观点,认为意识流不是流派而是一种方法:"就是在表现人物的心理活动和事件的发展时表现了复杂的层次,用许多层次的交织形成再现生活的一种新的方式。"③但他又没有将意识流视为纯粹技巧方面的问题,而是强调它是文学观念的变革导致的必然结果:"意识流方法的出现并不是诸如内心独白这类方法在量的基础上积累发展的结果,而是一些带有根本性的文学观念发生了质的演变的产物。"④

我们看到,陈先生有关意识流究竟是流派还是方法的讨论,对各意识流作家之间风格、技巧方面差异的甄别,对同一作家自身艺

①　陈焜:《西方现代派文学研究》,第 177 页。
②　陈焜:《西方现代派文学研究》,第 177 页。
③　陈焜:《西方现代派文学研究》,第 186 页。
④　陈焜:《西方现代派文学研究》,第 186 页。

术形态的发展变化的思考等,都使得新时期之初的意识流小说研究虽然恢复不久,却站到了一个较高的起点之上,对后来的研究者产生了良好的影响,并使得新时期的现代主义研究得以超越中国现代时期的研究水准,同时在研究范围上有所拓展。瞿世镜即在20世纪90年代出版的专著《音乐·美术·文学:意识流小说比较研究》①中,专门对学术界有关"意识流"概念运用的不同范畴进行了总结,认为起码存在着以下四种意义上的意识流:即作为心理学概念的意识流、作为文学流派的意识流、作为文学技巧的意识流和作为文学体裁的意识流。瞿先生认为大家都在含混地使用着"意识流"这一概念,但却在层面与意义上有所交叉,分歧常常就是这样产生的。所以,陈焜先生对作为流派与方法的意识流之区别的强调,以及瞿世镜先生随后展开的进一步细分,推进了国内有关"意识流"这一关键性概念的深入认识。

以下,陈焜从介绍威廉·詹姆斯的心理学观点谈起,梳理了当代西方心理学发展走向,概括了其在研究人的意识内容和特点上的成就。较之上一篇论文的相关论述,该文的介绍分析更加细致深入;再下面,论文则在西方关于无意识的认识的历史基础上,详细论述了弗洛伊德的理论。随后,论文以《尤利西斯》的三个片段,即"斯台芬在学校"、"布鲁姆在墓地"和"莫莉的呓语"为例,分析了乔伊斯的意识流特色:"乔哀斯的意识流大体上继承了传统的内心独白,差别是引进了无意识的混乱,使内心独白起了质的变化;乔哀斯注重表现心理状态,而不注重行为和动作。行为和动作只构成一个主干,在主干周围有无数枝杈生长出来,不理解的时

---

① 瞿世镜:《音乐·美术·文学:意识流小说比较研究》,学林出版社1991年版。

候像一座纷乱的迷宫，理解后就觉得像一片气象万千的大森林；人物的意识活动对读者说来是客观的东西，它虽然更多地表现了人物的主观世界，但通过这种世界，读者还是能够对外在的客观现实有一种客观的了解和认识。"①

此外，陈焜认为，表现"主人翁的主观感觉所了解的世界"②的意识流小说代表是普鲁斯特。他以《往事回忆》③第一卷《斯旺之路》(1913)中的两个片段"从睡眠中醒来"和"茶杯中的现实"为例，分析概括了普鲁斯特在反映人物主观世界方面的两大特征："第一，作者是用理性的心理分析方法去探索无意识的领域，意识活动的整个过程是清晰的，不存在无逻辑的混乱，读者在理解上完全没有困难；第二，作品描写的内容完全是主观内省性质的，没有客观性；世界是按照人所记得的样子存在的，不是按照它本来存在的样子客观地显示出来。"④再下面，陈焜甚至结合第二次世界大战之后欧美文学的发展脉络，说明意识流小说虽然风光不再，其基本方法却保存了下来，并与写实主义传统相结合，在部分作家身上有所体现，比如，美国犹太作家索尔·贝娄和辛格的小说，还有荒诞派戏剧家贝克特的《等待戈多》等，均有意识流手法的运用。

陈思和曾在有关新时期之初中国引进西方现代主义文学的研究论文中认为："当时对意识流文学的介绍仅仅停留在技巧方面，把它看做是心理描写的一种方法，没有涉及一些更加带有本质性的内容，没有提到下意识与非理性的问题，也没有联系后来盛行一

---

① 陈焜：《西方现代派文学研究》，第217—218页。
② 陈焜：《西方现代派文学研究》，第218页。
③ 即《追忆似水年华》。
④ 陈焜：《西方现代派文学研究》，第225页。

时的弗洛伊德的学说。"①结合陈焜先生的研究成果,我们认为,这一判断恐怕是不尽符合实际的。

综上,袁可嘉与陈焜两位先生在新时期之初率先展开的对西方现代派文学和意识流小说的重新评价与专业化研究,为当时及其后迅速展开的伍尔夫著作译介与进一步研究奠定了良好的基础。

第二节　在论争中推进的现代
主义文学译介

感应着学术界对现代主义文学的热情,部分外国文学研究刊物快速作出了反应。1979 年第 2 期的《外国文学动态》杂志在介绍国外最新研究动态时,即提到了剑桥大学于 1978 年出版的罗杰·普尔撰写的新著《不为人知的吴尔夫》。

从 1980 年第 4 期开始,直到 1982 年第 1 期,武汉的《外国文学研究》连续开辟了"西方现代派文学讨论"专栏,先后刊登了包括老作家徐迟的《现代化与现代派》等在内的 32 篇文章,推动与深化了文坛有关西方现代派文艺问题的讨论。1981 年第 2 期的《外国文学季刊》上,也发表了美国文学研究专家李文俊专论福克纳的意识流小说代表作《喧哗与骚动》的论文《意识流、朦胧及其他——介绍〈喧嚣与骚动〉》。

在积极评介现代主义的浪潮中,从 1980 年起,一套囊括了 11 个流派、总计 260 余万字的《外国现代派作品选》丛书由袁可嘉、

---

①　陈思和:《1978—1982:西方现代主义在中国的引进》,见《鸡鸣风雨》,第 181 页。

董衡巽、郑克鲁三位先生编选,交由上海文艺出版社陆续出版。这套丛书共分 4 册,有 11 个专辑,分别收入后期象征主义、表现主义、未来主义、意识流小说、超现实主义、存在主义、荒诞派文学、新小说、垮掉的一代、黑色幽默等属于现代主义文学范畴的代表作品,堪称新时期以来第一套为在文化沙漠中苦苦挣扎了多年的中国读者提供了原汁原味的西方现代主义文学精髓的大型丛书。该丛书到 1985 年全部出齐。1980 年出版的第一册印数即高达50000 册,再版时更是达到了 77000 册,可见其受中国读者欢迎的程度。这套丛书也开启了新时期以来中国现代主义文学译著出版的先河,自此一发而不可收。据统计,新时期 10 年来,我国共出版了 6000 余种外国文学图书,其中相当大一部分属于现代主义作品。

除了这套丛书之外,重点译介现代主义文学与文化的另外几套重要丛书,如"外国文艺理论丛书"、"美学译文丛书"、"外国文学研究资料丛刊"、"西方哲学流派丛书"等也纷纷出现,推进了文论界、美学界、哲学界等对现代主义的认识。

当然,由于长期以来受到的庸俗社会学的影响,以及人们的接受惰性与思维惯性的制约等,文艺界关于意识流等现代主义文学的看法远非一致。在 20 世纪 80 年代之后,我们也不时可以听到对接受西方现代主义文学持有异议的声音。如 1981 年发表的某篇论文即如是说:"现代派作品就其总的倾向而言,是在把人们引向悲观厌世、神秘主义和不可知论的绝境。它模糊了人们的视线,瓦解群众的斗志,客观上起着维护资本主义制度的作用,对于无产阶级和广大群众按照客观世界的规律改造客观世界的历史活动是有害的。"[①]有人还怀着对西方传统现实主义文学的深厚感情如此

---

① 嵇山:《关于现代派和现实主义》,《华东师范大学学报》1981 年第 6 期。

断言与发问:"没有哪一个现代派作品,超过了现实主义大师们。在英国有超过狄更斯的吗? 在法国有超过巴尔扎克、司汤达的吗? 在俄国有超过托尔斯泰的吗? 在美国有超过德莱塞的吗? 没有。"①亦有论者义愤填膺地提出:"若就推举现代派——无论'抽象的、荒诞的方法'还是所谓的'意识流'——来反对现实主义而言,也早在20年代就有了它的前奏。……当十年'文化大革命'的狂涛平定下来不久,简直可说是从血泊里方才又站立起来的文艺界,在激动的亢奋中'心有余悸',然而从中有一个清醒而庄严的呼声发出来了,那就是'恢复现实主义传统'。可是就在'恢复现实主义传统'的呼声才刚得到最初的点滴响应,就有一阵嘻嘻嘻嘻伴奏的言词从斜刺里传出来了,说是:人家都已经说的是卡夫卡、贝娄、乔伊斯、辛格了,你们还在讲什么巴尔扎克和托尔斯泰。未必需要讲出这正就是推举现代派来反对现实主义的议论。"②所以陈思和认为,1981年"是文艺界关于现代主义文学论争开始的一年。有关这方面的文章,从介绍到论争,总数达142篇。其中涉及现代主义文学流派讨论的文章38篇,涉及意识流讨论的21篇"③。

然而,在论争中,时代总是在进步,人们的观念总是在更新,审美惯性与惰性也在不断得到矫正与调整,对西方现代主义文学介绍、翻译与研究的力度也在不断加大。据龚翰熊对中国西方文学研究史进行考察后的资料统计,"1978年至1982年中,全国主要报刊刊载的介绍、评述、讨论西方现代主义的文章,约有400余篇。

---

① 李正:《未来决不属于现代派》,《外国文学研究》1981年第1期。

② 耿庸:《现代派怎样和现实主义"对抗"》,《社会科学》1982年第9期。

③ 陈思和:《1978—1982:西方现代主义在中国的引进》,见《鸡鸣风雨》,第182页。

西方文学译介的重点也逐渐转移到 20 世纪文学,现代主义作品更成为翻译界注目的焦点。托马斯·艾略特、卡夫卡、乔伊斯、福克纳、伍尔夫、加缪、萨特、贝克特、尤奈斯库、克洛德·西蒙、约瑟夫·海勒、加西亚·马尔克斯等人的重要作品迅速被翻译到中国,其中有的作品,如《荒原》、《尤利西斯》、《百年孤独》已有多个高水平的中译本。众多刊物、出版社发表、出版了为数不少研究现代主义文学的论文与著作"①。

　　上文所述综论现代主义文学并拥有较大影响的著作即包括廖星桥的《外国现代派文学导论》、袁可嘉的《欧美现代派文学导论》和《现代派论·英美诗论》、龚翰熊的《现代西方文学思潮》和《20世纪西方文学思潮》、赖干坚的《西方现代派小说概论》、陈慧的《西方现代派文学简论》等。分别论述、研究现代主义各家各派的则有张容的《法国新小说派》和《法国荒诞派戏剧》,周启超的《俄国象征派文学研究》等。由中国社科院外文所"外国文学研究资料丛书"编辑委员会负责编译的"外国文学研究资料丛书"中的《福克纳评论集》、《论卡夫卡》、《伍尔夫研究》、《意识流文学手法研究》、《表现主义论争》、《普鲁斯特和小说》等也都和西方现代主义文学研究直接相关。柳鸣九主编的"西方文艺思潮论丛"中的《未来主义　超现实主义　魔幻现实主义》、《意识流》和《从现代主义到后现代主义》则既包括中国学者撰写的论文,也包括所论专题或流派的一些重要资料、文献,是对西方现代主义文学研究的重要贡献。在柳鸣九主编的另一套"二十世纪外国文学评论丛书"中,有关西方现代主义文学的评论也是重要内容。此外,在不断出现的各种或翻译引进、或由中国学者自行编撰的 20 世纪国别

---

① 　龚翰熊:《西方文学研究》,第 434 页。

文学史中,对现代主义文学流派,包括意识流与伍尔夫创作成就的论述也占据了越来越大的比重。本书在第十二章中将有专门论述。

第三节　当代作家的现代主义艺术探索

随着研究的不断深入和翻译作品的逐渐面世,西方五光十色的现代主义文学富藏为急于拓展视野、更新知识结构、尝试新的创作技巧的中国作家提供了宝贵的精神资源。由于长期以来被强行隔断了与传统文化与外来影响的联系,又厌倦了假、大、空的所谓社会主义现实主义,当代作家们也开始介入现代主义与意识流方法与技巧的论争、探索与实验之中,现代主义的艺术形式问题越来越得到作家们的重视。正如谢冕在《参与世界的中国文学》一文中所指出的那样,"文革"后,"文学急于在批判之中与过去的僵硬模式告别,而在一次内涵与形式的总的更新中,从传统的封闭式思维走出,而以通往和参与现代世界文学为自己的目标"①。关于作家们的"现代情结",他又充满诗意地写道:"中国文学因为感知了古典暗夜的漫长和沉厚而重新做起 20 世纪 20 年代的现代梦。这种受到社会现代化鼓舞的'现代情结'重新引发了对于现代主义思潮的热情。尽管现代主义的幽灵在世界各处的游荡多少已经显出它的老态,但是中国对它的追求,却依然充满了青春期的狂热。"②

---

① 谢冕:《参与世界的中国文学》,见《外国文学评论》1987 年第 4 期。
② 谢冕:《中国文学的新时代》,见《西郊夜话:谢冕学术随笔自选集》,福建教育出版社 2000 年版,第 11 页。

　　王蒙即属于这一时期较早敢于吃螃蟹的先行者。他在 1980
年第 2 期的《鸭绿江》杂志率先发表了《关于"意识流"的通讯》,在
1980 年第 2 期的《小说选刊》上又发表了《关于〈春之声〉的通
讯》。他还与李陀、张洁、宗璞等作家在 1980 年第 9 期的《文艺
报》上专门组织了一次主题为"文学表现手法探索"的笔谈,重点
探讨对意识流技巧的借鉴与使用。

　　此后不久,冯骥才、李陀在《上海文学》1982 年第 8 期上分别
发表了题为《中国文学需要"现代派"!》和《"现代小说"不等于
"现代派"》的两篇论文;李陀在《十月》杂志 1982 年 6 月号上发表
了《论"各式各样的小说"》;季红真于 1988 年 1 月 2 日、1988 年 1
月 9 日先后在《文艺报》上发表了题为《中国近年小说与西方现代
主义文学》的文章。

　　特别值得提及的是,1981 年,广州的花城出版社出版了作家
高行健的《现代小说技巧初探》一书,由老作家叶君健作序。在这
本薄薄的小册子中,高行健用随笔的形式探讨了意识流、象征、怪
诞、非逻辑、情节淡化、时间与空间等现代小说理论问题,在当时的
文学界引起了意外又在意料之中的强烈反响。叶廷芳先生准确地
描绘了当时的情形:"中国新时期作家接受外来影响有的是局部
的,有的则是全局性的;前者居多数,他们只试图在技巧上有所革
新,多半浅尝辄止。后者则是观念上的转型。就笔者接触到的作
家而言,他们中较早的当推高行健。1981 年他推出《现代小说技
巧初探》一书,系统地介绍了当代西方小说的各种新风格、新技
巧,一时引起广泛兴趣。当时一些最有活力的作家如王蒙、冯骥
才、刘心武、李陀等都为之奔走相告(王蒙、李陀并在创作中有所

表现)。"①冯骥才在读过这本书后,于1982年3月还曾专门写信给李陀:"我急急渴渴地要告诉你,我像喝了一大杯味醇的通化葡萄酒那样,刚刚读了高行健的《现代小说技巧初探》。如果你还没有见到,就请赶快去找行健要一本看。我听说这是一本畅销书。在目前'现代小说'这块园地还很少有人涉足的情况下,好像在空旷寂寞的天空,忽然放上去一只漂漂亮亮的风筝,多么叫人高兴!"②这只"漂漂亮亮的风筝"从理论的层面向广大作家与读者申说了用新的艺术技巧表现当代中国生活的合法性,进一步激发了创作界的尝试热情。

紧随其后,1982年,《上海文艺》杂志连续发表了探讨与争论小说形式问题的文章。《当代文艺思潮》1983年第1期又刊载了诗人徐敬亚的《崛起的诗群》一文,把创作界有关现代派文艺问题的讨论推向了高潮。1984年,女作家宗璞发表了《小说和我》一文,提倡"内观的手法",认为它"透过现实的外壳去写本质,虽然荒诞不经,却求神似"③。这段"透过现实的外壳"而深入本质的表述,和伍尔夫《现代小说》中提出的"封套"说十分相似。也是在这一年,外国文学出版社出版了《西方现代派文艺问题探讨集》,从1978—1983年间发表的400余篇文章中精选出52篇有代表性的收编成册,展示了国内新时期以来大约持续了5年之久、围绕西方现代主义文学的这场论争的主要成果。

伴随着论争,具有现代主义质素的文学不断出现。在诗歌领域,1979年,女诗人舒婷的《致橡树》、《祖国啊,我亲爱的祖国》,

① 叶廷芳:《美的流动》,中国社会科学出版社2000年版,第27页。
② 见《上海文学》1982年第2期。类似意见还可参阅刘心武《在"新、奇、怪"面前》(《读书》1982年第7期)、王蒙《致高行健》(《小说界》1982年第2期)。
③ 宗璞:《小说和我》,见《文学评论》1984年第3期。

北岛的《回答》等诗歌作品的发表,令人欣慰地宣告了现代主义诗歌在新时期中国的重生。在小说领域,从1979年开始,王蒙约在一年半的时间里一气写出了《布礼》、《蝴蝶》、《春之声》、《夜的眼》、《海的梦》和《风筝飘带》6部中、短篇小说作品,集中表现人的"意识流"。意识流成为了一个突破口,使现代主义的审美经验重新流入了当代中国的小说创作领域,催生了中国新时期叙事艺术的重大变革。正是从此意义上,宋耀良指出:"在中西文化落差最悬殊的岁月里,意识流文学是首批从西方驶入中国文学内湖的红帆船。""这不仅仅是一种文体风格或艺术手法","还体现着普遍的时代精神。接纳意识流文学,意味着确认人的自我意识的价值"①。袁可嘉先生后来在回顾时也写道:"在意识流小说的影响下,当代小说家注意对人的深层心理的探索,全知的叙述观点被放弃了,开始采取多视角的写法,心理时空的变化获得了重视,人们开始向音乐绘画去汲取有益的营养。有些小说呈现出人物淡化,情节淡化、诗化、抽象化的特点。"② 程爱民在1992年第4期《国外文学》上发表的《意识流对我国新时期小说的影响》一文则认为:"意识流文学对新时期小说的影响是多层次、多角度的,经历了一个从技巧到观念到认识价值和审美价值的递进过程。"③ 论文还从意识流本流、意识流技巧的横移、时空观念的更新、自我意识的开掘、民族文化心理的寻根、审美观念的拓展与深化数个部分,概括梳理了意识流在中国新时期流淌的特征与进程。

---

① 宋耀良:《十年文学主潮》,上海文艺出版社1988年版,第188页。
② 袁可嘉:《欧美现代派文学概论》,广西师范大学出版社2003年版,第92页。
③ 《国外文学》1992年第4期,第97页。

那么,如果说民国时期的中国文坛上曾经出现过伍尔夫式的、以汪曾祺的短篇小说为代表的较为成熟的意识流作品,进入新时期之后,中国作家的意识流实践又呈现出怎样的态势与特点?是否同样出现过较为纯粹的意识流小说?还是意识流仅仅作为占或不占主导地位的一种艺术技巧而存在?所谓"东方意识流"之说是否可信?

带着上述问题,我们可以择取该时期一个较有代表性的意识流小说选本展开一点个案分析,或许可以从中寻出一点端倪。1988年,时代文艺出版社出版了吴亮、章平、宗仁发编辑,作为"新时期流派小说精选丛书"之一的《意识流小说》选本。选本收录了12篇小说,其中有纪众撰写的《新时期小说创作中的意识流》一文。

人们在谈到王蒙的意识流小说时,常常会提起《风筝飘带》。自然地,这部小说也成为该选本的首选篇目。小说主要写的是一对"文革"期间下乡插过队、被粉碎了生活梦想的年轻情侣佳原和范素素(修伞人和小的清真饭馆服务员)对青春的信念与对未来的憧憬。小说大半是素素在约会地点等佳原时的回忆,缺乏外部的行动性,并涉及过去的时空。乍看起来,作品以人物的心理活动为叙述对象,但和典型的伍尔夫式的意识流小说还是不同,并不是那种以外部物理时间展开提示、存在物理时空和心理时空彼此映照的张力关系的意识流作品。小说以人物线性的回忆为主,但在回忆中时间几乎并不具有错乱的跳跃性,基本上依照顺序展开;内容上也不具有意识流小说探索人的精神世界的丰富性的巨大容量,而是处于理性层面的人物生活记忆,并未深入到人物的下意识之中,具有清晰的逻辑性,更多体现的是20世纪70年代后期代表了时代主旋律的新生感和希望。正如小说中的一段文字所言:"他们都懂得了自己的幸福。懂得了生活、世界是属于他们的。

青年人的笑声使风、雨、雪都停止了,城市的上空是夜晚的太阳。"①

王蒙本人的观点亦可与小说体现出来的上述特征彼此参证。事实上,在王蒙的小说中,人物"心理、感觉、意识"的"社会意义"始终是被置放于十分重要的位置的。他在《关于"意识流"的通讯》中这样写道:"我们搞一点意识流,不是为了发神经,不是为了发泄世纪末的悲哀,而是为了塑造一种更深沉、更美丽、更丰富也更文明的灵魂。我们不同意把心理生活与社会生活对立起来,我们写心理、感觉、意识的时候,并没有忘记它们是生活的折光,没有忘记它们的社会意义,只不过我们希望写得'独具慧眼',更有深度,更有特色,更有'味'。因此我们的'意识流'不是一种叫人逃避现实走向内心的意识流,而是一种叫人们既面向客观世界,也面向主观世界,既爱生活也爱人的心灵的健康而又充实的自我感觉。"②所以,在王蒙那里,意识流是一种拿来主义、"为我所用"的艺术手段。王蒙并不认同伍尔夫式的放弃表象的真实而沉入心灵世界,以探寻生活的本质的意识流美学理念,他的少年布尔什维克式的热情背后,依然有着中国文学传统中"文以载道"的精神内核。

曾镇南在《王蒙论》中进一步清楚地阐述了王蒙的意识流技巧与西方意识流小说的区别:"西方'意识流'小说多受弗洛伊德的潜意识说和柏格森的直觉说影响,排斥理性。王蒙在汲取'意识流'小说的某些有用技法的同时,坚持对社会生活、人物情绪作

---

① 吴亮、章平、宗仁发编:《意识流小说》,时代文艺出版社 1988 年版,第18—19 页。
② 《鸭绿江》1980 年第 2 期。

科学的理性分析,理性之光、对生活的宽广而又卓特的看法始终成为篇中的灵魂,这就使人物情绪的动荡流走,服从于表现当代我国人民的生活、思想、情感这一目标……西方的'意识流'小说,力排传统的现实主义精确描写,反对故事情节、环境、景物的细致安排和刻画。……王蒙这几篇小说,取了不以故事情节作为全篇主干这一新写法,却避其描写外物漫不经心之弊,对社会生活的种种场面,对浸透人物的感情色彩的自然景物,坚持作精细的现实主义描写。"①如果说曾镇南的这段文字尚明显体现出 20 世纪 80 年代文学批评的某种特点或某种取向的话,在即将跨世纪的年代,孟繁华得出的结论或许显得更加坦率:他认为王蒙"虽然大量地运用了意识流,并在评论界还没有充分认识现代主义文学的情况下,造成了极大的轰动效应。但他'先锋性'的形式所表达的仍是他青年时代的'少布精神',他仍没有超出'形式服务内容'或'体用论'的古旧思想"②。

高行健于 1981 年 10 月到 1982 年 7 月间写成的小说《花豆》,同样是该选本中一篇较有代表性的作品。小说的主体是一位年过半百的水电工程师以第一人称"我"的叙述口吻,在雨天的闲暇中,凝望窗外枯萎了的牵牛花而产生的联想与回忆。小说具有明显的实验色彩,形式上与意识流小说确实颇为接近,人物心理活动的线索是从外部印象转回内心世界,再由内部世界折返外部,周而复始,类似于《墙上的斑点》的结构模式。但严格讲来,作家对人物内心世界的表现又不能算做伍尔夫式的意识流,因为人物的思绪不是飘忽、流动的,更加不是下意识的,而是清晰、富于逻辑性的

① 曾镇南:《王蒙论》,中国社会科学出版社 1987 年版,第 304 页。
② 孟繁华:《1978:激情岁月》,第 182 页。

童年与人生回忆,更准确地说则是内心独白,或以"你"即主人公儿时青梅竹马的女友"花豆"为倾诉对象的内心对话过程。这种内心对话由于属于意识层面,一定程度上甚至还体现出哲理的意味。概而言之,作为高行健实验现代小说技巧初期的作品,《花豆》更多体现出的是对意识流小说形式与外壳的模仿,流溢于作品之中的,依然不是真正意义上的意识流。

如果说在王蒙的小说中,意识流是服务于总体的现实主义文学观念与框架的局部性技巧,到了高行健的小说中,意识流的外观与框架之内活跃的依然是经过作家理性择取与精心剪裁的心理活动片段的话,李陀的小说《七奶奶》则无论在叙事时间、叙事方式还是结构模式上都与伍尔夫的小说《墙上的斑点》更为相似。《七奶奶》发表于 1982 年第 8 期的《北京文学》杂志,写的是傍晚时分,半身瘫痪的七奶奶坐在床上,竭力想看出、闻出、听出对面小厨房里儿媳玉华是在用煤炉还是煤气罐做饭的故事。由于人物处在静态之中,作家可集中呈现其心理流程,表现外部种种刺激和印象带给她的心理变化,引发的她的回忆和联想。因此,较之前述两作,小说在挖掘人物意识变动过程方面显得技巧更为自然,结构上也更近似于伍尔夫小说的那种发散、放射状的结构形式。

正是由于两篇作品的相似之处,吴锡民在专著《接受与阐释:意识流小说诗学在中国(1979—1989)》中,专门对它们进行了文本对读,并从上述三个方面对两篇作品的意识流特色展开了比较分析。[1] 作者还认为李陀的文学审美观大体上亦与伍尔夫的现代叙事艺术追求趋同,因为李陀同样赞同"透过意识屏幕反映客观

---

[1]　参见吴锡民:《接受与阐释:意识流小说诗学在中国(1979—1989)》,中国社会科学出版社 2008 年版,第 123—129 页。

现实的写作方法",认为"小说可以以一种更复杂的方法表现复杂
的现实世界,无论这是一种主观内心生活的现实,还是一种客观社
会生活的现实。这种小说把人的意识和潜意识、人的内心活动和
外部活动,人的精神生活和社会生活、人的过去经验和现实经验,
都放在相互矛盾又相互联系的关系中去表现,从而在对人和世界
的理解和表现上显示出复杂的层次。这些尝试和实验使得小说的
立意和结构都变得相当复杂,给人一种立体化、交响化的印象"①。
然而,作者又注意到,"李陀有着对我们文化传统立场的执著坚
守"②,因为作家明确在自己的创作与西方现代派作品之间划出了
界限。他并不认同于某些西方现代派作家"强烈的非理性主义倾
向",对他们认为"客观的外部现实是荒诞的,没有意义的,无真实
可言的"的看法不以为然,相反坚持"着重表现人的复杂微妙的内
心活动,还是为了透过意识屏幕更好地去表现现实的社会生
活"③。所以他对意识流加以接受的底线是看其"是否有助于较深
刻地反映现实,只要有帮助,就可以采用"④。由此看来,李陀的文
学接受立场是既宽容而又有着自己的限度的,他的现实观和伍尔
夫的并不完全相同。这也使他的笔下不可能出现纯粹意义上的伍
尔夫式的意识流小说,或者毋宁说他的意识流探索更多体现出的
是中国文化传统的制约与中国现实的底色。

综合对上述三篇作品的分析,并结合对其他作品的阅读感受,
我们可以大体认为纪众在《新时期小说创作中的意识流》一文中

---

① 李陀:《论"各式各样的小说"》,见《十月》1982年第6期,第241页。
② 参见吴锡民:《接受与阐释:意识流小说诗学在中国(1979—1989)》,第
122—123页。
③ 李陀:《论"各式各样的小说"》,见《十月》1982年第6期,第241页。
④ 李陀:《论"各式各样的小说"》,见《十月》1982年第6期,第246页。

所提出的"我国新时期小说家笔下的意识流,主要还是形式方法"①或者是局部性使用的观点是准确的。换句话说,这一时期纯粹意义上的意识流小说几乎是不存在的。而这一"不存在"的事实既是由我国作家的意识流实践尚处于起步阶段的现实所决定的,同时也是作家们的文学观念自觉发生作用的结果。所以,我们也确实没有必要用别人有的,我们也要有思维来加以比附,肤浅而乐观地认为新时期之后的意识流小说创作大热并取得了大繁荣。

事实上,在进入20世纪90年代之后,随着国内意识流小说尝试热度的渐渐冷却,反思的声音终于开始响起,部分学者质疑了所谓"东方意识流"这一表述的合理性。比如,《伍尔夫研究》的编选者、国内伍尔夫研究与翻译专家瞿世镜即明确提出:"有人认为,在我国出现了不少意识流小说和意识流小说家,并且为此创造了'东方意识流'这样一个专门术语。我不同意这种见解。"②瞿世镜先生首先,从意识流小说赖以产生的特定历史文化语境出发,说明了它作为社会历史现象,是存在于特定的时空之中的,具体即是20世纪二三十年代的西方社会。而中国社会于改革开放之初的特定历史背景下与社会思潮中产生的文学现象,是并不合适用意识流小说来冠名的。其次,瞿先生认为意识流小说包含小说技巧、文学观念和哲学思维三个层次的内容,而"并未看到哪一位中国小说家的文学观念、哲学思维和西方意识流小说家完全相同"③。

---

① 纪众:《新时期小说创作中的意识流》,见吴亮、章平、宗仁发编:《意识流小说》,第7页。

② 瞿世镜:《音乐・美术・文学——意识流小说比较研究》,学林出版社1991年版,第171—172页。

③ 瞿世镜:《音乐・美术・文学——意识流小说比较研究》,第171—172页。

由于意识流作为一种文学技巧与意识流作为一种文学体裁是不同的概念,所以,瞿先生坚持认为"在中国显然只有借鉴了一部分意识流形式技巧的小说,而没有真正的意识流小说"①。赵毅衡在《当说者被说的时候——比较叙述学导论》中也发出了同样的疑问:"在我国曾经成了大话题的'意识流小说'究竟有多少意识流呢?"他结合自己的阅读体验接着写道:"王蒙在相当长的一段时间被批评家硬安作中国意识流的代表人。但是,在他的几篇据说是意识流的代表作里,没有很多真正意识流的段落。《风筝飘带》只有一段……《春之声》中可能稍多一些","而许多人认为最具'意识流'性的《夜的眼》,我从头到尾仔细找了,我也觉得奇怪,但我的确没有找出哪怕一段意识流"②。因此,我们认为,虽然学术可以展开自由的争鸣,坚持"东方意识流"之说的人当然也可以有自我证明的理由,甚至还可以从本国古典文学遗产中寻出与意识流手法与技巧相类似的颇多例证,然而,文学研究对历史的尊重、对作家本人初衷与理念的尊重也是必要的。具体到意识流问题上,也确实有必要把作为心理学概念、作为文学流派、作为文学技巧、作为文学体裁的不同的意识流加以区分,并细加考究,这样得出的结论可能才更为公允,避免了"鸡同鸭讲"的喧嚣和无效。

第四节　两度接受现代主义文学的差异性

如前所述,西方现代主义文学对于中国文坛来说并非新鲜事

---

① 瞿世镜:《音乐·美术·文学——意识流小说比较研究》,第171—172页。
② 赵毅衡:《当说者被说的时候——比较叙述学导论》,中国人民大学出版社1998年版,第169—170页。

物,而是早在 20 世纪 20 年代已经获得译介并产生事实上的影响了。而新时期之后的再度引进,则存在着与前一次相异的背景与特征。这亦使对两度接受现代主义文学的差异性的比较既成为必要,也成为可能。

谢冕先生在《参与世界的中国文学》一文中,曾经谈到过 20 世纪中国文坛两度接受西方现代主义文学的差异性。他认为:"本世纪二三十年代中国文学对于现代主义发生兴趣,是在总体的艺术自由的气氛中出于纯粹的艺术兴味的引进的要求,因而与当时的时势民情相脱节,而在大的社会民族变动中受到冷落。而今日的这种超越时代地域的呼应(西方的现代主义发展有年,如今已不具新鲜感),却引发了中国又一次对于西方现代主义的热情。"①20 世纪 70 年代末 80 年代初,虽然现代主义文学在西方已成明日黄花,但却有许多因素使得中国的作家和批评家们跨时空地接受了西方现代主义的影响:如刚刚结束的十年浩劫就像现代主义所展示的梦魇世界;一度弥漫全国的现代迷信反过来启发了他们怀疑否定的精神;长期的自我压抑使得他们追求强烈的自我抒发;"文革"时期对人性的迫害使得他们急切地重申人的权利和人道观念;先前粉饰现实的"假、大、空"文学使他们转向对内心真实的袒露。他们不满于传统的反映论和政治说教,积极向表现主义和象征手法学习;不赞同以阶级斗争为纲的极"左"文艺观念与庸俗社会学批评方法,力求从西方现代文论和各种新兴学科中汲取精神滋养,进行新的探索。谢冕先生认为,在"文革"造成的物质与精神的废墟面前,几代人均产生了浓重的失落之感。眼前仿佛是艾略特笔下荒原的重现。叶芝的名句"世界崩塌,中心无力

---

① 《外国文学评论》1987 年第 3 期。

控制"超越时空,引起人们的强烈共鸣。现实生活的举步维艰以及它的进进退退,加上动荡、扭曲的时代造成的人际关系的异化,使得中国文学的发展与世界现代文学,尤其是现代主义的艺术潮流产生了更多的亲切感与认同感:"浓重的失落之后面对废墟的苍茫,梦醒之后不知走向何方,加上现实生活的诸多挫折以及迈步的艰难,人们易于从那些变形和扭曲的艺术中找到新的审美刺激。加上对于旧的形式和叙述模式的憎厌,作家们当然乐于寻找并引用新的表达方式。"①因此,国人又一次对西方现代主义的热情便是在这种情势下被引发的。历史使得 20 世纪 80 年代初劫后余生的中国成为了现代主义文学艺术再次滋生的土壤。

所以,首先,我们看到,新时期以来中国作家对西方现代主义的借鉴是内部需求和外来影响双重作用的产物。中国作家通过对那些随意性的时序颠倒和空间转换,那些扑朔迷离的心理错觉和梦境幻觉的捕捉和运用,那些通过拼接的和整体概括的象征性以及人物行动、对话以及内心独白的自由交叉、随意穿插的叙述方式,大大丰富了中国进入新时期之后文学艺术的表现形式,突破了"高、大、全"的僵化教条,有力地表现了时代精神与时代意识。谢冕先生肯定了这种对外来影响的接受的积极意义:"中国文学事实上已从这种'引进'中得到好处。它不仅有效地完成了中国文学多元的建设,而且拥有了一种对中国来说具有陌生的引力的艺术表现系统。"②

两度引进的背景的不同,也导致了引进的广度、深度的差异性,这一差异在新时期以来伍尔夫著作的译介与接受中同样有着

---

① 《外国文学评论》1987 年第 3 期。
② 《外国文学评论》1987 年第 3 期。

明显的体现。

　　其次,由于在新时期之初,精神处于极度饥渴,但知识储备却存在莫大缺陷的中国作家是在饥不择食的背景下接触现代主义的,他们因此不可能像二三十年代的作家那样,是在一种较为自如而从容的审美主义心态之下加以尝试与借鉴,而更多将之视为一种"借他人酒杯,浇自己块垒"的手段,借之畅快淋漓地宣泄自己从十年阴霾中走出的复杂心理以及重建家园的慷慨悲歌的精神。于是,新时期以来的中国式现代主义文学实践被打上了时代的鲜明印记,具有新启蒙时代的某些特征。陈思和指出:"阅读现代主义作品时阅读者原有的审美经验会发生一个由抵抗到接受的转化过程,完成这个过程是需要一定的时间的。出于后一个原因,接受者对现代主义的理解与运用往往因一知半解而任意发挥,在创作中出现了歪打正着的中国式的现代主义,也是一种非驴非马的现代主义。"①查明建在另一篇文章中或许分析得更加清晰:"考察所谓'意识流的东方化'过程,译介的择取和意识流名篇翻译的阶段性和导向性应是一个不可忽视的参数,也许能更切合实际地解释接受与变异过程中的复杂性。……译介的倾向和择取范围决定了作家的外国文学视野。……新时期初期对意识流译介、理论评述多于具体作品的翻译,所翻译的'意识流小说'大多是运用了意识流手法而非纯粹意识流作品。新时期的作者(包括作家)最初通过对意识流评析的文章对意识流有了初步认识,其开始创作意识流小说时所赖以借鉴的不是经典的意识流作品,而是意识流的种种变体,其创作自然与纯粹的意识流作品有区别。……另外,译介意识流文学时突出对现实主义文学的借鉴作用,对新时期作家借

---

　　①　陈思和:《七十年外来思潮影响通论》,见《鸡鸣风雨》,第168页。

鉴意识流文学也产生了微妙的作用。"①

所以,既有译介对象的择取和译介者的导向问题的作用,又有接受者自身的接受倾向和审美习惯的制约,现代主义因素在相当多的中国作家的作品里起到的主要是一种"新包装"的作用,所表达的,依然是来自俄苏文学的立场和观念。意识流仅仅作为一种内容异化的成分,一种纯技巧出现,帮助作家把他们的人生观念、人生经验和感受,用不同于以往的形式表达出来,而作家们的生活观、艺术观与真实观并未发生本质的改变。和20世纪的第一次引进相比,第二次出现于中国的现代主义文学依然是时代主旋律的一部分,作家们始终是将介入意识、使命感和知识分子的公共关怀置于第一位的。因此,中国新时期之初现代主义文学创作的先锋姿态主要体现为形式上的变异,原汁原味的现代主义的个人色彩、荒诞性、社会批判精神与唯美主义艺术追求是远远不足的,而这种状况在20世纪80年代中期之前一直延续着。

1988年,高行健在《文学评论》第3期上发表了题为《迟到了的现代主义与当今中国文学》的文章,对数年前中国文艺界围绕西方现代主义文艺问题展开的争论进行了回顾。作家在比较中分析了中国当代文学中的现代派与西方现代主义文学的不同之处,概括得异常清晰:"现代主义作为西方工业社会在文化上的一个表现,是对西方基督教文化传统的反叛。在农民占全民人口80%以上的中国,又有一个以儒家伦理理性主义为正宗的根深蒂固的文化传统,中国文学之走向现时代同西方现代主义固然有其相似之处,但又不可能原样照走西方现代文学的路。中国当代文学中

---

① 查明建:《意识流小说在新时期的译介及其"影响源文本"意义》,见《中国比较文学》1999年第4期,第69页。

出现的所谓'现代派',一般说来,同西方的现代主义其实有很大的不同。对这个在中国现实土壤和传统文化背景上诞生的'现代派'需要作具体分析。它首先表现为对自我的肯定,而非像西方现代主义那样否定自我。它带着尼采式的悲剧激情肯定人格的价值,而非对人性作冷静的剖析。它反对的是传统的封建伦理并且伸张性爱的合理,而不是对伦理的唾弃与对性爱的反胃。它揭露现实中的荒诞而不是把荒诞也视为存在。它否定理性肯定下意识,而不是对非理性冷漠的观照。它宣扬崇阳主义而不是把男性也作为人性普遍加以怀疑。它渲染孤独感并不从孤独走向虚无。它呻吟或不呻吟都十分痛苦,即使有时也稍加自嘲,却还深留着几分自怜和英雄受难的痕迹。现代主义以西方旧人道主义的质疑作为出发点,而这一'现代派'却是在中国社会现实的条件下对一度丧失了的人道主义重新加以发现,并且浸透了浪漫主义的精神。它无疑是一个复杂的文学现象,是西方现代主义的介绍者和批判者都始料未及的,它的积极方面和弱点都值得认真加以研究。"[1]

　　进入20世纪90年代之后,随着后新时期的到来,中国文化与文学研究界也在更远地拉开了时间距离的情况下,对新时期文学与现代主义的关系作出了更为理性的判断。1994年,杨匡汉在《江西社会科学》杂志第8、第9期发表了长文《现代主义影响与新时期文学》,对新时期中国具有现代主义倾向的文学现象等进行了分析。作者认为其出现是有着历史、文化等几方面的背景的。从历史的角度看,国家与社会处于转型期;从文化的角度看,中青年作家处于文化断层,既与世界先进文化阻隔,又被迫与传统文化分离。现实与价值观念的迷惘与破碎,造成了被"放逐"的文化心

---

[1]　《文学评论》1988年第3期,第13页。

态。所以一些中青年作家才"对于时空的因素会特别敏感——在逝水流年的过程中,尤其会抓住瞬间的感受;在离开传统文化的空间里,很容易进入内心世界,去首肯和表现主体的所感、所思、所想"①。

回顾历史,作者认为新时期文学对西方现代主义文学形式的模仿即"形式热"的背后存在着几个问题:"其一,有些作品着眼于现实生活,作家心目中存有理性框架,却蓄意借助于非理性的传达,以求新的构思和形式来赢得读者。其中,有的内容与形式榫密,有的则形神分离,给人以故弄玄虚之感。其二,在喧嚣与骚动的文学气氛中,有些作家滋生了一种浮躁的文风,乃至抄袭仿制,鸠占鹊巢,因而有'假洋鬼子'、'伪现代派'一类的批评。其三,也因之,实验与探索面临的难点,是如何在这一类创作中,使中国传统的认知方式、审美方式和西方'现代'的艺术方式、叙述策略有机地糅合在一起,使现实主义的精神与现代主义的表现取得足资认可的'协调'。"②作者的观点有其尖锐之处,但还是切中肯綮的。

关于新时期以来的西方现代主义文学译介,还有一个现象也值得我们思考,即虽然诸家诸派都被热热闹闹地引进了国门,但是,并不是所有的方法或流派都对新时期以来的文学创作发生了真正明显的影响的。陈思和即认为:在"文革"后文学的最初几年,"真正对中国作家的创作发生影响的,依然是五四时期现代主义影响的两个重要内容:象征主义和意识流文学,而第二次世界大战以后的现代主义思潮,诸如存在主义、黑色幽默、荒诞派戏剧等,

---

① 《江西社会科学》1994年第8期,第67页。
② 《江西社会科学》1994年第8期,第66页。

大约都要到 1983 年以后才逐渐地显露出它们的魅力”①。那么,为什么会发生这种阶段性的差异? 中国作家与各家各派产生共鸣的基础是什么? 这些问题也是值得我们深入探究的。好在伍尔夫的意识流小说及其美学观念等在新时期以来,乃至到新世纪之后一直在发挥着重要影响,这亦使我们的个案研究能够作为一个小小的切片,为考察整个 20 世纪中国文学与西方现代主义的关系提供必要的参照。因此,下文我们将先后看到,作为“现代小说”理论主将与意识流大师的伍尔夫、作为随笔散文与传记作家的伍尔夫,以及作为女性主义文化先驱的伍尔夫等,在中国当代文坛的接受状况以及对当代文学产生的影响。

①　陈思和:《1978—1982:西方现代主义在中国的引进》,见《鸡鸣风雨》,第177 页。

第八章 作为"现代小说"主将与意识流大师的伍尔夫

如前所述,自 1979 年起,中国社科院外文所编的《外国文学研究集刊》开始面世,并开列"外国现当代资产阶级文学评价问题的讨论"专栏。在其 1980 年出版的第 2 辑中,有关这一专栏的讨论继续进行。其中金志平在《西方现当代小说创作技巧问题小议》中,"就西方现当代文学中小说创作技巧的演变和发展"[①]作了扼要介绍,提到了"弗吉尼亚·吴尔芙"的创作。这篇较早提及伍尔夫创作的论文,和前述袁可嘉以及陈焜先生的研究一样,都是将伍尔夫视为西方"现代小说"理论与创作实践的代表来看待的,而这也成为新时期中国学术界理解与接受伍尔夫的起点。随着伍尔夫的"现代小说"理论和相关实验之作不断获得译介,人们对作为"现代小说"理论主将和意识流大师的伍尔夫的探讨也不断深入,并呈现出阶段性特征。

---

① 《外国文学研究集刊》第 2 辑,中国社会科学出版社 1980 年版,第 412 页。

第一节　20世纪80年代中期之前的理论与小说译介

　　1981年在上海出版的《外国文艺》杂志第3期,首先刊出了舒心翻译的伍尔夫短篇小说《邱园记事》和赵少伟翻译的伍尔夫论文《现代小说》。虽然《现代小说》早在1943年9月即已出现过冯亦代的译文,但《邱园记事》却是第一次正式和中国读者见面。在小说正文前,编者加上了按语,说明刊登这篇作品的理由在于"虽然篇幅不长,却给读者一个彩色缤纷的印象,很能反映她的艺术特色"①。编者还强调指出:"《邱园记事》是在伍尔夫创作了两部传统小说之后,开始新的创作方法的最先的实验,作品着意的不再是外界的事物本身,而是事物给予人的印象,带给人的感受,以及人对它们所作出的主观反应,最终强调的是人的意识活动与复杂的内心世界。《邱园记事》与《墙上的斑点》都发表于1919年。"②

　　确实,作为与《墙上的斑点》同年出现的实验之作,《邱园记事》同样传达了伍尔夫的"现代小说"理念。它与其说是一篇小说,不如说是像一篇散文,并没有记录人们在邱园即伦敦皇家植物园游玩时所发生的事件和展开的活动,而是借邱园中的花坛这一特定时间中的地点来展开,以它为依托、为轴心放射开去。人物的年龄、外貌和职业等特征都无关紧要、缺乏交代,作家关注的是人物在特定的时空中飘忽不定、稍纵即逝的思绪与联想。作品因而由一系列印象所构成,这印象既包括现实作为刺激物带给人物的

---

　　① 《外国文艺》1981年第3期,第197页。
　　② 《外国文艺》1981年第3期,第197页。

感受,也包含人物对往事的回忆与联想等。物理时间被压缩,空间结构却得到了延展。这篇小说中译文的面世,挑战了刚刚从"文革"时代走出的中国读者的阅读习惯,给人们带来了全新的艺术感受。

1981年7月,上海文艺出版社推出了袁可嘉等选编的《外国现代派作品选》第2册。其中的"意识流"专题收录了普鲁斯特《追忆似水年华》中的两个片段"小玛德兰点心"、"斯万的爱情",沃尔夫短篇小说《墙上的斑点》和长篇小说《达罗卫夫人》,乔伊斯《尤利西斯》的第二章,福克纳长篇小说《喧哗与骚动》的第二章等。这一年还出现了分别由刘象愚与文美惠翻译的《墙上的斑点》的不同译本。刘象愚的译文刊登于《译丛》1981年第2期,文美惠的译文除了被收入上述《外国现代派作品选》之外,还被作为其中第十一篇论文的附录,收入陈焜的论文集《西方现代派文学研究》之中。

紧接着在1982年,由外国文学出版社编辑出版的第4期《外国文学季刊》又发表了吴钧燮翻译的伍尔夫长篇小说《海浪》。

1983年,由中国社科院外文所《文艺理论译丛》编委会所编、中国文艺联合出版公司出版的《文艺理论译丛》开始复刊,第1辑中即开始了对"西方现代主义文学资料"的推介,首推的专题即为"意识流"。在这一辑中,分别推出了和意识流相关的哲学家、心理学家和作家们三个方面的论述。在哲学方面,选译了亨利·柏格森关于"绵延"的论述;在心理学方面,选译了威廉·詹姆斯关于"意识流"的论述、弗洛伊德关于"无意识结构"和"梦的理论"以及荣格关于"集体无意识和原型"的论述;而在作家方面,选译了意识流小说先驱亨利·詹姆斯在小说《卡萨玛西公主》的序言中关于"中心意识"的论述、朱虹翻译的弗吉尼亚·伍尔夫《班奈特先生和勃朗太太》以及詹姆斯·乔伊斯《一个艺术家青年时代的画像》中的有关片断，还有深受伍尔夫影响的法国"新小说派"代表人物娜塔丽·萨洛特的论文集《怀疑的时代》中《对话与潜对话》一章。在该辑下一个栏目"西方现代文学流派介绍"中，编者又分别刊登了宋授荃翻译、杨静远校对的美国学者梅尔文·弗里德曼的《"意识流"概述》（为其 1957 年的专著《意识流：文学方法研究》第一章）、郭家申翻译的苏联学者乌尔诺夫为 1968 年《简明文学百科全书》所作的《"意识流"文学》词条，以及鲁汉翻译的美国学者艾布拉姆斯为 1981 年《文学名词词汇》撰写的《意识流》词条。所以，该辑"译丛"编译的中心，显然都是围绕意识流小说理论与作品展开的。朱虹的《班奈特先生和勃朗太太》译文还被收入同年出版的、由伍蠡甫主编的《现代西方文论选》。

　　由此我们看到，在 1981—1983 年间的短短 3 年时间内，伍尔夫最具代表意义的短篇意识流实验之作、"生命三部曲"中除了《到灯塔去》之外的两部长篇小说，以及文论史上影响最大的两篇标举"现代小说"美学的论文均被密集地介绍给了中国的读者。这一译介活动与中国文坛围绕西方现代主义文学的论争差不多同步并达到了彼此呼应的效果。由此，作为"现代小说"理论代表与意识流小说大师的伍尔夫的形象首先在国人面前树立了起来。

　　似乎是为了弥补译坛尚无《到灯塔去》全译本的不足，1983 年第 4—6 期的《世界文学》在"外国文学资料"栏目下，连续刊登了英国著名文学批评家与文学编辑西利尔·康诺利（1903—1974）向普通读者介绍现代主义文学代表作的著作《现代主义运动——1880 至 1950 年英、法、美现代主义代表作一百种》（1965），第 5 期上刊登的康诺利推荐介绍的第 54 种书目，即《到灯塔去》。康诺利对此简洁介绍说："在吴尔夫的小说中，只有很少几部是写事态的,本书就是其中之一,写于她辉煌的印象主义式的想象力最为丰富的时候。灯塔在圣艾维斯附近,尽管这个故事发生在苏格兰,写的却是她父亲莱斯利·斯蒂芬爵士,她母亲和姨母周围的世界以及那位摄影师卡梅伦太太。这是她最明快的作品,从中可以看到,作者入迷般地想表现出时间的推移过程。这一点也在她后期的作品中起了主导的作用。她出身于维多利亚朝晚期一个富裕的中上层学术世家,但她的一生都是在走钢丝,因为她希望摆脱出身对她的影响,希望像一个小说家应做的那样去描写普通人。所以,她以尊敬和嘲讽兼而有之的眼光来审视自己出身所带来的可靠保障和稳固的价值。有时,她的思想会转到一些根本不会实现的有关打杂女工的幻想上去,有时又转到不加批判地接受她有利的社会地位上去;但她那种不囿于家庭琐事的凄凉情调还是主要的,这一点救了她。"①

此后,文坛围绕伍尔夫与意识流这两个关键词的译介与评述日益多了起来。1984 年出版的《文艺理论译丛》第 2 辑在"西方现代文学流派及其代表人物评介"(二)栏目下,即再度刊登了麻乔志翻译的 1963 年伦敦出版的《现代世界文学简明百科全书》中的《维·伍尔孚》词条。同年第 6 期《外国文学》"资料"栏目中刊登了何陶翻译的美国作家与批评家安妮特·鲁宾斯坦的一篇题为《意识流》的讲稿,其中也提到了詹姆斯·乔伊斯和弗吉尼亚·伍尔夫,认为他们"大概是首先使意识流这种技巧在他们的小说中占重要地位的两位英国作家"②。

综上所述,20 世纪 80 年代中期之前的伍尔夫小说与理论译

---

① 《世界文学》1983 年第 5 期,第 258—259 页。
② 《外国文学》1984 年第 6 期,第 71 页。

介,基本上都是围绕"意识流"这一中心展开的。作品包括《邱园记事》、《墙上的斑点》、《达罗卫夫人》、《海浪》和《到灯塔去》数部,论文则包括《现代小说》与《贝内特先生与布朗夫人》。上述工作为新时期之后中国学界进一步展开对伍尔夫意识流小说美学的深入研究,提供了良好的基础。

第二节　20世纪80年代中后期的研究实绩

　　20世纪80年代中期之后,专业性的伍尔夫研究论文开始在有影响的外国文学类期刊上出现。1986年第1期的《外国文学研究》在"作品欣赏"栏目下,刊登了两篇专论伍尔夫意识流长篇小说的论文,一篇是瞿世镜的《〈达罗威夫人〉的人物·主题·结构》,另一篇是李乃坤的《沃尔芙的〈到灯塔去〉》。

　　瞿文认为《达罗卫夫人》这部小说的艺术价值并不在于故事本身,而在于独特的人物形象、细腻的心理描写与立体的网状结构,随即在文中分别对主要人物形象、主题与结构展开了分析。关于达罗卫夫人,瞿文认为她是伍尔夫笔下一位具有内省精神的上流社会贵妇,具有双重的精神气质:"她风度优雅而又纤弱苍白;她慷慨仁慈而又庸俗势利;她性格外向、喜爱社交而又置身事外、冷眼旁观;她感情细腻、多愁善感而又缺乏热情、偏于理智;她的举动带有年轻人的活泼,她的脸上带有老年人的皱纹;她知识贫乏,却又富于直觉;她热爱生活,因而惋惜时间的流逝;……"[①]关于作品的两条线索与网状结构的功能,瞿世镜指出:"作者有意识地让两个并列的世界形成鲜明的对比,让读者意识到,前面一个世界的

_____

①　《外国文学研究》1986年第1期,第106页。

欢乐，是建立在后面一个世界的痛苦之上；而后面一个世界的阴影，又始终笼罩着前面一个世界。"①围绕着小说中看似毫不相干的"两组人物"与"两个世界"之间的隐含联系及其建立，瞿文进一步分析说："相同的客观时间、地点、事件，是第一座桥梁。威廉·布兰德肖爵士，是第二座桥梁，他是塞普蒂默斯的医生，又是克莱丽莎的客人，正是他把塞普蒂默斯自杀的消息带到克莱丽莎的宴会上来。第三座桥梁，是莎士比亚的剧本《辛白林》中的诗句：'再不怕太阳的炎热，也不怕寒冬的风暴。'"②瞿世镜先生于20世纪80年代初即开始了对伍尔夫的潜心研究，1986年出版了他的第一部伍尔夫作品译著《论小说与小说家》，1988年又编选了《伍尔夫研究》出版，很快成为国内有代表性的伍尔夫研究专家。从这篇颇有深度的早期论文也可以看出，瞿世镜不仅在伍尔夫著作汉译和国外研究资料的引进方面卓有贡献，亦以建立在文本细读基础上的深度考察和注重作品的艺术特质与美感营建的研究取向，对国内伍尔夫研究的发展产生了良好的影响。

李文则采用文本细读的方法，分析了《到灯塔去》中的意识流技巧与象征手法的运用，认为"作者利用小说的结构、大海、灯塔、兰姆西夫人的品格、房子、字母表等事物作为象征，巧妙地展现人物的心理和性格，揭示生活的含义"③。论文对小说中出现的诸多象征意象都进行了探索，这是可取的，然而努力要把上述意象的象征内涵一一坐实的做法，却既难令读者再有想象的空间，有些阐释也并不具有充分的说服力。

---

① 《外国文学研究》1986年第1期，第107页。
② 《外国文学研究》1986年第1期，第107页。
③ 《外国文学研究》1986年第1期，第111页。

1986年第7期的《外国文学》发表了王家湘的论文《吴尔夫的现实观与小说技巧》。如果说前述两文的特点是集中在文本分析,该文作者则敏锐地抓住了伍尔夫独特的真实观加以剖析,纵论了她从撰写《现代小说》到《贝内特先生和布朗夫人》时期真实观的具体变化,在此基础上论及其小说艺术的发展走向。作者指出:伍尔夫的家庭和狭小的生活经历使她的作品无论在反映社会现实的深度还是广度上都有很大的局限性,因此她独辟蹊径,以独特的现实观为前提,对小说创作方法进行了大胆的创新。在分论小说发展时,作者侧重介绍了《达罗卫夫人》、《到灯塔去》、《奥兰多》、《海浪》、《岁月》和《幕间》等作,均有分节介绍,有广度,也有深度,既有对作家创作理论的概括,也有对其作品的解读,体现出全面综论的性质。此时由于《奥兰多》、《岁月》与《幕间》的中文本尚未出现,作者的介绍因此便具有了开拓性的意义。作者还特别强调了伍尔夫在时空关系处理、小说结构、象征手法的运用等方面的突破,表现出对作家艺术成就的高度重视:"在小说内容上,她从传统的重外部世界和人物行动、过程的描绘转到揭示人物内心经验和感受、思想和情感。在小说的创作方法上她广泛使用内心独白和意识流,突破时、空的限制,并将诗歌创作中的意象、节奏、象征等手法大量运用到小说写作中,在小说的结构等方面也有创新。"①因此,这也是本时期出现的一篇较有分量的论文。同一期杂志还刊登了王家湘翻译的伍尔夫传记《弗拉西》中节选的第三章,当时译名为《爱犬小辉传》。

1986年第3期的《读书》杂志上,刊登了白晓冬的论文《溶入一片淡淡的色彩——浅析弗吉尼亚·伍尔芙的〈去灯塔〉》。作者

---

① 《外国文学》1986年第7期,第61页。

认为"'窗口'以拉姆齐太太的晚宴圆满成功为结束,肯定了她的生活态度……大海是流动的,如生活之变幻莫测;塔灯是牢固的,它象征着一种永恒的精神"①。作者认为第三章是拉姆齐先生精神上的"顿悟"时刻,因为他"接受了拉姆齐太太的生活态度。和他的孩子达成了谅解,进入了一个新的精神境界"②。

作者还结合《一间自己的屋子》中的观点认为:和《一间自己的屋子》一样,在《到灯塔去》中,伍尔夫"同样用了强烈的色彩来象征被偏执、苦恼困扰着的灵魂;用清淡的色彩来代表安详、超然的心境"③。拉姆齐夫人的"代表色是淡泊的蓝色、绿色、灰色和白色"④。该文的特色是分析了很多人没有注意到的色彩在小说中的意义和隐喻作用。结合伍尔夫的布鲁姆斯伯里团体背景,她的深湛的艺术素养,她所接受的克莱夫·贝尔美学观念和罗杰·弗莱首度引进的印象派绘画艺术的影响,我们认为论文作者的分析是有见地的。作者进一步指出:色彩的变化也体现在莉丽画布上色彩的变化:"代表坦斯利和拉姆齐先生的红色、紫色,变成了象征拉姆齐太太的灰蓝色和淡绿色。这个过程正好和小船的航程相平行。小船渐近灯塔,拉姆齐先生逐步和孩子们达成谅解,不再为人生的短促和功名的速朽烦扰,莉丽画布上的色彩也慢慢冲淡、融合,她对生活也有了深刻的理解。最后,当拉姆齐先生的小舟到达灯塔的时候,莉丽也画完了最后一笔。这时,她与拉姆齐先生及卡迈克尔先生同时进入了一个充满相互理解与同情的精神世界。"⑤

---

① 《读书》1986 年第 3 期,第 81 页。
② 《读书》1986 年第 3 期,第 82 页。
③ 《读书》1986 年第 3 期,第 82 页。
④ 《读书》1986 年第 3 期,第 83 页。
⑤ 《读书》1986 年第 3 期,第 85 页。

因此,本文的特色是将色彩的分析与主题的探索相互联系。作者最后认为:小说的主题是对功名、生死和性爱的超越,而这种超越又是一种爱。

1986年,瞿世镜翻译的伍尔夫论文集《论小说与小说家》在上海译文出版社出版,受到读者的欢迎,初版6400册很快即告售罄。1987年,陈思和在第3期的《读书》杂志"读书小札"栏目下,发表了题为《颤抖在时代的边缘上》的文章,漫谈了自己研读这部论文集后的感受,高度评价了伍尔夫的现代意识,她对文学传统、当下和未来的文学发展的认识,并结合五四文化环境,比较论述了中英两国的文学反叛者不同的传统价值观,体现出中国学者自觉的中外比较意识以及对中国文学现代性问题的深入思考。1990年第4期的《外国文学评论》在"中国作家与外国文学"栏目下,也刊登了赵玫的《在他们中穿行》一文。其中,女作家同样深情地回顾了《论小说与小说家》带给自己在情感与智力方面的双重冲击以及对自己未来职业发展的启发。赵玫写道:"又过了不久,我读了伍尔夫的《论小说与小说家》。书是托一个朋友从很遥远的另一个城市买到的。一得到它,我便几乎是一个字一个字地读完了它。我被伍尔夫锐敏的感知力、她的悟性以及她独到的见解所征服。那种在《海浪》中、在《到灯塔去》中连及她投水而死的生命中所显现的诗意在此已无影无踪。伍尔夫是智者。她无与伦比的理论能力使我又遇到了另一位坚定而自信的女性,她的穿透力和她的力度是令人惊异的。记得在读过了她的这本评论集之后,我曾对一个朋友说:我要做伍尔夫。我后来才知道我这么说有多么的天真,世界上伍尔夫只能有一个,但至少我可以按伍尔夫的模式(哪怕是一种模式)塑造我自己。那一度我写了很多篇评论文章,那些文章慢慢脱去了一些纯粹女性的柔弱与知悟。也是从那个时候开始,我第一次比较自觉地认知了我自己在文学以及文学的未来中所应当扮演的角色。我想,第一我应当超越女人的概念;第二就是我不仅仅应是写小说的,而且应当是写批评的。我应当慢慢习惯用两套思维的方式去构思去写作,去连接不同的意念和句子,只有这样,对于一个写作者来说才是完整的。"她还深有感慨地说:"伍尔夫的路其实也是21世纪的作家的路,也是未来的路。"①由此我们看到,由于翻译家和专业学者们的努力,伍尔夫的影响力已经辐射到了中国现当代文学研究与创作界,开始对这一领域的学者与作家产生了重要的影响。虽然陈思和从"他山之石"反思中国文学现代性之路的侧重与赵玫所受伍尔夫智性之启发是不一样的,但接受者由于阅历、追求、性别等的差异而造成的"期待视野"与接受效果的不同,反过来也证明了伍尔夫思想与创作的魅力与多元性。

1986年,唐在龙、尹建新合译的长篇小说《黑夜与白天》由湖南人民出版社出版。

由中国社科院外文所主办的《外国文学评论》季刊于1987年创刊。当年的5月20—22日,中国社科院外文所"20世纪外国文学评论丛书"编委会举办了有关"意识流"问题的讨论会,重要发言即刊登于第4期的《外国文学评论》。在"理论与探索"栏目的首篇,刊发的是柳鸣九先生《关于意识流问题的思考》一文。该文涉及几大问题:第一,意识流究竟是一种流派,还是一种文学表现方法。针对学术界关于意识流究竟是一种文学流派还是方法的争议,柳先生提出"意识流不是一个流派,而是一种方法"②的观点。

---

① 《外国文学评论》1990年第4期,第122—123页。
② 《外国文学评论》1987年第4期,第4页。

第二,关于意识流的“名”与“实”的问题。柳先生认为,关于其“实”,包括两个层次:第一层次是“人类从有思想意识活动以来,恐怕就存在着‘意识流’这种客观存在的精神心理现象,就存在着回忆、想象、联想、推理、猜测等互相混杂而像水流一样活动的心理形态”①;第二层次其实是指对上述心理形态进行文学描写和表现的方法,即“表现出这种印象、回忆、想象、观感、推理以至直觉、幻觉等多种成分混杂在一起并构成一种‘流’的心理活动的方法”②。第三,作为一种方法的意识流在 20 世纪 20 年代大兴的主要原因。柳先生认为:“一是在 20 世纪西方哲学、社会学、伦理学中更为突出的个性主义、个人主义思潮促使文学对个体人本身、对人的精神活动状态有更深入的关注;二是 20 世纪心理学的发展,特别是弗洛伊德学说的出现,为文学深入细致、别开生面地表现人的内心活动,提供了启示与理论根据;三是自然主义以后对更为严格的真实性与科学性的追求,促使文学尝试抛弃那种由作者出面来概述或描述人物内心活动的编排性、虚假性,而转向直接呈现人物意识活动的新的艺术途径。”③第四,意识流手法的特征。柳先生将之概括为流动性、混杂性和呈现性三个方面。第五,意识流手法与传统的尤其是与之相近的心理描写方法的关系。在此方面,柳先生分别辨析了内心独白、“心灵辩证法”、自由联想、潜对话等与意识流之间的联系与区别。第六,在意识流范围内对不同的意识流方法的归纳。柳先生认为,“就其运动的形态而言”④,大约可分为“线形的意识流结构”、“放射形的意识流结构”、“彩点式

---

① 《外国文学评论》1987 年第 4 期,第 4 页。
② 《外国文学评论》1987 年第 4 期,第 5 页。
③ 《外国文学评论》1987 年第 4 期,第 5 页。
④ 《外国文学评论》1987 年第 4 期,第 8 页。

的意识流结构"、"块状的意识流结构"等。由此，作者从上述六大方面，对意识流形成的历史背景、意识流究竟是一种流派还是方法、有关意识流这一概念的理解与界定、意识流的基本特征与具体使用，它与其他诸多相关艺术表现手法的区别与联系等问题，作出了自己清晰而深入的分析，回答了文坛与学术界之前不久一直争论不休，但概念常常混淆不清的有关现代主义艺术手法的诸多问题，提高了中国学术界有关意识流理论问题的认识水平。

同一栏目下，还刊登了该刊记者乔雨根据会议发言人的录音资料整理出来的综述性文章《整体观照，具体探讨——"外国文学中的意识流"学术讨论会述要》，使读者得以总览学者们思考与讨论的核心话题。我们看到，与会者主要就"意识流文学"现象、"意识流文学"本质及"意识流文学"价值三个方面展开了研讨。瞿世镜在发言中还指出了人们常常会产生的对伍尔夫理解的偏差，即仅仅把她看做一位意识流大师。瞿世镜认为，意识流其实并不能包含她的全部创作实践。这位女作家的创作活动，是从传统的现实主义出发(《远航》和《夜与日》)，然后逐步确立了意识流小说的基本模式(从短篇小说集《星期一或星期二》、长篇小说《雅各的房间》到《达罗卫夫人》、《到灯塔去》)，最后又超越这种模式，创造出一种综合化的艺术形式的。他不仅描述了作家创作方法变化的轨迹，还指出了其意识流不同于其他诸家的特色，即"常使用间接内心独白，因而她的人物的意识流动过程受到作家暗中的控制，意识的内容基本上不包括混乱的潜意识活动；她的叙述手法是相对的非个人化，作家本人是以一个迷惑不解、犹豫不决、不确定人物的身份来插话。吴尔夫小说中一个人物的意识流往往能很自然地转向另一个人物的意识流。这种不同人物意识之间的灵活转换是吴尔夫对于意识流小说的独特贡献"①。

特别值得提及的是,在 1987 年第 5 期的《当代文艺思潮》上,瞿世镜又发表了一篇长文《伍尔夫·意识流·综合艺术》。文中,瞿世镜再次阐发了自己关于伍尔夫既是一位意识流大师,又综合运用了其他多种艺术手段的基本观点,并对其他多方面的问题都进行了深入的论述,堪称建立在文本细读基础上写就的一篇富有力度和开拓精神的论文,在中国新时期以来的伍尔夫专论中并不多见。

论文由五个部分组成。第一部分的小标题为"创作活动的阶段性"。作者开宗明义地指出,"人们往往把伍尔夫看做一位意识流大师。实际上,意识流并不能包含她的全部创作实践。她对于小说艺术的探索,大致上可以分四个阶段"②。作为研究专家,瞿世镜在当时人们较为普遍与简单化地对伍尔夫作定型认识的背景下提出这一观点,是难能可贵的。随即,瞿文指出她的第一阶段创作主要还是袭用了传统的小说形式,《远航》和《夜与日》即属于这一类型;第二阶段开始试用意识流方法,短篇小说《星期一或星期二》、长篇小说《雅各的房间》属于这一类型。瞿世镜认为,在这个阶段中,伍尔夫已经尝试运用意识流的基本结构模式,即以客观事物的发展为轴心,使人物的意识不断地蔓延开去,再返回过来。但是,作家对于这种方法的使用,还不很熟练。第三阶段为炉火纯青的意识流小说,《达罗卫夫人》和《到灯塔去》便是这一阶段的产物。"在这两部作品中,弗吉尼亚·伍尔夫已经能够得心应手地运用内心独白、内部分析、感觉印象、时间转换等意识流技巧,尽管

---

① 《外国文学评论》1987 年第 4 期,第 11 页。
② 《当代文艺思潮》1987 年第 5 期,第 132 页。

书中有时涉及好几个人物的意识流,她已能不露痕迹地从一个人物的意识流转换到另一个人物的意识流。"①第四个阶段,伍尔夫采用了综合化的艺术形式。瞿世镜认为,她的后期作品如《海浪》、《岁月》、《幕间》等,都是综合化艺术的产物,但具体形式又各有不同:"《海浪》是小说和诗的结合,然而诗的因素已经超过了小说的成分,象征化的人物和程式化的叙述结构几乎使小说的基础濒于崩溃。《岁月》具有较多的传统小说成分,散文诗和历史融化于小说之中。《幕间》是诗、散文、戏剧、历史、对话的混合物,意识流镶嵌于全知叙述之中,并且具有较强的象征意味。这些作品显然已经超出了纯粹的意识流小说的范围。"②所以,在这一部分的结论中,瞿世镜提出了"与其把弗吉尼亚·伍尔夫称为意识流小说家,还不如把她看做一位崭新艺术形式的实验家和开拓者"③的观点。我们注意到,瞿文和不少人把伍尔夫的晚期创作重新笼统地归纳为回归现实主义传统的说法是有所区别的,他具体作品具体分析,比较甄别了不同作品采纳的相异的艺术形式,由此更为客观而准确地得出了自己的结论。

论文的第二部分是"意识流方法的比较"。如前所述,瞿世镜一直是坚持几位最著名的意识流大师的认识并不一致,对于意识流方法的使用也各不相同的观点的,该文则在具体文本比较分析的基础上,对这一观点进一步作出了说明。如他对伍尔夫和乔伊斯之间的差异这样进行了比较:"首先,是对于内心独白的使用大不相同。乔伊斯往往使用直接的内心独白,把一个人物在某个情

---

① 《当代文艺思潮》1987年第5期,第132页。
② 《当代文艺思潮》1987年第5期,第132页。
③ 《当代文艺思潮》1987年第5期,第132页。

景中的思想情绪、主观感受用一种不出声的、内心的自言自语的方式叙述出来。这种独白使用第一人称,让人物的意识直接呈现于读者眼前。作者完全退居幕后,对这种独白不加控制和修饰,读者所看到的是人物原本状态的意识活动。这种活动涵盖了意识的全部领域,包括潜意识层次。"①而"伍尔夫有时也使用直接的内心独白,但她惯常使用的是间接内心独白,它介乎直接的内心独白和内部分析之间,然而更接近于内部分析。这种独白不用第一人称而用第三人称。作者对人物的思想感受不作任何解释或评价,但是人物的意识流动已经过作者的审美处理,意识的展开过程受到作者暗中的控制,和它的原本状态有所不同,它包含意识和前意识层次,基本上不包括混乱的潜意识活动"②。具体到作品中,这种间接内心独白技巧在《达罗卫夫人》中已频繁使用,并借助于下列两种独特的技巧获得表现:一是人称代词的使用,即不用"我"而用"她"和"人家"。"人称代词'她'的含义介乎第一和第三人称之间,看上去似乎是作者在叙述,实际上叙述的内容是人物的意识流,作者本人的立场观点和分析评价并不介入。不定代词'人家',是一种特殊的笔法,其中既包含了对于人物意识的精细领悟,又便于作者随时调转笔锋,从一个人物的意识流转向另一个人物的意识流。乔伊斯使用第一人称代词'我',它的指称是固定的,因此他书中各个人物的意识流是独立的,《尤利西斯》中斯蒂芬、布鲁姆、莫莉的意识流是互相分离的。正因为伍尔夫使用了灵活的第三人称代词和不定人称代词,在《达罗威夫人》中,达罗威夫人和其他人物的意识流经常穿插转换,互相交织。同时,'人

---

① 《当代文艺思潮》1987 年第 5 期,第 133 页。
② 《当代文艺思潮》1987 年第 5 期,第 133 页。

家'这个不定代词,既可以指某个人物的个人意识,又允许作者保持对于读者的指引。乔伊斯的方法是绝对的非个人化,他本人在书中并不露面。伍尔夫的叙述方法是相对的非个人化,她本人偶尔也在书中插话,但她不是以全知全能的叙述者的身份来发言,而是以一个疑惑不解、犹豫不决的不确定人物的身份来插话,她对于书中的事件和人物,似乎知道得并不比任何其他人物更多一点。这种不同人物意识的灵活转换,是弗吉尼亚·伍尔夫对于意识流小说的特殊贡献。"①我们看到,瞿文所作出的,是建立在对原文作深入研读基础上得出的结论,因而非常有说服力,也清晰地概括出伍尔夫与乔伊斯在心理表现上的差异。可惜后来的中国学术界并未能在此方面继续开掘下去,有关伍尔夫、普鲁斯特、乔伊斯和福克纳几位大师的个性化差异的研究成果也乏善可陈,而这一点迄今未能得到很大的改变。

其次是对关联词 for 的使用。瞿文指出:伍尔夫的笔下,"for"有一个特殊的作用,即表示语气转折,由外部的客观真实转向人物内心的独白。"她把连词'for'和代词'one'搭配使用,就能非常灵活地由外部的客观事实转向人物的意识流,由一个人物的意识流转向另一个人物的意识流,或者作反方向的转换。"②

除了内心独白使用方法的不同,瞿文论述的伍尔夫和乔伊斯的第二点差异存在于语法与修辞手段方面,即乔伊斯强调直接再现人物意识的原本状态和潜意识层次的混乱思绪,往往打破语法规范,使用残缺不全、颠三倒四的句子,有时任意杜撰新词,有时整段文字不用标点符号,并且使用重复、矛盾、省略、插音、插字、插语

---

① 《当代文艺思潮》1987 年第 5 期,第 133 页。
② 《当代文艺思潮》1987 年第 5 期,第 134 页。

等修辞手段,来突出深层意识流动的无序性。而"伍尔夫笔下的意识流是经过作者审美处理的,而且较少涉及潜意识层次,因此她的文字是清晰而合乎语法规范的。但是,为了表示一段意识流没有中断,她喜欢写极长的句子,句法结构又很复杂"①。这一分析也部分地解释了伍尔夫历来拥有比乔伊斯更为广泛的读者群的原因所在。

第三点差异是"比喻意象的用法不同"②。"弗吉尼亚·伍尔夫对于比喻意象的运用带有印象主义色彩。她用比喻性的意象来表示直接的感受,这是一种曲折变形的个人印象,它的内涵扩大了,表达了对于一件更为复杂事物的情绪态度。……乔伊斯对于意象的运用直接借助于意象本身的象征性,而不是通过曲折变形的个人印象。这种意象直接暗示对于观察到的事物的带有个人情绪的估价,通过象征的方式来领悟和扩展其意义。"③

在从以上三个方面对乔伊斯与伍尔夫的意识流技巧的差异作出说明之后,瞿文转入对伍尔夫与普鲁斯特关系的探讨。作者认为:"弗吉尼亚·伍尔夫受普鲁斯特的影响比受乔伊斯的影响更大"④,然而,他们之间同样在相似之外又有不同。相似之处在于:"从艺术形式来说,伍尔夫本人的小说也是一个涵盖一切的'封套',而且比普鲁斯特的更为透明而富于弹性。从透视法来说,伍尔夫也偏重于客观世界在人物意识屏幕上的投影。她和普鲁斯特一样,在如何表现'心理时间'方面作了不少尝试。她和普鲁斯特相同,重视某些特殊瞬间的价值,试图在瞬间之中寻找永恒性。此

---

① 《当代文艺思潮》1987 年第 5 期,第 134 页。
② 《当代文艺思潮》1987 年第 5 期,第 134 页。
③ 《当代文艺思潮》1987 年第 5 期,第 134 页。
④ 《当代文艺思潮》1987 年第 5 期,第 134 页。

外,他们的作品主题比较单薄,但是撑得很开,而且都试图表现一种内在的、超验的、形而上的真实。"①

不同之处则在于,普鲁斯特喜欢用第一人称的回忆性独白,伍尔夫则喜欢用第三人称的间接独白。"伍尔夫常用曲折变形的意象,对于这种幻觉她不作任何解释,让读者自己去领悟其中所包含的象征意义。普鲁斯特却对于他书中出现的意象的内在含义不断地加以解释和澄清。普鲁斯特通过他的联想和回忆,把沉睡在遥远的记忆之中的客观现实挖掘出来。伍尔夫却对客观现实保持着一段距离。她把客观真实和主观真实并列于读者的眼前,让读者自己去观照、对比。"②

随后,论文在第三部分"小说的诗化、戏剧化、非个人化"中,主要对伍尔夫中、后期创作中诗化、戏剧化和非个人化的特征进行了分析。

第四部分"多种艺术因素的综合"也是十分精彩和厚重的,分别对伍尔夫小说中出现的音乐、绘画甚至电影元素进行了细致深入的分析。首先是音乐元素。作者认为,音乐对伍尔夫小说的影响是多方面的,第一是"主导意象的运用"③。"伍尔夫小说中的主导意象脱胎于华格纳音乐剧中的主导动机(或译作主导旋律)。华格纳用一个特定的、反复出现的旋律来表现某个事物或人物的特性,伍尔夫则用特定的意象来表示人物、事物、思想、情绪的特征。例如,灯塔的光芒和喷泉就是伍尔夫用来象征拉姆齐夫人性格的主导意象,它们在《到灯塔去》这部小说中反复出现。"④第二

---

① 《当代文艺思潮》1987年第5期,第135页。
② 《当代文艺思潮》1987年第5期,第135页。
③ 《当代文艺思潮》1987年第5期,第136页。
④ 《当代文艺思潮》1987年第5期,第136页。

是"叙事的复调性","弗吉尼亚·伍尔夫在小说中所使用的多角度的叙述方法,或许是受到了复调音乐的启发"①。第三个影响则表现在结构方面。"意识流小说家往往采取赋格曲或奏鸣曲的结构。……《到灯塔去》采用奏鸣曲式的结构,《海浪》和《幕间》的结构都近乎多乐章的交响曲。"②而第四个影响,是"小说中语言的节奏变化和韵律之美与音乐很有关系"③。

　　除了音乐元素在小说中有上述四种体现形态之外,伍尔夫还受到了绘画艺术的深刻影响。确实,"布鲁姆斯伯里文化圈"中的众多成员都对绘画艺术有精深造诣,如伍尔夫的姐姐范尼莎是出色的画家,姐夫克莱夫·贝尔是艺术评论家,挚友罗杰·弗莱是艺术史家。"布鲁姆斯伯里"圈中谈论交锋的基本主题之一即是绘画艺术。伍尔夫深受濡染本不足为奇。对此,瞿先生又分为印象派绘画与后印象派绘画两个方面的影响展开分析,认为印象派绘画对于伍尔夫小说的第一个影响,是致力于捕捉瞬间印象的特点。"印象派画家善于描绘天光云影的瞬息变幻、空气和水光的自然颤动,借此表现一种稍纵即逝的艺术意境。……弗吉尼亚·伍尔夫的意识流小说与印象派的画有一个奇特的相似之处。印象派画家通过视光分析,将颜色分解成分子,构成一个飘荡的光幕。伍尔夫是通过内心分析,将意识分解成原子,构成一个意识的屏幕。在这屏幕之上映现出来的,也是一种流动着的、消逝着的美,也是由生活中的偶然碎片构成的一个艺术整体。在现实生活中捕捉具有特殊艺术意味的'典型瞬间',是伍尔夫的小说与印象派的绘画相

---

① 《当代文艺思潮》1987 年第 5 期,第 136 页。
② 《当代文艺思潮》1987 年第 5 期,第 136—137 页。
③ 《当代文艺思潮》1987 年第 5 期,第 137 页。

同之处。"①

印象派绘画对于伍尔夫的第二个影响,是感觉的灵敏细腻。印象派画家的视觉对于色彩的分析、对于光色变幻的洞察都是十分精细的。而 E. M. 福斯特也这样评价了伍尔夫的作品:"她看到了各种画面,闻到了花的香气,听到了巴赫的音乐,她的感觉既精细入微又包罗万象,给她带来了关于外部世界的第一手消息。我们应该感谢她,……她提醒了我们感觉的重要性。"②

但瞿先生同时认为,伍尔夫受到后印象派绘画的影响更深。这种影响首先表现在根本的艺术观上,即对于一种内在真实的追求的一致性:"艺术的真实或内在的真实,不是人生和自然的摹写或复制,而是艺术家通过有意味的形式,通过这形式的逻辑结构和纹理组织,构成一个整体性的艺术世界,这个世界是与自然、人生对等的、平行的。"③伍尔夫与后印象派画家在艺术观上的另一个相通之处在于都"强调艺术创作的非个人化"④。作者还进一步指出:后印象派绘画不仅影响了伍尔夫的艺术观,甚至在具体艺术手段方面也提供了启示,首先是"简化原则的运用",即以简单的几何图形来揭示本质;其次是"打破了传统的透视方法"。伍尔夫汲取了后印象派画家塞尚多焦点透视的绘画技法,"把传统的全知叙述当做一种定点透视,把现代的视角转换当做塞尚的多焦点透视";"再次是形象的变形处理";"最后,是绘画构图原理的运

---

① 《当代文艺思潮》1987 年第 5 期,第 137 页。

② 爱·摩·福斯特:《弗吉尼亚·伍尔夫》,见瞿世镜编选《伍尔夫研究》,第 15 页。

③ 《当代文艺思潮》1987 年第 5 期,第 138 页。

④ 《当代文艺思潮》1987 年第 5 期,第 138 页。

用"①。比如,在《到灯塔去》中,女画家莉丽向班克斯先生解释她所画的拉姆齐夫人拥抱着幼子詹姆斯的母子图,就把画面的构图设想为一个神秘的三角形。

随后,瞿文还从"时间蒙太奇"和"空间蒙太奇"两个层面,讨论了伍尔夫对电影艺术元素中"蒙太奇"剪辑手法的借鉴,指出"弗吉尼亚·伍尔夫正是在她的小说中借鉴了这种电影剪辑手法,把外在世界和人物内心的各种画面与镜头衔接、组合,达到了一种整体性的艺术效果。由于弗吉尼亚·伍尔夫在她的小说中使用了这种电影的剪辑手法,她的叙述和描绘就好像是一架不断地交换拍摄角度的电影摄影机的镜头"②。

论文第五个部分是"心理学与哲学的影响"。在这一部分,作者考察了弗洛伊德的精神分析学说,柏格森的绵延学说,"布鲁姆斯伯里团体"精英人士、哲学家罗素和摩尔哲学思想对伍尔夫的影响。本部分的最大亮点在于对伍尔夫在《贝内特先生与布朗夫人》一文中所说的"大约在1910年12月左右,人性改变了"这句话的阐释。

20世纪四五十年代在西方出版的有关伍尔夫的专著中,都把她对于"人性(原文为human character)改变"的这一提法归因于1910年11月在伦敦举行的轰动一时的法国后印象派绘画展。瞿世镜先生则认为:"与其说伍尔夫所说的'人性改变'是指后印象派艺术的影响,还不如说她是指一种更为一般化的倾向,指人与人之间的关系和其他关系的变化。"③瞿先生是根据对《贝内特先生

---

① 《当代文艺思潮》1987年第5期,第138页。
② 《当代文艺思潮》1987年第5期,第139页。
③ 《当代文艺思潮》1987年第5期,第141页。

与布朗夫人》这篇论文正式发表之前的草稿的研究,得出这样的结论的。他认为,1910年前后,弗洛伊德学说在英国的知识界开始流行。伍尔夫不仅阅读了他的著作,还在霍加斯出版社出版了其著作最早的英译本。因此,弗洛伊德将人的意识结构分为三个层次的观点等,对伍尔夫是有影响的,比如《到灯塔去》中描写拉姆齐夫人对晚宴上人们深层心理的透视即为一例。所以,他的基本观点是:伍尔夫所谓1910年12月左右"人性"发生"改变"之说与弗洛伊德的学说有着密切关系。这并非指伍尔夫接受了弗洛伊德的泛性论,而是不再把人看做一种单一的存在,相反是一个多方面的、多层次的本体。作者认为:"如果脱离了对于人性的这种基本观念,她在小说中使用的多视角、多层次的透视方法和塑造人物的手段,就失去了理论上的依据。"①因此,在瞿世镜看来,伍尔夫的"人性改变"说更多是一种接受了精神分析学说之后的产物。今天看来,无论这一结论是否准确,但它起码代表了一种中国学者不人云亦云、跟着西方观点走的独立立场。进入21世纪之后,盛宁先生又在2003年第3期的《外国文学评论》上发表了《关于伍尔夫的"1910年的12月"》一文,专门针对这一问题,展开了更为深入、细致的研究(详见下节)。

通过上述五个部分的全面分析,瞿世镜在该文中得出了自己的基本结论:"如果我们仅仅从意识流技巧的角度来考虑问题,就不可能对伍尔夫的小说艺术作出恰当的判断。因为,她的方法技巧的发展是有阶段性的;她的意识流技巧是与众不同的;它是熔铸在一种诗化、戏剧化、非个人化、综合化的艺术形式之中的;它是以一种多元化的人性观、宇宙观为理论依据的。只有把这一切综合

①　《当代文艺思潮》1987年第5期,第142页。

起来考察,我们才能全面地把握伍尔夫独特的小说艺术。"①

　　总体而言,该文可说 20 世纪 80 年代中国学术界最全面、深入地考察、分析伍尔夫小说艺术的一篇论文。即便是今天发表的许多研究成果,在很多方面也依然难以超越它的水平,未能就它提出和探索的众多问题展开更深一步的探索。因此,由于 1986 年在伍尔夫小说与理论著述翻译方面的突破,并由于 1987 年社科院外文所"20 世纪外国文学评论丛书"编委会举办的"意识流"专题讨论会以及柳鸣九与瞿世镜等先生先后展开的有关意识流理论问题与伍尔夫文本实践的出色研究,我们有理由将 1986—1987 年视为新时期伍尔夫接受与研究史上收获最为丰硕的年份之一。

　　1987 年,程爱民、王正文翻译了美国学者罗伯特·汉弗莱的专著《现代小说中的意识流》,由湖南人民出版社出版。

　　1988 年,廖星桥所著的《外国现代派文学导论》一书由北京出版社出版。书中用 5 页篇幅叙述了伍尔夫的生平,早期、成熟时期和晚期的小说创作和小说理论。

　　1988 年第 1 期的《外国文学评论》上,张烽发表了有关伍尔夫《达罗卫夫人》艺术结构的一篇论文《吴尔夫〈黛洛维夫人〉的艺术整体感与意识流小说结构》。作为 20 世纪 80 年代该刊关于伍尔夫意识流小说研究的唯一一篇专门论文,文中分析和比较了《达罗卫夫人》中主、次人物意识流的不同层次和相异节奏,将不同人物意识流体现出来的"焦躁得几乎疯狂可又无可奈何、难以言表的内心情绪"视为作品的"总体意象",认为"它好似奏鸣曲中的主题,不断地出现、展开、变奏,造成一种弥漫于整部作品的艺术气

---

① 《当代文艺思潮》1987 年第 5 期,第 143 页。

氛,令人回肠荡气"①,进一步指出作品在形式与内容方面的高度和谐特征:"《黛洛维夫人》中飘荡着的无限意蕴正是现代西方人真实的心灵写照:他们仿佛又在经历原始人所遭遇过的那种艰巨的选择和挣扎的苦难历程,努力想抓住动荡变幻的世界,识破人生的价值,但又无能为力,在怀疑中感到恐惧,在孤独中变得焦躁。这种情绪沉淀在作品中每一个人物的意识深层,成为人物和人物之间结构上的内在关联。所以,总体意象不仅具有内容的特征,也获得了结构功能,将作品构筑为一个内部联系的艺术整体。"②由此,作者认为,"意识流小说摆脱了情节之后,进一步实现了内容与形式的相互渗透"③。随后,作者对作为典型的意识流小说的《达罗卫夫人》根据"心理活动的结构"或"意识活动的逻辑"来建立新的内部逻辑关系的叙述特点进行了考察和分析,概括为三个特点:自由联想;意识汇流;时间、空间的蒙太奇。④ 总体上看,该论文以较为精致的文本细读为特点,重在考察作家根据人物意识流动的特点和逻辑结构小说的内在特征,由此上升到对意识流小说的共性问题的探讨。在当时,这也是一篇较为深入的针对个别文本的艺术特征进行考察的论文。

1989 年,柳鸣九主编的"西方文艺思潮论丛"之一《意识流》在中国社会科学出版社出版。"西方文艺思潮论丛"由中国社科院外文所"二十世纪外国文学评论丛书"编委会所编,以探讨西方文艺思潮流派,特别是 20 世纪的文艺思潮流派为任务,分辑编辑和出版,每辑以一个专题、一个流派为评介对象,内容包含有关专

---

① 《外国文学评论》1988 年第 1 期,第 56 页。
② 《外国文学评论》1988 年第 1 期,第 56—57 页。
③ 《外国文学评论》1988 年第 1 期,第 57 页。
④ 参见《外国文学评论》1988 年第 1 期,第 58—59 页。

家的评论专文,所论及的专题或思潮流派的重要理论资料及有关
文学思潮流派的发展年表等。《意识流》一辑的主体部分,即由前
述外文所组织的意识流问题讨论会上专家们发表的重要成果以及
部分翻译资料所构成。柳鸣九的《关于意识流问题的思考》一文
是该文集的"代前言"。中国学者的论文中与伍尔夫有关的主要
是张烽的《灵魂的颤音——伍尔夫的意识流小说》;翻译资料中则
选入了朱虹翻译的《班奈特先生和勃朗太太》。张烽的论文首先
提出伍尔夫的意识流小说探索是作家"面对泛滥的拜物主义"①感
到"不安"、"焦虑"的产物,所以,她执著于人物"骚动不安"的"灵
魂",在《达罗卫夫人》与《到灯塔去》这两部意识流小说代表作中,
弹奏出"使人为之动容"的"意识流的颤音"②。随之,作者用充满
激情的笔触,细腻分析了《达罗卫夫人》中彼得、赛普提默斯夫妇、
克拉瑞莎的数条意识流线索,将对他们各自精神状态与意识流程
的分析与现代西方人普遍的生存困境联系了起来;而在《到灯塔
去》中,作者认为"到灯塔去"是一种"象征的布局":"主人公们走
完了到灯塔去的实地路程,也走完了各自精神上漫长的'天路历
程'。他们最终摆脱了怨恨与猜忌,放弃了功名与私利,正在飘
洒、超迈地靠近灯塔——宁静淡泊的彼岸世界。"③由此,作者认为
作品表达了人物"自我超越"的主题。在分别对上述两作展开分
析之后,作者进一步谈及自己对"意识流小说"的理解以及对伍尔
夫独特艺术成就的感悟。

综上,20 世纪 80 年代中期以后国内有关伍尔夫意识流小说

① 柳鸣九主编:《意识流》,中国社会科学出版社 1989 年版,第108 页。
② 柳鸣九主编:《意识流》,第109 页。
③ 柳鸣九主编:《意识流》,第114 页。

艺术的考察,在前一阶段作家相关作品与文论翻译的基础上不断展开。学者们已不满足于对作家作笼统的定论,也逐渐摆脱了庸俗社会学模式之下的反映论、阶级论立场,而更多地将伍尔夫视为一位勇于革新的现代艺术家,并对她的艺术追求与创作个性作不断深化的具体分析,对她的心理描写技巧、小说结构方式、象征艺术及其他艺术元素在作品中的运用等展开了多方面的研究,对其现代小说理论的理解也不断丰富。而1988年孙梁等翻译的长篇小说《达洛卫夫人　到灯塔去》在上海译文出版社的出版,又将进一步推动90年代之后的伍尔夫长篇意识流小说研究。

第三节　20世纪90年代到20世纪末的
　　　　研究特点

1993年,吴钧燮翻译的长篇小说《海浪》由外国文学出版社出版。1997年,孙梁等翻译的《达洛卫夫人　到灯塔去》在上海译文出版社获得再版。同年,谷启楠等翻译的完整的"生命三部曲"《达洛维太太　到灯塔去　海浪》亦由人民文学出版社出版。由此,到20世纪末,伍尔夫主要的长篇意识流小说不仅均有了完整的中译本,而且在权威出版社出版了不同的译本。这一现象不仅说明了伍尔夫作品受读者欢迎的程度,也为其美学追求与艺术成就向中国现当代文学界、文艺学研究界等的广泛辐射提供了可能。

1991年第3期的《外国文学评论》在"二十世纪外国文学"栏目下,刊登了赖干坚的论文《主观真实论与意识流小说辨析》。作者首先从文论发展史的角度,梳理了从亨利·詹姆斯的真实论到马赛尔·普鲁斯特和弗吉尼亚·伍尔夫的主观真实论的发展,认为"普鲁斯特比亨利·詹姆斯更进一步使文学摆脱了对客观现实的依附",而"伍尔夫的观点比普鲁斯特又有所发展"①。随即,作者阐释了伍尔夫《现代小说》、《一间自己的屋子》等所表达的主观真实论思想,在此基础上得出了主观真实论是"意识流小说和其他现代派创作的指导思想"②的基本结论。再下面,作者则对意识流小说的基本特色作出了自己的概括,认为:一是"十分强调人物对现实的主观感受、印象以及对自身的生活经验的深沉内省"③。作者结合《达罗卫夫人》中的两条心理线索及其人物关系,说明了上述观点;二是"采用了与传统的现实主义方法迥异的表现手法,这就是直觉表现法和以'心理时间'概念为基础的意识流手法"④。由表现直觉的原则出发,"意识流小说让人物直接袒露自己的内心世界,并且竭力揭示人物心理的多层次结构,尤其注重潜意识领域的开掘"⑤。在这一方面,作者特别举出了《尤利西斯》的例子。最后作者概括指出:"主观真实论与意识流小说是互相配合、互相促进的。它们各在理论上、创作实践上昭示着现代西方审美意识的剧变"⑥。因此,该文主要是从现代西方文论与审美意识发展的历史向度来评述伍尔夫与乔伊斯等的贡献与地位的,与前节述及的主要从作品本身出发展开研究的数篇论文起到了相互补充的作用。

1992 年,申丽平等翻译的美国学者梅·弗里德曼的专著《意识流文学手法研究》在华东师范大学出版社出版;同年,刘坤尊再

---

① 《外国文学评论》1991 年第 3 期,第 56 页。
② 《外国文学评论》1991 年第 3 期,第 56 页。
③ 《外国文学评论》1991 年第 3 期,第 56 页。
④ 《外国文学评论》1991 年第 3 期,第 58 页。
⑤ 《外国文学评论》1991 年第 3 期,第 58 页。
⑥ 《外国文学评论》1991 年第 3 期,第 59 页。

度翻译了前述罗伯特·汉弗莱的《现代小说中的意识流》,由广西师范大学出版社出版。

1993年,袁可嘉先生的《欧美现代派文学概论》出版,并于次年荣获全国外国文学优秀图书一等奖。该书于2003年经袁先生修订后,同年于广西师范大学出版社获得再版。该著在第九章中,专门讨论了意识流文学,以"概述"、"意识流小说的艺术技巧"、"普鲁斯特"、"乔伊斯"、"伍尔夫"和"福克纳"六节分别展开。"伍尔夫"一节以13页的篇幅,专门讨论了"生命三部曲",对作品的内涵,尤其是贯穿始终的生命意识等展开了分析,概要介绍了各作的主要艺术特色。而对《海浪》这样一部相当晦涩难懂的作品,袁先生花了较多笔墨细加分析,对结构、人物、伍尔夫的时间观与生命、死亡观等都提出了自己的看法。作者还在深入考察伍尔夫的现代小说美学、主观真实论及意识流小说实践的基础上概括指出了意识流小说与19世纪传统小说在描写内心生活方面的实质性分歧,由此进一步提出:"正是这种对'真实'的特殊观点使伍尔夫断言'在1910年12月前后,人们的性格变了',因此小说的风格也必须改变。1910年秋天,伦敦举行了首届后印象派画展,在文化界引起轰动。塞尚、凡·高主张以艺术家的主观感受来表现客观事物,把重点放在艺术家的内心感受上,这与伍尔夫等意识流小说家向内看的倾向无疑是一致的。"①此处,袁先生也涉及伍尔夫关于"1910年12月前后"、"人性改变"之语的理解问题。

1994年第1期的《外国文艺》在"名家评名作"栏目下,刊登了由赵德明翻译的秘鲁作家巴尔加斯·略萨的长文《〈达洛卫夫人〉——平庸中紧张和豪华的生活》。这是1990年3月由西班牙

---

① 袁可嘉:《欧美现代派文学概论》,第247页。

巴塞罗那赛伊斯·巴拉尔出版社出版的略萨文学评论集《谎言里的真实》中的一篇,该文集包括了略萨于1987—1989年间写作的25篇评论文章,评论的对象均为世界著名小说家的名作。在译介过来的这篇评论中,略萨高度肯定了伍尔夫意识流小说的女性气质所带来的独特性,还就其叙事方式和叙事内容之间的平衡,作家如何成功地表现一个个完全"不同的现实"等问题提出了自己的看法。南美作家的评论,从一个独特的角度为中国作家与学者的认识提供了参照。

　　1994年第1期的《外国文学研究》上,刊登了韩世轶的论文《弗·伍尔夫小说叙事角度与话语模式初探》。该文的特点是主要采用了法国文论家热拉尔·热奈特的叙事学理论,从《达罗卫夫人》切入,对伍尔夫的意识流小说特点进行了分析,由此论证了伍尔夫小说的现代性。作者认为:"由于伍尔夫的努力,叙述者在零聚焦的情况下所使用的全知型叙述语言几乎减少到了最低限度,零聚焦也就成了伍尔夫小说中穿插运用的辅助性聚焦方式。而内聚焦则作为一种主要的聚焦方式受到了伍尔夫的青睐。"[1]作者认为,内聚焦是伍尔夫小说中最常见的聚焦方式。这种隐蔽、灵活的叙事方式是伍尔夫用以再现意识流的便利工具。《达罗卫夫人》体现了她对这种叙事方式的出色运用。针对单个人物聚焦所导致的片面性,伍尔夫的处理方式是"用多视点人物来弥补单一人物聚焦的不足"[2]。比如在《达罗卫夫人》中,彼得·沃尔什、理查德·达罗卫、伊丽莎白、赛普蒂默斯都在不同场合担当过视点人物。不同视点人物的转换,巧妙地实现了意识流的转换。同样地,

---

① 《外国文学研究》1994年第1期,第95页。
② 《外国文学研究》1994年第1期,第96页。

1994年第1期《外国文学评论》上发表的冯季庆的论文《现代主义小说中的聚焦、变焦与意识流》亦敏锐地抓住了叙述视点与意识流之间的关系问题,针对更多的意识流作家和作品展开了论述。由此可见,进入20世纪90年代之后,随着叙事学研究方法进入中国学术界的视野,越来越多的中国学者开始尝试运用这一新的批评手段深入文本分析,从聚焦方式、叙述视点等新的角度,对意识流艺术展开了更富科学性的研究,从一个新的侧面,印证与丰富了原有的结论。

1998年第1期的《外国文学研究》再度发表了一篇研究伍尔夫的论文《超越巅峰——弗吉尼亚·伍尔夫的思考与创作》。作者张慧仁集中从思考与创作这两个核心问题切入,认为伍尔夫思考了文学的本质、文学的真实性、文学作品的阅读等问题,随后略述了伍尔夫创作道路的发展以及她的思考在创作中的体现。

1999年第4期的《外国文学评论》上,发表了申富英的《评〈到灯塔去〉中人物的精神奋斗历程》一文。作者对小说的主题内涵进行了挖掘与分析,提出了自己的看法,认为《到灯塔去》"不仅表现了现代人迷乱与虚无的感觉,还展现了现代人与混乱和悲观的争斗,指出了走出虚无的希望和途径"①。作者进一步提出,小说通过主要人物如拉姆齐先生、拉姆齐夫人和女画家莉丽的心理奋斗历程,"展示了现代人(同时也是整个人类)在哲学(或理智)领域、情感领域以及艺术领域与混乱、虚无、孤独所进行的斗争,从感性的角度阐发了与各种不可驾驭的异化因素抗争的方式和走出虚无的途径"②。作者认为,进行抗争的第一种手段便是拉姆齐先

---

① 《外国文学评论》1999年第4期,第66页。
② 《外国文学评论》1999年第4期,第67页。

生所代表的真理和秩序;第二种走出虚无的途径是夫人所代表的爱与同情;第三种则是献身艺术。"《到灯塔去》通过描摹李莉的精神奋斗历程,表现了作者对艺术领域的永恒'形态'、秩序与真理的探求和对理性与感性、时间与死亡、个人与群体、自然与人类文明的关系进行的再认识;让读者用心灵的眼睛真切地看到了生活和艺术真实的'形态',并为他们指出了摆脱时间束缚达到永恒的道路。"①该文第一特点为文本细读;第二为主题挖掘,一般都把夫妇俩作为对立与对比的形象来认识,该文则分析了三个主要人物之间在主题层面上的联系;第三个特色是结合现代社会文化背景和现代人的生存状态来分析该小说的意义内涵。

　　1999 年第 5 期的《外国文艺》在"外国文论"栏下,刊登了刘凯芳翻译的英国著名文论家和小说家马尔科姆·布雷德伯里题为《弗吉尼亚·伍尔夫》的一篇论文。该文占用了该期《外国文艺》约 23 页篇幅,成为本时期分量最重的伍尔夫研究专论,涉及多方面的问题。

　　布雷德伯里首先高度评价了伍尔夫的创作成就,认为"在现代派作家当中,很少有人比她更具有真正的创造性,比她更多产,也很少有人像她那样,为我们提供了描写他们生活、感情和时代的极其丰富的文字记录"②。随之,他分别评析了《达罗卫夫人》、《到灯塔去》、《海浪》和《奥兰多》等小说,概述了它们之于英国现代小说发展的重要意义,指出它们在英国现代派小说中起着核心作用,"这些作品以不同的方式,探索并坚决拥护了美学领域的支配地位以及人类敏感性与激情的某些基本状态,并将这两者以一

---

① 《外国文学评论》1999 年第 4 期,第 71 页。
② 《外国文艺》1999 年第 5 期,第 219 页。

种认识联系起来,这种认识就是生活,没有上帝的现代生活本身就像一件艺术品,以一种蕴含在内部的现实的秘密构建起来"①。作者回顾了《达罗卫夫人》这部作品由短篇发展而为一部长篇小说的创作过程,认为它是作家勇敢面对自己有关生活的现实和艺术的观点的实践之作,并谈及它和《尤利西斯》在时间安排上的相近之处。布雷德伯里还论及伍尔夫书信、日记等的出版和整理情况,强调了这些史料对理解她的写作手法、创作理念和小说写作过程的价值。然后,作者介绍了她的文学观、真实观以及与贝内特的文学论争,并从文学史家的立场叙述了伍尔夫的成长轨迹,包括父亲莱斯利·斯蒂芬的影响、她本人的广泛阅读和高雅趣味、她在"布鲁姆斯伯里团体"中的核心地位、与团体其他成员的关系,"布鲁姆斯伯里团体"作为现代英国重要的现代主义文艺群体的基本特征等。由于在20世纪90年代末的中国学术界,对"布鲁姆斯伯里团体"的关注尚不多见。因此,布雷德伯里的介绍提醒了人们注意:"布鲁姆斯伯里"不仅代表着"一种社交活动,但也是一种积极的精神状态,一种从坚定的艺术立场出发的人生态度"②。

布雷德伯里亦高度评价了伍尔夫在文学批评与理论探索方面的成就,认为"她以一种生动活泼的思辨精神,臧否往昔的文学,评介当代的著作,分析了文学界许多重要的新人的成就,其中包括康拉德、詹姆斯和陀思妥耶夫斯基,并探讨了写作中与现代精神有关的许多问题"③。关于她的现代小说观,布雷德伯里不仅重点介绍了《现代小说》和《贝内特先生与布朗夫人》两文,还结合《达罗

---

① 《外国文艺》1999年第5期,第222—223页。
② 《外国文艺》1999年第5期,第224页。
③ 《外国文艺》1999年第5期,第225页。

卫夫人》的构思、结构以及所体现的现代时间处理方式展开了精彩的解说,指出"书中故事放慢时间的进程,或者干脆使它暂时停止下来,其意图就是打断经典小说中的规律,不让情节和角色按时间顺序展开。故事通过描述一系列松散的联想和关系的手法而发展,使它具有行动的情节的同时也具备了文字上的情节"①。关于小说中的时间,论者特别提示了伦敦议会大厦顶楼上那口著名的大钟所体现的串联与对照意义:"时钟在书中很重要,尤其是矗立在伦敦权力中心的著名的大本钟,它那沉闷的钟声标明了故事的17 个小时——其时间的跨度几乎同《尤利西斯》相等。钟声突出了全书的基本模式——那就同她后来的小说《海浪》中大海的节奏有些相像。大钟有助于将意识同显然属于一个客观时间的世界的意识连接起来,客观时间先将这两者分开,然后又将它们合而为一。此外随着'现在'流向'过去',也存在着属于心理时间的世界。"②

该文第三大特色则体现在挖掘了《达罗卫夫人》和《到灯塔去》中体现出来的"多产的女性能量及其超验的内涵"③,这就涉及伍尔夫的现代女性主义思想了。论者汲取了当代西方女性主义研究的部分思路与观点,在展开具体作品评述时,也将性别因素吸纳其中,使之成为考量的一个重要参照系。比如,关于《到灯塔去》的主题,论者即概括出包括性别关系问题在内的多方面的主题层次:"这部小说有几个对弗吉尼亚·伍尔夫的作品来说至关重要的主题——男女之间的关系、理性与本能的关系、在纯粹思维

① 《外国文艺》1999 年第 5 期,第 231 页。
② 《外国文艺》1999 年第 5 期,第 232 页。
③ 《外国文艺》1999 年第 5 期,第 235 页。

的分离和社会与人文生活价值之间差别的关系以及实际生活与对生活进行描绘的关系。"①作者还列举了与伍尔夫同时代及其后的一些学者、作家对她的现代小说探索的争议,给读者提示了进一步思考的空间。最后,论者这样概括了伍尔夫的历史意义与价值:"如今人们越来越意识到她的作品对她的时代、她的知识世界和现代艺术观念具有重大的影响。对现实主义的再质疑,一种新实验主义,女权运动的兴起,这一切都使人们对她的作品及其对现代的影响的本质有了重要的新认识。"②

概而言之,该篇译文以丰富的史料、翔实的论证、开阔的视野和精当的评说,为中国学界的伍尔夫研究提供了很好的借鉴。但由于译者可能对伍尔夫的家世不够熟悉,所以在译文中也出现了微瑕,比如将她那位身为著名画家的姐姐范尼莎译成了妹妹。这一时期在选题方面较有特色的研究论文还有:陈才忆的《喧嚣与宁静——伍尔芙及其作品人物的精神世界》(《外国文学研究》1995 年第 3 期)、朱望的《试析〈达罗卫夫人〉的两重情节结构》(《外国文学研究》1996 年第 1 期)和金光兰的《传统与创新——评弗吉尼亚·伍尔夫的〈岁月〉》(《社科纵横》1997 年第 2 期)等。此时的著译作品,在从文论史的角度展开的伍尔夫研究、对其女性气质与女性主义意识研究、对其相对难读的作品如《海浪》的研究、对从新的批评视角如叙事学视角展开的研究和对"布鲁姆斯伯里团体"美学旨趣的综合研究等,都有所突破。较多译文的出现,也体现出国内研究界拓宽眼界的自觉意识。

_____

① 《外国文艺》1999 年第 5 期,第 234 页。
② 《外国文艺》1999 年第 5 期,第 240 页。

第四节　新世纪以来的研究趋向

进入新千年之后,国内有关伍尔夫意识流小说和其他著作的翻译继续推开,并呈现出系统化、科学化的态势。在专业出版社的有效组织和翻译家们的共同努力下,伍尔夫的各类著作被整体性推出。不仅已有中译的作品又有了新的译本,原先未获得充分重视的早期与后期著作也得到了全面的译介,使读者有可能更加深入地理解伍尔夫的创作全貌。

2000 年,上海译文出版社一并推出了包括《达洛卫夫人》(孙梁、苏美翻译)、《到灯塔去》(瞿世镜翻译)、《海浪》(曹元勇翻译)、《论小说与小说家》(瞿世镜翻译)和《爱犬富莱西》(方平翻译)在内的"伍尔夫文集"5 种。2001 年,王家湘翻译的新版本《达洛维夫人　到灯塔去　雅各布之屋》由译林出版社出版。特别值得提及的是 2003 年由人民文学出版社隆重推出的"吴尔夫文集"12 种。作为整个 20 世纪中国规模最大的伍尔夫著作汉译与出版成果,人民文学出版社的"吴尔夫文集"包括了伍尔夫的全部长篇小说和大部分散文随笔作品,分别是:《雅各的房间　闹鬼的屋子及其他》(蒲隆译)、《岁月》(蒲隆译)、《奥兰多》(林燕译)、《幕间》(谷启楠译)、《海浪》(吴均燮译)、《远航》(黄宜思译)、《普通读者 I》(马爱新译)、《普通读者 II》(石永礼、蓝仁哲等译)、《到灯塔去》(马爱农译)、《夜与日》(唐伊译)、《达洛维太太》(谷启楠译)和《一间自己的房间:本涅特先生和布朗太太及其他》(贾辉丰译)。2009 年,"伍尔夫文集"5 种再次由上海译文出版社出版。

由此,我们看到,在进入新世纪的第一个 10 年内,伍尔夫著作的汉译步入了高潮。不断涌现的新译本和对伍尔夫一生创作成就的全面展示，不仅为此一时期高水平的专业研究奠定了有力的基础，亦使伍尔夫研究者的群体不断扩大，这一点在高校中表现得尤其明显。

此时，有关伍尔夫的各类专题研究成为中国大陆以外语学院英语文学专业、中文系或文学院比较文学与世界文学和文艺学等专业博士、硕士研究生学位论文选题的热点。根据"中国博士学位论文全文数据库"、"文史哲"类和"教育与社会科学综合"类的检索，从1999年截至2008年，对伍尔夫进行专题研究的博士学位论文即有7篇，其中有3篇专门针对伍尔夫小说的艺术形式展开了研究，它们分别是河南大学毛继红于2002年提交答辩的《寻找有意味的形式：弗吉尼亚·伍尔夫的小说创作与绘画艺术》、郝琳于2005年提交答辩的《弗吉尼亚·伍尔夫小说叙事研究》以及苏州大学李红梅于2006年提交答辩的《伍尔夫小说的叙事艺术》。

而在"中国优秀硕士学位论文全文数据库"中输入主题词"伍尔夫"加以检索，从1999年至2008年6月底，即有158条记录；输入关键词"伍尔夫"，有106条记录。

通过计算机在维普数据库中检索，输入关键词"伍尔夫"，在1989年到2008年6月底这一时段内，以全部来源期刊为范围，可以找到276条记录；以列入CSSCI的期刊为来源范围重新检索，可以找到45条记录；输入"吴尔夫"这一关键词检索，可以找到3条记录；而在全部来源期刊范围内输入关键词"伍尔芙"，在1989年至2008年6月底的时段内，发现有记录20条；输入"吴尔芙"，有记录2条；输入"吴尔夫"，则有记录9条。

通过另一获得广泛使用的"中国期刊全文数据库"（1994—2008）在全部期刊范围内加以检索，输入主题词"弗吉尼亚·伍尔夫"，共有记录430条；输入"伍尔芙"，有135条；输入"吴尔芙"，有 18 条。而输入关键词"伍尔夫"则出现了 626 条记录,输入关键词"弗吉尼亚·伍尔夫",出现了 392 条记录。

另在"中国期刊全文数据库"中二次检索发现,在 1994—2008 年的时间段内,仅《外国文学研究》一种杂志,涉及伍尔夫的研究论文条目即有 25 条。剔除 9 篇主题并非伍尔夫研究的论文后,尚有 16 篇论文。《外国文学》杂志则有 10 条相关记录。剔除 5 篇重点并非伍尔夫研究的,也还有 5 篇论文。

因此,通过以上并不完整与全面的检索的结果,我们可以发现:在 20 世纪 90 年代中期之后,特别是在进入 21 世纪之后,对伍尔夫的研究,成为中国外国文学、外国文论研究的一项重要内容。而其最丰硕的成果,依然主要发表在中国外国文学界数种最有影响的权威期刊如《外国文学评论》、《外国文学研究》等上。

2000 年第 1 期的《外国文学评论》在"二十世纪文学"栏目下,发表了李森的论文《评弗·伍尔夫〈到灯塔去〉的意识流技巧》。该文从伍尔夫描写"内在真实"的文学见解出发,自然推导到对《到灯塔去》中意识流技巧的辨析,从间接内心独白、自由联想、象征手法、时间蒙太奇、多视角叙述方式五个方面展开了论述。如前所述,在自 20 世纪 80 年代以来出现的论文中,由对伍尔夫文学革新观念的阐释转向对其意识流作品的分析是一个基本思路,李文也不例外,但它的优点在于紧紧围绕《到灯塔去》文本展开,条分缕析,较为具体;不足之处则在于材料使用尚不够充实、丰富,论述亦有待深入。此外,有些具体的观点,比如对小说中某些意象的象征意义过于坐实的定论等,也值得商榷。

2003 年第 1 期的《国外文学》发表了武跃速的论文《宇宙人生的诉说——解读伍尔夫的诗小说〈海浪〉》。如作者所说,该文"试图从作家、作品中人物的叙述视角介入,把握伍尔夫在《海浪》中倾力表达的体验和思考"①。通过细致的文本解读,论者得出了"作品从大自然到人类、从瞬间到永恒、从个人到人际之间、从混乱到和谐、从时间到空间等,诉说着心智对宇宙人生意识的追寻"②的基本结论。由于在《海浪》一著中传统的情节框架已几近崩溃,对它的阅读与阐释也历来被读者甚至是专业研究者视为畏途。因此,武跃速的这篇知难而上、展开细密解读的论文尤显难能可贵。

2003年第3期的《外国文学评论》上,刊登了该刊主编盛宁先生的一篇优秀论文《关于伍尔夫的"1910年的12月"》。该文自始至终未把伍尔夫简单化为一位意识流作家,而是具体考察了她作为现代小说理论的先驱人物,在现代小说理念与现代小说美学实践方面的贡献。

该文的最大特色,是在充分的史料基础上展开的对历史背景的深入考察,对伍尔夫在《贝内特先生与布朗夫人》中提出的那个著名的且不断引起争议的论断"1910年的12月,或在此前后,人性发生了变化"中的"人性"问题作出了令人信服而又更为准确与合理的阐释。前述袁可嘉在《欧美现代派文学概论》中,将这句话译为"在1910年12月前后,人们的性格变了"。瞿世镜则将human character简译为"人性"。盛宁先生则在全方位地考察了伍尔夫此说的由来和背景的基础上,提出human character其实更应作"人物形象"来理解的观点。作者认为:"只有这样理解,才符合伍尔夫《贝内特先生与布朗太太》一文的立意。因为这篇文章主要讨论的其实只是小说人物的昨天和今天,而通篇都没有涉及所谓

---

① 《国外文学》2003年第1期,第67页。
② 《国外文学》2003年第1期,第67页。

'人性'的问题。"①文末,作者进一步说明:"伍尔夫的意思无非是:1910 年的 12 月,或在此前后,是人物形象发生了变化。"②或更明确些说,是作家、艺术家理解、塑造和表现人物形象的方式发生了变化,而在这一变化之后,当然又是有作家、艺术家们变化了的美学观念在支撑着的。因此,该文的贡献在于围绕着人们不求甚解但却始终含混不明的一个重要概念,纠正了中文翻译和理解中的偏颇,尽可能地尊重了历史与还原了伍尔夫的本意,使得关于伍尔夫研究中一个关键词的理解更其符合现代主义小说观念的实际。

2005 年第 3 期《外国文学评论》"当代外国文学"栏目下,刊登了申富英的论文《〈达洛卫夫人〉的叙事联结方式和时间序列》。该文同样是关于《达罗卫夫人》意识流技巧的文本细读。作者受到 M. 罗森塔尔《弗吉尼亚·吴尔夫》一书中思路的启发,结合《达罗卫夫人》一作,对罗森塔尔提出的 4 种叙事联结方式进一步作出了阐发,认为如何把转瞬即逝的意识碎片组合成一个有机的艺术整体,是摆在每一位意识流作家面前的难题。伍尔夫的做法是以空间联结、主题桥梁联结、中心刺激物联结和时间隧道联结四种联结方式为纬,以钟表时间、主观时间、历史时间和宇宙时间四种时间序列为经,编织起坚韧细密的叙述框架,不仅使零乱的意识碎片聚合成一个和谐的整体,而且使小说的意义更为深远。由此,作家自由地将叙述的焦点从一个人物的意识屏幕切换到另一个人物的意识屏幕,将不同人物在不同时间的意识活动碎片、不同人物在同一时间的意识活动碎片和同一人物在不同时间的意识活动碎片

---

① 《外国文学评论》2003 年第 3 期,第 32—33 页。
② 《外国文学评论》2003 年第 3 期,第 33 页。

细密巧妙地罗织在一起,将无数的"生存瞬间"联结在一起,使小说叙述的广度大为增加,使整部小说的叙述浑然一体。

比如,关于"中心刺激物","是指在各人物心中引起不同反应的一件物体"①。通过交替描摹不同人物对中心刺激物的不同反应,作家便可以将中心刺激物作为联结点,从一个人物的意识屏幕切换到另一人的意识屏幕。文中所举中心刺激物的典型例子为"一辆据说载着大人物的轿车"和"那架在天空中用烟雾来书写广告的飞机"②。约翰·迈法姆在《弗吉尼亚·伍尔夫:达罗卫夫人》一书中指出,时间是《达罗卫夫人》的重要主题之一,它包含钟表时间、主观时间、历史时间和宇宙时间四种形式。该文作者由此出发,进一步对这四种时间形式在小说中的具体呈现作了分析。

该文的特色是对小说中不同人物意识碎片联结、转换的方式与结构的分析较为细致,但对同一人物意识碎片联结方式和意识流动过程的内在结构的把握尚不够深入和集中;此外,关于四种时间序列的分析,由于国内外学者对伍尔夫小说中外部物理时间和内部心理时间之间的映照关系已经具有普遍认识,所以文中关于钟表时间和主观时间的分析较好,而对历史时间和宇宙时间的分析则显得较为薄弱,并不具有相当的说服力。

2008年第2期的《外国文学评论》上,刊登了高奋题为《小说:记录生命的艺术形式——论弗吉尼亚·伍尔夫的小说理论》的一篇论文,集中对伍尔夫的小说理论进行了整体的考察。作者在梳理了20世纪英美和中国学术界有关伍尔夫小说理论研究概貌的基础上,结合自己对伍尔夫文艺随笔的全面研究,"整体审视伍尔

---

① 《外国文学评论》2005年第3期,第61页。
② 《外国文学评论》2005年第3期,第61页。

夫在现代小说、人物、形式、艺术、本质等方面与阿诺德·班内特、帕西·卢伯克、爱·摩·福斯特等现代小说家和理论家的争论,考察伍尔夫小说理论与克莱夫·贝尔、罗杰·弗莱的形式主义美学思想以及与欧洲文学传统之间的关系,廓清伍尔夫小说理论的内涵、核心及渊源"①。由于该文在作者占有较多的伍尔夫文论资料和国内外前期研究成果的基础上展开,所以显得视野开阔、史论结合、论述全面,是关于伍尔夫现代小说理论研究中一篇颇有分量的研究成果。

　　这里还有一点值得说明的是,从 1987 年创刊到 2008 年第 2 期,《外国文学评论》共刊登了有关伍尔夫研究的专题论文 11 篇,既有关于其现代小说理论的,关于具体作品的意识流技巧的,也有关于其女性主义思想包括雌雄同体观的,以及除女性主义之外的其他政治倾向与主题内涵的,大略覆盖了新时期以来有关伍尔夫研究的主要范畴,并在选题的开拓、研究的深度方面显示出自己的特色,对推进 30 年来中国的伍尔夫研究作出了重要贡献。该时期其他较有影响的论文还包括:秦红的《永恒的瞬间——〈到灯塔去〉中的顿悟与叙事时间》(《四川外语学院学报》2002 年第 2 期)、陈静的《〈达罗卫夫人〉中的对话和思维表现形式》(《四川外语学院学报》2002 年第 4 期)、王丽丽的《时间的追问:重读〈到灯塔去〉》(《外国文学研究》2003 年第 4 期)、冯伟的《生命中的那个美丽瞬间——试析弗·伍尔夫的〈到灯塔去〉中的绘画元素》(《国外文学》2004 年第 1 期)等。

　　概而言之,进入 21 世纪以来,有关伍尔夫现代小说理论与意识流成就的探索在原有的基础上继续推进,并呈现出新的发展态

---

① 《外国文学评论》2008 年第 2 期,第 54 页。

势。伍尔夫研究登堂入室,成为高等学府中莘莘学子博士、硕士学位论文及相关研究的重要选择;有关重要理论问题与核心概念的辨析与讨论不断深化;研究者们结合具体作品,对艺术技巧的分析更加精细;对当代西方研究成果的吸收也成为此时期研究的一大特点;最后,考察的对象不再仅仅局限于《达罗卫夫人》与《到灯塔去》这两部脍炙人口的作品,而扩展到以前重视不够的《海浪》等其他作品。当然,对《海浪》以及“生命三部曲”的总体研究成果尚不够丰富,深度亦有所不足,期待着今后有更出色的研究成果面世。

第五节　瞿世镜的译介与研究贡献

在20世纪80年代以来的国内外国文学界,还有一位对伍尔夫研究作出了开拓性贡献的学者,即瞿世镜。

瞿世镜先生毕业于复旦大学外文系英国语言文学专业,现任上海市社会科学院终身研究员、英国文学研究中心主任,长期从事伍尔夫、现当代英国文学和比较文化研究。20世纪80年代初,他即开始了对伍尔夫及其意识流小说等的专题研究,20年来在此领域取得了丰硕的成果,共出版译著、编著和专著约十部,不仅对推进国内的伍尔夫研究作出了重要贡献,亦在国际学术界产生了良好影响。他的相关重要著作已由英国萨塞克斯大学图书馆伍尔夫文库和美国华盛顿州立大学图书馆手稿、案卷、珍本部收藏。

自1989年2月起,瞿世镜前往英、美两国展开了近一年的讲学、研究和交流活动,分享伍尔夫研究心得,并从一位中国学者的独特视角向国际学界展示了拓宽伍尔夫研究的新的前景。在英国,瞿世镜不仅以学术院访问教授的身份在牛津大学、剑桥大学和伯明翰大学讲学,还与国际知名学者弗兰克·克莫德、戴维·洛奇、伯纳德·伯根齐、大卫·卜乐德等进行切磋,拜会了著名的妇女小说家艾丽丝·默多克、多丽丝·莱辛和玛格丽特·德拉布尔,和她们讨论当代英国文学思潮、艺术风格、创作技巧等问题,亦与当时住在瑞士的英国作家威廉·戈尔丁通信往还。他严谨细致的学术态度、独辟蹊径的研究方法与独到深刻的见解赢得了赞赏,主讲的专题如《中国文坛对于现代主义文学的估评》、《伍尔夫的小说论与中国传统画论的比较》、《从现代主义文艺的发端和传播看中西文化交流》等,均引起了英国学者的浓厚兴趣。

随后,瞿世镜以斯坦福大学访问教授的身份,在斯坦福等6所美国著名大学英语系作学术报告,还在哈佛大学、哥伦比亚大学进行了学术交流,被美国伍尔夫研究会、美国现代语言协会和世界名人协会吸收为会员。尽管日本等亚洲其他国家的伍尔夫研究也已达到了较高的水准,美国伍尔夫研究会会长雷文贝克教授还是称瞿世镜为"亚洲伍尔夫研究的一位领导学者"。归纳起来说,瞿世镜在国内伍尔夫研究领域的贡献主要体现在作品翻译、资料编撰与专题著述三个方面。

首先,就翻译领域而言,瞿世镜在1982年即通读了京、沪两地图书馆中所能找到的全部伍尔夫散文,选译了其中与小说及小说家有关的十多篇论文并汇编成集。在老翻译家方平先生的推荐下,瞿世镜翻译的伍尔夫论文集《论小说与小说家》于1986年由上海译文出版社推出。该译著深受读者欢迎,初版6400册不久即告售罄。1990年,该译著的繁体字版由台湾联经出版社推出。此后,该书不断得到再版,如2000年和2009年先后作为"伍尔夫文集"之一由上海译文出版社再版,其中部分篇目还被收入不同的选本之中。

《论小说与小说家》前有"译本序",正文收伍尔夫论小说与小说家的论文20篇,后有译者执笔的《弗吉尼亚·伍尔夫的小说理论》一篇。2000年重版时,译者又补入了《一间自己的屋子》。该译本结构与内容特色将主要在第九章中说明,此处不复赘述。

1999年,瞿世镜还在上海文艺出版社出版了伍尔夫散文的又一部选本《伍尔夫批评散文》。

瞿世镜另一部广有影响的译著为伍尔夫的长篇小说《到灯塔去》,1988年在上海译文出版社出版,1997年、2000年和2009年分别由上海译文社再版。1994年,《到灯塔去》改名为《灯塔行》,与孙梁、苏美合译的《达洛卫夫人》并为一书,在台北桂冠图书股份有限公司出版了繁体字版。

在大力译介伍尔夫意识流小说与文学批评著作的同时,瞿世镜主持编译的伍尔夫研究资料,也大大拓展了国内读者的阅读视野,为国内伍尔夫研究的纵深发展提供了宝贵的资料参照。这方面的贡献首推1988年由上海文艺出版社出版、作为"外国文学研究资料丛书"之一种的《伍尔夫研究》。

该书前有"前言",后有"附录"。主体部分包含"总论"、"作品评论"和"伍尔夫论文选"三大部分。在1984年3月写就的"前言"中,瞿世镜准确而全面地概括了伍尔夫在小说创作、文学评论和女权主义运动三大方面的贡献与影响。在小说创作方面,将其创作概括为三个阶段。瞿先生还将她的创作活动看成一个点,将之放在历史发展的过程中进行了观照,认为18世纪以来西方小说的发展有五个阶段,由此考察了伍尔夫小说实验的历史意义,认为"伍尔夫既是第三代的代表人物,又是第四代的先驱"①。在小说

---

① 瞿世镜编选:《伍尔夫研究·前言》,上海文艺出版社1988年版,第8—9页。

理论或小说美学方面,瞿世镜认为伍尔夫是"第三代小说美学准则的重要阐述者"[①],并概括了第三代小说美学的三条原则,即小说艺术的独立性和实验主义、非个人化以及强调主观真实。[②] 随后,编选者还简介了本书的结构和主要内容。"附录"部分包括《弗吉尼亚·伍尔夫作品目录》《参考书目》和《弗吉尼亚·伍尔夫年表》。

进入主体部分,"总论"包含 18 篇论文,文末各有"编者按",简略介绍该文作者、本文来源版本等。所收范围从国别而言包括英国、法国、苏联、美国和德国学者的论述。上述学者中既有"布鲁姆斯伯里团体"中人如爱·摩·福斯特,与团体有着密切关系的安德烈·莫洛亚和 T. S. 艾略特,有与伍尔夫展开文学论战的阿诺德·贝内特,亦有苏联、德国、英国、美国从事 20 世纪英国文学及伍尔夫研究的一流专家。所收重要篇什包括爱·摩·福斯特的《弗吉尼亚·伍尔夫》、美国学者梅尔文·弗里德曼的《理查森与伍尔夫:意识流在英国》、法国传记大师安德烈·莫洛亚的《伍尔夫评传》节选、T. S. 艾略特的《向法国读者"介绍"弗吉尼亚·伍尔夫》、英国学者安东尼·伯吉斯的《评弗·伍尔夫》等。

《弗吉尼亚·伍尔夫》为福斯特先后于 1941 年 5 月 29 日和 1942 年 3 月 5 日在剑桥大学和英国皇家学院所作的回顾挚友伍尔夫创作历程的专题报告;《理查森与伍尔夫:意识流在英国》为弗里德曼 1955 年在耶鲁大学出版社出版的专著《意识流:文学方法研究》的节选。该部分在与多萝西·理查森的比较中讨论了伍尔夫,梳理了她的小说从传统现实主义向意识流实践的发展,又在

---

①　瞿世镜编选:《伍尔夫研究·前言》,第 9 页。
②　参见瞿世镜编选:《伍尔夫研究·前言》,第 9 页。

《海浪》之后"离开了现代小说中所惯用的技巧"的轨迹,重点分析
了《雅各的房间》、《达罗卫夫人》、《到灯塔去》和《海浪》四部意识
流小说;莫洛亚的《伍尔夫评传》则以简洁而细致的笔触,综合评
述了伍尔夫得天独厚的教育背景,她的妇女观、美学思想和小说实
践。妇女观中侧重介绍了她脍炙人口的《一间自己的屋子》中有
关妇女写作困境的思考。在对小说的特征进行分析时,莫洛亚指
出了她对普鲁斯特等的继承以及对法国新小说作家的影响,认为
"她的小说既不是社会小说,也不是主题小说。她的小说中没有
像拉斯蒂涅和高老头那样人们可以在大街上到处碰到的有血有肉
的人。构成弗吉尼亚·伍尔夫小说中人物的是那些如雨点似的印
象,它们降落在人物的身上,慢慢地改变着他们的意识。她和维多
利亚女王时代以及爱德华时代的小说也毫无共同之处。如果这种
小说的长辈是马塞尔·普鲁斯特,那么晚辈就是罗布-格里耶、克
洛德·西蒙,特别应该提到的还有娜塔利·萨罗特"①。

"作品评论"部分收集了英国、法国、美国学者与作家分别评
论伍尔夫《夜与日》、《雅各的房间》、《一间自己的屋子》、《岁月》、
《弗拉西》、《三个基尼金币》、《幕间》、《罗杰·弗莱》、《远航》、
《海浪》、《奥兰多》、《到灯塔去》、《达罗卫夫人》、《一位作家的日
记》和文学评论的专题论文 18 篇。

第三部分"伍尔夫论文选"中收录了伍尔夫本人的 6 篇论文,
即《论现代小说》、《论笛福》、《贝内特先生与布朗夫人》、《狭窄的
艺术之桥》、《妇女与小说》和《论托马斯·哈代的小说》。

1989 年,瞿世镜又在对伍尔夫意识流小说理论研究的基础
上,选编了《意识流小说理论》一书,作为"二十世纪西方文学批评

---

① 瞿世镜编选:《伍尔夫研究》,第 106 页。

丛书"之一,交由四川文艺出版社出版。该书前有张廷琛为这套丛书撰写的总序,然后是瞿世镜执笔的《意识流文论概述》。以下则分列《亨利·詹姆斯文论》、《马塞尔·普鲁斯特文论》、《詹姆斯·乔伊斯文论》和《弗吉尼亚·伍尔夫文论》四方面的内容,分别呈现了四位意识流艺术大师的理论思考。伍尔夫部分的内容包括瞿世镜翻译的《论现代小说》、《狭窄的艺术之桥》、《论心理小说家》和《小说的艺术》四篇论文。书末,瞿世镜还编辑了与论述主题相关的《哲学、心理学、文学论著摘录》,作为该书的"附录"以飨读者。

瞿世镜在伍尔夫研究领域第三方面的垦拓,体现为有关作家意识流小说美学及其特色的专题著述。这方面的研究成果主要有1989年由上海文艺出版社出版的专著《意识流小说家伍尔夫》和1991年由学林出版社出版的专著《音乐·美术·文学:意识流小说比较研究》等。

《意识流小说家伍尔夫》为国内学者撰写的有关伍尔夫研究的第一部专著,结构上分三个部分。上编概括论述了伍尔夫的生平及其创作活动的历史背景,重点说明了"布鲁姆斯伯里团体"的美学观念和伍尔夫本人的文学理想;中编对伍尔夫的主要作品进行了微观分析;下编中,在对伍尔夫论文和日记等作反复研读的基础上,瞿世镜提出了对伍尔夫小说艺术的基本评价。三部分之间衔接紧密,存在着内部的有机联系:上编使读者对伍尔夫产生一个初步的概括印象,中编旨在使读者深入了解伍尔夫具体作品中蕴涵的艺术观念和艺术技巧,下编则在前两部分的基础上推导出一些理论性的结论。在该著以《对于研究方法的思考》为题的"代序"中,瞿先生不仅指出了"我们以往对于西方意识流小说的认识未免过于简单化了"的缺陷,指出"关于意识流小说的历史背景,我们往往片面地强调西方政治危机、经济危机、信仰危机的影响，似乎意识流小说和其他现代主义流派仅仅是某种危机意识的产物。其实不然。西方现代主义文学艺术的产生，有其更为深刻的文化历史背景"，略述了19世纪末至20世纪初西方绘画与音乐艺术在突破传统方面给现代小说艺术带来的启示，还进一步明确提出"就文学研究的方法论而言，我们绝不能以社会学的政治经济研究来取代文化艺术史的研究，我们必须从文化艺术的内部来寻找变化的原因和演变的规律"的观点。瞿先生注重对文学艺术内在演变特点与规律加以探究，而不仅仅停留于对外部社会背景作大而无当的言说的研究思想，所倡导和身体力行的将外围的宏观历史考察与内部的微观细密分析相结合的综合性研究方法，即便在20年后对当下的国内文学研究界也不失其参考意义；此外，瞿世镜对国内学术界存在的某些对意识流小说过于简单、片面甚至带有误解的认识也进行了概括和分析，同样为读者提供了宝贵的启示。

另一部专著《音乐·美术·文学：意识流小说比较研究》采用了跨学科比较方法，对《意识流小说家伍尔夫》中提出的西方现代音乐、美术等与文学之间彼此互动的观点进一步展开了阐发。瞿先生不仅对有代表性的意识流小说家的小说技巧、文学理论、哲学思维进行了比较，而且讨论了意识流小说与诗歌、音乐、绘画、电影等之间的密切关联，论述对象涉及亨利·詹姆斯、多萝西·理查生、普鲁斯特、乔伊斯、福克纳等的小说观念和艺术技巧，但着力最深的还是在意识流小说理论和实践两方面都最有代表性的伍尔夫。通过跨学科研究，瞿先生不仅使我们得以认识意识流小说家们各不相同的艺术个性，而且还使读者进一步了解到各种艺术形式之间的相互影响以及文学观念和哲学思维之间的相互渗透，所以该著堪称国内伍尔夫研究领域一部不可多得的力作。

　　由于瞿世镜有关伍尔夫研究的单篇论文在其他相关章节中有所涉及,故此处也不复赘述。综上,作为国内伍尔夫译介与研究领域具有标志意义的学者,瞿世镜的翻译与著述在20世纪80年代迄今的学界始终具有重要的影响,为推进国内的伍尔夫研究作出了重要贡献。

第九章　作为随笔与传记
作家等的伍尔夫

　　除了提出"现代小说"理论与展开意识流小说探索之外,伍尔夫还是一位卓越的散文、随笔作家和传记艺术家。自1905年开始,她即为伦敦的《泰晤士报文学副刊》撰写书评。此后,文学评论与随笔写作纵贯于伍尔夫的整个创作生命之中,成为建构她文学声誉的一个重要组成部分。此外,伍尔夫虽以意识流大师而名世,但她的创作风格却并非一成不变。正如她本人在《现代小说》中所说:"我们并没有学会比从前写得更好;只能说我们的运行轨迹有时略微偏向这一边,有时偏向另一边,但总的趋势是周而复始的循环。"①

　　较之民国时期的伍尔夫译介与研究,新时期之后的中国学界看到了一个更加多面且处于变化中的伍尔夫,对作为优秀的散文随笔与传记作家的伍尔夫的认识不断深入,在新的视阈与维度中对伍尔夫的纵深考察也渐次展开。这其中包含对伍尔夫与剑桥大学学术传统、与英国唯美主义文学观念、与"布鲁姆斯伯里团体"

---

　　① 　王春元、钱中文主编:《英国作家论文学》,汪培基等译,三联书店1985年版,第432页。

其他成员之间关系的考察以及对她作品中生命与死亡主题、战争观甚至帝国意识，与中国现、当代作家之间的可比性等的开掘。上述努力不仅拓展了伍尔夫研究的领域，亦显示出当代中国学者独具的民族与地域视角。

第一节 散文、随笔的翻译与研究

作为现代英国散文史上最重要的作家之一，伍尔夫一生写过大量的文学评论和各种随笔，其中影响最大的，是 1925 年经伍尔夫本人编定出版的散文随笔集《普通读者》一集以及 1932 年出版的《普通读者》二集。伍尔夫去世后出版的散文随笔集，还有 1942 年的《飞蛾之死》、1950 年的《船长弥留之际》和 1958 年的《花岗岩与彩虹》等。

《普通读者》一集中的首篇文章即以《普通读者》为题，可以看做是伍尔夫为该书撰写的序言。该文中，伍尔夫引用了她十分欣赏的 18 世纪英国作家约翰生的一段话，强调了"普通读者的常识"的重要性："能与普通读者的见解不谋而合，在我是高兴的事；因为，在评定诗歌荣誉的权利时，尽管高雅的敏感和学术的教条也起着作用，但最终说来应该根据那未受文学偏见污损的普通读者的常识。"①而在《普通读者》二集中的《我们应该怎样做读者？》一文中，伍尔夫再次强调存在着"另一种批评，即普通读者的意见"，指出这种意见会对文学产生非常积极的作用。事实上，伍尔夫本人也是把自己看做一个普通读者的，声明随笔中的文字不过记录了自己微不足道的看法。而她笔下讨论的对象，也常常包括那些

---

① 维吉尼亚·吴尔夫：《书和画像》，刘炳善译，三联书店 1994 年版，第 1 页。

被主流文坛排斥在外的边缘人物,正如《普通读者》一集中另一篇文章的标题《隐匿无名者的人生》所表明的那样。因此,无论是从创作主体、考察对象还是期待中的读者角度而言,伍尔夫的随笔写作都体现出挑战主流话语、蔑视正统权威、关注普通人的生存、探索新的批评方式的反叛倾向。这一点和她的现代小说探索在本质上是相通的。

伍尔夫的随笔文风随意,活泼洒脱,且以直观感受与体悟印象的表现见长,堪称是一位具有高度文化素养和丰富创作经验的作家在勤奋创作小说之余,无拘无束地漫谈自己对历代作家、作品的印象,道出她对人生、文学、历史的独特感悟的智慧结晶。她的一位传记作家迈克尔·罗森塔尔在《维吉尼亚·吴尔夫》中写道:"从《帕斯顿信札》和乔叟一直谈到现代文学,《普通读者》一下子就使我们面对着伍尔夫文学兴趣的可惊的范围。从她父亲的藏书室里所培养起来的根深蒂固的读书习惯从来也没有离开过她——她是一个真正的读书种子,总是不停地、广泛地阅读。希腊作家、法国作家、俄国作家、英国作家、美国作家;小说、戏剧、诗歌;回忆录、传记、书信、还有历史——她统统贪心地阅读,提到了拉德纳和纽卡塞公爵夫人就像她写到乔治·爱略特和索福克勒斯一样得心应手。"①

具体而言,伍尔夫的随笔大体可以分为两类:一类重点阐述她的美学观念与文学主张,对各国作家、作品加以评论;一类则集中考察与分析处于文化边缘的女性的境遇,包括对众多名不见经传的女作家、女才子的生活状态、感情世界和写作环境展开讨论。包

---

① 转引自刘炳善:《维吉尼亚·吴尔夫的散文艺术》(《书和画像·译序》),见维吉尼亚·吴尔夫:《书和画像》,三联书店1994年版,第8页。

括在前者中的《现代小说》、《贝内特先生与布朗夫人》、《狭窄的艺术之桥》等已作为"现代小说"理论的名篇产生了广泛的影响，并在 20 世纪的中国多次获得译介，收入各种选本，故此处不复赘述。本节主要论及她的其他随笔名篇的译介与研究状况。

20 世纪 50 年代创刊的《世界文学》杂志在粉碎"四人帮"之后的第二年即 1977 年正式复刊，当年即出刊两期，从 1978 年起，正式改为双月刊发行。在 1980 年第 3 期上，刊登了艾米莉·勃朗特的长篇小说《呼啸山庄》的首位中文译者杨苡女士翻译的伍尔夫随笔《〈简·爱〉与〈呼啸山庄〉》，之前还加上了译者对作家生平与创作成就的简略介绍文字。结合伍尔夫两篇早期的意识流名作《邱园记事》与《墙上的斑点》的译文均至 1981 年才分别出现的事实，我们可以得出这样一个结论：在新时期的中国文坛上，对伍尔夫作品的译介，是由伍尔夫的随笔而不是小说开启的。如果我们并不能断言新时期以来的中国文坛首先关注的是伍尔夫随笔散文的价值，因为译介本身可能带有一定的偶然性，但或许可以这样理解，与民国时期的一大不同是，新时期的中国学界与读者，几乎同时接纳了作为意识流小说大师与优秀的随笔作家与批评家的伍尔夫。

伍尔夫这篇写于 1916 年的随笔，精彩地论述了勃朗特两姐妹在气质、性情与小说风格方面的不同，令人过目难忘，其中不少观点和表述常常为后人所引用。在论及《简·爱》的作者时，伍尔夫一方面敏锐地概括出了夏洛蒂·勃朗特的基本特点，即"她的全部力量——都投入了这么一种断言之中：'我爱'，'我恨'，'我受苦'"，指出"凡是以自我为中心、受自我所限制的作家都有一种为那些气量宽宏、胸怀阔大的作家所不具备的力量。他们所感受到的印象都是在他们那狭窄的四堵墙里稠密地积累起来并牢牢地打上了戳记的。他们的心灵所产生的一切无不带着他们自己的特征"①；另一方面又高度评价了小说中的"诗意"②。然而，在伍尔夫看来，《呼啸山庄》的作者艾米莉·勃朗特较之于她那位激情洋溢但视野狭窄的姐姐成就更高："《呼啸山庄》是一部比《简·爱》更为难懂的书，因为艾米莉乃是一个比夏洛蒂更加伟大的诗人。"③"因为这部书暗示出了在人性的种种表象下面所潜伏的力量能将它们提升到崇高的境界，这才使得它与其他小说相比具有自己的非凡高度。"④伍尔夫指出艾米莉拥有一种"极其罕见的本领"，即"能把生命从其依托的事实中解脱出来；寥寥几笔，就点出一副面貌的精魂，而身体倒成了多余之物；一提起荒原、飒飒风声、轰轰雷鸣便自笔底而生"⑤。结合《呼啸山庄》在进入20世纪之后得到学术界越来越高的评价的事实，我们看到了伍尔夫深厚的文学素养与惊人的批评洞见。而由勃朗特姐妹的小说在改革开放之后的中国迅速重新拥有了广大读者这一事实来看，杨苡以该篇随笔作为新时期之初译介伍尔夫作品的开端，也不失为一种极好的引介策略。

1985年，由王春元、钱中文共同主编的"现代外国文艺理论译丛"之一的《英国作家论文学》由三联书店出版，其中亦收入伍尔夫随笔三篇，即《当代文学》、《俄国观点》和《感伤旅行》。值得提及的是，在这部译文集中，伍尔夫是唯一一位有三篇论文入选的英国作家，可见编译者对其文学批评成就的重视。前两篇文章出自

① 维吉尼亚·吴尔夫：《书和画像》，第120—121页。
② 维吉尼亚·吴尔夫：《书和画像》，第122页。
③ 维吉尼亚·吴尔夫：《书和画像》，第123页。
④ 维吉尼亚·吴尔夫：《书和画像》，第124—125页。
⑤ 维吉尼亚·吴尔夫：《书和画像》，第126页。

伍尔夫《普通读者》一集,第三篇则出自《普通读者》二集,均由范国恩译出。第一篇《当代文学》即是伍尔夫于 1919 年首发的《现代小说》。第二篇集中表现了伍尔夫对 19 世纪俄罗斯文学大师契诃夫、陀思妥耶夫斯基和托尔斯泰的敬仰之情并论及俄罗斯民族气质与文学风格和英国的差别。第三篇则主要讨论了伍尔夫十分尊崇的 18 世纪英国浪漫主义作家斯特恩的小说《感伤旅行》。

在《俄国观点》中,伍尔夫盛赞了"俄国文学的朴实无华和人道精神"[1],认为"这两种品格浸透着俄国文学,无论是从二流作家身上还是从伟大作家身上都可以看到这种品格",而这种品格又与俄国人的典型特征即"深切的忧伤"[2]密切相关。随之,伍尔夫又指出,具体到个别作家身上,情形有所不同。伍尔夫讨论与比较了自己印象中的这三位俄国文学大师在个性、气质与文学表现上的差异性,指出契诃夫"对意识有深切的兴趣,他是人与人之间相互关系最精到而又最细心的研究家。……这些小说总是揭示某种不自然的现象,装腔作势行为,言不由衷行为。某一妇人同人建立了虚伪的关系;某一男人由于非人的生活环境而走向堕落。心灵受创;心灵愈合;心灵没有愈合。这就是他的小说的实质"[3]。"读契诃夫的作品时,我们发现自己一次又一次地重复'心灵'这个词。在他的作品中,这个词比比皆是。"接着伍尔夫感叹:"的确,

---

① V.吴尔夫:《俄国观点》,见王春元、钱中文主编《英国作家论文学》,第441 页。

② V.吴尔夫:《俄国观点》,见王春元、钱中文主编《英国作家论文学》,第442 页。

③ V.吴尔夫:《俄国观点》,见王春元、钱中文主编《英国作家论文学》,第444 页。

恰恰心灵是俄国文学的主要人物。"①读到这里,我们可以领悟到,伍尔夫对俄国文学的热爱与赞誉,关键在于它对人物灵魂的深刻洞察、对人性深层奥秘的挖掘,对正在苦苦探索新的文学表现内涵与艺术手法,思虑"生活"的本质的伍尔夫提供了启示,与她的现代美学观念相契合,成为滋养她现代小说理论的重要精神资源以及她破除积弊、推进与革新现代英国小说艺术的重要参照。

在伍尔夫看来,如果"心灵在契诃夫笔下细腻而温柔,有着无数的怪念头和小毛病",那么,到了陀思妥耶夫斯基笔下则在深度和广度上更进了一步,且表现出极端化与病态化的特征:"它更倾向于患凶险的病症和剧烈的发作,而且始终是作家所关心的主要对象。……它同理智的联系极为微弱。它模糊不清,飘忽无定,处于紧张状态,似乎无法就范于逻辑的支配或诗学的约束。"②陀思妥耶夫斯基对人物处于高度紧张与扭曲状态下的微妙、复杂意识的表现深得伍尔夫的赞赏,她以诗意的、印象主义的笔触接下去写道:"陀思妥耶夫斯基的小说是急湍的旋涡、沙漠中的热风,海上的龙卷风,奔腾,狂啸,把我们吞没。心灵乃是它们所由构成的全部实质。我们身不由己地被卷入、被旋转、被窒息、被迷惑,与此同时我们又兴奋得头晕目眩。除了莎士比亚的作品外,没有比读这些小说更感人的了。"③她认为他笔下呈现了"通常只有深入最充实的生活中才能发现的东西",在她看来那才是真实的生活。由

① V.吴尔夫:《俄国观点》,见王春元、钱中文主编《英国作家论文学》,第445页。

② V.吴尔夫:《俄国观点》,见王春元、钱中文主编《英国作家论文学》,第445页。

③ V.吴尔夫:《俄国观点》,见王春元、钱中文主编《英国作家论文学》,第445页。

此,伍尔夫的"生活"观在陀思妥耶夫斯基的小说中得到了有力的印证,他对人性多面性的透视亦使伍尔夫惊叹不已:陀思妥耶夫斯基"展现出一幅人类意识的新的全景","人既是恶棍同时又是圣贤;他们的行为既是美好的同时又是可悲的。我们既爱着且又恨着。善与恶之间没有我们所习见的那种明显的分野。我们对之最怀有好感的人,往往是罪大恶极的人,而最卑微的罪人却激起我们最热烈的赞美和爱"①。陀思妥耶夫斯基对"那么炽烈、灼热、矛盾、绚丽而又恐怖、阴郁"②的心灵的深度的激情展示,赢得了伍尔夫的心。

伍尔夫心目中最伟大的俄国小说家是托尔斯泰。她的随笔告诉我们,伍尔夫热爱并能如数家珍般地娓娓分析的托尔斯泰作品有《哥萨克》、《安娜·卡列尼娜》、《战争与和平》、《家庭幸福》、《克莱采奏鸣曲》等。她高度赞美了托尔斯泰笔下人物的精神探索与灵魂反省:"每一本书的中心人物总是奥列宁、皮埃尔或者列文这样一些人,他们汲取人类的全部经验,探索和遍尝这个世界上的一切,而且即使在享受这一切的时候也在不断地问着:这一切的意义何在?我们的目的应当是什么?我们面前不是一位看穿了我们的欲望的说教者,我们面前是一位既体验到我们的欲望又沉溺于这种欲望的人。而当他嘲讽这种欲望的时候,世界的确是在我们的脚下土崩瓦解。可见恐惧是同满足糅合在一起的,因而,在三位伟大的俄国作家当中,托尔斯泰最令我们神往,同时又最使我们

---

① V.吴尔夫:《俄国观点》,见王春元、钱中文主编:《英国作家论文学》,第446页。

② V.吴尔夫:《俄国观点》,见王春元、钱中文主编:《英国作家论文学》,第447页。

望而却步。"①伍尔夫对俄国文学三位大师的评述,对俄国文学与英国文学风格的比较,读来全无枯燥晦涩之感,相反以细腻敏锐的感受而使读者深有会心。

如果说伍尔夫对俄国文学的热爱和推崇是因为作家们为她提供了描写生活、刻画人物的重要范本的话,她对本国及其他国家作家作品的认识与评论,同样在相当程度上以她的美学观念为基础,比如下一篇《感伤旅行》中对斯特恩的分析即是如此。这位牧师出身的 18 世纪英国作家,《项狄传》与《感伤旅行》的作者,在伍尔夫看来,正是以对内心世界的精细挖掘而与传统的游记作者区别了开来。"旅途往往是从他自己的意识中通过,他的主要奇遇不是同强盗和危难有关,而是同自己的内心活动有关。"②伍尔夫一直以来对心灵幽暗世界的兴趣,也可在该文的一句话中获得形象的表达:"正像一个感伤旅行者应当做的那样,你想捕捉事物的本质,就必须到黑暗的胡同里一个不起眼的角落里去寻找它,而不是光天化日之下到大马路上去寻找。"③伍尔夫甚至将斯特恩和当代英国的文学探索联系了起来,肯定了他对于文学发展的先驱意义:"斯特恩把自己意识中的崎岖小路看得比通衢大道的旅行指南更重要,就这一点而言,他令人折服地接近我们的世纪。"④当然,作为一位敏锐的批评家,伍尔夫也直言不讳地指出了《感伤旅行》的

---

① V.吴尔夫:《俄国观点》,见王春元、钱中文主编:《英国作家论文学》,第449 页。

② V.吴尔夫:《俄国观点》,见王春元、钱中文主编:《英国作家论文学》,第452 页。

③ V.吴尔夫:《俄国观点》,见王春元、钱中文主编:《英国作家论文学》,第453 页。

④ V.吴尔夫:《俄国观点》,见王春元、钱中文主编:《英国作家论文学》,第453 页。

缺点,比如斯特恩"关注的不是事物本身如何,而是事物对于我们对他的看法所产生的影响如何"。也就是说,由于"各种情感都过分单调地服从于善良、温厚、同情心,以至显得很不自然",这就使得《感伤旅行》失去了《项狄传》的"多样性、力量、粗犷"①。

1986 年,瞿世镜选译了伍尔夫一批论述小说家及其小说作品的随笔,集为《论小说与小说家》,在上海译文出版社出版。作为20 世纪 80 年代唯一一部伍尔夫随笔散文的译文集,该书的出版提升了 20 世纪 80 年代中国伍尔夫散文译介的水平。在"译者前言"中,瞿世镜概括了伍尔夫散文的特色与贡献,说明了自己编译这部散文集的指导思想:"她以小说家的身份来讨论小说艺术,对于此中甘苦自有深切的体会,因此往往能够抓住关键的问题、发表独到的见解、避免浮泛的空论。甚至一些不太喜欢'意识流'小说的读者,对于伍尔夫的评论文章,也很欢迎,因为这些文章写得亲切、生动,可以帮助他们更深入地领会和欣赏小说的艺术。对于文艺理论和小说创作的研究者而言,它们更是很有价值的参考资料,可以帮助他们了解西方现代小说与传统小说的区别,了解西方现代小说的特征和局限性以及小说体裁发展变化的各种可能性。"②

随后,译者细致地说明了译文集的编目方法,介绍了伍尔夫散文的数种类型,认为开头的两篇即《普通读者》与《论现代小说》为提纲挈领之作;第二组的四篇文章即《论简·奥斯丁》、《〈简·爱〉与〈呼啸山庄〉》、《论乔治·爱略特》和《妇女与小说》"是对于英国妇女小说的探讨",指出"伍尔夫不仅是现代主义的信徒,而且

---

① V.吴尔夫:《俄国观点》,见王春元、钱中文主编:《英国作家论文学》,第456 页。

② 弗吉尼亚·伍尔夫:《论小说与小说家》"译者前言",瞿世镜译,上海译文出版社 1986 年版,第 3 页。

是女权主义的先驱。她的民主思想使她对于受压迫的穷人和妇女深表同情。她在文章里论述了几位女作家所取得的辉煌成就,也指出了她们的局限性。一方面,她为妇女作家所受到的不公正待遇发出不平之鸣;另一方面,她又充满信心地预言:一旦妇女获得了她们一直被剥夺的基本权利,她们必将涉猎更为广泛的文学领域,写出质量更佳的小说"①。第三组的六篇文章是伍尔夫对于18至20世纪不同流派的几位英国作家的评论,包括《论笛福》、《论约瑟夫·康拉德》、《论托马斯·哈代的小说》、《论乔治·梅瑞迪斯的小说》、《论戴·赫·劳伦斯》和《论爱·摩·福斯特的小说》。瞿世镜在此特别强调了伍尔夫尊重本国文学传统,反对物质主义或自然主义,高度评价以笛福与哈代等为代表的现实主义的立场。在第四组文章中,瞿世镜向读者展现了一个"不仅善于继承本国的传统,而且从俄国、法国、美国的优秀作家那里吸取了丰富的营养"②的伍尔夫,选择了《俄国人的观点》、《论美国小说》和《论心理小说家》三篇以飨读者。第五组文章涉及伍尔夫对于传统的小说创作方式的批评、对于现代主义小说成就的估价以及对于未来小说发展方向的看法。瞿世镜在此选择了《对于现代文学的印象》、《贝内特先生与布朗夫人》和《狭窄的艺术之桥》三篇,还特别提请中国学者重视《狭窄的艺术之桥》中伍尔夫对未来小说形式的预测。最后一组是两篇书评《评〈小说解剖学〉》和《小说的艺术》。译者力图借此使中国的读者领略伍尔夫书评的特殊风味。

　　由于选目侧重的限制,伍尔夫还有很多重要的散文没有入选,

---

① 弗吉尼亚·伍尔夫:《论小说与小说家》,"译者前言",瞿世镜译,第4页。
② 弗吉尼亚·伍尔夫:《论小说与小说家》,"译者前言",瞿世镜译,第4页。

因此,瞿世镜又对一些著名篇什如《给一位青年诗人的信》、《斜塔》、《论斯特恩》、《论屠格涅夫》等进行了推荐。

1988年,由智量、光华选编的《外国文学名家论名家》(续编)由华东师范大学出版社出版,其中首篇即选入了由瞿世镜翻译的伍尔夫长篇论文《论托马斯·哈代的小说》。这是伍尔夫于1928年1月写成的悼念现实主义文学大师托马斯·哈代的文章,被公认为是伍尔夫最深刻、优美的文学评论之一。同年,瞿世镜编选的"外国文学研究资料丛书"《伍尔夫研究》在上海文艺出版社出版。在"伍尔夫论文选"目下,也收录了伍尔夫的六篇重要论文,除了《论现代小说》、《贝内特先生与布朗夫人》和《狭窄的艺术之桥》外,另三篇分别为《论笛福》、《妇女与小说》和《论托马斯·哈代的小说》。《论笛福》一文为伍尔夫于1919年为纪念小说《鲁滨孙漂流记》问世200周年所撰,选自《普通读者》一集。伍尔夫怀着与"希腊人对于荷马的崇敬十分相似"①的感情,在该文中讨论了《鲁滨孙漂流记》、《摩尔·弗兰德斯》和《罗克萨娜》等伟大小说的作者笛福,认为"他是真正给小说定型并且把它推上其发展道路的创始人之一"②。伍尔夫认为他的作品"建立在对于人性中虽然不是最有魅力但却是最为持久的因素的理解之上"③,塑造了一系列鲜活而生气勃勃的人物形象如鲁滨孙、弗兰德斯和罗克萨娜。《鲁滨孙漂流记》历来是深受中国读者尤其是青少年读者喜爱的名著,但在20世纪80年代,国内无论学界还是普通读者对《摩尔·弗兰德斯》、《罗克萨娜》以及《辛格尔顿船长》等均未给予足够的重

---

① 瞿世镜编选:《伍尔夫研究》,第532页。
② 瞿世镜编选:《伍尔夫研究》,第533页。
③ 瞿世镜编选:《伍尔夫研究》,第539—540页。

视。伍尔夫的这篇随笔中所提示的诸多问题,启发了人们继续探索笛福小说的多样性。《论托马斯·哈代的小说》则对哈代小说艺术逐渐走向炉火纯青的创作历程、其高尚而质朴的人格、对威塞克斯壮观的自然风景和古老习俗的卓越表现、塑造栩栩如生的人物形象的能力以及死亡观与命运观等进行了全面综合的评述,涉及《非常手段》、《绿荫下》、《林居人》、《远离尘嚣》、《还乡》、《卡斯特桥市长》、《德伯家的苔丝》和《无名的裘德》等诸多著名的小说作品。伍尔夫认为哈代在英国小说史上享有崇高的地位:"当他活着的时候,无论如何还有一位小说家可以使小说艺术似乎称得上是一桩光荣的事业;当哈代在世之日,没有任何借口可以用来鄙视他所从事的那门艺术。"①她还指出哈代通过出色的形象塑造而使作品具有了"悲剧的力量",由此,"如果我们打算把哈代置身于他的同辈伙伴之中,我们应该称他为英国小说家中最伟大的悲剧作家"②。而当我们试图理解哈代的哲学之时,伍尔夫又及时提出了忠告:"没有什么比牵强附会地把一些见解联系上去,断言他的某种信念,把他局限于某种一贯的观点更为轻而易举的事情了。"③其实,这一提醒不仅适用于我们对哈代的认识,也适用于对其他所有作家作品的认识。联系到国内学界针对哈代的思想与小说研究常常出现的涉及宿命思想与悲观意识的一成不变的武断之言,我们不得不佩服伍尔夫的预见性以及思想的深刻性。在伍尔夫看来,在哈代所有的小说中,只有《无名的裘德》一部是"悲观主义的",小说呈现在读者面前的,是"人类渺小的残酷,而不是神灵

---

① 瞿世镜编选:《伍尔夫研究》,第 594 页。
② 瞿世镜编选:《伍尔夫研究》,第 603 页。
③ 瞿世镜编选:《伍尔夫研究》,第 603 页。

巨大的不公正"①。为了说明这一观点,她还结合《卡斯特桥市长》中的亨查德和《无名的裘德》中的裘德形象进行了比较。最后,伍尔夫指出:"哈代所给予我们的,不是关于某时某地生活的写照。这是世界和人类的命运展现在一种强烈的想象力、一种深刻的诗意的天才和一颗温柔而富于人性的灵魂面前所显示出来的一幅幻象。"②这篇长篇评论的译介,对国内的哈代小说研究提供了有益的参照。

概而言之,20 世纪 80 年代国内对伍尔夫散文随笔的翻译主要涉及评论,如笛福、斯特恩、夏洛蒂·勃朗特、艾米莉·勃朗特和哈代等历史上和当代的英国文学大师,表达自己的文学见解,以及考察深刻地影响了当时的英国乃至整个欧洲的文学艺术发展的俄罗斯文艺的篇章。总体上说,较之于伍尔夫极为丰富的随笔创作而言,这一时期的译介还是零散的,不够全面的,缺乏系统性、整体性和科学性。有关其散文特色与价值的研究尚未真正展开,仅在译者序或编者言中有程度不同的说明。这一情况要到进入 20 世纪 90 年代之后才会有所改变。

进入 20 世纪 90 年代之后,对伍尔夫散文随笔包括日记作品的翻译越来越丰富,研究也开始起步。1990 年,李乃坤选编的《伍尔夫作品精粹》由河北教育出版社出版,其中分为"小说"、"小说理论"与"作家、作品评论"三辑。在"作家、作品评论"部分共收入瞿世镜翻译的 9 篇随笔。同年,王正文等翻译的《维吉尼亚·吴尔夫文学书简》在安徽文艺出版社出版。1991 年恰逢伍尔夫逝世 50 周年,欧美各国都展开了一系列的纪念研究活动。中国学术界

---

① 瞿世镜编选:《伍尔夫研究》,第 605 页。
② 瞿世镜编选:《伍尔夫研究》,第 607 页。

对此也表现出了积极的态度。1991年第3期的《世界文学》在"散文"栏目下,集中刊登了"弗吉尼亚·吴尔夫"所作的散文5篇,分别是杨静远翻译的《笑的价值》、《安达卢西亚的小客店》、《夜行记》以及刘炳善翻译的《威廉·赫兹利特》和《纽卡塞公爵夫人》。杨静远所译三篇散文都是伍尔夫初登文坛即1905年创作的作品,读者得以借此稍稍了解伍尔夫早期创作的风貌。杨静远还介绍了伍尔夫散文的丰富种类,高度评价了其散文成就:"她的散文作品,除为报刊撰写的大量书评,还有人物特写、纪念与回忆文章、游记、抒发个人见地和情怀的小品随笔集等,总计逾一百万言。她的散文见解新颖独到、不同流俗,文笔生动、流畅、遒劲、机敏、细腻、风趣,有很大的可读性。"①值得一提的是,杨静远作为国内勃朗特姐妹研究专家,不仅编选了《勃朗特姐妹研究》一书,对推进中国的勃朗特研究作出了贡献,也在伍尔夫与中国文学的关系研究上作出了重要努力。本书上编所述伍尔夫写给凌叔华的六封信,最早即是由杨静远译为中文的。

刘炳善所译的两篇论文则分别译自《普通读者》一集和《普通读者》二集。前一篇纵论英国著名浪漫派散文家和批评家威廉·赫兹利特一生的文学成就,主要谈他的随笔,兼及他的评论著作,指出在他的作品中具有思想家和艺术家双重因素相互交错的特色,并予以细致分析。后一篇则以生动轻灵的文笔,描绘了17世纪英国女作家玛格利特·纽卡塞公爵夫人不畏世俗、特立独行、自由奔放、热情洋溢的个性。在《一间自己的屋子》中,伍尔夫也花费了较多的笔墨,特意介绍了这位英国历史上的才女作家,表达了女性主义思想。

---

① 《世界文学》1991年第3期,第222页。

　　1994 年,刘炳善翻译的伍尔夫散文集《书和画像》被列入"文化生活译丛",在三联书店出版。1995 年,世界妇女大会在中国召开,有关女性文化与女性主义的话题成为中国学术与新闻出版界的热点,出版社与相关杂志纷纷推出与女性问题有关的丛书与文章。在这一年内,《书与画像》重印,其中收入从《普通读者》一集与二集的 52 篇文章中精选出来的散文 24 篇,分别是《普通读者》、《蒙田》、《钮卡塞公爵夫人》、《谈谈伊夫林》、《笛福》、《阿狄生》、《简·奥斯丁》、《现代小说》、《〈简·爱〉与〈呼啸山庄〉》、《乔治·爱略特》、《本特利博士》、《保护人和番红花》、《现代随笔》、《对当代文学的印象》、《鲁滨孙漂流记》、《多萝西·奥斯本的〈书信集〉》、《斯威夫特的〈致斯苔拉小札〉》、《感伤的旅行》、《切斯特菲尔德勋爵的〈教子书〉》、《德·昆西的自传》、《玛丽·沃尔斯顿克拉夫特》、《多萝西·华兹华斯》、《威廉·赫兹利特》和《"我是克里斯蒂娜·罗塞蒂"》。除前述包括刘炳善先生自己翻译的两篇在内的 6 篇散文之外,其余 18 篇均是首度与中国读者见面,使我们第一次相对较为全面地感受到了伍尔夫两部散文集的风采。《书与画像》也成为 20 世纪 90 年代以来较有代表性的一部伍尔夫散文译本。

　　在"译序"、"维吉尼亚·吴尔夫的散文艺术"中,刘炳善除了对伍尔夫的生平、家世、创作成就与艺术追求作了勾勒之外,还分别从内容与形式两个方面,对伍尔夫的散文艺术成就进行了评述。刘炳善强调了伍尔夫的"广泛兴趣和渊博学识"①,说明"《普通读者》向我们介绍了英国一批著名作家和一些我们还不怎么熟悉的

---

① 　维吉尼亚·吴尔夫:《书和画像·译序》,第 8 页。

作家的生平、作品、写作生涯、逸闻逸事等"①,还指出"吴尔夫是一个女权主义者。她一辈子关心妇女,特别是知识妇女,尤其是女作家的命运、地位。在两集《普通读者》中,数一数,谈论妇女和女作家的文章就有二十篇!"②在艺术方面,刘炳善提出自己的编译是为了让读者"通过译本稍稍领略吴尔夫的散文之美"③,指出她散文的语言"比她的小说更为平易、流畅、好懂"④,"更富有自然之趣",是"'印象主义'的散文","还带着英国人的幽默、女性的蕴藉细致,让人感到是一种艺术的享受"⑤。第二大特点是"形象化手法"。"当她写到某一个作家,她总是把有关这个作家的传记材料连同自己读作品获得的印象融化在一起,为这位作家渲染、烘托出一副生动的形象,读者看这种评论文章好像是看着用印象派笔意所描绘的作家生平连续画。"⑥译者进一步说明自己引进上述散文的目的之一是希望国内的文艺理论工作者能参考一下她文论的写法,"把我们的文论写得更生动活泼一些,让读者爱看"⑦。可见,译者的翻译是有着明确的针对性的。伍尔夫活泼灵动、重印象感悟的批评风格,在目前国内批评文字越来越走向刻板枯燥、故作高深因而显得面目可憎的情况下,确实可以提供很好的借鉴。

1996 年,孔小炯、黄梅合译的《伍尔芙随笔集》列入"现代随笔译丛"第一辑,在深圳海天出版社出版。孔小炯撰写的"译序"中说明,该随笔集中的文章,是从伍尔夫生前及去世后由其丈夫伦纳

---

① 维吉尼亚·吴尔夫:《书和画像·译序》,第 10 页。
② 维吉尼亚·吴尔夫:《书和画像·译序》,第 11 页。
③ 维吉尼亚·吴尔夫:《书和画像·译序》,第 12 页。
④ 维吉尼亚·吴尔夫:《书和画像·译序》,第 12—13 页。
⑤ 维吉尼亚·吴尔夫:《书和画像·译序》,第 13 页。
⑥ 维吉尼亚·吴尔夫:《书和画像·译序》,第 13 页。
⑦ 维吉尼亚·吴尔夫:《书和画像·译序》,第 14 页。

德编辑出版的《普通读者》一集和二集、《瞬间集》、《飞蛾之死》、《船长弥留之际》、《花岗岩与彩虹》以及《弗吉尼亚·伍尔夫随笔集》4卷本中,分别择其精彩者编纂而成,共有31篇,分别是《爱犬之死》、《夜幕下的苏塞克斯》、《伦敦街头历险记》、《飞蛾之死》、《安达鲁西亚客栈》、《楸园杂记》、《一个修道院的教堂》、《夜行》、《飞越伦敦》、《唯姆伯利的雷声》、《太阳和鱼》、《三幅画》、《钓鱼》、《老格莱夫人》、《女人的职业》、《笑气》、《论生病》、《空袭中的沉思》、《轻率》、《"我是克里斯蒂娜·罗塞蒂"》、《奥罗拉·李》、《玛丽·沃斯通克拉夫特》、《〈简·爱〉与〈呼啸山庄〉》、《妇女与小说》、《论现代小说》、《论现代散文》、《电影》、《绘画》、《歌剧》、《笑声的价值》与《街头音乐》。其中,《爱犬之死》节选自伍尔夫的传记小说《弗拉西》,《楸园杂记》即通常被人们划入短篇小说的《邱园记事》。在"译序"中,译者除了常规性地介绍了伍尔夫的生平、创作成就和现代小说观念之外,还特别提到了她"常常会在她的散文中,有意无意地或直接或间接地透露出她那强烈的女权主义观点"①的特色。比如,伍尔夫在《笑声的价值》中会从女权论者的角度来探讨幽默,认为妇女是喜剧精神的主要体现者;而她对妇女从事各种职业所碰到的心理障碍及各种传统的非难的分析,对女诗人与女作家的肯定与推崇,也体现出一位女权主义先驱的思想深度。她的《女人的职业》、《轻率》、《"我是克里斯蒂娜·罗塞蒂"》、《奥罗拉·李》、《玛丽·沃斯通克拉夫特》、《〈简·爱〉与〈呼啸山庄〉》和《妇女与小说》等,都是这方面的名篇。在《女人的职业》中,伍尔夫还与读者分享了自己职业写作生涯中"两种非

---

① 弗吉尼亚·伍尔芙:《伍尔芙随笔集·译序》,孔小炯、黄梅译,海天出版社1996年版,第5页。

常真实的体验"①,一是受到"房间里的天使"幽灵的干扰,二是"受到了其他性别的那种极端性习俗的妨碍"②,明确提出了"杀死这房间里的天使是一个女作家的一部分工作"③的观点,同时也真切地指出了女作家"真实地说出我自己肉体的体验"④的困境所在。而在《轻率》中,伍尔夫则深情地回顾了由妇女作家之间的彼此理解与亲缘关系而形成的妇女文学传统,回击了男权中心主义者认定女性之间只存在嫉妒和竞争,并不存在真挚的友情的荒诞之言:"你不再敢肯定妇女读别的女人写的书时心中荡起的一准是嫉妒。更可能的是,爱米莉·勃朗特唤起她青春的热忱,她甚至忐忑不安地喜爱夏洛蒂,对安则抱着宁谧的姊妹情谊。盖斯凯尔夫人对女性读者有一种母性的影响力,她聪颖、机智、心胸开阔,读者热爱她犹如崇拜最可敬的母亲;而乔治·艾略特却是个姑妈,一个无与伦比的姑妈。"⑤

此外,译者还指出了伍尔夫"宁愿像一个普通读者那样去阅读",从而在随笔中体现出来的"印象式的而不是分析性的批评"⑥方式。随笔集中选出的《夜行》、《夜幕下的苏塞克斯》、《伦敦街头历险记》等,都色调鲜明地绘写出了大自然留给她的印象与感受。译者进一步指出,这"可能就是伍尔芙重视直接而强烈的生活印象的基本思想在她自己的创作中的一种自然的延伸,当然其中还渗透着印象主义艺术批评家罗杰·弗赖伊的美术理论的

---

① 弗吉尼亚·伍尔芙:《伍尔芙随笔集》,第95页。
② 弗吉尼亚·伍尔芙:《伍尔芙随笔集》,第95页。
③ 弗吉尼亚·伍尔芙:《伍尔芙随笔集》,第92页。
④ 弗吉尼亚·伍尔芙:《伍尔芙随笔集》,第95页。
⑤ 弗吉尼亚·伍尔芙:《伍尔芙随笔集》,第129—130页。
⑥ 弗吉尼亚·伍尔芙:《伍尔芙随笔集·译序》,第6页。

深刻影响"①。因此，随着伍尔夫随笔翻译面的拓展，中国读者对她高雅的情趣、渊博的学识、丰富的见解、活泼的文风有了越来越真切的感受。而在这一方面，杨静远、瞿世镜、黄梅、刘炳善、孔小炯等的翻译与推介功不可没。

1996 年第 6 期的《名作欣赏》在"世界文坛之窗"栏目下，刊登了高彦梅翻译的《飞蛾之死》，同时刊出了译者的赏析文字《晶莹的生命之珠——伍尔夫〈飞蛾之死〉赏析》。译者认为："女作家从一只小小的飞蛾的死向我们展示了生命的真谛。"②高文进一步指出其结构特色，认为首先值得注意的是作者随意而独具匠心的开篇布局，其次是脱俗玄妙的对比，即"一只干草色细小飞蛾"与自然界无限巨大的活力之间的对比。

1997 年，戴红珍、宋炳辉翻译了《伍尔夫日记选》，由天津的百花文艺出版社出版；1998 年，伍厚恺、王晓路翻译的《伍尔夫随笔》在四川人民出版社出版；1999 年，瞿世镜编选的《伍尔夫批评散文》在上海文艺出版社出版。

进入 21 世纪之后，和小说翻译一样，国内对伍尔夫随笔散文的翻译亦步入高潮。仅在 2000 年一年内，就出现了四种选本：即瞿世镜翻译的《论小说与小说家》，由上海译文出版社重版；刘炳善主编的《伍尔夫散文》作为"世界文化名人文库"之一，由中国广播电视出版社出版；胡家峦主编、黄梅等翻译的《吴尔夫经典散文选》，由湖南文艺出版社出版；黄梅编选的《吴尔夫精选集》，由山东文艺出版社出版。其中，作为"外国文学名家精选书系"第四批10 种之首的《吴尔夫精选集》分为"中短篇小说"、"长篇小说"、

---

① 弗吉尼亚·伍尔芙：《伍尔芙随笔集·译序》，第 6 页。
② 《名作欣赏》1996 年第 2 期，第 52 页。

"散文"、"文学随笔"、"妇女问题论著"、"日记书信选"六辑,前有黄梅的"编选者序",后有附录的《吴尔夫生平及创作年表》。六辑分得很细,恰如其分地反映了作家的主要特色与成就,亦体现出新世纪初中国学界对伍尔夫认识的新水平。编选者在"文学随笔"方面选目最众,有22篇之多,包括了黄梅翻译的《玛丽·沃斯通克拉夫特》、《奥罗拉·李》、《"我是克里斯蒂娜·罗塞蒂"》、《妇女和小说》,刘炳善翻译的《多萝西·华兹华斯》、《一个人应该怎样读书》,瞿世镜翻译的《论托马斯·哈代的小说》、《俄国人的观点》、《论心理小说家》,朱虹翻译的《班奈特先生和布朗太太》,赵少伟翻译的《现代小说》等;"妇女问题论著"则选择了《自己的一间屋》和《三枚金币》的部分篇章。作为一部由女性学者编选的译本,该著体现出对伍尔夫妇女问题研究成果的特别重视。

　　2001年,也即伍尔夫去世60周年,中国社会科学出版社倾力出版了4卷本的《伍尔芙随笔全集》,收录了伍尔夫几乎全部的散文随笔,即石云龙等译的《普通读者(一辑二辑)》、王义国等译的《自己的一间屋·瞬间集·船长临终时》、王斌等译的《三枚旧金币·飞蛾之死·现代作家》和王义国等译的《花岗岩与彩虹·书和画像》。同年,黄梅与张耀东合译的《伍尔芙散文》也由浙江文艺出版社出版。

　　到了2003年,人民文学出版社推出了包含伍尔夫全部长篇小说和大部分散文随笔在内的《吴尔夫文集》12种,其中散文随笔有马爱新译的《普通读者Ⅰ》,石永礼、蓝仁哲等译的《普通读者Ⅱ》以及贾辉丰译的《一间自己的房间:本涅特先生和布朗太太及其他》等。至此,通过众多专家一次次的努力,伍尔夫散文的全貌终于展露在中国读者面前。然而,较之翻译,对伍尔夫随笔的深度研究尚未及时跟进,包括它们在题材方面的详细分类、结构特色、语言艺术以及从中体现出来的生命观、死亡观、战争观、两性观、艺术观等丰富的思想内涵的挖掘，还有待进一步深入。

此外，中国学者尚可掘进的领域还有伍尔夫的大量日记和通信。伍尔夫从 14 岁起便开始日记写作，现存最早的通信开始于1888 年，一生中与众多亲友频繁书简往来。大量的日记与通信记录了伍尔夫作为一位作家与女性的成长、她的交际与写作生涯和她革新文学艺术的心路，有着高度的认识与审美价值。1975—1980 年间，6 卷本的《伍尔夫书信集》出齐；1977—1984 年间，5 卷本的《伍尔夫日记》出齐。两次出版盛举大大推进了伍尔夫研究的深度。然而国内对其日记只有零星翻译，对信件的翻译也只有上述王正文等的《维吉尼亚·吴尔夫文学书简》一种，而且对它们的择取也常常只是作为研究其生平、小说艺术和思想发展等的辅助材料。其实，只有对其日记和书信全貌的深入研究，我们才可以更为全面地认识伍尔夫的思想、创作与人格魅力，看到一位文学大师的日记和书信作品本身的文学价值，并发现它们和伍尔夫的其他作品之间彼此映照、参证的独特意义。这一切，当是中国的伍尔夫译介与研究者可以继续努力的方向。

第二节　传记与短篇小说的翻译与研究

伍尔夫与传记这一体裁似乎也有着不解之缘。不仅她的父亲莱斯利·斯蒂芬爵士是著名的传记作家、《国家名人传记辞典》的主编，她的挚友、"布鲁姆斯伯里团体"的重要成员利顿·斯特雷奇也是一位传记大师，其《维多利亚时代名人传》、《维多利亚女王传》和《伊丽莎白与埃塞克斯》等均为传世的传记名作。伍尔夫本人的文学随笔亦有许多专门评论传记作品的，有些随笔甚至可以看做是具体而微的人物小传,而她的长篇小说《雅各的房间》、《到灯塔去》和《海浪》也均有明显的传记因素。

除了上述作品,伍尔夫还有三部严格意义上的传记著作传世,它们分别是《奥兰多》、《弗拉西》与《罗杰·弗莱》。在1927年10月5日的日记中,伍尔夫曾经提到想创作一部名叫《奥兰多》的传记,内容从1500年起直到当前,以她的密友维塔·萨克维尔-韦斯特为主人公的原型。1928年,《奥兰多:一部传记》出版,描写了主人公奥兰多在长达4个世纪的时间里由一位翩翩美少年变性而为仪态万方的贵妇的人生,充满狂放的奇想、怪诞的情节和光怪陆离的场景描绘,形式上融传记、历史与小说于一炉,内容上则塑造了一位融两性身份于一身的角色,引发了读者的极大兴趣和多样化解读。1933年,伍尔夫又以浪漫诗人伊丽莎白·巴瑞特·勃朗宁的生活及其与丈夫具有传奇色彩的爱情婚姻经历为题材,写成了传记《弗拉西》。与一般的"传主"不同的是,弗拉西是女诗人心爱的一只西班牙长耳狗。伍尔夫从狗的角度来表现主人的生活、思想和感情,将对一只狗的滑稽传记和对一位女作家的成长历程的含蓄严肃的描画联系了起来,别有韵致。1934年,罗杰·弗莱去世。1940年,伍尔夫出版了传记《罗杰·弗莱》。

较之于伍尔夫其他文体的作品,中国大陆对伍尔夫传记艺术的翻译与研究起步并不晚,但其后的发展却显得滞缓,研究成果单薄,研究对象亦体现出明显的不均衡性。如上编所述,《弗拉西》在英国出版次年,中国刊物上即出现了关于它的介绍;1935年年底,石璞翻译的《弗拉西》在上海出版。然而,自此之后,在长达半个世纪的时间里,伍尔夫的传记却几乎无人问津。直到1987年,我们才在第3—4期的《世界文学》杂志上看到了由徐天池、蒋海新翻译的《弗拉希》的连载。在前面的"编者按"中,编者介绍了勃朗宁夫人,也简介了伍尔夫这部传记的素材来源和写作特色,认为"吴尔夫以优美细腻的风格、委婉多姿的笔触和生动幽默的形象刻画赋予这部小说特殊的魅力。读者在阅读小狗弗拉希的故事时,被作者巧妙地引导着,去了解布朗宁夫人一生中的几段重要经历……在吴尔夫的笔下,不仅布朗宁夫人敏感多情、勇敢执拗的个性和布朗宁先生热情奔放、沉着坚定的性格得到了生动的描绘,就连当时的伦敦社会也得到了深刻的再现。至于布朗宁夫人热情支持意大利的民族主义运动以及关于她对神秘主义走火入魔般着迷的几段描写,则更使人加深了对女主人公的了解"①。第 3 期杂志上还附有屠岸、章燕合译的勃朗宁夫人描写爱犬弗拉西的两首诗,编辑还在译文中插入了范尼莎为这部小说所作的插图,彼此映照、相得益彰。从此,伍尔夫的传记开始进入新时期中国读者的阅读视野。

进入 20 世纪 90 年代之后,在 1990 年第 3 期的《世界文学》"评论"栏目下,刊登了主万翻译的"弗吉尼亚·吴尔夫"《传记文学的艺术》一篇,选自伦纳德编选的《飞蛾之死》。"编者按"中指出,"《传记文学的艺术》是理论界较早地把传记认认真真地视为一门艺术的文章之一。欧洲 20 世纪后期传记文学的理论和实践证实了吴尔夫的眼光"②,从传记发展史的角度肯定了伍尔夫的贡献。该文的翻译,表明中国学界的有识之士已开始意识到了伍尔夫在传记理论方面的意义,惜乎这一好的开端之后,尚未有高质量的著述继续跟进。

2008 年,上海译文出版社出版了由唐嘉慧翻译的伍尔夫传记

① 《世界文学》1987 年第 3 期,第 220—221 页。
② 《世界文学》1990 年第 3 期,第 253 页。

《弗勒希：一条狗的传记》。这是中国大陆20世纪以来出现的第三种《弗拉西》译本，译笔流畅，饶有兴味。20世纪80年代中后期，随着西方女性主义文化与文学理论的影响，国内对伍尔夫在《一间自己的屋子》中提出、在《奥兰多》中获得形象呈现的"双性同体"问题展开了日益深入的研究。因本书将在后面具体论述，故此处不复涉及。总之，国内读书界对《奥兰多》相对是较为熟悉的。然而，《罗杰·弗莱》却迄今未有完整的中译本出现，唯有2006年江苏教育出版社出版的加拿大学者S. P. 罗森鲍姆编著、徐冰翻译的《岁月与海浪：布鲁姆斯伯里文化圈人物群像》中收录了其中的片段。

短篇小说也是伍尔夫创作中不可忽略的部分。此前在有关伍尔夫意识流研究的部分，本书已经涉及《邱园记事》与《墙上的斑点》。其实伍尔夫还有其他较多的短篇小说。在这方面作品的译介上，《外国文学》与《世界文学》杂志的贡献较为突出。

1985年第6期的《外国文学》刊登了胡南平翻译的"维吉尼亚·吴尔夫"短篇小说《公爵夫人和珠宝商》（1939）。由于翻译的年代较早，译者只在前面指出了小说"揭露了资产阶级和贵族的腐朽本质"[①]的内容特征，并未提及其他方面。其实小说还是较为明显地体现了伍尔夫善于表现人物触景生情、引发回忆与联想的特征的。作品采用第三人称叙述，尤其是开头部分，写年轻而志得意满的珠宝商奥利弗·培根在某年6月的清晨醒来，走向热闹的邦德大街自己的珠宝店时对儿时生活的回忆，对外界的印象与感触，即与《达罗卫夫人》的开头十分相似。

一年之后，《外国文学》再度刊登了周定之翻译的伍尔夫于

---

① 《外国文学》1985年第6期，第22页。

1927 年发表的《新礼服》。小说写的是一个小职员之妻梅宝到达罗卫夫人家赴宴,自惭形秽,觉得精心设计的衣裙不合时宜而感到的局促、自卑和尴尬心态。译者在前面的介绍中,特别提及其意识流写法:"通过陶乐威太太客厅里镜子中的影子,碟子里爬动的苍蝇,从女裁缝手间啄食的金丝雀,成衣店的模特儿等种种形象与委琐而有启示性的细节揭示了人物内心深层的活动和那种脆弱、敏感的苦涩,虚荣、屈辱的困窘等情绪感受,把人物的家庭、社会、生活环境、现实与梦想、过去与现在汇流在一起,准确细致地表现了她的精神状态,创造了梅宝这一鲜明形象。"①此前,伍尔夫已经完成长篇小说《达罗卫夫人》,这篇短篇小说,再次表现出伍尔夫对虚构的人物达罗卫夫人的喜爱。

1993 年第 2 期的《世界文学》在"20 世纪名家作品选登"栏目下,集中刊发了"弗吉尼亚·吴尔夫"的短篇小说三篇,即由杨静远再译的《公爵夫人和珠宝商》、《杂种狗"吉卜赛"》(1940)以及《遗物》(1940)。译者在"前记"中说明,正是由于伍尔夫"在短篇小说方面的成就,似较少为国人所知",故"选译她的三篇晚期作品,除充分表现她成熟的技巧,也都具有相当富于戏剧性的情节和人物性格,可以说达到了形式与内容的统一"②。

《公爵夫人和珠宝商》是一篇辛辣的社会讽刺小说,以简洁明快而又极度夸张的漫画笔法,刻画了一个商业暴发户和一个没落女贵族之间既钩心斗角又相互利用、相互依存的关系。"她"需要"他"的金钱——物质上的优势,"他"需要"她"世袭的社会政治地位——精神上的优势,那是他用富甲天下的财富难以换得的。

---

① 《外国文学》1986 年第 6 期,第 2 页。
② 《世界文学》1993 年第 2 期,第 220 页。

虽然作家在创作的晚年不再醉心于纯粹的意识流实验,但意识流技巧的灵活化用还是使这篇富有社会意义的作品显得摇曳生姿。《杂种狗"吉卜赛"》则通过两对中年夫妇冬日的炉边闲话,描写了一只落拓不羁的吉卜赛狗和一只循规蹈矩的贵族狗的小小悲喜剧,并借对比狗的个性特色折射人的个性。译者强调了该作"贯穿着英国中产阶级轻描淡写的温和的讪笑和谐谑",还"运用了对话形式的群体意识流方法"①的风格特色。《遗物》的叙述也随着主人公意识的流动前后跳跃,前台的时间仅数小时,而背景的时间却跨越许多年。主人公意识忽前忽后地流动,最终将情节推向了高潮。

1995年首版、由黄梅编选的"蓝袜子丛书"英国卷《自己的一间屋》②中,则收入了张玲翻译的"维吉尼亚·吴尔夫"短篇小说《新装》,和前述周定之译的《新礼服》为同一篇作品。

此外,前述2003年人民文学出版社出版了《吴尔夫文集》。在蒲隆翻译的长篇小说《雅各的房间》这一分册中,同时收录了伍尔夫的短篇小说集《闹鬼的屋子及其他》中的18篇短篇小说,即《闹鬼的屋子》、《星期一或星期二》、《一部未写的小说》、《弦乐四重奏》、《憩游植物园》、《墙上的斑点》、《新连衣裙》、《会猎》、《拉平与拉平诺娃》、《坚实的东西》、《镜子里的女人》、《公爵夫人和珠宝商》、《存在的时刻》、《热爱同类的人》、《探照灯》、《遗赠》、《合与分》与《总结》。除5篇译文之外,其余13篇均为新译。苏福忠在这一部分的"前言"中指出,"在小说的取材上,作家多以日

---

① 《世界文学》1993年第2期,第221页。
② 由河北教育出版社出版,1996年再版。

常生活的小事做文章,细得不能再细"①,而在创作手法上,"虽然在写作方式上基本是意识流,但每则短篇小说传达出来的信息却不尽相同,其中一部分写实的成分更多,类似现实主义的写作","其余的短篇小说,其特色基本上介于上述两者之间"②。

随着伍尔夫对创作艺术的探索,其短篇小说亦呈现出不同的风貌。而由于其篇幅的精悍与形式的灵活,作家在创作时往往更加自由,并在其中渗入更为丰富的个人化信息。因此,要全面考量伍尔夫现代小说理论与实践的发展,系统地研究其短篇小说特色,辨析其与长篇小说之间的关联,确是一项有必要高度重视的工作。然而,迄今为止,对伍尔夫短篇小说的翻译与研究依然相对单薄,仅集中在《公爵夫人与珠宝商》和《新装》等不多的数篇上。国内尚未出现伍尔夫短篇小说的专门译本。希望这一不足在不久的将来获得弥补。

第三节　多元研究领域的新拓展

随着伍尔夫作品译介的展开和研究的深化,随着学术界不断汲取新的研究理念与借鉴新的批评方法,到 20 世纪末、特别是在进入新世纪之后,国内对伍尔夫的认识空间获得拓展,新的批评领域得到开发,比如对中外研究史的梳理,对其与同一现代主义阵营内的其他作家的比较研究和与中国作家的比较研究,对其生命与死亡意识、战争观与帝国观的科学考察,对其早期与后期风格变化

---

① 吴尔夫:《雅各的房间·闹鬼的屋子及其他》,蒲隆译,苏福忠"前言",人民文学出版社 2003 年版,第 2 页。

② 吴尔夫:《雅各的房间·闹鬼的屋子及其他》,蒲隆译,苏福忠"前言",第 2 页。

的探究,对其与英国历史文化传统的关联的思考等课题均开始得到了中国学者的关注。中国学者自行撰著的伍尔夫传记也开始出现。

在多元研究领域的拓展方面,首先值得提及的是在学术史的范畴内对西方和中国伍尔夫接受与研究史的梳理。对西方的考察自然是为了借他山之石,对中国本土的考察则是在总结的基础上找出自身的差距,并凸显我们的特色。这方面较有代表性的成果是王家湘的《二十世纪的吴尔夫评论》以及高奋、鲁彦合写的《近20年国内弗吉尼亚·伍尔夫研究述评》。

前文发表于1999年第5期的《外国文学》,梳理了20世纪以来西方评论界对伍尔夫认识的变化过程。此前所述瞿世镜编选的《伍尔夫研究》主要是对国外从20世纪20年代到80年代重要评论资料的汇编,由于时间关系,此后20余年西方的重要研究成果并未涉及,而国内除了这部翻译的研究资料,并无其他重要译介。因此,王家湘的论文虽然篇幅有限,却以丰富的内容为中国的伍尔夫研究打开了一扇窗口。作者首先将西方的伍尔夫研究史分为两个阶段,指出"从1941年她去世到70年代中期,评论吴尔夫的专著不多"[1]。1926年,也即伍尔夫在英国文坛锋芒初露的时期,E.M.福斯特曾发表过一篇文章,主要认为她是一位印象主义派的有才能的作家,但对其表现外部现实的能力颇为怀疑。与她同时代的其他评论家则"基本上认为她属于反传统的先锋派作家,以意识流手法和创作技巧上的创新见长"[2]。而随着昆汀·贝尔的《伍尔夫传》于1972年的问世,从20世纪70年代中期开始,对伍尔夫

① 《外国文学》1999年第5期,第61页。
② 《外国文学》1999年第5期,第61页。

的研究进入了高潮。作为伍尔夫的爱侄与范尼莎的次子,贝尔不仅与女作家及其身边的众多亲友有直接交往,而且大量使用了伍尔夫从未发表过的私人材料如信件等等。还有,"在70年代和80年代,随着吴尔夫日记的编辑出版,特别是在吴尔夫的丈夫莱昂纳德于1969年去世后,在夫妇二人留下的材料中发现了吴尔夫许多生平回忆片段,其中最为重要的是在她去世前不久写的关于个人童年和青年时代的回忆《回忆随笔》(*Sketch of the Past*),后来汇编成集,这就是1976年出版的《顿悟》(*Moments of Being*)。这时又陆续出版了她许多小说的初稿。她生前匿名在《泰晤士报文艺增刊》上发表的文章,经过研究者的查证汇编成六卷《弗吉尼亚·吴尔夫文集》。1990年,米切尔·李斯卡编辑出版了吴尔夫1897—1907年的日记及文章集《炽烈的艺徒》(*A Passionate Apprentice*)。在她逝世50年后,她的文集才全部出齐。这大量'新作'的涌现,将吴尔夫的研究推入高潮"[1]。

随后,王家湘列举了随着一系列重要文集与史料的整理出版而走向高潮的伍尔夫研究中涌现出来的重要成果,将之归并为数个方面分别进行了介绍。首先,由于女作家大量私人文件的披露,心理传记派评论家如鱼得水。在这方面,作者特别提到了两部著作,即林德尔·戈登的《弗吉尼亚·吴尔夫:一个作家的一生》以及约翰·梅法姆的《弗吉尼亚·吴尔夫:文学生平》。前者"对吴尔夫日记中记载的'顿悟'极为重视",后者则"强调她创作的创新试验,她的霍格斯出版社给予了她进行创作试验的充分自由","她整个的创作生涯是一系列企图解释生活的永无穷尽的努

---

[1] 《外国文学》1999年第5期,第61页。

力"①。另一些心理传记派评论家则把重点放到了女作家的精神状态上,从作品及生活经历中论证她是否精神失常以及导致她陷于特殊精神状态的原因所在,企图重构作家早年的心理发展和她全部的主观世界。这类研究以罗杰·普尔1978年出版的著作《不为人知的吴尔夫》为代表。进入20世纪80年代后期,这类视角的评论开始把注意力放在了伍尔夫在家庭中受到的性虐待上,如露易丝·德萨尔沃于1989年出版的《吴尔夫:童年性虐待对她生活及创作的影响》一书。

王家湘认为,在西方学术界,一直到20世纪80年代中期,对伍尔夫的主导看法依然是她对外部世界不感兴趣,写作的目的不是描写现实,也不是为了改革社会政治机构和关系。而1986年由加州大学出版社出版的亚历克斯·兹沃德林的专著《弗吉尼亚·吴尔夫和现实世界》却向上述成见提出了挑战。该著作者认为:不仅伍尔夫表达女权主义思想的文章中有强烈的社会性,她所有的小说都有这一特点。如他认为《雅各的房间》即是一部反战小说,还揭示了古老的所谓知识至上的最高学府是如何生产着一代又一代傲视众生的权力和特权的接班人的。《达罗卫夫人》则审视了1923年的英国统治阶级。伍尔夫在小说中活灵活现地写出了统治阶级的愚昧,他们粗暴的男性至上观念以及对王室和帝国的盲目崇拜和效忠。

西方的马克思主义评论家集中通过《达罗卫夫人》对女作家的阶级态度进行了分析。如特里·伊格尔顿即认为伍尔夫的小说对英国上层阶级的生活和社会习俗持既批评又支持的立场;心理分析学派则仔细研究了伍尔夫所受的弗洛伊德和20世纪20年代

---

① 《外国文学》1999年第5期,第62页。

在英国颇有影响的克莱因心理分析理论的影响及在她作品中的体现,如《到灯塔去》中詹姆斯身上体现出来的恋母情结。"伊丽莎白·埃布尔在《弗吉尼亚·吴尔夫和心理分析小说》(1989)中还通过对 1929 年的《一间自己的屋子》和 1938 年的《三个畿尼》的分析,认为吴尔夫在 20 世纪 20 年代歌颂文化的母性根源,20 世纪到 30 年代则作为一个女儿和具有高度教育的父亲认同。"①

当然,除此之外,大量文章和专著都是从现代主义创作手法、意识流和象征色彩等方面入手对伍尔夫小说加以分析的。在这类研究中,王家湘提及了布拉德伯里和麦克法兰于 1976 年编辑出版的《现代主义:1890—1930》一书。1989 年,布拉德伯里又出版了《现代世界:十位伟大的作家》一著,伍尔夫是唯一入选的女作家。著者研究的着眼点依然是"她的现代意识和她的现代派写作技巧"②。

20 世纪 70 年代以来,西方女性主义文化与文学批评理论开始崛起。作为西方女性主义文化先驱和杰出的女作家,伍尔夫自然成为女性主义评论的重要对象。王家湘指出:"一部分人着重分析评论吴尔夫本人的女性主义思想,另一部分人则着重于以女性主义的观点分析她的小说。"③南西·巴赞于 1973 年问世的《弗吉尼亚·吴尔夫与双性同体论》一著认为"双性同体论"是理解伍尔夫小说的关键。卡洛林·海尔布伦同年出版的《走向双性同体》则认为人类应该走向没有社会性别角色模式的社会。由此意义上,她分析了《到灯塔去》,认为小说中的拉姆齐夫人并非作家

---

① 《外国文学》1999 年第 5 期,第 64 页。
② 《外国文学》1999 年第 5 期,第 64 页。
③ 《外国文学》1999 年第 5 期,第 64 页。

心目中的理想女性,而是过于具有女性特点,因此和她的丈夫同样构成对生命的否定力量。与不少观点大相径庭并引发争议的是,埃莱娜·肖瓦尔特在1978年问世的名著《她们自己的文学:从勃朗特到莱辛的英国妇女小说家》中,则对伍尔夫的女性观进行了否定,认为她所强调的"一间自己的屋子"更多的是一个牢狱而非圣殿。她的"双性同体"理念与其说是"富有成效的极致与完善",不如说是"一个无性与不育的隐喻"。托尼·莫伊则从语言与解构理论的角度认为"吴尔夫进行的是解构主义式的创作,她的文本反映语言没有明确的含义,她的多视角手法表现她舍弃了人具有可限定的、单一的本体的概念,她的具有强烈节奏和诗化的散文体与反传统的叙述手法都是对传统秩序的解构"①。

除了上述分别从传记批评、心理分析、阶级考察、社会历史学研究和女性主义视角展开的对伍尔夫的多重解读之外,王家湘还向中国读者介绍了西方学界出现的透过表面描写,力图寻找作品深层哲学内涵的哲学分析派别。

2004年第5期《外国文学研究》上刊发的《近20年国内弗吉尼亚·伍尔夫研究述评》,则对20世纪80年代以来包括译介出版、总体研究和作品研究三个方面在内的国内伍尔夫研究进行了简述。作者认为新时期以来对伍尔夫思想和创作的总体研究主要集中在小说理论研究、创作实践研究和女性主义文学批评研究三个方面,虽稍显笼统,但大体准确,然对20世纪80—90年代以及进入21世纪后国内伍尔夫作品译介和研究史料的搜集尚不够完整。罗婷与李爱云发表于《湘潭大学社会科学学报》2002年第5期的《伍尔夫在中国文坛的接受与影响》一文体现出中国学术界

---

① 《外国文学》1999年第5期,第65页。

思考伍尔夫与中国文化与文学关系的自觉意识,但史料搜集和深入分析都有所不足。

西方学术界对"布鲁姆斯伯里"的研究汗牛充栋。比如,哈佛大学威德纳图书馆的地下书库即有整架的相关图书收藏,各种"布鲁姆斯伯里"的研究著作、回忆录与画册等少说也有上百种。然在中国学术界,一直到进入 21 世纪之后,对布鲁姆斯伯里以及与"布鲁姆斯伯里"众多成员有着密切关系的剑桥大学与现代中国文化与文学发展之间联系的著译成果才陆续出现。在此方面首先要提到的是李儒寿。他在《外国文学研究》2004 年第 6 期上发表的论文《弗吉尼亚·伍尔夫与剑桥学术传统》中认为,尽管伍尔夫未入剑桥,但始终保有与剑桥学术传统的紧密联系。一方面,父亲的学术交友圈子、父亲的剑桥式自由教育使她受到深刻濡染;另一方面,"布鲁姆斯伯里"精英们的友谊与影响也使她受益终生。《一间自己的屋子》本来即是她在剑桥大学两次演讲后的产物。而现代小说理论的产生亦与剑桥学术传统有关。总体而言,该文选题角度很好,惜乎未有更加深入细致、建立在充分史料挖掘基础上展开的论证。

江苏教育出版社于 2006 年连续推出的三本有关"布鲁姆斯伯里文化圈"的系列丛书,即昆汀·贝尔所著、季进翻译的《隐秘的火焰:布鲁姆斯伯里文化圈》,S. P. 罗森鲍姆编著、徐冰翻译的《岁月与海浪:布鲁姆斯伯里文化圈人物群像》,S. P. 罗森鲍姆编著、杜争鸣和王杨翻译的《回荡的沉默:布鲁姆斯伯里文化侧影》对包括伍尔夫在内的"布鲁姆斯伯里"众多成员的形象进行了真实的勾勒,为读者描画了一幅幅粗细结合的"布鲁姆斯伯里""素描图",进一步激发了中国读者对这一群星闪耀的文艺家群体的浓厚兴趣。2008 年,上海书店出版社又出版了由万江波、韦晓保、陈荣枝共同翻译,美国学者帕特里卡·劳伦斯所著的《丽莉·布里斯科的中国眼睛》一书。该书以朱利安·贝尔与凌叔华之间的亲密关系为契机,深入考察了"布鲁姆斯伯里"与中国作家徐志摩、萧乾等的联系,在现代主义的背景之下,将中英文学作了有趣的比较研究。江苏人民出版社于2008年5月出版的《跨文化对话》第23辑中,也发表了杨莉馨的论文《"布鲁姆斯伯里人"与中国现代作家的文学因缘》,集中梳理了伍尔夫等与凌叔华的翰墨之缘。此外,杨莉馨还在《南京师大学报》2009年第2期上发表了《论"新月派"作家与伍尔夫的精神契合与文学关联》一文,进一步铺开了对伍尔夫与中国现代文学团体"新月派"之间丰富联系的考察。

2006年第6期《外国文学》上发表的郝琳的《伍尔夫之"唯美主义"研究》,亦是中国学者考察伍尔夫与英国文学传统关联的一篇颇有深度与代表性的论文。作者选择了一个新颖的研究角度,即伍尔夫的现代小说观念、美学理想与19世纪后期崛起、影响持续到20世纪的唯美主义文学思潮之间的联系。作者认为,在众多经典的现代主义小说家中,伍尔夫因其鲜明的唯美倾向而独树一帜。"唯美主义是伍尔夫富于现代性与后现代性特征的小说创作与批评理论的丰沛源泉之一。"①因此,作者努力通过梳理伍尔夫与唯美主义代表人物之间的关联,阐释其现代小说理论对唯美主义文学主张的借鉴及相通之处,揭示唯美主义思潮之于伍尔夫现代审美观形成的作用。

论文在第一部分首先以充足的史料证实了伍尔夫和唯美主义成员之间的确凿联系,为下文论证所受的影响提供了基础。比如,

---

① 《外国文学》2006年第6期,第37页。

伍尔夫曾从佩特的妹妹克拉拉学习希腊文,受到前拉斐尔派成员W.莫里斯倡导的精致的手工艺术所追求的视觉美感的影响,对希腊艺术与文化的迷恋亦与唯美主义息息相通。此外,英国唯美主义的先驱罗斯金是莱斯利·斯蒂芬家的座上客,拥有"奢华的美"的佩特那风格纯净的散文亦使伍尔夫深深陶醉。

　　进入第二部分,作者对比分析了伍尔夫的现代小说理论与佩特、王尔德的唯美理念之间存在着的诸多相似或共通之处,并从"存在的瞬间"与"刹那的印象"、"封套"与"形式"、"真实"与"生命的奥秘"三个方面具体进行了阐述。第三部分则更进一步,重点论述了伍尔夫的形式观及其与唯美主义形式观的内在联系。作者指出:"唯美主义所谓的'形式',究其实质,并非单纯指'闪耀在物质匀称部分的形式之光',而是审美价值与思想、情感和道德品格的合而为一,是消磨了精神、激情、生活尖硬性与粗粝感的柔曼圆润。"①作为唯美主义的核心范畴,"形式"得到了以伍尔夫为代表的众多现代艺术家和批评家的青睐:"与唯美主义的'形式'血缘最近的当数弗赖和贝尔提出的'有意味的形式'(form of meaning)。""贝尔在《艺术》一书中详加阐述和发展了弗赖的形式美学,将 form of meaning 改造为 significant form,不仅进一步强调了形式的审美意义,同时也更加突出了形式的重要性。"②由于弗莱和贝尔都是伍尔夫的至密亲友,他们对于"有意味的形式"的信仰,成为后者文学实践和现代小说探索的重要基础。

　　第四部分,作者在结束了微观层面的比对的基础上,又从时代与团体的宏观角度对伍尔夫与唯美主义的关系问题进行了审视,

---

①　《外国文学》2006 年第 6 期,第 40 页。

②　《外国文学》2006 年第 6 期,第 41 页。

指出"二者共同的反中产阶级的审美极端性、宗仰文艺复兴的艺术精神以及生活艺术化的美育原则渐次浮出水面,成为跨越一个世代联结二者血脉的三大生命基因"①。在与中产阶级市侩现代性的激烈对抗中,唯美主义以文艺复兴为典范,构筑起一座体现其高雅趣味和精神纯洁性的象牙之塔。作为在 19 世纪后半期英国上层阶级中形成的受过高等教育的新职业阶层的中坚,唯美主义者们是其第一代成员。

综上所述,作者认为,无论是从理论到创作、从艺术到生活,还是从个人到团体、从时代到心理,甚至在同性恋倾向上,伍尔夫均"与王尔德有着某种令人瞠目的对位关系"②。特别难能可贵的是,该文作者在有力论证了伍尔夫与唯美主义亲缘关系的基础上,还提示了一些有待继续深化的问题和值得进一步拓展的领域,如对伍尔夫与唯美主义之间断裂与错位问题的考察等。

进入 21 世纪以来,有关伍尔夫与其他现代主义或体现出现代主义质素的其他作家的比较研究逐步展开,对其与中国意识流作家和女作家的比较也成为一个受到关注的课题。首先是与海明威的比较,如李春宁的《伍尔夫与海明威死亡主题之比较》(《外国文学》2007 年第 9 期)从正视死亡和超越死亡两个方面对二人的同一主题进行了比较,通过透视两位作家的死亡意识和各自独特的表现手法得出结论:伍尔夫对死亡的认识是感性诗意的——体现了女性的理解方式,通常是整体、诗意的,注重对世界精神层面的关怀,相信现实的点滴终能汇成永恒的整体;海明威对死亡的理解则是理性科学的——体现了男性的认知方式,通常是孤立、理性、

① 《外国文学》2006 年第 6 期,第 41 页。
② 《外国文学》2006 年第 6 期,第 43 页。

实证的,往往表现为对物质世界中的社会、政治事件的关心,认为生活是变化、短暂、稍纵即逝的。其次是与莱辛的比较。纪卫宁、韩小敏在《析伍尔夫与莱辛文学创作思想的相似性》(《理论学刊》2004 年第 8 期)中认为,多丽丝·莱辛的很多作品都存在伍尔夫的影子,伍尔夫写作自传的方法、她对女性写作的关注甚至她的"疯狂"本身都对莱辛产生了影响。文章在影响的基础上进一步从"双性同体"观和女性"写作空间"观两方面阐述了两位作家的相似性。与乔伊斯进行比较的论文则有蒋虹的《"精神顿悟"与"重要瞬间"——试比较乔伊斯的〈死者〉和伍尔夫的〈墙上的斑点〉》(《四川外语学院学报》2001 年第 5 期)等。

柴平发表于 2004 年第 4 期《外国文学研究》的《女性的痛觉:孤独感和死亡意识——萧红与伍尔夫比较》,是为数不多的在中西比较文学范畴内展开的论文之一。作者力图从平行研究角度分析中国女作家萧红与伍尔夫创作中孤独和死亡两大主题的异同,通过剖析中英两位女性所表现的备受压抑的女性意识,揭示萧红与伍尔夫女性文学创作的不同特质。同类论文还有潘华凌、李菊花的《殊途同归·神交与往——伍尔芙与张爱玲的女性意识比较研究》(《西南民族大学学报》2004 年第 7 期)、宋坚的《伍尔夫、张承志诗化小说之比较》(《贵州民族学院学报》2001 年第 3 期)、柴平的《心理小说的实验家:萧红与伍尔夫》(《伊犁师范学院学报》2001 年第 1 期)和吴锡民的《"传入"文本与"接受"文本之对读——从伍尔芙墙壁上的"蜗牛"到李陀厨房里的"煤气罐"》(《甘肃高师学报》2003 年第 6 期)等。

随着后殖民文化与文学研究的崛起,对欧美文学尤其是英国文学作品中体现出来的帝国与殖民意识的挖掘与再审视,成为中国外国文学与文论界关注的热点之一。除了对毛姆、康拉德、福斯特、吉卜林等有异域旅行与生活经历的诸多作家重要作品的分析之外,对19世纪与20世纪其他重要英国作家笔下东西方文化关系、异域想象等的讨论也渐次展开。伍尔夫的哥哥死于第一次世界大战、丈夫伦纳德曾在英帝国的东方殖民地任职的背景,她本人饱受纳粹飞机侵扰之苦,并和身为犹太人的丈夫共同面对着纳粹迫害威胁的经历与遭遇,均使得对伍尔夫的战争观、帝国观与生死观等的讨论成为必要与可能。

死亡是伍尔夫作品里频频出现的主题。发表于2005年第5期《外国文学研究》的《死与变:〈达洛维太太〉、〈到灯塔去〉与〈海浪〉的深层内涵》即以"生命三部曲"为例,对众人公认的伍尔夫"苦生乐死"的死亡意识加以新的分析,认为作家并没有仅仅局限于死亡意识,而是让笔下人物用自己的人生选择超越了死亡意识,表现了对人生存在目标的攀升。

2008年第2期《外国文学研究》上,又发表了谢江南的论文《弗吉尼亚·伍尔夫小说中的大英帝国形象》。论文运用近年学术界较新采用的形象学研究、后殖民文化研究视角,糅合对伍尔夫战争思想的考察,对伍尔夫小说中的帝国形象进行了细致的文本分析,结合作家的个人经历、家世与交往等分析她帝国形象塑造的深层文化、历史与心理背景,较为公允地梳理了作家在帝国形象塑造背后体现出来的双重意识,角度新颖。论文分三个层次。一为"大英帝国的文本建构:一个历史回顾"。该部分在大英帝国殖民事业发展回顾的基础上,概要描述了随着历史的进程和帝国的衰落,英国文学中不同的帝国形象,为下文的伍尔夫分析提供了较为充分的历史背景。作者认为:"伍尔夫的亲族与英国殖民地有着千丝万缕的联系。……这些亲族关系为她了解殖民地生活提供了动力和条件。此外,伍尔夫夫妇创办的霍加斯出版社出版过许多有关帝国事务的著作,……更重要的是,大英帝国由盛转衰是伍尔夫生活的时代最重要的历史事件,她本人感同身受,必然在作品中折射出自己的帝国想象。"①作者进一步指出,帝国想象是伍尔夫艺术探索中一项极为重要的内容,在此方面,她既不同于传统作家对大英帝国的无条件接受,也区别于其他一些现代主义作家对大英帝国的无条件批判,可谓帝国主义态度与反殖民主义情绪并存。具体说来,即一方面"她拥护大英帝国的现存秩序,深信宗主国与殖民地之间的关系是合理的、正义的;另一方面,她又不满帝国统治阶级的腐朽、傲慢、骄纵,对帝国的内忧外患深感忧虑。更重要的是,她拒绝相信帝国的永恒性,客观地呈现了走向衰落时期的大英帝国的历史风貌:它的荣华不在、它的挣扎和苦斗"②。

　　第二个论述层次为"帝国之形与帝国之魂"。作者结合《海浪》、《达罗卫夫人》、《雅各的房间》等对伦敦的描写体现出来的作为大英帝国象征与中心的气魄与繁荣,进一步论证了自己的观点。第三层次"对帝国的反讽与解构"则从另一视角指出:"伍尔夫在盛赞帝国文明秩序、塑造帝国英雄形象的同时,也清醒地意识到帝国所面临的内忧外患。她辛辣地讽刺了帝国统治者的愚蠢、傲慢和骄纵,深刻揭示了宗主国内部的阶级矛盾以及战争动摇帝国的根基的过程,为大英帝国的解体唱出了一曲无尽的挽歌。"③在这一部分,作者主要是围绕作品中一些形象如《达罗卫夫人》中作为帝国忠诚捍卫者的布鲁顿夫人、威廉爵士、休以及《岁月》中的帕吉特上校来展开分析的。阶级矛盾在她的作品中也有表现,如

---

①　《外国文学研究》2008 年第 2 期,第 78 页。
②　《外国文学研究》2008 年第 2 期,第 79 页。
③　《外国文学研究》2008 年第 2 期,第 82 页。

《达罗卫夫人》中两条线索暗含的阶级对立,达罗卫夫人女儿的家庭教师基尔曼小姐的仇富心理,《到灯塔去》中的坦斯利先生对上流社会又羡又嫉的心理等。作者还认为战争是伍尔夫小说中另一个隐在却重要的主题,如《雅各的房间》中的雅各被战争夺去了生命;《达罗卫夫人》中的赛普蒂默斯"代表了整个帝国在第一次世界大战中所受内伤的深重"①,《岁月》更是"描绘了一幅大英帝国风雨飘摇的图景,整体基调是沉郁凝重的"②。通过以上三个层次,作者较好地分析了伍尔夫的战争观、对阶级矛盾的关注、对等级秩序的看法以及她对伦敦的热爱与自豪感等,上述内容又被统一在帝国形象与想象这一论述主题之下,显得颇有说服力。

通过传记写作以探索伍尔夫的心理特征,表达中国学者对其艺术魅力的独到阐释,自然也是中国伍尔夫研究中一个重要的内容。这一方面的工作在 20 世纪 80 年代后期即已展开,瞿世镜撰写的传记类作品《意识流小说家伍尔夫》(上海文艺出版社,1989年出版)即是收获之一。

进入 20 世纪 90 年代之后,更多由中国人自行撰写的传记问世,比如陆扬、李定清的《伍尔夫是怎样读书写作的》(长江文艺出版社,1998 年出版)和伍厚恺的《弗吉尼亚·伍尔夫:存在的瞬间》(四川人民出版社,1999 年出版)。前者分为《读书与人生》、《作为女人来阅读》、《英国作家》、《意识流说》、《小说与形式》、《现代小说》、《普通读者》和《死亡意识》8 章,前有卷首语,后有"弗吉尼亚·伍尔夫生平创作年表"、"弗吉尼亚·伍尔夫逝世后出版著作

---

① 《外国文学研究》2008 年第 2 期,第 83 页。
② 《外国文学研究》2008 年第 2 期,第 83 页。

书目"两种。陆扬撰写的"卷首语"中写道："本书是以读书为线索，来给弗吉尼亚·伍尔夫的生平和作品写一部评传。作者有意把伍尔夫从曾经幽闭过她文学形象的象牙塔中请出来，还给读者一个音容笑貌栩栩如生的弗吉尼亚·伍尔夫。"①该书围绕"读书"与"写作"两大核心，大体按照时间顺序，描述了作家对英国及其他国家作品的阅读、思考，她自己的写作以及不断自我超越的历程。《弗吉尼亚·伍尔夫：存在的瞬间》则以流畅而充满激情的文笔，在中国读者面前描画出了一位20世纪早期优雅高贵的女学者、女作家的形象。

　　进入新世纪之后，除了继续有学者在传记写作这条道路上不断探索外，国外学者的优秀传记也被翻译过来。国内学者的著述以易晓明的《优美与疯癫——弗吉尼亚·伍尔夫传》（中国文联出版社，2002年出版）为代表。该著的特点是文笔较为流畅浅易，以传论的形式，抒写了女作家的人生历程、家族关系，她与"布鲁姆斯伯里团体"其他成员的关系，文学发展和艺术追求，等等，评述了她的重要作品，20世纪30年代之后创作中出现的新倾向，还列专章论及她的批评散文。译作则有林德尔·戈登于1984年初版、1991年再版的专著《弗吉尼亚·伍尔夫：一个作家的生命历程》（四川人民出版社2000年出版，伍厚恺译）。进入21世纪之后，在2005年第4期的《外国文学评论》"动态"栏目下，萧莎的短文《弗吉尼亚·吴尔夫的内心世界》亦对英国德蒙特福特大学英文系教授朱莉娅·布里格斯出版的新传记《弗吉尼亚·吴尔夫：内心某一面》作了介绍。

---

　　①　陆扬、李定清编著：《伍尔夫是怎样读书写作的》，长江文艺出版社1998年版，第6页。

2005年,昆汀·贝尔的《伍尔夫传》由萧易译出,在江苏教育出版社出版。作为伍尔夫研究史上最为经典的传记,该书曾获英国詹姆斯·泰特·布莱克传记文学奖、达夫·库珀奖等多项大奖。作者作为作家的亲人和"布鲁姆斯伯里"新一代艺术家,对伍尔夫的精神状态作了细腻的揭示,对其写作过程也展开了充实的描述,刻画了饱受病痛折磨、焦灼不安却又顽强地热爱生活、努力克服痼疾和社会压力、尽可能地自我实现的伍尔夫形象。该著的中译,在国内深受读者欢迎,也有力地推动了学界的伍尔夫研究向纵深发展。

第十章　作为女性主义文化
先驱的伍尔夫

　　新时期以来,随着西方各种精神文化资源的被引进,女性主义诗学也踏上了进入中国的旅程。

　　此前,约自 1970 年起,女性主义研究在西方崛起。一系列女性主义诗学著作纷纷问世,并在世界范围内产生振聋发聩的影响。除了美国学者凯特·米利特的《性政治》(1970)之外,还有埃莱娜·肖瓦尔特的《她们自己的文学:从勃朗特到莱辛的英国妇女小说家》(1977)、桑德拉·吉尔伯特和苏珊·格巴合著的《阁楼上的疯女人——妇女作家和十九世纪文学想象》(1979)等的出版。它们分别以对男性作家笔下的两性关系的再审视,女性文学传统的钩沉,女性叙事作品题材、主题、结构、意象、隐喻、风格等的深入考察以及父权文化下女性模式化形象与空洞能指功能的分析,确立了女性主义诗学中"妇女形象"研究与"妇女中心"研究两大主题。

　　大约自 20 世纪 80 年代中期以来,随着有关文艺学方法论探索的文章在文坛的集束出现,中国学术界也开始了将妇女问题上升到理论和学术的层面进行探索,并将性别作为文学与文化研究的一个崭新维度的趋向。在西方女性主义文学研究兴起与国内女性文学创作渐入佳境这双重因素的作用下,中国文学批评与理论界的女性主义话语也开始抬头。1986年1月17日,邓伟志在《中国妇女报》上发表了《迎接妇女学的黄金时代》一文,似乎成为女性主义文学批评在中国的机遇到来的美好祝愿与预言。同年,西蒙娜·德·波伏瓦的《第二性》中文版问世,成为西方女性主义诗学进入中国的一个标志性事件。

弗吉尼亚·伍尔夫作为西方公认的妇女文化与文学研究先驱,以其卓越而超前的女性主义意识对西方的妇女解放运动和女性文化研究均产生了重要影响。关于她在此方面的贡献与意义,在中国现代史上对其的译介过程中,除了徐志摩于20世纪20年代末的一次演讲中有所涉及以及20世纪40年代王还对《一间自己的屋子》的翻译有所体现之外,其他的研究成果可谓乏善可陈。而在新时期特别是20世纪80年代中期之后的中国文化与文学界,伍尔夫的女性文化观则越来越受到重视,这标志着作为女性主义文化先驱的伍尔夫逐渐走入了中国读者的视野。

第一节　20世纪80年代初到90年代中期的接受与研究

1981年,朱虹在《世界文学》杂志第4期上发表了《美国当前的"妇女文学"》一文。该文因首度引入了具有西方女性主义色彩的"妇女文学"概念,并介绍了欧美女性主义思潮中一系列代表性的学者与著作,而被认为是中国大陆最早介绍西方女性主义文学批评的文字。论文由20世纪60年代以来在美国风行的"妇女文学"出发,很快将笔锋转到了女权运动,明确将妇女文学的繁荣看成是女权运动的直接成果,并进而对西方女权运动以及自然延伸而来的女性主义思潮的历史渊源、兴起背景、基本特征、意义与影响作了概要的介绍。作者还从"妇女意识"这一视角切入，对西方女性主义发展史上的先驱人物伍尔夫、波伏瓦等的文艺思想均作了评述，历数了当代西方女性主义文论中一系列重要著作，如玛丽·埃尔曼的《关于妇女的想法》、帕特里西亚·斯帕克斯《女性的想象》、凯特·米利特的《性政治》、蒂利·奥尔森的《沉默》、艾德里安娜·里奇的《谎言、秘密与沉默》等，第一次在国人面前勾勒出一幅具体而微的西方女性主义诗学发展简史。在 20 世纪 80 年代初国人对西方女权运动、女性主义学说与妇女文学成就了解甚少的情况下，朱虹的论文具有宝贵的启蒙之功。

1989 年，朱虹还与文美惠共同主编了《外国妇女文学词典》，由漓江出版社出版。词典收入了上自古希腊、下至 20 世纪 80 年代的 59 个国家、共 625 位女作家的条目，伍尔夫自然是被收录的重点作家。两位编者还在"前言"中明确交代了编写宗旨，提出"不仅要介绍在世界文学史中已有定评的杰出的妇女作家和作品，还要从女权主义观点出发，对她们和她们的作品进行新的评价和挖掘"①。由此我们看到，随着国内从事欧美文学研究的优秀女学者的积极评介，作为杰出的妇女文学家与女性历史文化探索者的伍尔夫的形象在中国日渐清晰起来。

正是在这一背景下，1989 年，王还翻译的《一间自己的屋子》在北京的三联书店获得再版。伍尔夫通过对假想中的英国文豪莎士比亚的一位才华横溢的妹妹"朱迪斯"悲惨命运的描述，揭示了历史上无数具有潜在文学才能与雄心的女性被现实与文化所扼杀

---

①　朱虹、文美惠主编：《外国妇女文学词典》"前言"，漓江出版社 1989 年版，第 1 页。

的结局,对比了现实生活和文学文本中女性截然不同的命运。这位"朱迪斯"和她的兄弟一样大胆并富于想象。然而,她没有机会学逻辑与文法,更不用说读维吉尔和贺拉斯了。在她不到17岁的时候,她被迫与一个商人之子订了婚。她逃婚来到了伦敦,希望和哥哥一样,实现自己的文学梦想。然而,她只能徘徊于剧场的门外,受到冷落与嘲笑,并被男子诱惑,最终在一个冬天的夜晚拖着有孕之身自杀而死。虽然这个故事是伍尔夫杜撰出来的,可是,谁都不能否认其中严酷而富有逻辑性的真实。写到这里,伍尔夫还意犹未尽,继续推想道:"假使在16世纪一个女人若是有特殊的天才,一定会发狂,自杀,或是终其生于村落外一所寂寞的小草屋里,半像女巫,半像妖魔,被人怕,被人笑。因为只要稍微懂得一点心理学,就可以确定知道一个有特殊天才的女孩子想应用她的天才到诗上去,一定是被人挫折阻碍,被她自己自相矛盾的本能折磨撕裂以至无疑地失了健康流于疯狂。"[1]"朱迪斯"的故事乃至整个《一间自己的屋子》中译本虽然在20世纪40年代并未在中国读者中产生热烈反响,但在新时期之后却在新的历史条件下给中国读者留下了深刻的印象。女性事业发展的艰难及其与个人生活之间的冲突、两性在历史与现实中处境的截然不同等,均激起了当代读者尤其是广大职业女性的强烈共鸣。伍尔夫强调的女性拥有独立的经济地位对于保有独立人格的重要性,其有关"一间自己的屋子"的著名比喻,成为激励中国女性不断争取独立的物质与精神空间的重要动力。

同年,由英国学者玛丽·伊格尔顿主编,胡敏、林树明等翻译的《女权主义文学理论》亦由湖南文艺出版社推出。作为严格意

---

[1] 伍尔夫:《一间自己的屋子》,王还译,三联书店1989年版,第60—61页。

义上第一部进入中国的西方女性主义文学批评选本,该著对推动国内的研究作出了重要贡献,其中主体部分的五章内容在第一、第二、第三章中均收录了伍尔夫的著作,第一章"寻觅女性的传统"收录了《一间自己的屋子》片断;第二章"妇女与文学创作"收录了《一间自己的屋子》片断和《妇女的职业》;第三章"性别与文学类型"也收录了《一间自己的屋子》中的相关内容。

　　至此我们可以看到,伍尔夫是在中国译介西方女性主义诗学的热潮中,作为与波伏瓦并称的精神资源受到中国读者的欢迎的。她的思想启迪着中国的女性文化研究者、女作家与广大知识女性,对她的理解、阐发与研究也不断见证着中国女性主义文学批评的成长并显示出本土化特色。这种理解、阐发与研究大体又可被概括为两个层面:一是对伍尔夫本人作为拥有女权思想与女性意识的妇女作家的研究;二是以女性主义视角对伍尔夫的作品展开日益深广的阐释,在新的文化语境下不断挖掘其潜在而丰富的现实意义。从历时的角度看,20世纪80年代初到90年代中期的伍尔夫研究在前一层面的展开上较为充分,而在20世纪90年代中期之后,随着中国学者批评实践的不断拓展和学术自信的不断增强,在第二层面上进行的研究比重越来越大。

　　1987年,黄梅在《读书》杂志第6、8、10期连续发表了《女人与小说》、《玛丽们的命运——"女人与小说"杂谈之二》和《"阁楼上的疯女人"——"女人与小说"杂谈之三》三篇文章。三篇论文深得伍尔夫在《一间自己的屋子》中所表达的女性主义意识的精髓,又表达了身为女性的作者对中国和欧美诸多文化与文学现象的感悟,读来令人耳目一新。如在"杂谈之二"中,作者即从"朱迪斯"的文学雄心和悲惨遭遇说开去,提到了英国文学史上作为诗人雪莱岳母和妻子的两位玛丽由于自身性别的限制而遭遇的创作上的坎坷,认为"她们的作品揭示了女性生活经验(如不平等的两性关系、婚姻、生育等)对文学创作的影响,也反映了中产阶级妇女思想与社会主导意识形态既依存又抵触的复杂关系"①。在"杂谈之三"中,作者则从桑德拉·吉尔伯特和苏珊·格巴在《阁楼上的疯女人》中对《简·爱》文本双重结构和女主人公人格分裂的分析切入,点评了女性主义批评家对《简·爱》的批评成果,进而引申到对白雪公主故事中天真无知、易于受骗的公主和所谓"邪恶"王后的新认识,揭示出父权社会中法力无边的魔镜通过一系列男性文学大师之手塑造出来的女性形象的不真实性。

1989年,《外国文学评论》第1期开设了"女性文学"专栏,集中刊发了朱虹的《妇女文学——广阔的天地》、王逢振的《既非妖女,亦非天使——略论美国女权主义文学批评》、赵砾坚的《美国妇女诗歌的诗质演化》、刘晓文的《建立女性的"神话"——论维多利亚时代的女性文学》和秦喜清的《谈英美女权主义文学批评》五篇论文。其中,朱、赵和刘三位学者的论文主题属于严格意义上的"女性文学"研究;另两篇论文则集中对女性主义诗学本身进行了探讨,特别是王逢振在《既非妖女,亦非天使——略论美国女权主义文学批评》中概要评述美国的女性主义时,不仅分析了历史传统与文学文本中女性形象模式化、类型化、符号化的本质,揭示了其赖以形成的政治文化背景和对女性个人意识的负面影响,还介绍了伍尔夫的女性主义文学思想,并从女性主义立场出发,对学术的客观性与批评的绝对论提出了怀疑,认为文学批评界存在着严重的性别歧视,由此,作者将历史与现实中的文学批评尖锐地称为

① 黄梅:《玛丽们的命运——"女人与小说"杂谈之二》,见《读书》1987年第8期。

"男性性征批评"。这里，我们明显看到了伍尔夫和玛丽·埃尔曼学术思想的印痕。

此外，1987年创刊的《上海文论》在组织介绍、推广和尝试女性主义文学批评本土化实践的过程中，也有着不可抹杀之功。1989年第2期，该刊推出了国内第一个真正以"'女权主义'文学批评"为总标题的论文专辑，论题涉及女性主义诗学理论和对中国古典作品和现、当代作家作品的全新阐释。在"理论与阐释"子栏目之下，刊登了林树明的《开拓者的艰难跋涉——弗·伍尔夫女权主义文学理论述评》。虽然说文中尚有一些不够准确的理解与表述，显示出中国早期研究者的某种不足，但作者在西方女权运动发展的历史背景中论述伍尔夫的特点却无疑值得肯定。再以后，作者从下列几个方面介绍了《一间自己的屋子》中关于妇女作家困境的观点：第一，通过回溯女作家的惨淡生涯，在与男性作家成长与生活环境的比较中，说明妇女有着教育和阅历上的种种局限。第二，认为妇女在创作过程中不自觉地受到传统观念的重压，父权意识束缚着她们写作的自由。第三，妇女作家还不得不面对男性未曾遭遇的技术难题，即受到体裁的局限。第四，指出妇女作为批评家的困惑。除了对伍尔夫的女性文化与文学观加以评述之外，论文的可贵之处还在于指出了伍尔夫思想的内在矛盾。比如，伍尔夫一方面认为文学与生活有着密切联系，妇女之所以写不出《战争与和平》这样的巨著，是因为她们无法像男性作家那样，获得丰富的阅历；但她同时又认为，作为一名作家的意义与题材无关，作品的审美价值在于怎样表达，而不在于表达了什么。此外，她一方面倡导妇女独立和保有女性意识；另一方面又反对在作品中渗入女性的感情，由此批评夏洛蒂·勃朗特充满激情的抗议削弱了她小说的艺术魅力。她写道："任何人在写作时想到自己的性别都是不幸的。……你必然或是男子气女人或是女子气男人。……总之,只要是有意地像妇女那样说话,那都是不幸的。"①《一间自己的屋子》中的部分观点,确实是存在自相矛盾之处或歧义的。作为新时期中国女性主义研究初创期的学者,林树明能敏锐地发现并思考伍尔夫思想的内在矛盾或不明之处,显示了中国学者的独立思考精神。

1995 年,世界妇女大会在中国北京召开。本届大会大大推进了中国的女性文化研究进程,并第一次使有关女性的问题成为整个中国文化界关注的中心。正是在这样的背景下,1995 年成为中国女性主义文学研究最有收获的年份之一,被戏称为"女性年",大批以"女权主义"和"女性主义"为关键词的文学研究论文出现于专业的理论批评刊物上,产生了重要的学术影响。女性主义成为文论界的一门显学,并吸引了不少优秀的男性学者纷纷加盟。而在上述论文和部分专著中,伍尔夫的名字频频出现。她的女性主义思想也开始成为中国学者反思与分析本土文化与文学现象的参照。

感应着这一形势,《外国文学评论》在当年第 2 期的开篇,即设置了"女性文学研究"专栏,发表论文达 7 篇之多。首篇为刘意青的《用笔写出一个天下——续谈女人与小说》。从标题即可看出,该文与伍尔夫于 1929 年发表的《妇女与小说》一文有关。之前的 1991 年,黄梅也在浙江文艺出版社出版了《女人和小说》一书。刘文分为三部分:第一部分纵向勾勒了西方女权运动和女性主义文学批评的发展;第二部分"房间、阁楼及其他"则从伍尔夫《一间自己的屋子》中"房间"这一概念的隐喻意义出发并展开,讨

---

① 伍尔夫:《一间自己的屋子》,王还译,第 90 页。

论了《一间自己的屋子》、《阁楼上的疯女人》等著作中涉及的女性命运与文化空间问题;第三部分"三个'P'的等式"对 18 世纪以来妇女小说家用笔打开一个天下的成就进行了评述,站在性别立场上分析了 18 世纪男作家笔下的女性人物形象,并对女性主义批评中的"三 P"等式以及法国学派女性主义沉溺于抽象的理论界定的倾向进行了批评。"三 P"等式即西方英美学派的女性主义文学批评认为男性的生理性别身份(体现为阴茎 penis)与文化话语权(体现为笔杆 pen)和社会中的优越地位(体现为权力 power)具有共谋关系的激进观点,事实上法国学派的女性主义也一直存在着过于沉浸于形而上的哲思和抽象概念论争的弊端。刘意青作为英美文学的研究专家虽不专事女性主义研究,但开阔的视阈和对本土问题的关切却显示出中国女性学者出色的独立判断与反思能力。

　　童燕萍的论文《路在何方——读弗吉尼亚·吴尔夫的〈一个自己的房间〉》则是在文本细读基础上对《一间自己的屋子》中的基本思想进行的归纳。作者拟出了 4 个小标题,分别是:"我们的母亲没有钱";"我们的母亲有太多的孩子";"她们没有自己的传统";"理想的创作心态"。作者认为,伍尔夫清楚地看到了历史上女性作家的心理缺陷与她们的生活局限有关。她对作家创作的理想状态的期盼是"阴阳合一",即后来常译的"双性同体"。但作者又认为:这种创作心态其实是难以完全达到的理想,和创作实际存在差距,因为"无论男女作家,都不可避免地会露出其性别特征;在多数情形下,男女作家的创作风格会是不同的。如果用'合一'的标准来衡量作品,许多优秀之作恐怕就难以符合她的这一理想"[①]。该文的可贵之处在于特别提出了伍尔夫女性主义创作观

----

① 《外国文学评论》1995 年第 2 期,第 18 页。

中一个重要的概念"双性同体",并就它在现实生活与创作中存在的可能性问题进行了讨论,虽然语焉未详,但是却开启了不久的将来中国女性主义诗学研究中有关这一话题的进一步研究。本期《外国文学评论》封三上还刊登了杰奎琳·莫罗所创作的伍尔夫的平版画像。可见,此时的伍尔夫已经具有了女性主义文化与文学研究的象征意义。

1995 年 6 月 20—22 日,由北大英语系、社科院外文所《世界文学》杂志暨天津市文联《文学自由谈》杂志联合主办了"第一届'妇女与文学'国际研讨会"。伍尔夫关注的妇女与文学的关系问题,成为中国"女性年"中备受学界关注的核心议题。

同年出版的诸多运用或借鉴女性主义视角与方法,集中考察中国文化传统与文学现象的专著,也或多或少地呈现出伍尔夫影响的底色,其中尤以林丹娅的《当代中国女性文学史论》(厦门大学出版社,1995 年)表现得较为明显。

《当代中国女性文学史论》在 2003 年又获得再版,是 20 世纪 90 年代中期一部较有影响的女性主义文学批评著作。该书伊始,作者便指出语言具有非中性化的性质,强调了其作为意识形态载体的本质与功能,进而提出了话语权的归属问题。由此,我们自然联想到《一间自己的屋子》中不断提出的那个问题:"为什么在那时代文学如此地繁茂而妇女并没有贡献过一字一句,而每两个男人之中必有一个会写诗歌的呢?"①以及伍尔夫得出的结论:"写作的艺术最重要的既是表达的自由和完整,那么这种传统的缺乏,工具的稀少和不合用,自然在女人的写作里可以看出来有极大的影

---

① 伍尔夫:《一间自己的屋子》,王还译,第 52 页。

响。"①随即,作者结合中国古代文字的发展与形构,从构字法中对其中蕴涵的性别歧视进行了分析。作者将玛丽·雅各布斯、伍尔夫的女性主义视角与索绪尔的语言学理论、卡西尔的文化符号学观点结合起来,努力寻找它们阐释中国文化传统的适应性。比如,她借用了伍尔夫在小说《奥兰多》中写下的"是衣服在穿我们,而不是我们在穿衣服"的意味深长的话语,发展了语词和衣服一样,同样在对人体实施暴力性操纵的观点,揭示了"女性迷失在'语词在说我们'的这个由父权文化一手营建而起的语境迷宫里"②的可悲历史与现状。然而,作者又并不悲观于这一历史事实,而是进一步探索了语词被"女性"言说和掌控的可能性。这一对女性可以利用、修正和改造语词的意识形态属性的认识,又让我们看到了作者的思想与法国学者朱丽亚·克里斯特瓦关于语言内部存在对话关系的理论的关联。

　　林著对中国历史上唯一的女皇武则天墓前的"无字碑"进行分析,将之看成中国式的"空白之页"而进行的女性主义解读,也体现出伍尔夫女性主义历史观的潜在影响。关于存在于作家文学想象中的女性与现实生活中的女性迥然不同的遭际,伍尔夫写道:"在想象里她占着最重要的地位,实际上她完全不为人所注意。她把诗集从头到尾充满;她只是不出现在历史里。在小说里她统治帝王以及征服者的一生,实际上她是任何男孩子的奴隶,只要他的父母强迫她带上一个戒指。文学里有多少最富灵感的语言,多少最深刻的思想由她的嘴里说出来,实际生活中她几乎不识字,不

---

　① 伍尔夫:《一间自己的屋子》,王还译,第95页。
　② 林丹娅:《当代中国女性文学史论》,第7页。

会写字,而且是她丈夫的财产。"①到了苏珊·格巴的长文《"空白之页"与女性创造力问题》中,作者更是结合 19 到 20 世纪欧美众多女作家的创作,对女性在历史中的"空白之页"问题作了引人入胜的发挥。在格巴看来,"空白之页"既是"以血的墨迹的形式"、"泄露"了的"女性身体的献祭式的受难",但针对文化传统中男性向来充当艺术家和女性只是艺术品和文本的事实,"空白之页"又可以被阐释为女性"神秘而富有潜能的抵抗行为"②。"空白"因而也成为一种"定义行为","一个危险而又冒险的对纯洁的拒绝。无名皇后的抵抗行为意味着一种自我表现,因为她通过不去书写人们希望她书写的东西而宣告了自己。换句话说,不被书写就是一种新的女性的书写状况"③。概而言之,在格巴笔下,"空白之页"成为被剥夺了发声和书写权利的女性群体拒绝被父权意识形态所污染、通过自己独特的形式进行艺术创造的一个隐喻。

林著中,"空白之页"也成为作者对中国历史上独特的武则天现象以及矗立在女皇墓前、耐人寻味的"无字碑"进行阐释的立足点。在林丹娅看来,"无字碑"上的空白既是女性现状的自陈,也是女性对现实与历史的抵制:"'无字碑'并非如它的表象一样毫无内容,它的内容就在于它的'空白'。……它与'武则天现象'一起,成为中国女性集体意识创作下的表达物,是中国女性集体在历史中生存状态的象征物,它肯定负载并承继某些遥远的女性传统,以迥异于、抵制于书写的不可书写、不可阅读、不可听见的方式,向未来传递并成为未来的图腾。因为它正是以在中国碑林中的文字

---

① 伍尔夫:《一间自己的屋子》,王还译,第 53 页。

② 张京媛主编:《当代女性主义文学批评》,北京大学出版社 1995 年版,第177 页。

③ 张京媛主编:《当代女性主义文学批评》,第 178 页。

符号的缺位与缺失,来体现女性在历史文化主动者中的缺位与缺失;它以中断父系传统、为其提供一段空白,来体现女性对书写的否定;她用书写的异相象着一个明显的抵制行为,一个自我的表现,即'不被书写就是一种新的女性的书写状况。'"①

值得一提的是,作者还发挥了伍尔夫通过小说《奥兰多》表达出来的生理性别与文化性别相分离的思想,对中国文学中的易装与变性现象展开了文化分析,着重解读了清代小说家李汝珍在《镜花缘》中描绘的一个奇特的、男女文化性别角色实现了置换的女性乌托邦,通过小说主人公林之洋被迫"女性化"的痛苦过程的描摹,揭露了所谓女性气质、女性命运其实只是文化运作的结果的实质。

综上所述,新时期以来十余年内中国学界有关伍尔夫的女性主义研究,大体呈现出先由从事英语文学的女性学者加以垦拓,随之,从事中国文化与文学研究的学者将这一接力棒接过来的特点;基本上还局限于对《一间自己的屋子》,以及伍尔夫有关妇女与文学、妇女与文类之间关系思考的少量文论篇什,如《妇女与小说》等的挖掘上,视野尚不够开阔;伍尔夫更多地还是被视为女性主义研究的精神资源,并为中国学者所援引,成为其观照自身文化传统与文学现象的有效工具,但其思想内在的丰富、复杂与矛盾性尚未获得足够的关注与分析,其与20世纪70年代之后发展起来的以英美与法国学派为代表的西方女性主义诗学之间的关联的考察亦有待展开。

---

① 林丹娅:《当代中国女性文学史论》,第56—57页。

第二节　北京世界妇女大会
以来的新探索

　　自1995年世界妇女大会在北京召开以来,十余年又过去了。在这段时期内,伍尔夫作为中国女性主义文化与文学研究的精神资源之一,持续发挥着重要的影响力。对伍尔夫的女性主义研究登堂入室的一个明显标志,是进入21世纪以来,中国大陆不少博士、硕士候选人将伍尔夫的女性文化与文学思想研究作为学位论文的选题。根据对"中国博士学位论文全文数据库""文史哲"类和"教育与社会科学综合"类的检索,我们发现,从1999年到现在,对伍尔夫进行专题研究的博士学位论文有7篇以上,其中半数之多是在女性文化与文学研究这一范畴之内展开的,如吴庆宏于2002年提交答辩的《弗吉尼亚·伍尔夫与女权主义》(南京大学,导师钱乘旦)、吕洪灵于2003年提交答辩的《情感与理性:论弗吉尼亚·伍尔夫的妇女写作观》(华东师范大学,导师刘乃银)、张昕于2006年提交答辩的《对弗吉尼亚·伍尔夫小说"双性同体"的探索》(上海外国语大学,导师史志康)、潘建于2007年提交答辩的《弗吉尼亚·伍尔夫:性别差异与女性写作研究》(北京语言大学,导师宁一中)。硕士学位论文则更多。

　　而从学术界的情况来看,学者们除了不断深入地展开对伍尔夫女性主义思想的剖析之外,用性别视角对伍尔夫本人的创作加以阐释的成果亦不断增多。从前者而言,先前仅仅局限于《一间自己的屋子》的研究格局被打破,伍尔夫越来越多的作品成为被关注的对象;性别亦被与其他问题联系了起来加以考察;不少学者还将之引入对中国当代文学尤其是女性文学的考究,结合中国文化现象加以阐释,揭示了性别问题的普遍性与中国妇女问题的特殊性;还有学者开始将伍尔夫的女性文化观纳入历史发展的宏观视野予以考察,尤其关注伍尔夫与 20 世纪下半叶女性主义文学批评之间的联系;"双性同体"这一表述亦在各重要专业刊物上频频出现。

　　林树明发表于 1996 年第 3 期《外国文学评论》的论文《战争阴影下挣扎的弗·伍尔夫》即巧妙地将对伍尔夫女性主义思想的分析与她的战争观联系了起来,指出了伍尔夫将反对父权制与反对战争暴力结合起来的特征,认为"她对男权主义的批判是与她对军国主义战争的控诉紧密联系在一起的"①。作者的思路是从弗·詹明信必须在帝国主义的总体框架内、联系帝国主义政治与经济现象来考察现代主义文学的观点出发,"具体分析伍尔夫作为一名女性,其作品怎样打上了第一次世界大战及第二次世界大战的深深印迹;她对生命与死亡的意识,怎样形成一种特殊的类似现代化战争的空间体验,这种体验及其表达既有创造性的审美价值,也有积极的政治道德意义"②。作者从伍尔夫的杂文如《空袭时关于和平的断想》、《三个基尼金币》和日记以及以《达罗卫夫人》为代表的小说出发,分析了伍尔夫努力将女权主义与和平主义相联系的思想,甚至还提出"是现代化战争的空间形式启发或催生了她所钟爱的现代主义的意识流叙事技巧"③的观点,讨论了伍尔夫的战争观与其现代主义艺术探索间有可能存在的隐含联系。从战争与女性的双重维度考察伍尔夫思想的论文还有代绪宇

---

① 《外国文学评论》1996 年第 3 期,第 67 页。
② 《外国文学评论》1996 年第 3 期,第 67 页。
③ 《外国文学评论》1996 年第 3 期,第 72 页。

发表于《名作欣赏》2001年第3期的《战争让女性思考——伍尔芙〈空袭中的沉思〉文本意味和问题独创》等。

1998年,张岩冰的《女权主义文论》被列入王岳川主编的"20世纪西方文论研究丛书",在山东教育出版社出版。作者在第一章《女权主义文学理论的兴起及其先驱》中,专列一节对弗吉尼亚·伍尔夫的女性主义思想进行了讨论。第二章《主题研究》中,对"双性同体"问题也展开了一定研究。

以学者兼小说家的身份自由地双栖于创作与批评两大领域的徐坤,不仅对20世纪90年代以来的中国女性文学写作进行了出色的研究,其女性主义立场也渗透在包括《狗日的足球》、《厨房》等有影响的短篇小说当中,在当代中国女性写作中独具特色。2000年2月25—29日,采访人宋晓霞和徐坤在互联网上进行了一番对话。在对话中,徐坤如此自陈了接触西方女性主义文化之后的感觉与变化:"最早接触的,是波伏瓦,第二性,一下子被击中的感觉。还有,伍尔夫,一间自己的屋子。"[1]她的《双调夜行船:九十年代的女性写作》作为"90年代文学观察丛书"之一,于1999年在山西教育出版社出版,以观点的鲜明激进、文风的酣畅泼辣和明确的女性主义姿态,而在中国现当代文学界产生了较大的影响。

伍尔夫在《一间自己的屋子》中通过对女性作家之间亲缘关系的梳理,肯定了独特的女性文化与文学传统的存在:"若没有那些前驱,贞·奥斯汀、勃朗特姊妹还有乔治·艾略特就不会写作,就像莎士比亚没有马娄就不会写,马娄没有乔叟,乔叟没有那些被

---

① 徐坤:《网络时代的女农民》,《中国女性文化》,中国文联出版公司2004年版。

人遗忘的诗人就不能写一样,那些诗人替他们开好道路,驯服了语言的天生野蛮的地方。因为杰作并不是单纯独立的产物;它们是多少年来普通思想的结果,是人民集体思想的结果,所以在那一个声音后面是大众的经验。贞·奥斯汀应该放一个花圈在芬尼·勃奈的墓上,乔治·艾略特应该赞扬艾利萨·卡特尔的大影响——那个勇敢的老太太把一个铃拴在床上为的可以早起学希腊文。所有的妇女都应当一起把花撒在阿弗拉·贝恩的墓上,因为是她替她们赢得写出她们的思想的权利。"①阿弗拉·贝恩、范尼·伯尼等都是 19 世纪英国一系列杰出的妇女小说家如简·奥斯丁、勃朗特姐妹和乔治、艾略特等的前驱。在这一思路的启发下,埃伦·莫尔斯和埃莱娜·肖瓦尔特通过进一步研究,确认了 19 世纪的文学妇女既有一个属于她们自己的文学,也有一个属于她们自己的文化的存在。也就是说,到了 19 世纪,在大西洋两岸,一个丰富的、获得清晰界定的女性文学亚文化已然形成。在这一亚文化群落内部,妇女们自觉地阅读彼此的作品,并将彼此的作品联系在一起。正如桑德拉·吉尔伯特和苏珊·格巴所言:"我们在阅读了从简·奥斯丁、夏洛蒂·勃朗特到艾米莉·狄金森、弗吉尼亚·伍尔夫、西尔维娅·普拉斯等妇女作家的作品之后,都震惊于她们在主题与想象力方面的一致性,而创作这些作品的作家其实在所处的地理位置、历史时间和心理特征方面常常是相距甚远的。确实如此,即便在研究那些使用的文体差别很大的妇女的成就时,我们也发现了一种开始清晰地显现出来的女性文学传统,这一传统受到许多妇女读者和作家的共同推进和认同,然而却还始终没有获得

---

① 伍尔夫:《一间自己的屋子》,王还译,第 80—81 页。

完整的定义。"①正是在莫尔斯和肖瓦尔特对女性亚文化群落的整个历史展开的出色追踪的基础上,桑德拉·吉尔伯特和苏珊·格巴合作完成了《阁楼上的疯女人——妇女作家和十九世纪文学想象》,"细致地聚焦于我们认为对那段历史有着关键意义的部分 19 世纪文本"②,展开了振聋发聩的分析。

这一重视女性之间的血肉关联与精神谱系的分析方法也影响了徐坤。在《双调夜行船》中,作者分别从"母亲谱系的梳理与母女关系的重写"、"女性私语与个性化写作"、"身体叙事"、"迷宫与镜像"、女性历史的回溯、女性对传统家庭角色的颠覆等数个主题层面,针对 20 世纪 90 年代中国女性文学最突出的特征,分别展开了分析。在有关"母亲谱系的梳理和母女关系的重新书写"部分,作者横向归纳了母女谱系和母女关系的不同形态在女性文本中的具体表现,同时注意到了作家们随着时间的推移、阅历的增长和本土文化的制约,在处理这一主题时所产生的纵向变化,如王安忆从《纪实与虚构》中体现出的观念上的矛盾与混乱向《长恨歌》中自觉追溯女性历史的变化;张洁在《爱,是不能忘记的》中将男女爱情理想化和抽象化,而到《世界上最疼我的那个人去了》中,爱情的地位则被母女亲情所置换。由此,20 世纪中国女性文学主题从一个特定的视角,获得了颇为清晰的把握。从此意义上,伍尔夫的启示与影响是不可忽视的。关注女性作家笔下母女或姐妹关

---

① Sandra M. Gilbert & Susan Gubar, *The Madwoman in the Attic: The Woman Writer and the Nineteenth—Century Literary Imagination*, "preface to the First Edition," New Haven and London: Yale University Press, 2000, p. xi.

② Sandra M. Gilbert & Susan Gubar, *The Madwoman in the Attic: The Woman Writer and the Nineteenth-Century Literary Imagination*, "preface to the First Edition," New Haven and London: Yale University Press, 2000, p. xii.

系主题的呈现,以及女性作家之间影响关系的具体情状的倾向,也不断出现在其他女性学者的相关著作中,如李玲的《中国现代文学的性别意识》(人民文学出版社,2002 年出版)、乔以钢的《多彩的旋律——中国女性文学主题研究》(南开大学出版社,2003 年出版)等。王绯的专著《自己的一张桌:二十世纪中国当代女小说家典范论》(河北教育出版社,1999 年出版)的标题,甚至直接化用自"一间自己的屋子"。

　　马睿的论文《从伍尔夫到西苏的女性主义批评》发表在 1999 年第 3 期的《外国文学研究》,则较为典型地体现了中国学者开始将伍尔夫纳入西方女性主义文化与文学发展的历史链条之中加以审视的趋势。论文认为伍尔夫和法国女性主义理论家埃莱娜·西苏"对改造理论文体的热情与洞察力一脉相承"[1],"从伍尔夫到西苏以来的女性主义批评家""以女性的、不确定的'我'作为话语主体,以虚构、隐喻等文学性的话语方式来打破正统理论话语的逻辑结构,从而促进了西方理论话语的转型"[2]。·

　　作者随之集中对《一间自己的屋子》所体现的理论话语表述特色进行了分析,认为这本小书之所以在当代被视为女性主义批评的经典文本,不仅因为它所提供的思想,也许更在于对父权理论话语方式的突破,而这一突破主要得益于伍尔夫使用了人称设置、隐喻、象征和虚构等诸种文学性的表达方式来写作批评文章。比如,在论及《一间自己的屋子》中所使用的第一人称"我"时,作者认为,"我"其实并非伍尔夫本人的代称,而指历史中不同妇女的个体。伍尔夫之所以拒绝使用"我们"这个复数人称,则是因为她

---

[1]　《外国文学研究》1999 年第 3 期,第 1 页。
[2]　《外国文学研究》1999 年第 3 期,第 1 页。

不愿在女性主义思想中引入独白权威,不愿重蹈父权理论话语排斥差异、同化个体的普遍性原则之覆辙。也就是说,"不确指的女性取得了话语主体的地位,又并不要求它的成员千篇一律,消弭差异性"①。不仅如此,伍尔夫还为作为话语主体的一个个"我"设计了对话关系,引入了理论表述的"主体间性"。这就使"她们"与"她们"之间可以通过对话与交流,"在理论中达成平等话语权,或喧哗或和谐,但绝不一方压制另一方"②。

在指出了《一间自己的屋子》中女性话语"众声喧哗"的特征之后,作者进一步对其中丰富的隐喻和虚构展开了分析,认为《一间自己的屋子》本身即是一个网络性的隐喻文本,从书名、立意,到人物、地点、情景、事件、意象,共同构成一个既各有含义,又互相发生作用、彼此丰富所指的隐喻网络,书中所有的虚构成分也是为了配合隐喻的表达方式有意设置的。譬如,不仅"一间自己的屋子"已经构成了一个众所周知的著名比喻,甚至"姑母的遗产"、大英博物馆书架的陈设、"牛桥"丰盛的午餐和"分能姆"寒酸的晚餐之间的对照等,也各有其隐喻意义。这些相互关联的隐喻,"不仅仅是一种修辞技巧,而且还形成了另一种话语方式的雏形"③。由此,作者得出结论:"伍尔夫不满于正统的理论文体,她积极实践以文学的形式来写作批评文章,来进行理论表述,从而突破了理论话语的惯有形态。女性第一人称的理论主体、隐喻的意义网以及灵活的虚构,充分表达了伍尔夫背离父权传统的文学观和女性主义精神,达成了理论的话语方式与理论的文化指向的一致,并在正

---

① 《外国文学研究》1999 年第 3 期,第 2 页。
② 《外国文学研究》1999 年第 3 期,第 2 页。
③ 《外国文学研究》1999 年第 3 期,第 3 页。

统理论话语戒备森严的僵化文体中辟出一条蹊径。"①我们看到,该文的最大特色是突破了仅从《一间自己的屋子》的内容出发展开分析的常规,专注于对其中的人称设置、虚构与隐喻等所表达的丰富信息的挖掘,考察了它们与伍尔夫所要表达的思想之间的隐含联系。这种侧重于伍尔夫笔下"有意味的形式"的研究方法,对于矫正相当一部分学者片面关注内容与主题而忽略形式考究的偏颇,无疑是有积极意义的。杨跃华发表于《四川外语学院学报》1999 年第 3 期上的《法国女性主义文学批评与弗吉尼亚·伍尔夫》也是此一方面较好的一篇论文。

前已提及伍厚恺的文学评传《弗吉尼亚·伍尔夫:存在的瞬间》。从女性主义研究这一角度看,该著取得的成果亦是值得肯定的。全书分为六章。在第五章《女性的声音》中,作者以 23 页的较长篇幅,不仅对传记小说《奥兰多》的写作背景与过程、主人公原型及与伍尔夫的关系、作品的内涵与主题等做了较为深入的分析,还对伍尔夫的女性主义思想的形成与发展,其女性历史、文化与文学观等展开了较为全面的梳理与评述,涉及《一间自己的屋子》、《三个基尼金币》、《妇女与小说》、《妇女的职业》等多篇重要论著与论文。该著另一特色在于,作者还根据对大量史料和伍尔夫本人言论、著述的研究,讨论了伍尔夫对于女权主义的态度,试图回答她为什么拒绝承认自己的"女权主义"立场这一颇类悖论的问题。作者认为,伍尔夫拒绝接受"女权主义"这一概念,缘于她认为当时的西方女权主义思想体系的根子仍未摆脱男权体制意识形态的窠臼,"妇女争取享有与男性同等权利的斗争可能陷入某种意识误区,女性会复制男性中心社会的权力结构及其思想

---

① 《外国文学研究》,1999 年第 3 期,第 3 页。

和语言,最后蜕变并同化于男权体制之中"①。所以她"更重视女性克服男性价值标准的内在化束缚,确立女性的自我身份、特质和话语。……她的美学观念和文学实践都体现出对女性自身精神气质和女性话语建设的高度重视。她总是以女性特有的话语方式与男性中心话语的霸权相抗衡"②。伍厚恺强调的是伍尔夫的女性观对非此即彼的二元对立僵化思维的超越。而他对伍尔夫重视女性话语建设与表达的强调,亦与前述马睿论文中的观点彼此呼应与声援,表明中国学者对伍尔夫女性主义思想的挖掘,已逐步深入到了话语的层面。

进入 2008 年,《外国文学评论》在第 3 期上又发表了潘建的《伍尔夫对父权中心体制的批判》。论文从伍尔夫对传统二元对立关系的批判、试图模糊与打破二者之间的界限、努力使女性从边缘走向中心及构建"女性共和国"的尝试等几个方面,探讨了伍尔夫试图解构公共—私人领域二元对立关系的努力。第一部分"公共—私人领域二元对立关系及批判"中,指出"伍尔夫在很多作品中都描述了女性被限制在私人空间、既不能享受同等权利也无法施展才华的事实,以及这一限制给她们带来的不利处境"③,部分散文和政论文将许多历史女性的真实故事呈现给了我们,如《海斯特·斯提诺普小姐》、《斯特拉齐夫人》、《两位女性》、《一间自己的房间》和《三枚金币》等都是如此。女性被限制在私人空间的窘迫现实也充分反映在伍尔夫的小说《岁月》中,体现在帕吉特上校的几个女儿为代表的中产阶级妇女身上。第二部分"从边缘走

---

① 伍厚恺:《弗吉尼亚·伍尔夫:存在的瞬间》,第 314 页。
② 伍厚恺:《弗吉尼亚·伍尔夫:存在的瞬间》,第 314 页。
③ 《外国文学评论》,2008 年第 3 期,第 96 页。

向中心"则列举了伍尔夫进入公共领域的实际行动,力图证明伍尔夫不仅在创作中表达这一思想,也在实际生活中身体力行。第三部分则主要通过对《雅各的房间》、《海浪》等著作中人物的分析,指出了伍尔夫"解构父权中心制度"的价值指向。该文从涉及的问题与讨论的深度上看并未超出学界一般的认识水平,部分论述亦有过度阐释之嫌,但在运用材料的丰富性上体现出自己的一定特色。

除了上述诸多方面,随着伍尔夫小说、随笔、传记、文论等的译介和研究在中国的持续升温,围绕着《奥兰多》主人公变性的奇幻情节,甚至围绕着《到灯塔去》中呈现出来的两性互补关系和《夜与日》中"夜"与"日"的象征内涵等,有关"双性同体"这一表述的由来、内涵及其在性别文化研究中的价值等问题的讨论亦大为增加,以至于使"双性同体"成为世纪之交中国外国文学与女性文化研究界都颇为时髦的一个名词,甚至部分地成为了伍尔夫女性主义思想资源的同义语。

在此方面,较有代表性的论文首先是姜云飞发表于《文艺理论研究》1999 年第 3 期上的《"双性同体"与创造力问题——弗吉尼亚·伍尔夫女性主义诗学理论批评》。该文从对"双性同体"观的阐释出发,认为伍尔夫侧重揭示的是艺术家的双性化人格与其艺术创造力之间的关系,因此与西方自由主义女性主义所阐发的"双性同体"理论是既有联系又有区别的。作者还通过对当代部分中国女作家如张洁、王安忆、残雪等的双性人格与其创造力之间的关联的分析,对伍尔夫的观点提出了补充与批评,认为伍尔夫的"双性同体"观在"隐喻化的描述方式"、"排斥冲突的倾向"和"只是强调创造力的一级原初过程"等方面还是有其局限的。

确实,所谓"双性同体"并非出自伍尔夫的原创,它体现的本是人类古老的两性合一的幻想。在世界许多民族原创的神话中，都有双性同体的神的形象，如在印度南部泰米尔人的雕塑中，两性同体的形象比比皆是。因此，"双性同体"代表的是人类精神最初的浑然完整的圣洁状态。到了《一间自己的屋子》中，伍尔夫"画出一张灵魂的图案"，指出"在我们之中每个人都有两个力量支配一切，一个男性的力量，一个女性的力量。在男人的脑子里男性胜过女性，在女性的脑子里女性胜过男性。最正常、最适意的境况就是在这两个力量在一起和谐地生活，精神合作的时候"①。伍尔夫自陈自己的奇想是由于受到浪漫主义诗人柯勒律治的启发，因为"哥勒瑞治说一个伟大的脑子是半雌半雄的，……只有在这种融洽的时候，脑子才变得非常肥沃而能充分运用所有的官能。……他的意思也许就是说一个半雌半雄的脑子是会起反响的，多孔的；它是能毫无隔膜地转达情感的；它是天生能创造的，炉火纯青而且完整的"②。伍尔夫据此推断"莎士比亚的脑子就是那种半雌半雄的，那种男人女性的脑子"③。因此，伍尔夫大抵是从完美实现艺术创造的角度来思考和理解"双性同体"的。然而，由于前面我们也曾述及的《一间自己的屋子》在观点上的某些前后矛盾之处，也由于其所体现出来的伍尔夫话语表达方式的感性化与多义性特征，因此，对伍尔夫的"双性同体"的理解是存在歧义的。这既给出了新的研究空间，也造成了这一表述意义的含混与无边界性。随着女性主义思潮的兴起，众多批评与理论家都对伍尔夫的"双性同体"作出了女性主义背景下的积极阐释，如雷切尔·杜普莱

---

① 伍尔夫：《一间自己的屋子》，王还译，第120页。
② 伍尔夫：《一间自己的屋子》，王还译，第121页。
③ 伍尔夫：《一间自己的屋子》，王还译，第121页。

西斯认为它是对"女性—男性"对立冲突的解决方案,玛丽亚·迪巴蒂斯塔认为它是对于性别专制暴政的一场胜利,桑德拉·吉尔伯特则将"两性融合的整体"视为自我统一的象征等,①但彼此的观点并不统一。姜云飞的论文,体现了中国学者参与这一国际性的讨论并试图将之在中国语境下加以修正的积极努力。此外,属于此类的论文还有《江西社会科学》2002 年第 1 期发表的杨玉珍的《"双性同体"与伍尔夫的女性主义思想》、2002 年第 1 期《外国文学研究》上发表的吕洪灵的《〈奥兰多〉中的时代精神及双性同体思想》等。

　　近年来,国内有关"双性同体"的研究体现出明显的深化态势。李娟发表于 2004 年第 1 期《外国文学评论》上的《转喻与隐喻——吴尔夫的叙述语言和两性共存意识》即是较有代表性的一篇论文。该文虽也是论述伍尔夫的"雌雄同体",或"两性共存意识"(androgynous consciousness)的,却独辟蹊径,将叙述语言的分析和思想研究结合了起来,认为《达罗卫夫人》通过对转喻和隐喻两种叙述语言形式的运用,分别表达了男性和女性认知世界的不同方式。具体说来,即"吴尔夫用转喻的语言表现男性认知世界的客观、孤立性,而用隐喻的语言突出女性理解世界的诗意、整体性"②。作者认为,两种语言形式在不同人物,比如,达罗卫夫人、彼得、赛普蒂默斯、布鲁顿夫人等身上均同时有所运用,从而使伍尔夫的"两性共存意识"在小说的语言结构和内容上得以实现。反过来说,伍尔夫出于对两性共存的追求,因此在《达罗卫夫人》中通过对叙述语言和结构的控制,巧妙地将男性和女性理解现实

---

① 参见伍厚恺:《弗吉尼亚·伍尔夫:存在的瞬间》,第 318 页。
② 《外国文学评论》2004 年第 1 期,第 17 页。

的不同方式同时展现在了小说之中。"在阅读吴尔夫的作品时，读者不难同时看到总是在物质世界中寻找秩序的男性人物及在精神世界里追求整体的女性人物。这种二元式结构在吴尔夫作品中的反复出现，是她所信奉的'两性共存'的人类生存境界在作品中的具体体现，而《达洛卫夫人》则是吴尔夫作品中将这种境界表现得最为淋漓尽致的一部。"①作者从戴维·洛奇对现代主义小说叙述结构和语言特点加以研究的著作《现代主义小说的语言：隐喻和转喻》中得到启示，对伍尔夫笔下转喻式（metonymic）语言和隐喻式（metaphoric）语言进行了阐发。"转喻主要运用在传统小说中，通过现实、再现式的特征来重塑经验现实中的具体事件；隐喻则更多出现在现代文学里，以象征性、非再现式的手法来诗意地表达对世界的整体印象。"②伍尔夫充分使用了转喻和隐喻这两种语言艺术形式来分别表达男女不同的性别经验。客观性转喻语言代表了男性视角，而象征性隐喻语言代表了女性经验。伍尔夫在《达罗卫夫人》中主、次要人物身上都包容了转喻和隐喻两种语言方式的统一和对比，由此从叙述语言的层面"表现了两种性别视角的相互作用"，"在每个人物中都倾注了她两性共存的理想"③，"对两种性别经验和认知方式间平衡的渴求"④。该文选题别致，将有关"双性同体"的讨论扩展到《达罗卫夫人》一著，通过对小说文本的仔细研读，将叙述语言的分析与伍尔夫的"双性同体"理想结合了起来，令人耳目一新。

另一篇较有深度的论文，是吕洪灵发表于 2007 年第 3 期《外

---

① 《外国文学评论》2004 年第 1 期,第 18 页。
② 《外国文学评论》2004 年第 1 期,第 18 页。
③ 《外国文学评论》2004 年第 1 期,第 22 页。
④ 《外国文学评论》2004 年第 1 期,第 24 页。

国文学研究》的《伍尔夫"中和"观解析:理智与情感之间》。论文的特色在于从情感与理性这一视角切入,考察分析了伍尔夫如何看待理性以及理性与情感在伍尔夫创作中的关系问题,集中对作家的"中和"(integrity)观进行了探讨,认为"中和""在某种意义上是其'双性同体'思想的另一种表达",却又比之"少了几分刺眼的性别色彩"①。

　　作者首先提出:"'中和'是一种决定作品能否获得永恒生命力的品质,是优秀文学创作的本质特征。"随即在论述的第一层次"艺术真实:情感对理性的诉求"中指出了伍尔夫创作融"情感"与"理性"于一炉的"中和"特征,认为"伍尔夫对真实的认知,无论是外部真实、内部真实,抑或是想象的真实,对作家理性的呼唤是她观点的内核"②。而在肯定了伍尔夫创作的理性价值的基础上,该文在第二层次"'中和':走出情感的羁绊"中进一步说明了"中和"对女性文学创作的警示或参照意义,因为文学创作作为审美的产物毕竟不能停留于肤浅的自怨自艾,不能成为一己情绪的无节制宣泄。伍尔夫在《一间自己的屋子》中对《简·爱》的分析已让我们清楚地看到了这一点。事实上,历史上与现实中都有大量因过于激烈的情感损害了艺术性的文学劣作的存在。因此,无论是伍尔夫的提醒与批评,还是该文对伍尔夫"中和"观的阐释与发挥,均有强烈的现实针对性,它们启发读者对创作加以反思,思考如何使作品不仅成为个人情绪的宣泄,而是具有经典意义的艺术品。由此,作者指出了伍尔夫的"中和"观对于女作家创作的特别意义:"在伍尔夫那里,'中和'是经典作家所具备的品质,也是当

---

　　① 《外国文学研究》2007 年第 3 期,第 45 页。
　　② 《外国文学研究》2007 年第 3 期,第 47 页。

代女作家应当给予特别关注的问题。"①"在理解真实的基础上,这中和的品质实际上是要求女作家正确地运用艺术的手段来处理情感,通过理性的磨砺,培养起公正地看待并反映生活真实的能力。"②到了第三个论述层次"整体性建构:伍尔夫中和观的启示"中,作者将伍尔夫"注重艺术真实的相对性与作家创作立场与态度的公正性"的"中和"观进一步上升为女作家对"整体性的在意"③,认为"'中和'倡导的是整体建构下的多元交融与超越"④,伍尔夫"在意的是妇女写作在相对处于弱势的情况下,如何摆脱狭隘偏颇的意识,获得持久的生命力与永恒的艺术魅力,成为文学世界中的奇葩"⑤。这里,我们看到,作者从融感情与理性于一体的"中和"立场分析了伍尔夫的创作及其理念,反思了女性文学创作自身存在的部分缺陷,从另一个角度对"双性同体"观及其意义进行了阐发,堪称国内"双性同体"研究的一种变奏。

同年,吕洪灵又在南京师范大学出版社出版了以其博士学位论文为主体的英文专著《情感与理性——论弗吉尼亚·伍尔夫的妇女写作观》。该著以伍尔夫的小说、散文和近年来披露的日记等为主要研究对象,并参用20世纪以来西方文学批评的相关成果,讨论了伍尔夫妇女创作思想形成的历史过程,提出了情感与理性的关系是伍尔夫文学创作及妇女创作思想之理论核心的基本观点。作者认为无论是对主观真实与客观真实的辨析,对写作传统的考察与扬弃,对艺术内容的延续与拓展,抑或是对艺术形式的探

---

① 《外国文学研究》2007年第3期,第47页。
② 《外国文学研究》2007年第3期,第47页。
③ 《外国文学研究》2007年第3期,第48页。
④ 《外国文学研究》2007年第3期,第48页。
⑤ 《外国文学研究》2007年第3期,第48页。

索与创新,对情感与理性关系问题的探索始终贯穿于伍尔夫的理论思考过程,并构成她辩证的理性的情感艺术观。这一观点以深入细致的分析研究为基础,为国内的伍尔夫研究注入了清新的活力。值得一提的是,作为由国内学者撰著的第一部有关伍尔夫研究的英文专著,该著也从一个独特的方面对中国的伍尔夫研究作出了贡献。

伍尔夫的"双性同体"思想对从事中国传统文化及现当代文学研究的学者也有启发。比如,刘慧英等即在借鉴"双性同体"说的基础上,提出了"双性文化"的概念。1995 年,刘慧英的《走出男权传统的樊篱——文学中男权意识的批判》被列入"三联·哈佛燕京丛书",在北京的三联书店出版。该著以观点的尖锐与气势的凌厉而在中国现当代文学界产生了广泛的影响。王蒙在为本书所作的序言中,准确地评价了该书的面世对当时的中国知识界产生的冲击:"刘慧英的书稿的价值在于提出了这些我们视而不见的问题。它开始动摇了我们一些习焉不察的传统男权观念,使我们开始把问题作为问题来看,使我们对于许多天经地义源远流长的东西进行新的观照与思考;它表达了智慧的痛苦;它使我们的男性公民恍然大悟地开始思考女性们的严峻处境。"[1]书中,作者表达了与"双性同体"思想的共鸣,指出:"我反对女性对男性的依附,我也不赞成男女两性长期处于分庭抗礼的状态中,我比较赞赏西方某些女权主义者提出的建立和发展'双性同体'特征的思想,它是拯救和完善人类文化的一条比较切实可行的道路。"[2]随着女

---

① 刘慧英:《走出男权传统的樊篱——文学中男权意识的批判》,王蒙序,第4页。

② 刘慧英:《走出男权传统的樊篱——文学中男权意识的批判》,第296页。

性主义思想的深入发展,学者们越来越理智地意识到二元对立的僵化思维对于两性和谐发展的人类理想的破坏作用,伍尔夫的"双性同体"观中和而现实的意义由此越来越受到重视。而对于中国学者而言,这一思想则由于与道家学说强调阴阳合一、中医学说强调阴阳互渗的朴素辩证法有相通之处而具有更大的亲和力。

如前所述,20世纪90年代中期以来,在女性主义文学批评的影响下,对伍尔夫以"生命三部曲"为代表的经典意识流小说中的性别立场或女性主义内涵加以挖掘的论文也纷纷出现。

1997年第2期《当代外国文学》发表了葛桂录的《边缘对中心的解构——伍尔夫〈到灯塔去〉的另一种阐释视角》一文,主要选取《到灯塔去》中作为边缘人典型的莉丽为主要阐释视角,通过重新解读这部小说,勾勒出伍尔夫在争取"一间自己的屋子"过程中显示出的心灵轨迹。论文认为,作为小说中心的拉姆齐夫人的死亡,为边缘人最终获得自我创造了必要条件。莉丽的形象是理解伍尔夫不平凡的一生的钥匙。小说呈现了莉丽对抗拉姆齐夫人(生前)、超越(死后)其诱惑力、确立自信心的心理过程,而这一过程是以构思、准备和作画的过程为依托的。论文部分参用了苏珊·格巴的论文《"空白之页"与女性创造力问题》中关于"空白之页"的分析,以女性主义的研究立场,将小说的进展、人物关系,特别是莉丽与拉姆齐夫人关系的变化,莉丽的心理发展阐释为边缘人物形象对中心话语霸权的颠覆与解构,由此确立了边缘人的合理价值。但文中对莉丽所代表的合理价值的本质以及对抗拉姆齐夫人话语霸权的核心究竟是什么等问题未做深入、明确的揭示与拓展。

2001年第1期的《外国文学研究》上发表了束永珍的《区别与整合:〈到灯塔去〉的女性主义解读》一文。作者认为《一间自己的屋子》是伍尔夫对女性主义文学的理论阐述,而《到灯塔去》则是伍尔夫对其女性主义文学理论的具体运用。主要观点认为,"《到灯塔去》反映了这种男性和女性等级二元对立和相互区别的现状"①,因为拉姆齐先生代表智慧、逻辑、无情与冰冷的真理,是文化的化身,而拉姆齐夫人则代表着美貌、直觉、感性、温情、幻想与希望,与自然相连。作者进一步认为,《到灯塔去》反映了这种历史现象,但是与传统小说不同的是,作家并没有停留于这一层面,而是进一步质疑这一现象,并提出了解决方案。针对两性等级对立,作者认为伍尔夫给出了两种不同的解决方案:一种是《渔夫和金鱼的故事》所代表的那种女性霸权;另一种是"双性同体"。小说中体现了"双性同体"观念的人物是莉丽以及拉姆齐夫妇的小儿子詹姆士。

该文的特色在于莉丽对拉姆齐夫妇关系的审视,对莉丽与拉姆齐夫人关系的分析也颇为细致,同时能在西方女性主义文学批评发展的脉络中理解伍尔夫的贡献。不足之处则在于未能对灯塔、到灯塔去等意象作出有深度的分析。

2003 年第 4 期《外国文学研究》上发表的王丽丽的《时间的追问:重读〈到灯塔去〉》一文,同样质疑了认为《到灯塔去》是一部高唱拉姆齐夫人高尚道德精神赞歌的观点。通过分析伍尔夫在小说中对时间的运用和安排以及在此框架下人物的意识展现、"俄狄浦斯情结"的借用及象征手法,论文说明这是一部对菲勒斯逻各斯中心主义加以批判,再现女性"玉碎在父权社会运转的齿轮间"的历史命运的作品。《国外文学》2005 年第 2 期发表的王文、郭张娜的《理性与情感相融合的女性表达——弗吉尼亚·伍尔夫意识

---

① 《外国文学研究》2001 年第 1 期,第 61 页。

流小说〈到灯塔去〉的女性主义解读》则将《到灯塔去》的形式分析与其女性主义内涵的阐释联系到了一起,认为:与男性意识流小说家相比,伍尔夫的意识流小说创作实践更具有明确的女性主义目的和意图。她"不仅在小说形式上摆脱了传统小说的时空限制,再现了人的瞬间感觉,调整理性与情感的平衡,而且在内容上坚持探索男女两性之间理性与情感、主观感受与客观现实之间的关系,使两者达到和谐统一"①。作者从小说的结构处理和人物思想发展两个方面来论证这一观点,首先认为:"伍尔夫通过拉姆齐夫妇这两个人物形象揭示了人性中的理性与情感、事实与想象、客观世界和精神世界之间的对立与冲突,'窗口'则展示了这种对立与冲突。"②小说第二部分在结构上起到了承上启下的作用,将第一部分"窗口"所展示的人类理性与情感之间的矛盾化解在时光的流逝中。第三部分"灯塔"则展示了两股势力冲突的结束。"拉姆齐先生迫切希望通过灯塔与妻子在精神上重新团聚,建立一种和谐与完美的关系。"③

除了上述关于《到灯塔去》的几篇较有代表性的论文外,《达罗卫夫人》和《海浪》亦被置于女性主义视角之下进行了阐发。2007年第4期《外国文学评论》发表了杜志卿、张燕的论文《一个反抗规训权力的文本——重读〈达洛卫夫人〉》。本文的特色是:"尝试运用福柯的规训权力理论,分析《达》中所表现的现代社会规训权力的运行机制以及被规训者的生存状态,探讨伍尔夫是如何表现生与死、理性与疯狂,如何揭露社会制度的弊端,并使之

---

① 《国外文学》2005年第2期,第102页。
② 《国外文学》2005年第2期,第103页。
③ 《国外文学》2005年第2期,第104页。

'原形毕露'的。"①本文的特色是对女性主义思想之外的伍尔夫作品的主题内涵进行挖掘，既非双性同体、女性主义，也不是意识流技巧等，而是结合福柯的规训权力理论，将《达罗卫夫人》视为"一个反抗规训权力的文本"。作者认为在小说中存在"两个颇具象征意味的规训权力意象"②："一是那辆停在邦德街人行道上的皇室汽车，二是议会大楼的大本钟及其报时声。"③关于前者较易理解并也有人提及，但关于时间作为"文明与秩序的表征"④，"大本钟代表着某种来自官方并用于控制社会生活的规范和秩序"⑤的分析则令人耳目一新。随后，文中又先后论述了小说中作为规训者出现的休·惠特布雷特、基尔曼小姐和威廉·布雷德肖爵士以及作为规训权力受害者和规训社会牺牲品的赛普蒂默斯、彼得·沃尔什甚至是克拉丽莎的形象。文本分析因细致而有较强说服力。

2005 年第 5 期的《外国文学研究》刊登了吕洪灵的《伍尔夫〈海浪〉中的性别与身份解读》一文，结合《海浪》，集中对伍尔夫在《一间自己的屋子》中提出的有关"其他性别"（other sexes）的表述及其意义进行了阐发，对前论"双性同体"研究作出了补充。如作者本人所说："在当今理论家克里斯蒂瓦、朱迪斯·巴特勒等重视性别与身份的流动性与不确定性的理论启发下，我们注意到伍尔夫提出的'其他性别'这个概念具有近乎同等的意义，而它在国内

---

① 《外国文学评论》2007 年第 4 期，第 46 页。
② 《外国文学评论》2007 年第 4 期，第 47 页。
③ 《外国文学评论》2007 年第 4 期，第 47 页。
④ 《外国文学评论》2007 年第 4 期，第 47 页。
⑤ 《外国文学评论》2007 年第 4 期，第 48 页。

尚未如'双性同体'一般受到学者的普遍关注。"①作者首先认为："其他性别"的表述"打破了性别的二元分法,暗示了性别的多样性","这个概念并非单纯的生理概念,更多地得从心理、文化等方面来理解"②。这一概念与"双性同体"之间既有联系又有区别:"'其他性别'包容了性别差异与联系,跳出单纯的男性和女性的概念,与更著名的、在同一篇文章中提出的'双性同体'一样,张扬的是交流融合。"而"相对于'双性同体'而言,'其他性别'的范畴与指向更为辽阔,既表达了性别差异的多样性,同时也暗示了个体身份的多元化以及内在的不确定性和复杂性"③。随之,作者以《海浪》中人物对语言的认知,分析了其中体现出来的"其他性别"的特征。在小说中,对语言的应用成为人物最表面也最深刻的身份表现方式。特别是"小语言"在该文作者看来"不仅是最基本的语言,它的意义更在于摆脱了传统叙述话语模式的束缚,展示了更多的可能性,同时,它还是与复杂多样的情感相联的"。比如,罗纳德渴望小语言,"这种渴望是走出纯粹象征序,与符号序交融的愿望,促使他在差异的边界里寻求更丰富的意义"④,特别是性别差异的意义。

　　该文的特色是结合了克里斯蒂瓦有关象征性秩序、符号秩序等的论述,朱迪斯·巴特勒有关性别与身份问题的不确定性与流动性等的分析,将语言研究与文学研究加以融会贯通,赋予伍尔夫及其他女性主义者倡导的"小语言"以打破性别二元对立、强调差异性与多元性的后现代女性主义意义。本文体现了作者在后现代

---

① 《外国文学研究》2005 年第 5 期,第 72 页。
② 《外国文学研究》2005 年第 5 期,第 72—73 页。
③ 《外国文学研究》2005 年第 5 期,第 73 页。
④ 《外国文学研究》2005 年第 5 期,第 77 页。

女性主义语境下,参用当代多元女性主义话语,不断发掘伍尔夫思想的深度的基本特征。

　　在国内有关伍尔夫女性主义思想的研究中,值得一提的还有一部女性主义叙事学专著的译介。2002年,美国学者苏珊·兰瑟的《虚构的权威:女性作家与叙述声音》由黄必康翻译,在北大出版社出版。该译著为申丹主编的"新叙事理论译丛"之一,在国内外国文学与文论界、女性文学研究界都产生了良好反响,其中第六章《缺席的虚构:女性主义、现代主义、弗吉尼亚·吴尔夫》亦专门分析了伍尔夫。

第十一章　伍尔夫与中国女性文学写作

　　除了前一章所论伍尔夫的女性文化与文学观在新时期以来的中国学术界获得的不断掘进与拓展研究之外,作家以《一间自己的屋子》、《妇女与小说》、《三个基尼》、《妇女的职业》等为代表的论著、论文以及众多小说作品也在当代中国女作家的心中激起了强烈的共鸣,启发了她们的性别自觉与文化批判意识,增强了她们探索新的理论与文学表述形式的信心。可以毫不夸张地说,伍尔夫的著作与西蒙娜·德·波伏瓦《第二性》中所表达的女性文化思想成为新时期以来中国女作家们重要的精神资源,或隐或显、以各种形式体现在她们的思考与创作之中。这也构成了伍尔夫与20世纪中国文化与文学关系版图中一道独特的风景。不少女作家与伍尔夫都有一种特殊而深厚的情感联系。伍尔夫之于她们,在某种程度上甚至起到了一种精神教母的作用。

第一节　打破女性历史与现实的缄默

　　在《一间自己的屋子》第一章中,伍尔夫曾借自己在影射牛津与剑桥两所名校的所谓"牛桥大学"被禁走过草地并被图书管理员拒之门外的经历,揭示了妇女在以男性为中心的高等学府中受到的不公平待遇。伍尔夫本人在现实生活中也是如此。虽然父亲对她宠爱有加,却依然不能使她和哥哥、弟弟一样进入剑桥,接受精英知识教育。这成了使伍尔夫抱憾终生的一件事。切身的遭遇使她通过《一间自己的屋子》提出了一连串的质疑:"为什么男人喝酒女人喝水?为什么这一性那么富足那一性那么贫乏?贫乏对小说有什么影响?艺术作品的创造需要些什么条件?"①为了回答这些问题,作家深入大英博物馆这一知识的圣殿去探求真理,结果看到的只是单由男作家撰写的论述女性问题的书籍,而女性却始终没有言说自身的可能与权利。冯·X教授甚至在一部洋洋大著中宣称女性的智力、体力和道德均低于男性。通过翻阅众书,作家终于得出了这样的印象:"它们是在情感的红火焰下写成的而不是在真理的清白的光下写成的。"②"几千年来妇女都好像用来作镜子的,有那种不可思议、奇妙的力量能把男人的影子反照成原来的两倍大。假使没有这种力量,这世界只怕还全是森林沼泽。……这也可以用来部分地解释为什么男人这么常常需要女人的理由。"③

通过沉入英国历史,女性命运的残酷真相在女作家面前清晰地呈现了出来:"在想象里她占着最重要的地位,实际上她完全不为人所注意。她把诗集从头到尾充满;她只是不出现在历史里。在小说里她统治帝王以及征服者的一生,实际上她是任何男孩子的奴隶,只要他的父母强迫她带上一个戒指。文学里有多少最富

---

① 伍尔夫:《一间自己的屋子》,王还译,第29页。
② 伍尔夫:《一间自己的屋子》,王还译,第39页。
③ 伍尔夫:《一间自己的屋子》,王还译,第42—43页。

灵感的语言,多少最深刻的思想由她的嘴里说出来,实际生活里她几乎不识字,不会写字,而且是她丈夫的财产。"①就这样,伍尔夫通过清浅、感性而看似幽默的语言,仿佛在不经意之间即戳穿了文学想象中女性形象的虚假以及历史书写的男权中心性质,提示了在性别视角烛照下反思历史与文学的可能性。

伍尔夫批判历史文化的男权中心、要求打破女性在现实中的缄默的理想在中国女作家心中引发了强烈的共鸣。1949年之后,随着中华人民共和国的成立,在保障男女平等、男女同工同酬等基本国策的指导下,一系列的行政指令与法律条文分别从政策与法律的层面确认了中国妇女的基本人权。新中国的成立为女性走上公共社会舞台提供了机遇,但在社会尚未为需要生儿育女和承担大部分甚至全部家务劳动的她们提供特殊的保障机制的处境下,成为一个优秀的职业女性、参与公共事务与兼顾幸福家庭之间便产生了尖锐的矛盾冲突。而随着20世纪90年代之后中国社会的转型和经济改革的深化,性别问题又和阶级等其他问题复杂地纠结到了一起,女性群体内部迅速分化。封建观念与消费文化沆瀣一气,联合对女性权益进行了侵害。到了由全球性金融风暴引发的社会经济衰退中,在激烈的就业竞争面前,女性又首当其冲地成为社会与现实的牺牲品。所以,20世纪90年代以来,部分受过良好教育的中国女性由出走的娜拉又自愿回归"厨房",背弃了五四以来一代代前驱们努力为之奋斗的理想。她们经过数代人的艰辛曾经"浮出历史地表",但严峻的现实使得她们再次"缄默"。

作为女性中尤为敏感的一群,女作家们对伍尔夫的分析感同身受。赵玫在1990年第4期的《外国文学评论》上发表了《在他

---

① 伍尔夫:《一间自己的屋子》,王还译,第53页。

们中穿行》一文。在回顾自己在外国文学阅读方面的积累与体验时，赵玫直言："伍尔夫是我所热爱并尊崇的文学中第一个神圣的女人。她永久在水边。"①她用诗意、抒情的笔触抒写了自己与伍尔夫在心灵上产生的契合，以及伍尔夫的人生、思想和艺术为她打开的新的空间："我最初热衷的就是那个美丽的、跳进河里自杀的伍尔夫。我至今保存着她年轻时和老了以后的那几幅美丽的肖像。有些人认为我们有某些部分彼此相像。我们都是长脸长鼻子，一样的嘴唇和一样深陷的眼睛。伍尔夫在极度的焦虑中死去。她把她的英国式雨伞和她的精神遗留在河的岸边。这一点至今使我伤痛。当伍尔夫的名字对于我已并不陌生，而且我已经开始在我的一些文章中引用她以后，我记得一个夏天，我到北戴河海滨是怎样在无聊中无意走进了一个图书馆。那里竟有'文革'以后出版的全套的《外国文艺》。就是在那里，我第一次读到了这位女作家的生平传略，她的小说和她的语录式的评论的片断。我当时兴奋已极，并不停地用卡片记录下那些话。"②

　　身为女性的现实与对伍尔夫的爱与共鸣使得女性命运成为赵玫笔下自然的主题。无论在中短篇还是长篇小说中，无论是古典还是当代题材，赵玫赋予笔下女性以鲜活的生命，揭示了她们被历史的风尘遮蔽的精神心理世界。在"盛唐女性三部曲"中，她用现代人的观念重新"打量"了武则天、高阳公主和上官婉儿；在电视剧本《胡蝶》和《阮玲玉》中，她切近地呈现了两位艺术女性在"男性世界"里的挣扎与寥落；《我们家族的女人》和《朗园》更是两部呈现女性历史命运与现实遭际的作品。

---

①　《外国文学评论》1990 年第 4 期，第 122 页。
②　《外国文学评论》1990 年第 4 期，第 122—123 页。

　　2001年2月,《中华读书报》组织部分作家向读者推荐自己的一部得意之作。女作家徐小斌推荐了自己写于1994年、发表于1995年的小说《双鱼星座》,并这样回顾了写作时的心境、对伍尔夫笔下女性命运的深切认同以及塑造"卜零"这样一个人物的初衷:"当时我正处于困境之中。1982年大学毕业之后,结婚、分配工作、调转工作,用去了十年。当我真正深入到这个社会,才深感伍尔夫在《自己的房间》里书写女人境遇的透彻。……令人震惊的是,伍尔夫的时代已经过去了半个世纪,女性的境遇依然没有彻底改变。也许,男女平等本来就是一个神话。我的女主人公卜零在菲勒斯中心权力、金钱和性的三种重压之下,在现实生活中奄奄一息无法生存,只好逃离在梦中。在梦中,她用三种方式不动声色地杀死了她身边的三个男人:丈夫、上司和情人,然后走向(或曰逃往)一个她能够认同的空间:佤寨。自然,这空间是虚构的。那么现实的女人自己的空间,又在哪里?卜零在经历了一次致命的爱情之后,获得了完全的成熟。一个真正成熟的女人,拒绝父权制强加给她的被动品格,渴望推翻创世纪的神话。或许在未来的某一天,她能够完成父权制选择的某种颠覆——但是,这不过是一个想像而已。"[1]在同年出版的《中国女性文化》第2期上,徐晓斌又发表了《个人化写作与外部世界》一文,再度表达了对"在根本不存在精神家园的前提下,卜零只能是个永远的'精神流浪者'"[2]的清醒认识。

　　2003年,徐坤回忆了20世纪90年代初自己初读《一间自己的屋子》时"振奋"而又"惊诧"的感受,再度向广大读者推荐了这

　　① 参见《中华读书报》,2001年2月28日。
　　② 《中国女性文化》No.2,2001年第64页。

部倡导女性经济与精神独立的经典著作:"那个大胆而又不顾一切的维吉尼亚·伍尔夫在自己著作的开场白中写道:'我只能贡献给你们一点意见,关于一件很小的事——一个女人如果要想写小说一定要有钱,还要有一间自己的屋子。'当时许多中国能识字的女性,也包括我自己,一下子就被这个理论给镇住了!就像工人阶级从剩余价值理论中知道了自己被资本家剥削的根源,女人阶级从西蒙·波夫娃的《第二性》理论中知道了自己的'女人性别'是被男权后天教唆出来一样,当时我们这些二十来岁的文学小女青年们,立刻也天眼开通,从蒙昧之中被启蒙,懂得了女人之所以写不出好小说、成为不了文学大师的道理——因为我们没有一间属于自己的屋子!没有自己的屋子,就不能不受干扰地独立思考写作,也就不可能写出好文章来彪炳于世,当然也就不能获得文化政治上的权利。"①

徐坤认为,伍尔夫提出的"房间"是一个具有强大隐喻意义的象征符码,表明了女人在社会上所受到的歧视或者说不公正待遇。按照伍尔夫的说法,从经济角度说,由于母亲们没有职业,没有社会地位,不能开厂或做股票交易,不能留给女儿们可供继承的遗产,或设立研究津贴、奖学金,以供女儿们过优哉游哉的生活,所以女儿们注定无钱接受教育,注定一辈子当文盲,整天柴米油盐在厨房和起居室里打转。如果女儿们跟那些儿子们一样能有继承权、受教育,那她们现在一定会很舒服地坐在沙龙里或写字间,谈论考古学、植物学、人类学、相对论等等博大精深的理论,而不必整天婆婆妈妈小肚鸡肠。所以她号召女人要争取有"一间自己的屋子",为自己的经济权益和社会地位抗争,首先从争取经济上的独立做

---

① 徐坤:《我的人生笔记》,时代文艺出版社 2006 年版,第 202 页。

起,进而获得政治和文化权利。

徐坤的短篇小说《狗日的足球》即通过一个巧妙的构思,揭示了女性在文化中失语的可悲处境,将批判的锋芒直指作为历史与文化基础与载体的语言的性别压迫本质。作品由女主人公柳莺展开叙述。柳莺本是一个"足球盲",受其未婚夫的影响成为一个球迷,并不惜花费重金去工人体育场看马拉多纳率领的足球队与北京国安队比赛。然而在比赛过程中,全场观众因不满而大骂起侮辱女性生殖器官的脏话来:"几万人粗口汇成一股排山倒海的声浪,用同一种贬损女性性别的语言,叫嚣着,疯狂地挤压过来。"①柳莺因女性尊严受到如此公然而粗暴的践踏感到震惊与愤怒。关于中国的脏话,刘慧英在《走出男权传统的藩篱》中分析道:"广大底层民间存在着大量的历史悠久的用来诅咒和侮辱人格的最为肮脏和恶毒的直指女性生殖器官的语言符号,这里固然有传统观念对家族血缘纯正的绝对重视,同时更显现了女性作为'物'在人类话语中受到的最为普遍和严重的凌辱、践踏和伤害。"②柳莺拼命地想找到一句可以回击的话,但是这个世界根本就没有"供她捍卫女性自己、发泄自己愤怒的语言"③。最后,她只能喊出一句"狗日的足球"!小说中,足球已成为男性文化与男权价值观念的象征。通过人们在足球场上听惯了的国骂之中隐含着对女性的侮辱这一无情现实的揭示,徐坤从粗糙的世界中提炼出人们不愿或不屑顾及的女性感受,并以一种类似黑色幽默的风格,将女性的痛楚呈现在读者面前。

---

① 徐坤:《狗日的足球》,中国青年出版社2001年版,第283页。
② 刘慧英:《走出男权传统的藩篱——文学中男权意识的批判》,第206页。
③ 徐坤:《狗日的足球》,第283页。

　　她的另一篇短篇小说《相聚梁山泊》同样表现了女性失语的焦虑。作品描述了京城的一批女性在酒楼包间欢聚一堂、喝酒作乐的故事。这些清一色的女性在席间操着男性的话语言说,似乎完全忘记了自己的性别:"阿霞兄,咱们从今往后就是哥们儿了。""阿妙老弟,一看你能把酒喝成这样子,好,投缘! 咱哥们儿有缘!"然而,一旦某位真正的男性进入,他含情脉脉的目光一下便把"壮士断腕的姐妹豪情给冲散了,顷刻之间就烟消云散,片甲不留,体无完肤"。小说的悲剧意味在于,这些女性自觉不自觉地袭用了男性话语,并以男性交友的方式来表明自己与传统女性的区别。但是一位男性的出现马上会让她们如条件反射般地回归传统角色定位。可见,传统社会性别的规约还是无比强大的,它已近乎女性的下意识和本能而存在。

　　徐坤另一篇获得第二届鲁迅文学奖的优秀短篇小说《厨房》,则通过对女性在事业追求和个人幸福之间两难抉择的反思,反映了当代职业女性在事业成功之后又自愿返回家庭这一并非个别而耐人寻味的社会现象,发展了对以鲁迅为代表的五四新文化先驱在《伤逝》等作中表现的有关女性社会出路问题的思考。

　　《厨房》一开始便意味深长地写道:"厨房是一个女人的出发点和停泊地。""女人并不知道厨房为何生来就属于阴性,她并没有去想。时候到了,她便像从前她的母亲那样,自然而然地走进了厨房里。"①小说主人公枝子毕业于名牌大学,"受够了简单乏味的婚姻生活,受够了家里毫无新意的厨房"。她认为"正是厨房里这些日复一日的无聊琐碎磨灭了她的灵性,耗损了她的才情",让她"身手不得施展"。她不甘心做一辈子"灶下婢",她要"走"。于

---

　　①　徐坤:《狗日的足球》,第1页。

是,她义无反顾地逃离了"围城",逃离了"厨房",并取得了社会性的成功。但时隔不久的她却又"一心一意想要躲回温室里,想要回归被她当初毅然抛弃割舍在身后的家","想回到厨房"了。于是她真的回来了,"回来得又是这么主动,这样心甘情愿,这样急躁冒进,毫无顾虑,挺身便进了一个男人的厨房里"①。徐坤以近乎调侃的冷幽默,表现了新的经济与文化形势下知识女性的一种新抉择,在当代社会颇有代表性。

那么,面对着失语的现实和文化的重压,女性如何使自己重返公共文化空间? 伍尔夫主张女性要理直气壮地书写自己的生活,将话语权操控在自己的手中。在《妇女与小说》中,她写道:"现在妇女们开始在观点方面也更加独立自主了。她们开始尊重她们自己的价值观念。因此,她们的小说题材开始显出某些变化。……开始探索研究她们自己的性别,用一种过去从未用过的方式来描写女性。"②鼓励妇女写作"大胆的"、"真诚的"、"忠于妇女的感觉的"③小说。深受伍尔夫思想的影响,法国女性主义学者与作家埃莱娜·西苏在著名的论文《美杜莎的笑声》中进一步发挥道:"迄今为止,写作一直远比人们以为和承认的更为广泛而专制地被某种性欲和文化的(因而也是政治的、典型男性的)经济所控制。我认为这就是对妇女的压制延续不绝之所在。"④所以她提倡一种可以使妇女摆脱菲勒斯中心语言的"女性写作"。她认为,写作是一个载体,女性也是一个载体。在生产和再生产这一点上,两者具有

① 徐坤:《狗日的足球》,第3页。
② 伍尔夫:《论小说与小说家》,瞿世镜译,上海译文出版社2009年版,第56页。
③ 伍尔夫:《论小说与小说家》,瞿世镜译,第56页。
④ 埃莱娜·西苏:《美杜莎的笑声》,见张京媛主编:《当代女性主义文学批评》,第192页。

共通之处。从此意义上说,写作是女性的,"女性写作"的实践与女性的躯体和欲望紧紧相连。

伍尔夫和西苏有关写作与身体之间关联的观点在一批具有先锋意识和反叛精神的中国年轻女作家那里获得了呼应,女性的身体开始成为作家观照世界的一个重要凭依。女诗人唐亚平如此抒写了对"身体"与"世界"关系的发现:"我的身体成为世界的依据,有什么比身体更可靠的呢,有什么比身体更亲近自己和神明呢,我的身体所触及的每一件事物都启发我的性灵赋予它血肉,使之成为我身体的延伸,像我赋予儿子以生命和模样,一切都显得那么自然,我始终置身于孕育与被孕育之中,犹如天空孕育大海。沉醉于孕育的状态,我感觉到世界和身体不分彼此的依赖。"①而以下所征引的她的一段文字,可以算做中国作家中并不多见的对于"身体"与"写作"关系的哲理思考:"什么时候我把身体当成一种书写来看待,什么时候我就开始了自觉的写作。一个人能够通过自身的书写获得享乐、获得存在的状态、获得生命的无穷意义。自身的书写渗透了自身的享乐和解放,而写作和想象所触发的性灵对写作又是一种神秘的验证。写作犹如情感和想象的舞蹈,人在如醉如痴的舞蹈中对身体的限制浑然不觉,对语言的限制浑然不知,从而使自身在阅读和书写状态中获得自如和圆融,持续人与世间万物的交流,把无知无觉的自然纳入自身生活,自身又消融在万物之中。"②

正是对身体的自觉导致了 20 世纪 80 年代后期一批令人耳目

---

① 唐亚平:《我因为爱你而成为女人》,见《黑色沙漠》,春风文艺出版社1997 年版,第 220 页。

② 唐亚平:《我因为爱你而成为女人》,见《黑色沙漠》,第 223 页。

一新的小说作品的问世,它们尤以王安忆著名的"三恋"和《岗上的世纪》为代表。进入20世纪90年代,以林白、陈染、徐小斌、海男等为代表的一批女作家,更是以女性身体的真实体验为基础,理直气壮地将身体纳入了语言叙事范畴和道德审美范畴。一些精致的文本如林白的《一个人的战争》,陈染的《与往事干杯》、《私人生活》,徐小斌的《双鱼星座》等由此诞生。20世纪90年代的作家们以一幅幅奇丽多姿的女性生活与心理世界场景的抒写,构成了20世纪末中国文学写作中一道亮丽的风景线。

然而,由于历史文化传统根深蒂固的影响,以身体的自觉为标志之一的女性意识又容易被误解、利用而走向粗俗与媚俗,以至于背离了女性意识自身,成为被封建主义与消费文化共同利用的东西。所以,陈染、林白等很快又与染上了消费色彩的"身体写作"拉开了距离,走向了个人化的写作实践。陈染在随笔《呼喊的纸片》之一的《"主义"牌拖鞋在奔跑》中的一段话,可以理解为对她追求的女性个体生存状态的一个形象描绘:"她始终在路上,沿着经线和纬线,以一个陌生人的样子,走过一片片旷无人烟的秃岭和荒原,寻找一处自己的家乡。那个遥远的去处被人们称做乌托邦——一个没有的地方。"①她再度表达了拥有伍尔夫式的"自己的屋子"的理想:"我一边漫无目的地行走,一边回顾我活过的三十年里曾经有过的愿望:——拥有一间如伍尔芙所说的'自己的屋子',用来读书、写作和完成我每日必需的大脑与心的交换……拥有一些不被别人致意和妨碍的自由,可以站立在人群之外,眺望人的内心,保持住独立思索的姿势,从事内在的、外人看不见的自

---

① 陈染:《陈染文集·女人没有岸》,江苏文艺出版社1996年版,第157页。

我斗争……"①

　　此外,张洁在《世界上最疼我的那个人去了》中塑造的无怨无悔、独自含辛茹苦地将女儿拉扯成人的母亲,《无字》中描画的三代被侮辱、被损害却又用自己病弱的双肩为女儿遮风挡雨的坚强母亲,均给读者留下了深刻的印象;而徐晓斌在《羽蛇》中对百年来五代女性心灵秘史的呈现,以及王安忆在《纪实与虚构》等女性家族史小说中体现出来的发掘与接续女性文化传统的自觉等,都体现出中国作家反思历史对女性的侵害,直指封建文化痼疾,重塑女性形象,追寻女性记忆的有效努力。上述文学收获,是中国作家既接受西方女性主义文化观又直面本土历史传统和现实语境的自然结果。

第二节　探索妇女写作的困境

　　女性创作从隐没于历史的深处到浮出地表,有着一个艰难的过程。由于受歧视的生存状态,早期的女性在开始创作时,都要冒极大的风险,顶着种种物质的、心理上的压力。简·奥斯丁在其小说《劝导》中即借女主人公安妮·埃利奥特之口,如此进行了冷嘲热讽:"男人在讲故事方面比我们有着各种各样的有利条件。他们比我们受的教育好得多,笔一直在他们手中。"桑德拉·吉尔伯特和苏珊·格巴也在《阁楼上的疯女人——妇女作家与十九世纪文学想象》的开篇尖锐地问道:"笔杆是阴茎的隐喻吗?"②追溯了

---

　　①　陈染:《我的道路是一条绳索》,《红罂粟丛书·潜性逸事》,河北教育出版社1995年版,第245页。

　　②　Sandra M. Gilbert & Susan Gubar, The Madwoman in the Attic: The Woman Writer and the Nineteenth—Century Literary Imagination, New Haven and London: Yale University Press, 2000, p. 3.

男性作品占主导地位的文学传统与男性性别优势之间的历史联系，揭露了男性性别身份与话语、权力之间荒谬的本质主义联系。

在《一间自己的屋子》第三章中，伍尔夫在虚构了莎士比亚妹妹"朱迪斯"的悲剧故事后，进一步推想道："假使在十六世纪一个女人若是有特殊的天才，一定会发狂，自杀，或是终其一生于村落外一所寂寞的小草屋里，半像女巫，半像妖魔，被人怕，被人笑。因为只要稍微懂得一点心理学，就可以确定知道一个有特殊天才的女孩子想应用她的天才到诗上去，一定是被人挫折阻碍，被她自己自相矛盾的本能折磨撕裂以至无疑地失了健康流于疯狂。"[1]直至19世纪，女性的艺术天赋被扼杀的处境并未获得根本的改变，不然夏洛蒂·勃朗特、乔治·艾略特和乔治·桑等也不会不约而同地想用男人的名字来遮蔽自己的性别，陷入内心的困惑与挣扎之中。伍尔夫认为，这样的心境一定会对女性的艺术创造力产生损害："她的脑子一定是过分紧张疲劳而她的能力一定减低。"[2]到了《妇女的职业》中，伍尔夫进一步明确提出，妇女写作有许多幽灵要去除，有许多偏见要克服，最最要紧的是："一个女人如果要想写小说一定要有钱，还要有一间自己的屋子。"[3]《一间自己的屋子》第三章中再次强调了妇女拥"有一间自己的屋子"的重要性，因为"独居的小屋即使非常简陋，至少可以使她们不为家庭的要求和统治所搅扰"[4]。所以，"屋子"既是物质的空间，又象征着精神的自由和能够沉思的力量。

在中国，1980年和1981年，女作家张辛欣先后发表了《我在

---

[1] 伍尔夫:《一间自己的屋子》，王还译，第60—61页。
[2] 伍尔夫:《一间自己的屋子》，王还译，第67页。
[3] 伍尔夫:《一间自己的屋子》，王还译，第2页。
[4] 伍尔夫:《一间自己的屋子》，王还译，第64页。

哪里错过了你?》和《在同一地平线上》两部中篇小说。作品以女性为叙述与思考主体,用紧张焦虑的语言,集中表现了当代知识女性在社会性别角色与自我意识觉醒两种力量撕扯之下所产生的痛苦的精神分裂,在强烈的主观化的倾诉中,写尽了女性在追求爱情与保有自我之间的苦恼与挣扎。虽然我们更加倾向于认为,张辛欣在小说中所表达的与心爱之人站到"同一地平线上"的渴望是当代中国妇女性别意识觉醒的必然而非伍尔夫思想影响的结果,但从某种意义上确实可以看成伍尔夫对"一间自己的屋子"的呼唤在当代中国妇女小说中获得的回应。

在追溯妇女登上文坛、进入历史的艰难历程时,伍尔夫回顾了温澈西夫人、纽卡所夫人、阿弗拉·贝恩等文学先驱以及 19 世纪以来英国崛起的妇女小说家们,强调了后代女作家从前代人的开拓那里获得的勇气以及艺术经验方面的传承。伍尔夫认为,女作家书写自己熟悉的生活与隐秘世界的大胆尝试,构成了一条温馨而慈爱的母性链条,见证了女作家之间的亲缘关系,并记录了她们建构女性话语权的一次次努力。所以她热情地写道:"若没有那些前驱,贞·奥斯汀、勃朗特姊妹还有乔治·艾略特就不会写作。"这也就是为什么她会在《论乔治·爱略特》的结尾部分,对维多利亚时代最伟大的妇女小说家乔治·艾略特不吝赞美之词:"当我们回想起她敢于追求和得到的一切,想起她如何克服了阻挡她的每一个障碍——性别、健康、习俗——想起她追求更多的知识和更多的自由,直到她的躯体在这双重的负担压迫之下憔悴不堪、精疲力竭,我们应该在她的坟墓上安放我们力所能及的任何纪念品,给她献上月桂和玫瑰。"①

---

① 伍尔夫:《论小说与小说家》,瞿世镜译,第 48 页。

　　然而,在妇女们披荆斩棘终于为自己赢得书写的权利之后,依然面临着失语的困惑,就像前述《狗日的足球》中所呈现出来的那样,语言也被打上了男权中心的鲜明印记。在《妇女与小说》中,伍尔夫写道:男性创造的句式并不适合女人使用,因为它"显得太松散、太笨拙、太夸张了"①。妇女必须"把当代流行的句式加以变化和改编,直到她写出一种能够以自然的形式容纳她的思想而不至于压碎或歪曲它的句子"②,所以伍尔夫十分重视女性掌握自己独特的、能自由与完整表达的语言与句子。她在文论著作和众多小说作品中不断尝试着这样的句子,她之肯定简·奥斯丁和艾米莉·勃朗特的原因之一也在于她们"像女人那样写,不像男人那样写"③。独特的意象、丰富的诗情、跳跃的结构、感性而印象式的语言,或许正是使得赵玫对伍尔夫倾心不已的重要原因:"我知道我是发现了一种人生:她的和我的。我对她的几乎每一句话甚至对她小说的题目,比如《海浪》、《到灯塔去》,比如《一间自己的屋子》,都感兴趣。我不知道是凭着一种怎样的精神的契合与怎样的神秘,使我通过题目本身(仅只是题目和一个女人的精神)就产生了一种关于女人的、大海的、灯塔的永恒的共鸣,或者说,是一种牵动。"④在赵玫心中,她和玛格丽特·杜拉一样,"可以用感觉去触摸","她们可感知。因为她们可以使灵魂在你的身边游过"⑤。所以,那一年从北戴河归来,赵玫仿佛同伍尔夫一道,"重归了海

　①　伍尔夫:《论小说与小说家》,瞿世镜译,第55页。
　②　伍尔夫:《论小说与小说家》,瞿世镜译,第55页。
　③　伍尔夫:《论小说与小说家》,瞿世镜译,第92页。
　④　《外国文学评论》1990年第4期,第122—123页。
　⑤　《外国文学评论》1990年第4期,第121页。

边的那所斑驳而古老的房子,看到了灯塔、灯塔在海浪中迷蒙的光亮"①,在灯塔之光的温暖照耀下,写成了以大海为背景的中篇小说《再度抵达》。

崔卫平是又一位对伍尔夫追求女性独特语言手段与风格深有会心的中国学者兼作家。她在仔细研读了作家传记、《伍尔夫随笔集》、《论小说与小说家》、《达罗卫夫人》和《到灯塔去》之后,于2001年在《人民文学》第6期上发表了《伍尔夫:在沉默和言语之间》一文,分析了伍尔夫由母亲作为家庭天使的影响和自身被剥夺了接受高等教育机会的经历而体验到的女性"沉默"的生存状态,以及为了探究、深入这一"沉默"而实验和尝试女性自己的"言语"的行为、过程与成就,在此意义上分析了伍尔夫的意识流实验,她对女性独特的句子的爱好,对女性话语权的重视之与女性主义之间的内在逻辑和对女性主义文化建构的贡献。

崔卫平写道:"曾经被排除在外的经验,使得她获得了另外一种完全不同的眼光,从而能够重新审视已有的文明(它的价值观和尺度),深入到还没有被现有的文明所照亮的领域,发掘那些数千年来被忽略、被遗漏、被筛选掉的东西。"②她认为,母亲的理想天使形象带来的压力,以及父亲的引导所培养起来的文学雄心,导致伍尔夫产生了使用语言的焦虑,所以"决心寻宝":"对沉默的深渊投以持久的关注;围绕着这个核心,在它的周边进行小心翼翼的各种探试——既不想以一种伤筋动骨的方式惊动它,又试图启发这个沉睡的巨人醒来说话;她要让那些看不见的看见,让那些听不

---

① 《外国文学评论》1990年第4期,第122页。
② 《人民文学》2001年第6期,第75—76页。

见的听见。"①这个"宝"与"沉默的深渊"即女性独特的话语表达方式:"在涉及写作女性和句子的关系时,伍尔夫表现出严谨、一丝不苟的写作精神,而同时又是最深入和最温暖的女性立场。"②该文后被作者收入于2003年在中国人民大学出版社出版的《积极生活》一书。

2007年第2期的《世界文学》杂志上,顾艳也发表了一篇题为《站在一个伟大时代边缘上颤抖》的文章,标题即出自伍尔夫在论文《贝内特先生与布朗夫人》中预告现代小说崛起的那句名言:"我们正在英国文学的一个伟大的新时代的边缘颤抖。"顾艳于1991年开始文学创作,作品包括长篇小说《杭州女人》、《夜上海》、《疼痛的飞翔》、《灵魂的舞蹈》和《真情颤动》等,小说集有《无家可归》、《艺术生涯》等,散文集则有《轻罗小扇》和《欲望的火焰》等。该文中,顾艳回忆了自己自1989年春与伍尔夫结缘,此后一直热爱她、阅读她的过程。她所读的伍尔夫第一部著作,即是瞿世镜翻译的《论小说与小说家》;第二部著作为王还翻译的《一间自己的屋子》。她之后读到伍尔夫一系列的散文与随笔,"几乎把她小说之外的东西都读了。我觉得她的散文和随笔,也许更适合她那探幽索微的思维触角和纵横无忌的笔头。她渊博的学识、机智的思维、出众的才华、不同凡俗的趣味使她的散文和随笔,自然地有着一种高贵的格调"③。顾艳自陈尤为喜欢伍尔夫如行云流水般的优美语言,感到"在她的整篇文章和语言的间隙,气流缭绕其中,所以进入她的作品,仿佛就是进入了一种气场"④。再以

---

① 《人民文学》2001年第6期,第77页。
② 《人民文学》2001年第6期,第78页。
③ 《世界文学》2007年第2期,第309页。
④ 《世界文学》2007年第2期,第309页。

后，她又研读了"生命三部曲"，深为伍尔夫出神入化的意识流技巧所吸引："当年我饶有趣味地读着《达洛卫夫人》。我觉得这样的意识流小说，倒是蛮适合我的口味。我喜欢伍尔夫快节奏、快思维、有联想与奇特想象的小说；还有她小说中那股弥漫着鬼魅般的气场。她在《达洛卫夫人》中屡次描述伦敦的大本钟，她是想通过大本钟这地方的色彩与气氛，来象征生活中的现实，把人物从沉思与幻想中唤醒，从而使一个人物的意识流转到另一个人物的内心活动。"

如果说《达罗卫夫人》中通过大本钟等外在勾连物而实现自由转换的意识流线索让顾艳初窥意识流艺术的门径，《到灯塔去》则进一步使她感受到视角转换、物理与心理时间映照、象征手法运用、赋格曲式的结构和对绘画元素的借鉴等多元现代主义技法的综合运用达到的效果。对于《海浪》，她的感受是虽然难读，却又是女作家"语言最美的一部书"[1]。

因此，对伍尔夫的研读与体悟伴随着顾艳作为一个文坛新人的崛起。她的小说亦体现出鲜明的女性内省特征。她更多运用内视角进行写作，注重个体内在空间的开拓和人物情感与生命体验的呈现，个人对似水年华的追忆在作品中占据重要的位置，这就使她的作品总体上具有一种抒情、诗化的格调，而又体现出当下中国知识女性精神探索的鲜明印记。比如，在她的第二部长篇小说《疼痛的飞翔》中，顾艳即为我们塑造了一位既要直面人间烟火，又渴望精神上的超脱和灵魂中的自由的主人公形象。她像大多数中国当代的母亲一样，在六点钟坚定地起床，拿牛奶买早点，一遍又一遍地催促女儿起床，再把女儿的自行车从一堆自行车里扛出

---

① 《世界文学》2007 年第 2 期，第 310 页。

来推到门口;她也像别的母亲那样望女成凤,为孩子弹钢琴、学油画、背唐诗而事事操心……白天,她的时间和精力为无数桩必须操持的事务所切割。而当夜深人静时分,当一切物质的外壳慢慢蜕去,她才能真正属于她自己,倾听自己灵魂的声音。这样一位辗转于世俗与超拔、物质与精神双重世界中的"我"的形象,是可以使我们想到那位沐浴在灯塔的神秘光芒之下,既是端庄娴雅的家庭天使又有着葱茏的精神世界的拉姆齐夫人的。

作为另一位思想与写作均深受伍尔夫影响的女作家,陈染在表现姐妹情谊与开掘母女关系主题等方面,特别显示出伍尔夫影响的印痕。与女性之间的情谊不仅在伍尔夫的人生中占据重要地位,也构成她作品的重要内容。我们发现,伍尔夫的作品中不仅几乎从未出现过异性情爱的理想画面,相反,异性关系或婚姻关系的局限性常常成为表现女性之间情谊的背景。如《远航》中的雷切尔与舅妈海伦、《夜与日》中的凯瑟琳与玛丽、《达罗卫夫人》中的克拉丽莎与萨利、《到灯塔去》中的莉丽与拉姆齐夫人,在心灵与情感上都有着深刻的契合。在现实生活中,伍尔夫的同性密友即包括姐姐范尼莎、玛奇·西蒙斯、珍妮特·凯斯、维奥莱特·迪金森、凯瑟琳·曼斯菲尔德以及《奥兰多》的原型维塔·萨克维尔-韦斯特等多人。特别是女诗人维塔,一段时间内成为伍尔夫创作灵感的重要来源。

进入20世纪80年代之后,一批西方学者开始将女同性爱立场理解为反抗父权制的女性主义姿态,指出为父权文化支持并限定的异性爱并非天然的性别倾向,而是强迫的性政治的结果。美国学者邦尼·齐默尔曼即在论文《前所未有:女性同性爱女权主义文学批评面面观》中提出女同性爱主义是一种健康的生活方式的观点;另一位美国学者兼诗人艾德里安娜·里奇在论文《强迫的异性爱和女同性爱的存在》中,则进一步指出不仅要把女同性爱视为一种"生活方式的选择",还应该对强迫妇女接受异性爱的文化与现实生活提出女性主义的批评,强调了女同性爱批评在突破男性中心社会对女性情感和生活的禁忌,反对强迫的性爱选择乃至生活方式,反对男性侵占女性的全部情感空间和个人生活空间方面的意义。这两篇论文被收入玛丽·伊格尔顿所编的《女权主义文学理论》第一章中,在1989年被译介到中国。

　　伍尔夫的生活与思想、后代女性主义者经过进一步学理化的阐发,启发了中国作家对中外文本、历史与现实中的女性情感作更加深入而准确的认识。陈染在1995年出版的中篇小说《破开》中,即通过女主人公之口发表过一段观点相似的宏论:"我以为作为一个女人只能或者必须期待一个男人这个观念,无非是几千年遗传下来的约定俗成的带有强制性的习惯,为了在这个充满对抗性的世界生存下去,一个女人必须选择一个男人,以加入'大多数'为'正常',这是一种别无选择的选择。但是,我并不以为然。我更愿意把一个人的性别放在他(她)本身的质量后边,我不再在乎男女性别,也不在乎身处'少数',而且并不以为'异常'。我觉得人与人之间的亲和力,不仅体现在男人与女人之间,它其实也是我们女人之间长久以来被荒废了的一种生命力潜能。"①她还这样解释了自己乐于书写女性情谊的立场:"女人之间的沟通,比起与男人的沟通障碍要小一些,她们的性别立场、角度以及思维方式、感知世界的方式,都更为贴近。我迷恋高智力的有着非凡丰采的

---

　　①　陈染:《破开》,见《陈染文集·沉默的左乳》,江苏文艺出版社1996年版,第262页。

女人,一个女人式的女人。"①

这种"迷恋"使她笔下多有对女性之间情感关系的抒写,从其早期作品《空心人的诞生》,到《麦穗女与守寡人》、《另一只耳朵的敲击声》等直至《私人生活》,莫不如是。特别是《破开》写"我"与"殒楠"之间在失望于男性之背信弃义基础上建立起来的亲密情谊,堪为表现女同性爱主题作品之代表,戴锦华将该作称为"一部关于姐妹情谊与姐妹之邦的宣言"②。小说在结局处有一个隐喻,写到"我"在梦境中进入天国,偶遇"殒楠"的母亲(此处我们或许也可以将之理解为一位女性的上帝)。她作了一个优美的预言:"她一边说着,一边把一串光亮闪闪的乳白色石珠放进我的衣兜里。她说,这是一种符号,当它们一颗颗单独存在时,与遍地丛生的石子毫无二致,但是倘若把它们串在一起,这些特殊的石子便会闪烁出迥然相异的光彩。"③这里,被"串在一起"的"光亮闪闪的乳白色石珠"构成一种东方式的女性情爱纽带的诗意表述。

总之,20世纪90年代以来,姐妹情爱主题的表现在中国当代女性文学写作中日益丰富,它成为女性通过同类反观自身,自我探索、自我求证和自我实现的手段之一。姐妹情谊使女性在自身性别文化链条的建构中获得了一种家园感,同病相怜的女性通过结盟彼此声援,以破解父权文化通过将她们纳入自身价值序列而各个击破、分化瓦解的有效策略。

另一方面,虽然伍尔夫在《一间自己的屋子》中强调"我们既

---

① 《陈染对话录——另一扇开启的门》,见《陈染文集·女人没有岸》,江苏文艺出版社1996年版,第258页。

② 戴锦华:《陈染:个人和女性的书写》(跋),见《陈染文集·与往事干杯》,江苏文艺出版社1996年版,第292页。

③ 陈染:《陈染文集·沉默的左乳》,第279页。

是女人,就回想我们的母亲祖母那些前辈"①,但伍尔夫的"回想"
又是带有审视的。她在《到灯塔去》中即通过莉丽与拉姆齐夫人
的关系,反思了自己作为新一代女性与作为维多利亚时代天使的
母亲之间的矛盾关系与价值冲突,通过拉姆齐夫人的形象刻画揭
示了维多利亚时代"家庭天使"与男权专制之间相互依存和补充
的关系。坚持独身的女画家莉丽愤懑地想起拉姆齐夫人向丈夫做
感情施舍时脸上那种"激动、狂热、俯首听命的表情",以及"硬要
自做主张地把她完全无法理解的命运强加于她",逼迫她结婚的
行为。到了陈染的笔下,母女之间的张力关系更是以一种近乎玩
世不恭与具有荒诞色彩的风格表现了出来。

陈染于 1994 年完成的小说《凡墙都是门》以第一人称叙事,
揭示了一位与母亲同住的年轻女作家的生活状态与心理流程。作
家写道:"在我和母亲这两个单身女人所组成的生活里,既充满温
馨和睦,同时又矛盾百出。""我们的生活既和睦又分歧,既激烈冲
撞又相依存。"②同样写成于 1994 年的另一部小说《另一只耳朵的
敲击声》,再次典型地表现了陈染笔下存在主义式的母女关系情
境:"母亲"与"黛二"既是一对相依为命的母女,又构成一对控制
与反控制、监视与反监视、窒息与反窒息的张力关系。戴锦华认
为,陈染小说中这种极端对立的母亲场景,"与其说是一种精神分
析意义上的症候,不如说是一种女性文化的症候:一边是血缘、性
别、命运间的深刻认同;另一边是因性别命运的不公与绝望而拒绝
认同的张力。在陈染的母女情境中,制造痛苦的不光是下意识的
对父子秩序的仿同:权力、控制、代沟与反抗;而且更多的,是不再

---

① 伍尔夫:《一间自己的屋子》,王还译,第 94 页。
② 陈染:《另一只耳朵的敲击声》,作家出版社 2001 年版,第 9 页。

'归属'于男人的女性深刻的自疑与自危感的盲目转移。无法为自己独自生存建立合'法'性与安全感的女人,其生命压力的出口,便可能是富于侵犯性与危险的爱"①。

此外,新时期以来女作家笔下颠覆传统母性神话的重要作品还有铁凝的长篇小说《玫瑰门》、徐坤的中篇小说《女娲》、徐晓斌的长篇小说《羽蛇》等。回溯20世纪上半叶中国女作家笔下的母亲书写,我们发现,构成其主体的是对母爱的讴歌与对母女之间真挚感情的描绘,最为典型的莫过于冰心的大量散文、小说与诗歌。当然,兼有封建礼教牺牲品与同谋双重身份的母亲形象并非没有,如张爱玲《金锁记》中那位吞噬了子女幸福的曹七巧。然而,对母爱的负面价值和母亲的人格缺陷的深刻审视,却是五四以来的女性文学所欠缺的。进入新时期之后,随着女性主体意识的发展和西方女性主义文化观念的影响,更多的中国女作家对作为父权文化序列中的一部分的母爱的性质作了更加清晰的揭示,对母爱的讴歌更多地为对传统母性的反思与拆解所取代。在此方面,伍尔夫思想的影响同样是不可忽略的。

第三节　追求双性和谐与互补

随着社会文明的发展,女性逐渐打破历史与现实的缄默,探索着用更加适合于自身性别特征的语言与句式,去书写自己的身体与心灵感受,表达对性别关系等的新的思考,这无疑是一个历史的进步。然而,妇女又不能总以历史文化"苦大仇深"的受害者、"第

---

① 戴锦华:《陈染:个人和女性的书写(跋)》,见《陈染文集·与往事干杯》,第285—286页。

二性"的身份自居,满怀怨怼,与男性为敌,而应积极地面对现实,与同为父权文化受害者的男性携手努力,追求双性和谐的美好未来。相应地,文学作为一种审美的艺术形式,也不应该成为无节制地倾倒愤懑情感的垃圾桶,而应在情与理的中和、内容与形式的均衡中给读者提供美的享受。在此方面,伍尔夫的主张依然富于启示意义。

在谈到《简·爱》的作者夏洛蒂·勃朗特时,伍尔夫写道:"我们若是看了这本书,注意到那种痉挛,那种愤慨,就可以看出来她永远不能把她的天才完完整整地表现出来。她的书一定都是畸形的,歪扭的。"①伍尔夫认为"痉挛"与"愤慨"使作家的天才变得"畸形"与"歪扭"。她进一步明确指出了夏洛蒂·勃朗特的创作缺陷:"她应该全心全意地写小说,但是她离开了小说而去写她私人的悲苦。"②伍尔夫提示读者小说艺术与"私人的悲苦"还是有距离的。在《妇女与小说》中,伍尔夫再次指出了妇女创作的作品中容易出现的偏颇:"那种为了个人的原因而发出的呼吁,或者使一个书中人物成为某种个人的不满或牢骚之传声筒的愿望,总是会产生一种灾难性的后果:似乎使读者注意力集中的焦点,在突然之间由单一变为双重。"③她认为简·奥斯丁和艾米莉·勃朗特有魄力对这种请求和呼吁置之不顾,不受非难或谴责的干扰,而坚持她们原来的道路,所以创作出了伟大的作品。特别是艾米莉,她通过《呼啸山庄》中的人物倾诉的不仅仅是夏洛蒂的"我爱"、"我恨","而是'我们,整个人类'和'你们,永恒的力量'"④,所以,"她

---

①　伍尔夫:《一间自己的屋子》,王还译,第85—86页。

②　伍尔夫:《一间自己的屋子》,王还译,第90页。

③　伍尔夫:《论小说与小说家》,瞿世镜译,第53—54页。

④　伍尔夫:《论小说与小说家》,瞿世镜译,第34页。

的力量是一切力量中最为罕见的一种。她可以使人生摆脱它所依赖的事实;寥寥数笔,她即可点明一张脸庞的内在精神"①。但"人们从夏洛蒂·勃朗特的愤懑不平和乔治·爱略特的默然容忍中,看到了这种影响"②。

虽然伍尔夫深刻认识到是不平的命运和沉重的压力造成了这种状况,但还是坚信随着时代的发展,妇女"将能够集中精力于她的艺术想象,而不至于被外界因素分散了注意力。过去只有天才和独创性的作家,才能有这种超然的态度"③。文学对于妇女而言,和对于男子相同,将成为一种需要予以研究的艺术。妇女的天才将受到训练而被强化,"小说不再是囤积个人情感的垃圾堆。与现在相比,它将更加成为一种艺术品"④,而不是闲话和唠叨不休。针对有关艺术家情感表达的特殊方式问题,数十年后,美国艺术符号家苏珊·朗格在《艺术问题》中也写道:"一个艺术家表现的是情感,但并不是一个大发牢骚的政治家或是像一个正在大哭或大笑的儿童所表现出来的情感。艺术家将那些在常人看来混乱不整的和隐蔽的现实变成了可见的形式,这就是将主观领域客观化的过程。但是,艺术家表现的绝不是他自己的真实情感,而是他认识到的人类情感。一旦艺术家掌握了操纵符号的本领,他所掌握的知识就大大超出了他全部个人经验的总和。艺术品表现的是关于生命、情感和内在现实的概念,它既不是一种自我吐露,又不是一种凝固的'个性',而是一种较为发达的隐喻或一种非推理性的符

---

① 伍尔夫:《论小说与小说家》,瞿世镜译,第35页。
② 伍尔夫:《论小说与小说家》,瞿世镜译,第54页。
③ 伍尔夫:《论小说与小说家》,瞿世镜译,第54页。
④ 伍尔夫:《论小说与小说家》,瞿世镜译,第58页。

号,它表现的是语言无法表达的东西——意识本身的逻辑。"①

因此,伍尔夫对中国当代女作家的启示之一在于:应该不断提高自己的艺术素质与审美修养,更加精心地在艺术上锻造自己,而不能一味地陷入因不断自我重复而令人生厌的自恋式的独白之中,使作品成为泛滥情感的垃圾堆。虽然伍尔夫的观点早已提出,但结合中国女性文学创作的现实,我们发现,在七八十年后的中国并不过时。前述崔卫平在《伍尔夫:在沉默和言语之间》中也特别提到了伍尔夫对女性写作的有限性的高度警惕与反省,因为封闭、狭隘的生活状态确实有可能损害艺术,而更为常见的负面影响是作家有可能被来自性别处境的"愤怒"所压倒和支配,正如夏洛蒂·勃朗特那样。"伍尔夫心目中的写作是一门需要多年的研习才能掌握的艺术,任何人在艺术面前都要接受限制,不能'自然流淌'。"②而崔卫平在几乎与发表这篇文章同时出版的《看不见的声音》一书中对中国女性主义实践的反思,也是在这一点上深受伍尔夫的启发。在《我的种种自相矛盾的观点和不重要的立场》开篇,她这样提醒义愤填膺的女性作者们:"我们不能以为我们曾经受到不公正的对待就变得不需要任何限制,曾经遭到过多的约束就变得不需要任何约束,尤其是自我约束。一个愤怒的和受压抑的人最有可能的是再度不公正地去压制别人或别种声音,导致另外一种精神上和思想上的黑暗降临。"③她冷静地提出了要对女性主义批评进行自我批评,对女性主义批评进行自我限制的观点,在女性文学研究内部发出了清醒的声音。

---

① 苏珊·朗格:《艺术问题》,滕守尧译,中国社会科学出版社 1983 年版,第 25 页。
② 《人民文学》2001 年第 6 期,第 79 页。
③ 崔卫平:《看不见的声音》,浙江人民出版社 2000 年版,第 188 页。

在 2008 年 8 月 20 日《中华读书报》"我的经典"栏目下，崔卫平又发表了《句子，句子》一文，再度深情回忆了自己在 20 世纪 90 年代初期的一段时间内，反复阅读、品味黄梅与孔小炯翻译的《伍尔夫随笔集》的美好感受和所受到的影响。

这些句子给了我信心：只要有足够的耐心，没有表达不出来的，哪怕是最为晦涩的对象。当然，在这之前，需要调好相应的光线、相应的颜料，选好相应的乐器。需要与你的表达对象之间有一种默契，事先朝它们点点头，仿佛你是乐队指挥，正在指挥一支混沌的大军，需要各位成员的配合。在它们各就各位之后，你就可以动工了。具体来说，这意味着在每天写作之前有一个准备时间，培育出必要的耐心和仔细，而在生活中，比如早上整理床铺时，则远远不需要准备充足。

这些句子也手把手地教会我"途径"：那就是需要为你的想法提取"结构"，让它们变得清晰可见。实现"清晰"可以运用不同的方法，比如选取恰当的形象，比如句子之间的递进或逻辑的关系。"清晰"要求，也是一个自我限制的要求，每一个句子既是延展，又是原地待命，提示和呼唤下一个句子的出现。我称伍尔芙写下的为"镶着金边的句子"，其中每一个局部都是有"滚边"的，那些生动的形象同时提供了自己的"边界"，它们层层叠叠加起来，就是一座精美的宝塔。①

第二，伍尔夫还提出女作家要努力扩大人生视野，积累生活见识与经验。她在《一间自己的屋子》里写道："没有人再比她自己

---

① 崔卫平:《句子，句子》，2008 年 8 月 20 日《中华读书报》。

知道得更清楚,假使她的天才不用在寂寞地瞭望遥远的田野,假使她能得到经验,交游,旅行,那她的天才该获得多大的益处?"①在《妇女与小说》中她又写道:"人生经历对于小说有重大的影响,这是无可争辩的事实。例如,康拉德如果不能当上一名水手,他最好的一部分小说就会毁灭。如果剥夺了托尔斯泰作为一名士兵所获得的关于战争的知识,剥夺了他作为一个富家公子所受的教育给予他的各种经历,以及由此所获得的关于人生和社会的知识,《战争与和平》就会变得令人难以置信地贫乏无味。"②与前述她希望女性创作能在艺术水准上大大提高一样,伍尔夫这里同样充满乐观地预期妇女的小说也"将揭露社会的罪恶,并且提出补救的方案。她们小说中的男女人物,将不会被看做彼此之间完全是在感情上相互发生关系的个人,而是被看做组合成种族、阶级与集团的相互凝聚而又互相冲突的人们"③。

早在五四时代,女作家丁玲即明确表白自己卖文、不卖"女"字。动荡的时局与救亡图存的民族大义,使得一代代女作家自觉加入了启蒙与救亡的社会行列。新时期之后,女作家们再度强调参与社会启蒙的公共使命,固然在很大程度上是出自对部分中国女性主义文学批评者先入为主地用预设的观念想当然地去套文本,以至将文本贬低而为"历史的副本"的僵化、武断批评方式的反感,更多地则是出于人文知识分子的人间情怀和社会责任感,以及五四以来男女作家共赴国难的传统。这也正是中国女作家能够与伍尔夫思想产生共鸣的深刻基础。

---

① 伍尔夫:《一间自己的屋子》,王还译,第86页。
② 伍尔夫:《论小说与小说家》,瞿世镜译,第52—53页。
③ 伍尔夫:《论小说与小说家》,瞿世镜译,第57页。

2002年,在大连大学性别研究中心组织的一次"性别论坛"上,女作家张抗抗即深感忧虑地谈到自己的尴尬处境:"写女人,男人看不起你;不写女人,女人不饶你,这就变成了一个怪圈。是女性主义的绝对化营造了这个怪圈,把女作家圈在了自己的天地里,这对女性写作同样是不利的。"①另一参会的女作家毕淑敏也说:"如果是女作家,就不能去写整个人类的生存发展,那种致命的挑战,包括哲学和思考;如果你写这些,他们就会认为这是女作家中性化——实际上我倒觉得这恰好是评论界一个很严重的问题。……我觉得这是剥夺一个女性作家对这种重大问题的发言的权利。"②

看来,随着新时期以来女性文学的发展,越来越多的女作家意识到了仅仅满足于在一己空间浅吟低唱的局限性,而把目光投向了更为开阔的公共世界。确实,除了对个人空间的关注之外,还必须有对社会的使命感和责任心;除了对个人精神的呈现之外,更重要的还需要强调这一精神的深度与独特性。恐怕只有这样,中国的女性文学写作才能达到真正的自由"飞翔"状态,才能无愧为中国优秀的文学宝藏中的组成部分,也才能无愧为世界女性文学写作中一个重要的方面。

那么,在公共的社会空间中,女性应与男性之间建立与保持怎样的关系?重视女性之间亲密关系的伍尔夫并不排斥与男性的交往、沟通、合作与友谊。事实上,在"布鲁姆斯伯里"她众多的朋友之中,大部分都是男性精英。伍尔夫的"双性同体"观已是人们耳熟能详的,事实上这一思想不仅在20世纪90年代以来的中国女

---

① 李小江等:《文学、艺术与性别》,江苏人民出版社2002年版,第19页。
② 李小江等:《文学、艺术与性别》,第169页。

性文学与文化界成为热点,也对不少作家产生了明显的影响。伍尔夫写道:"两性之间最自然的就是合作。我们有一种深邃的,即使是无理由的、本性,赞成那种理论,就是说男女结合可以达到最大的满足,最完美的快乐。"①就文学创作而言,"在脑子里男女之间一定先要合作然后创作的艺术才能完成。男女之间必须先完成一段婚姻。整个的心一定都要打开,如果要想明了作家是把他的经验异常完整地传达出来,心一定要有自由,要有和平"②。她的小说《奥兰多》以主人公变性的奇异经历为线索,直观地表达了自己长期以来探索两性关系所得出的结论,即"双性同体"。奥兰多在长达四个多世纪的岁月中,身份、性别均发生了改变。作家有意用这种独特的方式,将男性与女性的不同身份、经历和性别体验融合于同一个人物之身,使之既能从男性意识出发去体验女性意识,又能从女性意识出发去对男性意识加以观照,以此来弥合两性之间的鸿沟,达到两性之间的真正融合。在伍尔夫看来,两性融合是突破性别对立的传统思维框架,以至从根本上消除两性之间的对峙状态,达到性别超越之境界的必经之途。

　　正是在伍尔夫"双性同体"观的启发下,陈染提出了"超性别意识"之说。在随笔《炮仗炸碎冬梦》中,陈染写道:"沃尔夫在《一间自己的屋子》里,曾借用柯勒律治的话说:'伟大的脑子是半雌半雄的。'我认为,这话的意思不仅仅指一个作家只有把男性和女性两股力量融洽地在精神上结合在一起,才能毫无隔膜地把情感与思想表达得炉火纯青地完整。此外,我以为还有另外一层意思:一个具有伟大人格力量的人,往往首先是脱离了性别来看待他人

① 伍尔夫:《一间自己的屋子》,王还译,第120页。
② 伍尔夫:《一间自己的屋子》,王还译,第128页。

的本质的。欣赏一个人的时候,往往是无性的。单纯地只看到那是一个女性或那是一个男性,未免肤浅。"①她的意思是说要超越狭隘的单性视角,两性之间要互补兼容,最终上升到普泛的人性高度。这一观点,可以看成是以伍尔夫的"双性同体"观为代表的西方女性主义性别思想在中国本土化的变形,强调的是在性别自觉基础上的超越和兼容。

---

① 陈染:《陈染文集·女人没有岸》,第80—81页。

第十二章　文学与文论史著中的
伍尔夫述评

新时期以来,随着国内对伍尔夫小说、随笔、传记、日记等不同文类著述的译介活动的展开,随着对作家现代小说美学、传记艺术理论及女性文化思想等不断走向深入的阐发,对伍尔夫的研究成果亦体现在相关的文学、文论史著作中。反过来说,通过对新时期以来国内较有代表性并拥有较大影响的文学与文论史著作中有关伍尔夫述评的分析,我们亦可以管窥三十余年来中国外国文学研究在不断解放思想、实事求是、尊重艺术自身发展规律等方面取得的进步以及伍尔夫研究领域取得的成就。因之,对文学与文论史著作中有关伍尔夫述评的梳理,成为伍尔夫汉译与接受研究中不可或缺的重要环节。

随着文学史观、批评方法和话语使用等的不断更新,学术界不断推出的新成果,也逐渐被吸收到文学史与文论史的编写中来,丰富和优化了外国文学、文论史著述的内容。同时,在中外文化和文学交流日益频繁、研究者们的外语水平普遍有所提高的背景下,文学与文论史著编撰者对国外的相关研究资料,包括外国学者编写的多种文学史的了解和借鉴能力,对外国文学作品原文的阅读理解水平,也有了较为明显的提高。

新时期以来,国内出现的拥有较大影响的外国文学史类著作包括石璞的《欧美文学史》(四川人民出版社,1980 年),24 院校编的《外国文学史》(吉林人民出版社,1984 年),朱维之等主编的《外国文学史(欧美卷)》(南开大学出版社,1985 年初版,2004 第三版),陶德臻主编的《东方文学简史》(北京出版社,1985 年),王忠祥主编的《外国文学教程》(上、中、下 3 册,湖南教育出版社,1986 年),郑克鲁主编的《外国文学史(上、下卷)》(高等教育出版社,1999 年),李赋宁任总主编的《欧洲文学史》(1—3 卷,商务印书馆,1999—2001 年),张玉书、李明滨主编的《20 世纪欧美文学史》(1—4 卷,北京大学出版社,2000 年),李明滨主编的《世界文学简史》(北京大学出版社,2002 年),陈惇主编的《西方文学史》(1—3 卷,四川人民出版社,2003 年),吴元迈主编的《20 世纪外国文学史》(1—5 卷,译林出版社,2004 年),等等。体现在伍尔夫研究领域,虽然文学与文论史著中的介绍不及报纸杂志等来得快捷,显得更为迟缓,评价也相对保守,但是毕竟在进步,并在现代文学的评述中占据了越来越大的比重。从中,我们也看到了中国的外国文学学者逐渐挣脱桎梏、与国外研究者彼此呼应、补充的前进轨迹。

第一节 20 世纪 80 年代的基本成果

1981 年,由孙凤城、孙坤荣与谭得伶三位学者共同编写的《现代欧美文学》小册子在北京师范大学出版社出版。伍尔夫的名字开始出现于中国学者自撰的文学史类著作。但关于她及相关作家的创作,书中的论述依然体现出明显的阶级论和反映论痕迹:"这批中小资产阶级作家面对第一次世界大战的残酷情景、二十年代末资本主义世界的经济危机以及三十年代法西斯势力的猖獗,感到惶恐不安。在丑恶的现实面前他们经过绝望的挣扎后,否定现实生活,开始探索人的主观世界。"①接着,编者以小心翼翼的口吻,一方面相对客观地粗略介绍了伍尔夫的创作特点和主要成就;另一方面又显然带着对生活在资本主义世界中的作家创作的戒备,对她的作品流露出来的"消极"情绪持保留态度,对其评价也努力往揭露资本主义世界罪恶的"积极"意义上靠:"维吉尼亚·伍尔芙也属于反对现实主义传统的作家,追求绝对的'精神自由'、'创作自由'。在她看来,在瞬间感到的、想到的一切就是生活。她的重要作品有《达娄威夫人》、《到灯塔去》等。《奥兰多》中的主人公活了三百多岁,一会儿是男人,一会儿又是女人,作者企图用追溯一个贵族世家三百多年的历史来描述人物的各种感受。《幕间》是她最后一部作品,充分表达了第二次世界大战前夕资产阶级知识分子的恐惧、混乱的思想情绪。伍尔芙本人就是在第二次世界大战中自杀的。"②文中使用的"企图"、"恐惧"、"混乱"等词,依然残留着"文革"话语的鲜明印记。

同一年,由刘炳善编著、经陆佩弦审订的大学外语系英语专业教材《英国文学简史》交由上海外语教育出版社出版。在该著第七部分"世纪之交的英国文学"的第五章《二次世界大战之间的英国文学》中,紧接在对乔伊斯的评述之后,出现了较长的一段文字,概括了伍尔夫的生平、文学思想及在意识流小说艺术发展史上的地位,简述了《达罗卫夫人》、《奥兰多》、《海浪》及批评著作《普通读者》的基本内容。或许由于这是一部英文教材的缘故,也或

---

① 孙凤城、孙坤荣、谭得伶编:《现代欧美文学》,北京师范大学出版社 1981 年版,第18—19 页。

② 孙凤城、孙坤荣、谭得伶编:《现代欧美文学》,第19 页。

许由于编著者思想解放的程度有所不同,在这部后来不断获得再版的教材中,庸俗社会学性质的评述并不多见,显得持论较为公允、客观。

1983年,上海译文出版社出版了伍蠡甫主编的《现代西方文论选》,收录了朱虹翻译并被列入作家出版社1962年出版的《现代英美资产阶级文艺理论文选》的《班奈特先生和勃朗太太》一文。这标志着伍尔夫的现代小说理论开始进入了中国大学权威文论教材的视野。

该年,由苏联科学院高尔基世界文学研究所编写的《英国文学史》(1870—1955)也由人民文学出版社出版。该文学史原是1958年在苏联出版的。经过了长期极"左"思潮的泛滥,苏联文坛在20世纪中期之后也开始"解冻"。由此,书中对英国现代主义文学的重新评价也约略体现出苏联文坛自身发生的变化。在下册第十章"从第一次世界大战到第二次世界大战时期的英国文学"中,在提及"心理学派作家"时,编者述及"维琴尼亚·伍尔芙",在简略交代其家世及在"布鲁姆斯贝里"社的重要地位后,这样介绍了她的小说理论和创作成就:"维琴尼亚·伍尔芙是以一种颓废派的'理论家'出现的。她认为所有企图对现实作真实反映的作家,都是轻视某种高度智慧。维琴尼亚·伍尔芙在她所写的收集在《普通读者》一书中的一篇文章里责备威尔斯、高尔斯华绥和班纳特,认为他们在自己的作品里主要注意的是'物质'、'肉体',而不是'精神',他们浪费自己巧妙的手法去描写平淡无奇的、暂时的东西,并且把它们冒充为实在的、永恒的东西。"①这里,编写

---

① 苏联科学院高尔基世界文学研究所编:《英国文学史》(1870—1955)(下册),尚怀娥译,人民文学出版社1983年版,第437页。

者对伍尔夫现代小说观的分析,与上一段文字中提到的《班奈特先生和勃朗太太》彼此呼应,加深了读者的理解。

随后,关于伍尔夫的文学成就,编者接着写道:"维琴尼亚·伍尔芙认为只有人类的内心世界是'实在的、永恒的',因此她在一些小说如《雅各的房间》、《特洛薇夫人》、《到灯塔去》等里面,把描写这种内心世界当做是某种自满自足的东西。以印象主义的手法来作细致的心理细节的描写是这个女作家的特点。但是伍尔芙把她注意观察的那些主人公的精神生活的价值大大地贬低了,这首先是由于她把那些主人公关在一个故步自封的社会圈圈里面,在他们周围创造了养尊处优、娇生惯养的气氛(正因为如此,那些被细致地观察出来的脱离实际生活的感受,常常就似乎无足轻重了)。另一方面,详细而彻底地确定伍尔芙所指的'浮生片刻'的人的一切精神状态以及对消极理解连续不断的印象即'原子意识流'的认识的描写,归根到底都不能塑造出完整无缺的形象,而人的概念也就无法形成。这证明了伍尔芙的作品以及和她同时代的反对现实主义的其他心理学派作家的作品在打开人类内心世界的艺术上并没有前进一步。伍尔芙虽然自命高深,但是在这方面她的成就还不如英国的一些批判现实主义作家,例如高尔斯华绥等。"①

这段论述较为准确地指出了伍尔夫由于缺乏对下层生活的了解而存在的创作视野狭窄、印象主义式的心理描写有时流于抽象与空泛的缺陷,但总体而言,还是站在维护传统的批判现实主义创作方法的基点上进行评价的,所以将伍尔夫划归"颓废派"的行

---

① 苏联科学院高尔基世界文学研究所编:《英国文学史》(1870—1955)(下册),尚怀娥译,人民文学出版社 1983 年版,第 437—438 页。

列。编写者在最后归纳心理学派作家的意义和作品的特点时还这样写道:"确信意识生活有独立自在的意义而人类的社会活动则是次要的或者根本不存在的,不愿意或者不能发现社会生活的规律性和社会的联系与冲突——所有这些都使心理学派作家的作品具有下列特点:即缺乏情节,缺乏开端与结局,事情的发展缺乏连贯性与有机的联系。"①

站在这一立场上,该文学史在第438页的注释②中,在评价伍尔夫的印象主义描写和意识流特点时,还特别指出了作家后期小说《海浪》与《年代》(即《岁月》)"故意脱离生活的"缺点,尤其认为《岁月》"这部小说的情节"虽然"包括了二十世纪的好几十年,可是她故意避而不谈十月革命以及在英国生活中像1926年总罢工那样的大事件"②。我们看到,这部约略体现出"解冻"时期苏联文学除旧布新气象的文学史,亦折射出20世纪80年代初期刚刚步入新时期的中国文坛保守与先锋两种文学观念同时并存的矛盾特征。

1984年由人民文学出版社出版、宗齐翻译的艾弗·埃文斯所撰的《英国文学简史》,是该时期另一部译介进来、有较大影响的英国文学史。该史在最后一章即第十五章"最近的英国文学"中,也约略提及20世纪20年代现代主义文学的成就,非常粗疏地提到伍尔夫的名字,但仅和其他作家并列,并未展开。

1985年,胡经之主编的《西方文艺理论名著教程》由北京大学出版社出版。其中,在20世纪西方文论部分,编者分别评述了弗洛伊德、杜威、"伍尔芙"和萨特尔四家的文学思想。1989年,该教

---

① 苏联科学院高尔基世界文学研究所编:《英国文学史》(1870—1955)(下册),第439页。

② 苏联科学院高尔基世界文学研究所编:《英国文学史》(1870—1955)下册,第438页。

程在再版时,被充实为上、下两册出版,上册为 20 世纪之前的西方
文论部分,而在下册即关于 20 世纪西方文论的内容中,第六章以
17 页的较长篇幅专门论述了伍尔夫的"现代小说"理论,用"伍尔
芙和意识流小说的发展"、"伍尔芙对传统小说的观点"、"伍尔芙
关于'人物中心'和'内在真实'的观点"和"伍尔芙观点的影响及
其评价"四个部分,基本上涵盖了伍尔夫"现代小说"理论的核心
思想,肯定了其对于意识流小说美学与实践的重要贡献。

　　具体说来,第一部分主要述及伍尔夫的家世和文学成就,重点
分析了意识流小说在西方的产生背景和哲学心理学渊源。由于写
作时间较早,作者在背景论述中,依然难以摆脱阶级论思维和冷战
时期意识形态的影响,所以有些观点今天看来并不具有说服力,比
如这段论述:"意识流小说的出现和流行并非孤立现象,它是资本主
义发展到垄断阶段的产物,是资产阶级的日益腐朽没落在意识形态
上的反映。资本主义发展到垄断阶段,不仅国内矛盾日益尖锐,帝
国主义国家间的矛盾也空前激化,终于爆发为第一次世界大战和十
月社会主义革命,随后又是资本主义国家空前严重的经济危机。面
对这种危机四伏、生灵涂炭、经济萧条的局面,一部分知识分子对现
实感到极度的悲观失望。他们感到人类自十八世纪以来所强调的
理性似乎丧失了;科学不仅没有给人类带来幸福,反而带来了灾难
和屠杀;自由、平等、博爱等传统观念似乎也丧失了原来的价值。人
的精神世界,如同经济危机一样,也产生了危机。为了逃避严酷的
现实,一部分敏感的知识分子,就转向自己的内心深处,求得精神上
的安慰和寄托。意识流文艺就是适应这样的需要产生的。"①这里,

---

　　①　胡经之主编:《西方文艺理论名著教程》(下册),北京大学出版社 1989 年
版,第 179—180 页。

我们看到,作为当代西方资本主义工业社会中产生的精神成果,意识流小说同样被想当然地看成了映射资本主义世界腐朽与黑暗甚至反衬社会主义制度优越的佐证。论者没有充分看到西方现代主义文学作为审美现代性的表征反对科技现代性的重要认识价值,同时也忽略了从现代小说艺术自身发展的需要和必然这一角度来思考意识流小说的美学追求。当然,这一部分中,论者也正确地指出了:"伍尔芙是其中最重要的意识流理论家,她在大量的文学评论中充分阐述了意识流的文学理论。"①

第二部分主要围绕《现代小说》和《贝内特先生与布朗夫人》两篇论文,将伍尔夫对传统小说的不满与批评归纳为下列数点:"不满和批评传统小说对人物所处的环境和背景的描写"、"不满和批评传统小说中经常出现的故事情节"、"不满和批评作家对所描写的事物采取正确的评价态度"②,并分别进行了评价,认为"伍尔芙把环境描写和人物刻画截然对立起来,环境不是被视做驱使人物如何行动的根据,而是同人物无关的某种东西"。"伍尔芙在这里否定的不仅是一些生编硬造的爱情故事,而是从根本上否定作为社会矛盾和斗争的集中表现的情节本身。""伍尔芙在这里所批评的,就是威尔斯对社会问题的关心,他对资本主义社会丑恶面的人道主义和改良主义的直率态度。"③论者在此所持的,基本上还是一种传统的文学反映论,甚至用了"典型环境中的典型人物"的教条来框现代小说,未能客观评价伍尔夫在小说观念与艺术革新方面的开拓地位。此时,如前章所述,经过了主要集中于

---

① 胡经之主编:《西方文艺理论名著教程》(下册),第181页。
② 胡经之主编:《西方文艺理论名著教程》(下册),第182—183页。
③ 胡经之主编:《西方文艺理论名著教程》(下册),第182—183页。

1978—1983 年间的外国文学与文论界、当代文学创作界有关现代主义文艺的大讨论之后，出现于 1985 年，并于 1989 年获得再版，在著名大学出版社出版的这部广有影响的西方文论教科书，对意识流小说与伍尔夫尚作出这样的评论，显得颇为滞后与保守。这也可以看出，要消除"左"倾文艺思想和僵化教条在中国根深蒂固的影响，还有待时日。

第三部分主要论述伍尔夫的"人物性格"论与内在真实观，并结合小说《墙上的斑点》和《达罗卫夫人》等以及乔伊斯的《尤利西斯》进行了论述。论者认为"伍尔芙颠倒了物质和精神的关系，把人的物质生活、政治生活以及家庭生活等排除出生活的范围之外"[1]，固然体现出和前文所述一致的、以批判的现实主义为正统的保守一面，但对伍尔夫人性观与真实观的分析、介绍还是准确、细致的，而且也确实指出了意识流小说理论的一些偏激之处，以及理论与实践难以完全吻合的内在缺陷："意识流作家要表现人物意识的不断变化的'河'或'流'，仅凭作家直觉的感受，就能够准确了解、如实再现，是不可能的。他实际上根据的是他自己的心理经验以及心理上的'推理'。这里就有作者明确的认识活动和某些加工。他也不可能把那种变幻不定的意识流都抓住和倾倒出来。当他抓住意识流的某一部分，并用语言固定和表达出来的时候，他实际上就是集中了注意，在某种目的支配下，进行了选择和某些加工。伍尔芙等以为唯有采用'记录'的方法才能表现真实，其实，他们的创作实践并不能否定艺术表现中有目的有意识的活动，并不能彻底摒弃艺术创作中的选择和加工。"[2]

---

① 胡经之主编：《西方文艺理论名著教程》（下册），第 187 页。
② 胡经之主编：《西方文艺理论名著教程》（下册），第 191—192 页。

第四部分论及伍尔夫的理论在当时及其后的重大影响，比如对另一位英国意识流小说家伊丽莎白·鲍温的影响，对20世纪50年代法国新小说派的影响等，这些都是可贵的，但是在评价时依然显出了和前面一致的偏颇和武断之处，比如，从唯物论的反映论出发，认为"内在真实"的观点"割裂了主观和客观、意识和存在、创作和生活的辩证关系，是一种反现实、反理性的主观唯心主义理论"①，认为它是"脱离现实的超现实的真实，从根本上说，就是否认客观现实对于人的意识的决定作用"，"这样，文艺创作也就被看做是一种反理性、反现实的作家的自我表现，从而也就否定了艺术的客观认识作用"②。

综上，到20世纪80年代末，在意识流小说理论与实践客观上已经成为深刻影响了当代中国作家的艺术探索，提供了很好的艺术借鉴，并催生出不少新型创作成果的背景下，这部文论教材中有关意识流的"左"倾评价，显示出不符合文学实际的落后文学观。其实，它在主要部分的概括介绍都不错，但在开头和结尾部分所套的政治性表述，却因和主体脱节而显得牵强。下面这段话再度会使读者想到"文革"时期的话语表述特点，以及在文学观念上唯我独尊、排斥异端、自欺欺人的倾向：意识流"这种注重表现内省经验和变态心理的方法，对于表现资本主义世界中那种变态的人，限于精神空虚、迷惘狂乱、自私和肉欲的人，确是有适应的一面。但是，对于处于不断行动和实践中的人，对于为自由、解放而进行斗争的人，这种方法就很难不是歪曲的了。……与其说意识流方法适应于表现现代生活和现代人，

---

① 胡经之主编:《西方文艺理论名著教程》(下册)，第193页。
② 胡经之主编:《西方文艺理论名著教程》(下册)，第194页。

不如说它证明了资产阶级的意识形态在理解和解释生活方面的无力"①。该部分论述的另一缺陷在于，由于新时期伍尔夫作品的中译尚未全面铺开，论者的结论主要还是根据当时已有译文的《现代小说》和《贝内特先生与布朗夫人》两篇论文得出的。从引文中可以看出，基本上没有参照伍尔夫的众多随笔、日记、书简等其他材料。由于引证资料不够全面、丰富，难免使论述显得较为单薄。

　　同年，由陈焘宇、何永康所编的《外国现代派小说概观》在江苏人民出版社以内部发行的形式出版。编者在"编后"中说明：正是不久前国内出现的"现代派"热，成为他们编撰此书的基本背景，所以提出了"不能采取锁国政策，一概排斥，闭目塞听，而是要在有选择地介绍的同时，加强分析和评论"②的宗旨。《概观》所论对象，包括11种当时被认为属于现代派范畴的小说派别，即表现主义、超现实主义、意识流、南方文学派、迷惘的一代、新感觉派、存在主义文学、新小说派、垮掉的一代、黑色幽默和魔幻现实主义文学。在介绍到每一流派时，都有一篇评介文章，着重说明该流派的产生背景、基本理论主张、代表性作家及作品、创作特点等，而在评介文章之后附以该流派有代表性和"较少消极因素"的作品。虽然在意识流部分并没有选择伍尔夫的小说，但在意识流小说发展概况的描述中，编者还是较为细致、深入地分析了《达罗卫夫人》、《到灯塔去》和《海浪》的内容与结构特点，给读者提供了较为丰富的感性认识。

---

　　①　胡经之主编：《西方文艺理论名著教程》（下册），第194—195页。
　　②　陈焘宇、何永康编：《外国现代派小说概观》，江苏人民出版社1985年版，第713页。

从《西方文艺理论名著教程》和《外国现代派小说概观》中有关意识流小说的大相径庭的态度和评价来看，国内文论界、文学界的观点还远非统一。总体上说，无论是我国学者自行撰著还是选择译介的文学与文论史类著作中对伍尔夫的评价，相对于当时的中国文坛发展态势和创作界的热情而言，大多显得保守而落后。当然，持兼收并蓄的文学进化与多元立场的学者的存在，也表明中国学术界尚有许多的有识之士。这一时期还要大书特书的，是另一部个人撰写的文学史的出现。作为同时期出现的文学史类著作中的佼佼者，上海外国语大学教授侯维瑞撰著的《现代英国小说史》，大大提升了本阶段文学史著中有关伍尔夫的论述水平。

1985年，《现代英国小说史》由上海外语教育出版社出版。作为个人独立撰著的小说史，该著不仅避免了国内多人写史，观点与写作风格不一且缺乏鲜明的写作个性的缺陷，而且融文学发展史述、作家评传、故事梗概和作品分析于一炉，成为国内系统研究现代英国文学最早的专著之一，被誉为"填补我国当代英国文学研究的一个空白"，具有"里程碑"意义的著作，"不仅国内尚属首创，即使置之国外同类出版物中亦卓尔不群"。该小说史曾荣获"1979—1985年上海市哲学社会科学优秀著作一等奖"，1985年又荣获"全国高等学校首届人文社会科学研究优秀成果二等奖"。

如作者在"前言"中所述："这本《现代英国小说史》试图以时间阶段为经、流派运动为纬，探讨从19世纪末、20世纪初至第二次世界大战结束这一时期内英国小说的沿革，着重从现实主义和现代主义的交替变化中讨论现代小说创作和理论的发展，通过对小说这种最重要、最流行的文学体裁的观察来揭示二十世纪英国文学所走过的道路。"①非常可贵的一点是,作者虽然说明"本书在评论作品时,注意以马列主义观点为指导",但同时又"力求在坚持社会、道德价值的前提下介绍如何从不同角度观察一部作品",指出"用一套一成不变的路子,将丰富多彩的文学现象放在极其狭隘的范围内作非黑即白的评判,实在是不足取的"②,而简单武断的操作针对20世纪令人眼花缭乱的现代主义文学来说,则更会显得捉襟见肘。这一论点的提出,在20世纪80年代中期大部分同类文学史撰写者尚未有效摆脱庸俗社会学模式的背景下,显出作者出众的胆识。如作者所提出的,"由于现代小说在小说形式和写作技巧上具有重大的变化,本书也更着重小说结构技巧和语言风格特征的探讨,对于重要作家的艺术倾向均作专门论述"③。这种对小说艺术本体的细致研究,对形式技巧和风格特征的高度重视,由于对研究者本人的艺术功力提出了莫大的挑战,所以甚至在迄今为止的文学史写作中,也是不可多得的。

具体到评述英国意识流小说的部分,该著对伍尔夫研究的广度与深度,亦堪称大部分英国文学史著都难与匹敌。在第二节中,作者在"在病魔的阴影下勤奋创作"、"与传统作家的论战"、"《达罗卫夫人》和早期作品"、"《到灯塔去》:成熟的时期"、"《浪》和后期作品"与"小说形式上的改革"6个小标题下,分述了伍尔夫的创作成就与特色,详略有当地介绍了包括《远航》、《夜与日》、《星期一或星期二》、《雅各的房间》、《达罗卫夫人》、《到灯塔去》、《奥兰多》、《海浪》、《岁月》、《幕间》、《弗拉西》等在内的几乎所有的

---

①　侯维瑞:《现代英国小说史·前言》,上海外语教育出版社1985年版,第1页。

②　侯维瑞:《现代英国小说史·前言》,第2页。

③　侯维瑞:《现代英国小说史·前言》,第3页。

小说作品;而在评述过程中,作者结合文本解读,细致分析了作家在作品风格和时间处理方面所进行的改革,比较了她的意识流艺术与乔伊斯等作家的异同;在论述《到灯塔去》中众说纷纭的有关灯塔的象征意蕴时,论者则多方面说明了其丰富的含义,列出各家观点供读者思考:"那相间变换的明和暗可以象征人生的喜和悲、幸福和不幸的交替,也可以象征人们相互关系之间光明与阴暗的更迭。从另一种意义上说,灯塔也可以代表人们要探索的对象和要实现的目标;它所带来的光明和温暖,也可能体现了拉姆齐太太在冷漠和混乱中所要建立的和睦和安宁。"①

作为一位熟谙现代英国小说发展轨迹的文学史家,侯维瑞先生同样没有一味溢美,而是公允地指出了伍尔夫在展现社会生活的广度和深度方面的不足,认为"由于她的生活经历狭隘,沃尔夫的作品没有能够展示一幅现代社会生活的广阔图景,也缺乏最杰出作家所达到的那种思想深度。她关于人生意义和人类关系的探讨,有时不免流于空泛"②。较之前述部分著作中编写者声色俱厉的政治化表述,侯维瑞的评价显得平和、客观而公允,亦能给读者带来更大的启示与更多的阅读享受。

除了文学史著译中的相关论述之外,这一时期文论选本中对伍尔夫理论思想的重视,也为下一阶段研究的深入准备了较好的基础。

1985 年,由王春元、钱中文主编的"现代外国文艺理论译丛"之一的《英国作家论文学》收入了伍尔夫的三篇文论,分别是《当代文学》、《俄国观点》和《感伤旅行》。

---

① 侯维瑞:《现代英国小说史》,第 301 页。
② 侯维瑞:《现代英国小说史》,第 310—311 页。

　　这一时期广有影响的另一部文论选本,是伍蠡甫、胡经之共同主编的《西方文艺理论名著选编》,由北大出版社于1987年出版,选编目的显然是为了与前述教程配套使用。其中收录了《现代小说》和《班奈特先生和勃朗太太》两篇论文。

　　1987年,上海译文出版社也出版了英国著名作家兼批评家戴维·洛奇所编的《二十世纪文学评论》一书,在这部被列入"外国文艺丛书"的评论文集上册中,收入了赵少伟翻译的维吉尼亚·伍尔夫《现代小说》一篇。

第二节　20世纪90年代以来的主要收获

　　进入20世纪90年代以来,文学与文论史著中有关伍尔夫的论述比重大为增加,涉及内容亦有所拓展。伍尔夫在其他方面的诸多成就与特色,如散文艺术与性别文化观等,亦在文学史的发展框架中获得了审视。这其中较有代表性的,是1996年由商务印书馆出版的王佐良著《英国文学史》,以及总主编为李赋宁,主编为罗芃、孙凤城、沈石岩的新编3卷本《欧洲文学史》,由商务印书馆于1999—2001年间出齐。

　　王佐良所著《英国文学史》在第十八章《二十世纪小说》和第十九章《二十世纪散文》中,分别论述了伍尔夫在小说和散文两方面的贡献。

　　王先生首先提到戴维·洛奇在《现代主义小说的语言:比喻与换喻》中所概括的"现代主义小说"的三点特征:第一,形式上有试验、创新,与已有叙述方式明显不同;第二,内容上着重感觉,包括半自觉与不自觉的内心活动;第三,叙述不按照一般时间顺序,而采取一种复杂、流动的处理办法,常有颠倒与回溯;叙述的角度是有限的或多方位的,没有一个万能的、无所不知、无所不在的叙述者。① 随即指出:"凡包括上述三点中一、二点或全部的可以算做现代主义小说。"②

　　除了从此角度展开对伍尔夫小说的论述外,王著的新颖之处还在于并未人云亦云地只谈伍尔夫的意识流技巧而不及其他,而是在大体说明了她的现代小说理论之后,接着指出:"她也用意识流的手法,但还有许多别的技巧:交响乐乐章式的结构,对于节奏和'肌理'(texture)的注意,文字的雅洁,整个写法的诗化趋势,等等。"③音乐结构、诗化的风格、对语言精致优美的追求等,都是伍尔夫小说艺术的突出特点,但在之前的文学史论述中,却常常被大而化之的意识流这顶帽子所遮蔽。王先生在这里特别提到了伍尔夫"许多别的技巧",是提醒研究者们要进一步拓宽视野,注意作家的创作个性。

　　随后,王著着重以《到灯塔去》为例,对上述特点进行了说明,首先概括了小说的各部分结构与各自内容,然后重点分析了拉姆齐夫人的形象。王先生认为:"拉姆齐夫人和莉丽代表艺术,拉姆齐先生则代表一种理性精神,两者平时是对立的,但在最后到达灯塔的那一刻,艺术和人生达到了暂时的统一。"④关于灯塔,王先生认为:"灯塔也既是实物,又是象征。……灯塔可以是奇幻的、浪漫的楼台,也可以是'光秃秃的'现实。弗琴尼亚·吴尔夫的眼光毕竟比那些'物质主义者'高明。"⑤

---

① 王佐良:《英国文学史》,商务印书馆1996年版,第557页。
② 王佐良:《英国文学史》,第557页。
③ 王佐良:《英国文学史》,第562页。
④ 王佐良:《英国文学史》,第564页。
⑤ 王佐良:《英国文学史》,第564页。

　　王著出色的批评观还体现在根据具体作家和文本的特点加以评析,努力把握其独特个性。如前所述,他虽然在关于"现代主义小说"的界定问题上参用了戴维·洛奇的观点,但并未盲从,而是又提出:"彻头彻尾的现代主义小说是难找的。只有乔伊斯的《尤利西斯》和弗琴尼亚·吴尔夫的《到灯塔去》有较多的现代主义特征,但即使它们也未能完全抛弃现实主义。"①众多论者在述及《到灯塔去》时,大多将之视为与现实主义创作方法对立之作,王先生却肯定了其中现实主义元素的存在及与伍尔夫早期创作之间的联系,可谓慧眼独具。

　　在第十九章"二十世纪散文"中,王著同样独特地评说了伍尔夫的散文文笔之美:"凡接触过她的文字的人,几乎没有一个不认为她写得美。这美当然不是传统的华丽辞藻所构成的,甚至不是她的朋友里顿·斯屈奇的那种讲究章法的美,而是她自己在《一间自己的房间》里提倡的'女性的句法'之美:清澈,灵活,清新,在这些背后则是有新思想的头脑。"②这里,王先生将伍尔夫独具的清澈美丽的文笔与她追求与重视"女性的句法"的女性主义文学主张联系了起来,提出了有关伍尔夫语言研究的一种新的思路。

　　王佐良1998年在商务印书馆出版的另一部专著《英国散文的流变》在论及伍尔夫的现代小说观念与注重内在真实的小说实验时,还特别指出了俄罗斯文学,尤其是契诃夫、托尔斯泰和陀思妥耶夫斯基擅长描写人物内心的特色对她的影响,强调了"在英国现代主义的实验性小说——包括她自己所作——的形成中,俄国

---

① 王佐良:《英国文学史》,第571页。
② 王佐良:《英国文学史》,第615页。

人是投加了重大影响的"。① 结合伍尔夫阅读与创作的时代来看，俄罗斯文学艺术的输入确实对英国乃至欧洲上层知识分子的审美趣味产生了莫大的影响。如前所述，伍尔夫本人的文学随笔中即有数篇是专门论及俄罗斯小说及其他艺术的。因此，王先生的这一观点也提醒人们要进一步加强有关伍尔夫甚至整个英国现代主义文艺与俄罗斯文艺关系问题的研究。

除了论述伍尔夫所受俄罗斯古典文学的影响外，王著还论及她的美学趣味所受到的英国文学传统的影响，认为她的情感深处——她的"灵魂"之内——还响着十六、十七世纪英国诗剧的韵律："《普通读者》里有一篇题为《读一个伊丽莎白朝剧本的笔记》的文章，可能是她最好的文论了，写得既精辟，又有深度，而且涉及不同文学体裁——戏剧与小说，诗与散文——的根本区别。"②所以，无论是《英国文学史》还是《英国散文的流变》，作为学问精深的老专家的呕心沥血之作，出手还是不同凡响。王佐良先生的研究，对中青年一代起到了很好的示范作用。

由杨周翰先生领衔，经过以北大和社科院外文所为主的诸多单位专家的合作而问世的《欧洲文学史》，于 1964 年在人民文学出版社出版了上卷。下卷完成于 1965 年，但直至 1979 年才首次问世。作为新中国成立后第一部欧洲文学史教科书，《欧洲文学史》为我国外国文学的教学和科研作出的贡献是毋庸置疑的。然而，由于撰写时正值"文革"前夕，时代也在这部文学史中投下了很多政治化的阴影。也正是出于矫正时弊的宗旨，20 年后，在李赋宁先生总主持下，新编的《欧洲文学史》1—3 卷由商务印书馆在

---

① 王佐良：《英国散文的流变》，商务印书馆 1998 年版，第 237 页。
② 王佐良：《英国散文的流变》，第 237 页。

1999—2001 年间陆续推出,更新了很多观点,亦增加了许多新的内容。第三卷上册主要覆盖"二十世纪二次大战前欧洲文学",其中在涉及英国现代主义文学时,由黄梅执笔,写了关于弗吉尼亚·伍尔夫的部分,内容有 8 页之多。在介绍伍尔夫的身世时,黄梅较为详细地论述了伍尔夫优越的成长环境、"布鲁姆斯伯里团体"的活动、她以文学随笔与评论开始的试笔阶段、她在文坛崭露头角并与爱德华时代三位老作家的论战,以及她崇尚"精神主义"的文学观。随后,论者转入了对伍尔夫最重要的数部小说作品的分析、介绍与评论。作为英国文学研究专家,黄梅同样对《达罗卫夫人》并非只有溢美之词,而是从艺术的角度指出了其中的不足,认为"小说结构严谨、文笔优雅,但不免有些失之单薄",指出"吴尔夫刻意安排了史密斯这个角色,说明她意识到仅仅刻画达洛维生活圈有很大的局限性。然而令人遗憾的是,有关史密斯的章节并不十分成功,相对而言比较呆板、比较概念化,用语也过于接近有修养的上层人士,并没能像乔伊斯的布鲁姆一样带来中下层市井生活的丰富庞杂的语言和比较深厚的社会内容"[1]。我们结合过去无论是否定还是溢美都是从政治性角度出发,缺乏艺术审视的评价来比较,黄梅的分析不仅涉及伍尔夫由于上层知识分子生活圈的狭窄而导致的对下层人士刻画的不足,还指出了其由于生活阅历的单薄所造成的语言缺乏多样性等问题。在《到灯塔去》的评述部分,黄梅指出了小说中"象征的重要性",认为"灯塔及其光芒和女主人公拉姆齐夫人的精神世界合而为一,使灯塔成为贯穿并组织

---

[1] 李赋宁总主编:《欧洲文学史》第 3 卷(上册),商务印书馆 2001 年版,第 80 页。

全书叙述的主导性象征物"①。而在《海浪》的介绍中,论者同样列出了批评界有关它的不同观点,供读者参考。

作为之前出版的数部伍尔夫文集的编译者,黄梅还对作家的随笔散文高度重视,给予了重要篇幅进行介绍,将其以《普通读者》为代表的散文分成三类:第一类是写生活中的经历和体验的短篇随笔,第二类是有关文学史、文学理论、作家和作品的论文和评论。第三类则是有关妇女问题的文字。作为一名女性学者,感应着当代西方和中国学界对女性主义文化与文学研究的热情,黄梅特意介绍了《一间自己的屋子》和《三个基尼》中的女性主义思想,凸显了伍尔夫作为当代女性主义文化与文学批评先驱的重要地位。

朱维之、赵澧主编的高等学校文科教材《外国文学史》最初于1985年由南开大学出版社出版,被众多院校采用为中文系教材,在国内高校拥有广泛影响。1993年修订再版。2003年第3次修订后,于2004年出版。经过从二版到三版的不断调整完善,有关意识流文学的篇幅大大增加,普鲁斯特、乔伊斯和福克纳都被单列专节论述,在"概述"部分也给予了伍尔夫较大的篇幅,特别强调了伍尔夫"也是现代西方女权主义文学的开拓者之一"②的地位。

郑克鲁主编的"面向21世纪课程教材"《外国文学史》(上、下卷,高等教育出版社,1999年)中,则强调了伍尔夫"在运用第三人称的间接内心独白表现人物意识方面,取得了突出成就"③。

英国学者安德鲁·桑德斯所著的《牛津简明英国文学史》由

---

① 李赋宁总主编:《欧洲文学史》第3卷(上册),第81页。

② 朱维之、赵澧、崔宝衡主编:《外国文学史》欧美卷,南开大学出版社2004年版,第529页。

③ 郑克鲁主编:《外国文学史》(下册),高等教育出版社1999年版,第109页。

谷启楠、韩加明、高万隆三名学者翻译，于 2000 年在人民文学出版社出版。在下册第九章《现代主义及其选择：一九二〇年至一九四五年间的文学》中，论者花了 5 页的笔墨，专门论述伍尔夫，对伍尔夫的现代小说美学思想及其与罗杰·弗莱、克莱夫·贝尔艺术理论之间的关系，她的《到灯塔去》、《年岁》（即《岁月》）、《达罗卫夫人》、《奥兰多》和《一间自己的屋子》等，都作了简要的评述。

　　进入 21 世纪之后，中国学者自撰的较大规模且较有影响的外国文学史类著作首推吴元迈主编的 5 卷本《20 世纪外国文学史》，于 2004 年由译林出版社出版。在第 2 卷"1914 年至 1929 年的外国文学"第 2 章《英国文学》中，列有专节介绍了伍尔夫的创作，长达 12 页的篇幅。这部分文字的主要特色在于融入了较多、较新的当代西方研究成果，并明确将伍尔夫的创作分为早、中、后三个时期，认为她的"创作总体结构呈现一种循环模式。两部采用传统现实主义形式的小说《出航》与《夜与日》是其开端。中期实验作品以意识流小说为主，《雅各布的房间》、《达罗卫夫人》、《到灯塔去》、《奥兰多》与《海浪》相继问世，最后两部小说《岁月》与《幕间》重新又回复到外部现实"①。这样，伍尔夫小说创作方法变化的脉络，被较为清晰地勾勒了出来，但该史对其早期"传统现实主义形式"与后期"回复到外部现实"之间的联系与区别的分析却并未深入挖掘下去，殊为可惜。同时，该著另一个有贡献之处在于，对后期作品如《岁月》与《幕间》花了较多的笔墨予以评介。还有，就是对伍尔夫的女性主义思想也予以高度重视并作出了评价。本部分作者写道："吴尔夫的现代主义思想与女性主义思想体现了她对于现实主义文学传统与父权制社会传统的独特反思与深刻背

———————

① 吴元迈主编：《20 世纪外国文学史》第 2 卷，译林出版社 2004 年版，第 112 页。

离。两者互为补充,不可分割地构成其思想主流而贯穿整个创作生涯。"①认为"除去专门讨论女性问题的《一间自己的屋子》、《三个基尼》、《妇女与小说》、《妇女的职业》等论文,在她的许多现代主义名篇中,女性主义的观点也巧妙地隐含其中"②。随后,论者不仅较为详细地介绍了《一间自己的屋子》中观点的精粹,还向读者介绍了当代西方随着女性主义文学批评理论的发展,对伍尔夫的新的研究成果,从性别的视角综合看待了伍尔夫的小说写作:"如果达罗卫夫人、拉姆齐夫人以及小说中众多的母亲扮演了传统性别结构中'屋中天使'的角色,那么拉切尔以及艾琳娜的经历,则代表了'文化人的女儿'这一群体的命运,拉姆齐先生、拉切尔之父和帕吉特上校的性格中,则多少呈现出父权专制者的特征,而两性间和谐的合作则被海伦、玛丽等人体现出来,在奥兰多的传奇中更是达到了不可思议的完美程度。"③

2001 年,由殷企平、高奋与童燕萍合著的《英国小说批评史》在上海外语教育出版社出版,其中第五章《伍尔夫和她的生活决定论》由殷企平所撰。作者尝试对伍尔夫的小说理论作更为简明的概括,强调了其真实论与实际生活的联系,将之归纳为"生活决定论",并在学术观点上与瞿世镜展开了商榷,对瞿世镜有关"主观真实论"的概括提出了质疑,认为"'主观真实论'这样的定性词容易造成错觉,使人误以为伍氏单纯地把主观和真实等量齐观,而实际上她的真实论深深地扎根在了实际生活的土壤"④。作者还

① 吴元迈主编:《20世纪外国文学史》第2卷,第119页。
② 吴元迈主编:《20世纪外国文学史》第2卷,第119页。
③ 吴元迈主编:《20世纪外国文学史》第2卷,第120页。
④ 殷企平、高奋与童燕萍:《英国小说批评史》,上海外语教育出版社2001年版,第185页。

专门分析了伍尔夫有关素材取舍和人物塑造等方面的观点,认为这些思想同样是伍尔夫"生活决定论"的扩展与延伸。由此,作者提出不能往伍尔夫头上简单地扣现代主义帽子的观点,因为她的"生活决定论"表明,她与19世纪英国的小说批评传统之间还是有着深厚的渊源关系的。上述分析,一方面体现出作者作为19世纪英国文学专家更其强调伍尔夫与英国文学传统之联系的特色;另一方面也表现出中国学者在广泛深入研究的基础上,不满足于简单化的定性,而是有理有据地展开争鸣的良性学术态势。

综上所述,较之20世纪80年代,90年代以来到进入21世纪之后的文学与文论史研究成果,除了肯定伍尔夫之于现代小说理论与实践的突出贡献之外,也更其重视她的女性主义文化与文学思想。这显然是90年代以来随着西方女性主义文论的引进,中国文论界、女性文学研究界、现当代文学界和外国文学界对伍尔夫的普遍热情和丰富研究成果的一种映射。此外,对伍尔夫的研究面不断拓展,作家除意识流小说之外的其他众多文学成果几乎都得到了中国文学、文论史研究者不同程度的关注,虽然这种关注尚不够深入。造诣精深的专家学者的参与,使得中国的外国文学、文论史著作中有关伍尔夫的论述水平大为提升。庸俗社会学与"左"倾教条的影响力明显减弱,学者们在社会、道德评价之外,尤其重视伍尔夫作品的艺术特征与价值,艺术本体批评在文学史写作中的地位不断得到提升。无论如何,这都是一种好的趋向,而这种趋向同样也体现在对欧美其他优秀作家作品的评价之中。

2000年,漓江出版社出版了一部具有一定工具书性质的书,书名为《20世纪影响中国的百部中外文学名著提要》,其中收录了普鲁斯特的《追忆似水年华》,乔伊斯的《尤利西斯》、《都柏林人》和《青年艺术家的肖像》,福克纳的《喧哗与骚动》、《押沙龙!押沙龙!》和《我弥留之际》以及伍尔夫的《到灯塔去》和《达罗卫夫人》。收录的缘起与依据,是《中华读书报·国际文化》专栏编辑部和外研社读者俱乐部联合发起的有关"20世纪百部文学经典"的评选及其结果。这次活动开始于1999年3月,截至1999年9月,主办方回收了来自全国各地的教师、工人、农民、学生、军人和科研人员等的调查问卷。这些读者不仅积极参与了评选活动,还大多为自己心目中的佳作排出座次,而伍尔夫的上述两部意识流作品即位列这百部文学经典之中。或许上述活动与结果并不能说明太多问题,也并不具有绝对的意义,但无疑从一个侧面反映了中国读者对伍尔夫丰富多彩、诗意而高贵的诸多作品的喜爱。回视20世纪以来弗吉尼亚·伍尔夫这朵清丽、幽雅的英格兰百合在中国文坛绽放的历程,我们亦从一个侧面看到了中国文学向现代性转型的曲折但又不可逆转的轨迹,看到了宽松、开放的文化环境对于学术发展的良好影响,以及20世纪中外文化与文学交流中中国知识界的独特立场与贡献。

主要参考文献

1. 贝尔,昆汀:《伍尔夫传》,萧易译,江苏教育出版社 2005 年版。

2. 贝尔,昆汀:《隐秘的火焰:布鲁姆斯伯里文化圈》,季进译,江苏教育出版社 2006 年版。

3. 波德莱尔,夏尔等:《西窗集》,卞之琳译,安徽教育出版社 2007 年版。

4. 波伏瓦、西蒙娜·德:《第二性》,陶铁柱译,中国书籍出版社 1998 年版。

5. 陈焘宇、何永康编:《外国现代派小说概观》,江苏人民出版社 1985 年版。

6. 陈焜:《西方现代派文学研究》,北京大学出版社 1981 年版。

7. 陈思和:《鸡鸣风雨》,学林出版社 1994 年版。

8. 陈徒手:《人有病 天知否:一九四九年后中国文坛纪实》,人民文学出版社 2000 年版。

9. 陈学勇编:《林徽因文存·散文 书信 评论 翻译》,四川文艺出版社 2005 年版。

10. 崔卫平:《看不见的声音》,浙江人民出版社 2000 年版。

361

11. 戴锦华:《涉渡之舟——新时期中国女性写作与女性文化》,北京大学出版社2007年版。

12. 戴锦华:《隐形书写——90年代中国文化研究》,江苏人民出版社1999年版。

13. 方长安:《对话与20世纪中国文学》,湖北人民出版社2005年版。

14. 弗里德曼,梅:《意识流,文学方法研究》,申丽平等译,华东师范大学出版社1992年版。

15. 葛桂录:《中英文学关系编年史》,上海三联书店2004年版。

16. 龚翰熊:《西方文学研究》,福建人民出版社2005年版。

17. 汉弗莱,罗伯特:《现代小说中的意识流》,刘坤尊译,广西师范大学出版社1992年版。

18. 贺照田编:《朱光潜学术文化随笔》,中国青年出版社1998年版。

19. 侯维瑞:《现代英国小说史》,上海外语教育出版社1985年版。

20. 胡经之主编:《西方文艺理论名著教程》,北京大学出版社1989年版。

21. 贾植芳、陈思和主编:《中外文学关系史资料汇编(1898—1937)》,广西师大出版社2004年版。

22. 瞿世镜:《意识流小说家伍尔夫》,上海文艺出版社1989年版。

23. 瞿世镜:《音乐·美术·文学:意识流小说比较研究》,学林出版社1991年版。

24. 瞿世镜编选:《伍尔夫研究》,上海文艺出版社1988年版。

25. 瞿世镜编选:《意识流小说理论》,四川文艺出版社 1989 年版。

26. 朗格,苏珊:《艺术问题》,滕守尧译,中国社会科学出版社 1983 年版。

27. 劳伦斯,帕特丽卡:《丽莉·布瑞斯珂的中国眼睛》,万江波等译,上海书店出版社 2008 年版。

28. 李春林:《东方意识流文学》,辽宁大学出版社 1987 年版。

29. 李赋宁总主编:《欧洲文学史》第 3 卷上册,商务印书馆 2001 年版。

30. 李健吾:《咀华集 咀华二集》,复旦大学出版社 2005 年版。

31. 李玲:《中国现代文学的性别意识》,人民文学出版社 2002 年版。

32. 李欧梵:《上海摩登——一种新都市文化在中国 1930—1945》,毛尖译,北京大学出版社 2001 年版。

33. 李欧梵:《中国现代作家的浪漫一代》,王宏志等译,新星出版社 2005 年版。

34. 李泽厚:《中国现代思想史论》,天津社会科学出版社 2003 年版。

35. 林丹娅:《当代中国女性文学史论》,厦门大学出版社 1995 年版。

36. 林德尔·戈登:《弗吉尼亚·伍尔夫:一个作家的生命历程》,伍厚恺译,四川人民出版社 2000 年版。

37. 凌叔华:《古韵》,傅光明译,中国华侨出版社 1994 年版。

38. 凌叔华著、陈学勇编撰:《中国儿女——凌叔华佚作·年谱》,上海世纪出版股份有限公司上海书店出版社 2008 年版。

39. 刘慧英:《走出男权传统的藩篱——文学中男权意识的批判》,三联书店 1995 年版。

40. 刘介明:《类同研究的再发现:徐志摩在中西文化之间》,中国社会科学出版社 2003 年版。

41. 柳鸣九主编:《意识流》,中国社会科学出版社 1989 年版。

42. 陆扬、李定清:《伍尔夫是怎样读书写作的》,长江文艺出版社 1998 年版。

43. 罗森鲍姆,S. P. 编著:《回荡的沉默:布鲁姆斯伯里文化圈侧影》,杜争鸣、王杨译,江苏教育出版社 2006 年版。

44. 罗森鲍姆,S. P. 编著:《岁月与海浪:布鲁姆斯伯里文化圈人物群像》,徐冰译,江苏教育出版社 2006 年版。

45. 马良春、张大明等主编:《中国现代文学思潮史》,十月文艺出版社 1995 年版。

46. 孟繁华:《1978:激情岁月》,山东教育出版社 1998 年版。

47. 孟悦、戴锦华:《浮出历史地表:现代妇女文学研究》,中国人民大学出版社 2004 年版。

48. 孟昭毅、李载道主编:《中国翻译文学史》,北京大学出版社 2005 年版。

49. 莫依,陶丽:《性与文本的政治——女权主义文学理论》,林建法、赵拓译,时代文艺出版社 1992 年版。

50. 钱理群:《1948:天地玄黄》,山东教育出版社 1998 年版。

51. 乔以钢:《低吟高歌:20 世纪中国女性文学论》,南开大学出版社 1998 年版。

52. 乔以钢主编:《多彩的旋律——中国女性文学主题研究》,南开大学出版社 2003 年版。

53. 桑德斯,安德鲁:《牛津简明英国文学史》,谷启楠、韩加

明、高万隆译,人民文学出版社 2000 年版。

54. 宋耀良:《十年文学主潮》,上海文艺出版社 1988 年版。

55. 孙致礼编著:《我国英美文学翻译概论:1949—1966》,译林出版社 1996 年版。

56. 汪介之:《回望与沉思:俄苏文论在 20 世纪中国文坛》,北京大学出版社 2005 年版。

57. 王春元、钱中文主编:《英国作家论文学》,汪培基等译,三联书店 1985 年版。

58. 王佐良:《英国散文的流变》,商务印书馆 1998 年版。

59. 王佐良:《英国文学史》,商务印书馆 1996 年版。

60. 韦勒克,雷纳:《近代文学批评史:1750—1950》第 5 卷,杨自伍译,上海译文出版社 2002 年版。

61. 吴锡民:《接受与阐释:意识流小说诗学在中国(1979—1989)》,中国社会科学出版社 2008 年版。

62. 吴元迈主编:《20 世纪外国文学史》第 2 卷,译林出版社 2004 年版。

63. 伍尔夫,弗吉尼亚:《论小说与小说家》,瞿世镜译,上海译文出版社 2009 年版。

64. 伍尔夫,弗吉尼亚:《一间自己的屋子》,王还译,三联书店 1989 年版,

65. 伍厚恺:《弗吉尼亚·伍尔夫:存在的瞬间》,四川人民出版社 1999 年版,

66. 谢天振、查明建主编:《中国现代翻译文学史:1898—1949》,上海外语教育出版社 2004 年版。

67. 徐坤:《双调夜行船:九十年代的女性写作》,山西教育出版社 1999 年版。

68. 徐志摩:《徐志摩全集》,广西民族出版社1991年版。

69. 严家炎:《严家炎论小说》,江西高校出版社2002年版。

70. 严家炎:《中国现代小说流派史》,人民文学出版社1995年版。

71. 杨莉馨:《西方女性主义文论研究》,江苏文艺出版社2002年版。

72. 杨莉馨:《异域性与本土化:女性主义诗学在中国的流变与影响》,北京大学出版社2005年版。

73. 叶君健:《读书与欣赏》,武汉大学出版社1985年版。

74. 伊格尔顿,玛丽编:《女权主义文学理论》,胡敏等译,湖南文艺出版社1989年版。

75. 易晓明:《优美与疯癫:弗吉尼亚·伍尔夫传》,中国文联出版社2002年版。

76. 殷企平、高奋、童燕萍:《英国小说批评史》,上海外语教育出版社2001年版。

77. 袁可嘉:《现代派论·英美诗论》,中国社会科学出版社1985年版。

78. 张京媛主编:《当代女性主义文学批评》,北京大学出版社1992年版。

79. 张英进:《中国现代文学与电影中的城市:空间、时间与性别构形》,秦立彦译,凤凰出版传媒集团、江苏人民出版社2007年版。

80. 张静二编:《西洋文学在台湾研究书目(1946年—2000年)》(上、下),台北市"国家科学委员会"2004年版。

81. 赵凌河:《中国现代派文学引论》,辽宁人民出版社1990年版。

82. 朱虹、文美惠主编:《外国妇女文学词典》,漓江出版社 1989 年版。

83. 朱寿桐:《新月派的绅士风情》,江苏文艺出版社 1995 年版。

84. Bishop, Edward, *A Virginia Woolf Chronology*, London: The Macmillan Press LTD. 1989.

85. Blain, Virginia & Isobel Grundy, Patricia Clements eds. , *The Feminist Campanion to Literature in English: Women Writers From The Middle Ages to the Present*, New Haven and London: Yale University Press, 1990.

86. Froula, Christine, *Virginia Woolf and the Bloomsbury Avant-Garde*, New York: Columbia University Press, 2005.

87. Gilbert, Sandra M. & Susan Gubar, *The Madwoman in the Attic: The Woman Writer and the Nineteenth-Century Literary Imagination*, New York: Yale University Press, 2000.

88. Laurence, Patricia, *Lily Briscoe's Chinese Eyes: Bloomsbury, Modernism and China*, University of South Carolina Press, 2004.

89. Morris, Pam, *Literature and Feminism: An Introduction*, Cambridge: Blackwell, 1993.

90. Roe, Sue & Susan Sellers eds. , *The Cambridge Companion to Virginia Woolf*, Cambridge: Cambridge University Press, 2000.

91. Showalter, Elaine, *A Literature of The Own: British Women Novelists from Bronte to Lessing*, Princeton University Press, 1977.

92. Wheeler, Kathleen, *A Guide to Twentieth-century Women Novelists*, Oxford, UK: Blackwell Publishers Ltd. 1997.

（注:此目录基本不含单篇论文和作家作品）

附录一:伍尔夫著作汉译目录^{①②}
(1932—2009)

1932 年

叶公超翻译的"吴尔芙夫人"的《墙上一点痕迹》(即意识流短篇小说《墙上的斑点》)刊登于《新月》第 4 卷第 1 期,为迄今所见最早的伍尔夫意识流小说中译文。

1934 年

范存忠译述的论文《班乃脱先生与白朗夫人》刊登于《文艺月刊》第 6 卷第 3 期。此为伍尔夫意识流美学思想在中国文坛的首度译介。

卞之琳翻译的随笔《论俄国小说》发表于天津的《大公报》。

---

① 本目录包括伍尔夫著作汉译单行本、发表于期刊上的著作译文以及各类选本中刊登的翻译作品,以时间为序。由于不同时期、不同译者对伍尔夫的译名有所不同,所以本目录保留原译者使用的译名不改,仅在译名上标出引号。

② 台湾地区弗吉尼亚·伍尔夫的译名包括吴尔芙、维吉尼亚·吴尔芙、吴尔甫、吴尔夫、维金妮亚·吴尔芙、维金尼雅·吴尔芙、维琴妮亚·吴尔芙、维珍尼亚·沃夫、伍尔芙、弗吉尼亚·吴尔夫、维琴妮亚·吴尔夫、维吉尼亚·伍尔夫、尼亚·伍尔芙、维珍妮亚·尔芙、维吉尼亚·渥芙、维吉尼尔·吴尔芙、维吉尼亚吴尔芙等多种。据张静二编《西洋文学在台湾研究书目(1946—2000 年)》,台北市:2004 年初版。

1935 年

石璞翻译的传记小说《狒拉西》作为"世界文学名著"之一种由上海商务印书馆出版。

1936 年

卞之琳翻译的短篇小说《在果园里》收入《西窗集》出版。

1943 年

冯亦代翻译的论文《论现代英国小说——"材料主义"的倾向及其前途》刊登于《中原》第 1 卷第 2 期。

1945 年

谢庆尧译述的《到灯塔去》作为由巴金主编的"中英文化协会文艺丛书"之一在重庆的商务印书馆出版。该译本为长达 62 页的节译本。

1946 年

谢庆尧译述的《到灯塔去》由上海的商务印书馆再版。

1947 年

王还翻译的"伍尔孚"《一间自己的屋子》作为"文化生活丛刊"之第 39 种在上海文化生活出版社出版。

1960 年

徐澂节翻译的《传记文学的艺术》刊登于 5 月 22 日台湾《联

合报》第 7 版。

1961 年

王乃珍翻译的《班耐先生与布朗太太》、南度翻译的《鬼屋》、夏里翻译的《新装》、梅林翻译的《果园里》、蒿蔚翻译的《伦敦植物园》同时刊登于台湾《现代文学》第 6 期。

1962 年

朱虹翻译的论文《班奈特先生和勃朗太太》收入作家出版社出版的《现代英美资产阶级文艺理论文选》。

1969 年

魏子云翻译的《吴尔芙三短篇》被收入"水牛文库"112 种《文学名著品赏》,由台北市水牛出版社出版。

1970 年

楚茹翻译的《鬼屋》被收入《月亮中的马》,由台北市阿波罗出版社出版。

1973 年

张秀亚翻译的《自己的屋子》由台北市纯文学出版社出版。

1975 年

陈敏姬等译的《潟湖旧事》由台中市光启出版社出版。

1980 年

杨苡翻译的"弗吉尼亚·伍尔芙"随笔《〈简·爱〉与〈呼啸山庄〉》发表于《世界文学》杂志第 3 期。

1981 年

舒心翻译的短篇小说《邱园记事》和赵少伟翻译的论文《现代小说》发表于《外国文艺》杂志第 3 期。

刘象愚翻译的短篇小说《墙上的斑点》发表于《译丛》第 2 期；文美惠翻译的《墙上的斑点》被收入《外国现代派作品选》第二册（上）；文美惠的译文又被收入陈焜论文集《西方现代派文学研究》，作为其中第十一篇论文的附录。

1982 年

吴钧燮翻译的长篇小说《海浪》发表于《外国文学季刊》第 4 期。

1983 年

朱虹翻译的《班奈特先生和勃朗太太》被收入伍蠡甫主编的《现代西方文论选》，由上海译文出版社出版。

朱虹翻译的《班奈特先生和勃朗太太》被收入《文艺理论译丛》第 1 辑。

1985 年

范国恩翻译的"V. 吴尔夫"随笔《当代文学》、《俄国观点》和《感伤旅行》被收入王春元、钱中文主编的"现代外国文艺理论译丛"之一、汪培基等翻译的《英国作家论文学》,由三联书店出版。

胡南平翻译的"维吉尼亚·吴尔夫"短篇小说《公爵夫人和珠宝商》发表于《外国文学》第6期。

叶君健文集《读书与欣赏》由武汉大学出版社出版。文集在专论《芙吉妮娅·吴尔芙和"意识流"》之后,附有叶君健亲自翻译的短篇小说《伦敦植物园》,即《邱园记事》。

1986 年

瞿世镜翻译的随笔集《论小说与小说家》由上海译文出版社出版。

唐在龙、尹建新合译的长篇小说《黑夜与白天》由湖南人民出版社出版。

周定之翻译的"弗吉尼亚·吴尔夫"短篇小说《新礼服》发表于《外国文学》杂志第6期。

王家湘翻译的传记小说《弗拉西》第三章刊登于《外国文学》杂志第7期,当时译名为《爱犬小辉传》。

范国生翻译的《莎士比亚的妹妹》刊登于台湾《中外文学》第14卷第10期。

1987 年

《现代小说》和《班奈特先生和勃朗太太》被收入伍蠡甫、胡经之共同主编的《西方文艺理论名著选编》,由北京大学出版社出版。

徐天池、蒋海新翻译的"弗吉尼亚·吴尔夫"传记小说《弗拉希》在《世界文学》杂志第3—4期连载。

赵少伟翻译的论文《现代小说》收入戴维·洛奇所编的《二十

世纪文学评论》（上册），由上海译文出版社出版。

刘亮雅翻译的"当代世界小说家读本"5《吴尔芙》由台北市光复书局初版，1988 年、1989 年重版。

陈苍多翻译的《英国短篇小说精选》由台北市圆神出版社出版，其中收有"维吉尼亚·吴尔芙"《墙上的斑点》。

1988 年

孙梁、苏美、瞿世镜翻译的长篇小说《达洛卫夫人　到灯塔去》由上海译文出版社出版。

瞿世镜编选的"外国文学研究资料丛书"之一《伍尔夫研究》由上海文艺出版社出版。其中，"伍尔夫论文选"部分收录了六篇重要论文，即《论现代小说》、《贝内特先生与布朗太太》、《狭窄的艺术之桥》、《论笛福》、《妇女与小说》和《论托马斯·哈代的小说》。

智量、光华选编的《外国文学名家论名家》（续编）由华东师范大学出版社出版，收入瞿世镜翻译的《论托马斯·哈代的小说》。

杨静远翻译的《弗吉尼亚·伍尔夫书信集》中收录的伍尔夫致凌叔华的 6 封信，在《中国之友》第 1 期刊出。

陈惠华、孔繁云翻译的"新潮文库"47《戴洛维夫人》、《航向灯塔》由台北市志文出版社初版，1993 年、2000 年再版。

简瑛瑛翻译的《女性作家的困境》刊登于台湾《中外文学》第 17 卷第 7 期。

1989 年

杨静远翻译的伍尔夫致凌叔华的 6 封信发表于《外国文学研究》第 3 期。

王还翻译的论著《一间自己的屋子》由北京的三联书店再版。

柳鸣九主编的"西方文艺思潮论丛"之一《意识流》在中国社会科学出版社出版。在翻译资料中收入了朱虹翻译的《班奈特先生和勃朗太太》。

胡敏、林树明等翻译、由英国学者玛丽·伊格尔顿主编的《女权主义文学理论》由湖南文艺出版社出版。该书在第一章"寻觅女性的传统"中收录了《一间自己的屋子》片断;第二章"妇女与文学创作"收录了《一间自己的屋子》片断和《妇女的职业》;第三章"性别与文学类型"收录了《一间自己的屋子》中相关内容。

刘纪惠选译的《维琴尼亚吴尔芙书信选》刊登于台湾《中外文学》第 17 卷第 10 期。

1990 年

瞿世镜翻译的《论小说与小说家》繁体字本在台北联经出版事业公司出版。

李乃坤选编的《伍尔夫作品精粹》由河北教育出版社出版。

主万翻译的"弗吉尼亚·吴尔夫"的《传记文学的艺术》发表于《世界文学》杂志第 3 期。

1991 年

《世界文学》杂志第 3 期在"散文"栏目下,集中刊登了"弗吉尼亚·吴尔夫"的散文 5 篇,分别是杨静远翻译的《笑的价值》、《安达卢西亚的小客店》、《夜行记》以及刘炳善翻译的《威廉·赫兹利特》和《纽卡塞公爵夫人》。

1993 年

吴钧燮翻译的长篇小说《海浪》由外国文学出版社出版。

《世界文学》杂志第 2 期在"20 世纪名家作品选登"栏目下，发表了杨静远翻译的"弗吉尼亚·吴尔夫"短篇小说三篇，即《公爵夫人和珠宝商》、《杂种狗"吉卜赛"》和《遗物》。

朱乃长翻译的《美丽佳人欧兰朵》由台北市幼狮文化事业公司出版。

1994 年

韦虹翻译的传记小说《奥兰多：一部传记》由哈尔滨出版社出版。

刘炳善翻译的散文集《书和画像》被列入"文化生活译丛"之一在三联书店出版，其中收入从《普通读者》一集与二集中精选出来的散文 24 篇，即《普通读者》、《蒙田》、《钮卡塞公爵夫人》、《谈谈伊夫林》、《笛福》、《阿狄生》、《简·奥斯丁》、《现代小说》、《〈简·爱〉与〈呼啸山庄〉》、《乔治·爱略特》、《本特利博士》、《保护人和番红花》、《现代随笔》、《对当代文学的印象》、《鲁宾孙漂流记》、《多萝西·奥斯本的〈书信集〉》、《斯威夫特的〈致斯苔拉小札〉》、《感伤的旅行》、《切斯特菲尔德勋爵的〈教子书〉》、《德·昆西的自传》、《玛丽·沃尔斯顿克拉夫特》、《多萝西·华兹华斯》、《威廉·赫兹利特》和《"我是克里斯蒂娜·罗塞蒂"》。

孙梁、苏美、瞿世镜翻译的《达洛卫夫人　灯塔行》由台北市桂冠图书股份有限公司出版。

孔小炯、黄梅翻译的《纯净之泉：伍尔芙随笔集》由台北市幼狮文化事业公司出版。

1995 年

刘炳善翻译的散文集《书和画像》在三联书店重版。

1996 年

孔小炯、黄梅翻译的《伍尔芙随笔集》由深圳的海天出版社出版。

王正文等翻译的《维吉尼亚·吴尔夫文学书简》由安徽文艺出版社出版。

黄梅编选的"蓝袜子丛书"英国卷《自己的一间屋》在河北教育出版社出版,其中收入张玲翻译的"维吉尼亚·吴尔夫"短篇小说《新装》和王义国翻译的《自己的一间屋》(节选)。

高彦梅翻译的随笔《飞蛾之死》发表于《名作欣赏》杂志第6期。

1997 年

戴红珍、宋炳辉翻译的《伍尔芙日记选》在天津的百花文艺出版社出版。

孙梁、苏美、瞿世镜翻译的《达洛卫夫人 到灯塔去》在上海译文出版社重版。

谷启楠等翻译的"生命三部曲"《达洛维太太 到灯塔去 海浪》由人民文学出版社出版。

金光兰翻译的长篇小说《岁月》由敦煌文艺出版社出版。

1998 年

伍厚恺、王晓路翻译的《伍尔夫随笔》由四川人民出版社出版。

宋德明翻译的《灯塔行》由台北市联经出版事业公司出版。

1999 年

瞿世镜编选的《伍尔夫批评散文》由上海文艺出版社出版。

王环翻译的《一间自己的屋子》由沈阳出版社出版。

2000 年

"伍尔夫文集"由上海译文出版社出版,包括孙梁、苏美翻译的《达洛卫夫人》,瞿世镜翻译的《到灯塔去》,曹元勇翻译的《海浪》,瞿世镜翻译的《论小说与小说家》和方平翻译的《爱犬富莱西》5 种。

刘炳善所编《伍尔夫散文》作为"世界文化名人文库"之一种,由中国广播电视出版社出版。

胡家峦主编、黄梅等翻译的《吴尔夫经典散文选》由湖南文艺出版社出版。

黄梅编选的《吴尔夫精选集》作为"外国文学名家精选书系"第四批十种之首,由山东文艺出版社出版。分为"中短篇小说"、"长篇小说"、"散文"、"文学随笔"、"妇女问题论著"和"日记书信选"六辑。"中短篇小说"中收入四篇作品,分别是《墙上的斑点》(文美惠翻译)、《邱园记事》(舒心翻译)、《新装》(张玲翻译)和《弗拉希》(徐天池、蒋海新翻译);"长篇小说"选的是谷启楠翻译的《达洛维太太》;"散文"选了五篇;"文学随笔"有 22 篇,包括黄梅翻译的《玛丽·沃斯通克拉夫特》、《奥罗拉·李》、《"我是克里斯蒂娜·罗塞蒂"》、《妇女和小说》,刘炳善翻译的《多萝西·华兹华斯》、《一个人应该怎样读书》,瞿世镜翻译的《论托马斯·哈代的小说》、《俄国人的观点》、《论心理小说家》,朱虹翻译的《班奈特先生和布朗太太》,赵少伟翻译的《现代小说》等;"妇女问题论著"则选择了《自己的一间屋》和《三个基尼金币》的部分篇章。

张秀亚翻译的《自己的房间》由台北市天培文化公司出版。

宋伟航翻译的《自己的房间》由台北市探索文化事业公司出版。

孔繁云翻译的"新潮文库"427《航向灯塔》由台北市志文出版社出版。

史兰亭翻译的《戴洛维夫人》由台北市希代出版公司出版。

白雅翻译的《奥兰多》由台北市新瀚文化事业公司出版。

蒋晓棠翻译的《灯塔之旅》由台北市维德文化事业公司出版。

2001 年

石云龙、刘炳善等翻译的4卷本《伍尔芙随笔全集》由中国社会科学出版社出版,其中收录了伍尔夫几乎全部的散文随笔作品。分别是:《伍尔芙随笔全集Ⅰ,普通读者(一辑二辑)》(石云龙等译)、《伍尔芙随笔全集Ⅱ,自己的一间屋·瞬间集·船长临终时》(王义国等译)、《伍尔芙随笔全集Ⅲ,三枚旧金币·飞蛾之死·现代作家》(王斌等译)、《伍尔芙随笔全集Ⅳ,花岗岩与彩虹·书和画像》(王义国等译)。

黄梅、张耀东翻译的《伍尔芙散文》由浙江文艺出版社出版。

陈元标翻译的《达洛卫夫人》由远方出版社出版。

王家湘翻译的《达洛维夫人 到灯塔去 雅各布之屋》由译林出版社出版。

白雅翻译的《奥兰多》由台北新瀚文化事业公司出版。

王葳真翻译的《三枚金币》由台北天培文化公司出版。

唐嘉慧翻译的《一只叫活力的狗》（即《弗拉西》）由台北市圆神出版社出版。

2002 年

黄梅等翻译的《墙上的斑点：弗吉尼亚·伍尔夫小说》由浙江文艺出版社出版。

2003 年

"吴尔夫文集"12 种由人民文学出版社推出，包括了伍尔夫的全部长篇小说和大部分散文随笔作品。具体如下：《雅各的房间闹鬼的屋子及其他》（蒲隆译）、《岁月》（蒲隆译）、《奥兰多》（林燕译）、《幕间》（谷启楠译）、《海浪》（吴均燮译）、《远航》（黄宜思译）、《普通读者Ⅰ》（马爱新译）、《普通读者Ⅱ》（石永礼、蓝仁哲等译）、《到灯塔去》（马爱农译）、《夜与日》（唐伊译）、《达洛维太太》（谷启楠译）、《一间自己的房间：本涅特先生和布朗太太及其他》（贾辉丰译）。

范文美翻译的《是星期一还是星期二》由台北市一方出版有限公司出版，收"维琴尼亚·吴尔夫"短篇小说 18 篇。

2004 年

陈惠华翻译的《美丽佳人·奥兰多》由台北市志文出版社出版。

2006 年

徐冰翻译、加拿大学者 S.P. 罗森鲍姆编著的《岁月与海浪：布鲁姆斯伯里文化圈人物群像》由江苏教育出版社出版，其中收录了伍尔夫为老友罗杰·弗莱所撰写的传记《罗杰·弗莱》的节选。

2007 年

史兰亭翻译的"阅读经典系列"《戴洛维夫人》由台北市商高宝国际有限公司台湾分公司出版。

2008 年

唐嘉慧翻译的传记小说《弗勒希：一条狗的传记》由上海译文出版社出版。

2009 年

"伍尔夫文集"5 种由上海译文出版社再版,包括孙梁、苏美翻译的《达洛卫夫人》,瞿世镜翻译的《到灯塔去》,曹元勇翻译的《海浪》,瞿世镜翻译的《论小说与小说家》和唐嘉慧翻译的《弗勒希——一条狗的传记》。

刘炳善翻译了《伦敦的叫卖声：英国散文精选》,约瑟夫·艾迪生等著,由台北市书林出版有限公司出版。其中收有伍尔夫散文《我是克莉丝蒂娜·罗塞蒂》。

附录二:伍尔夫汉译与接受大事记^①

(1921—2009)

1921 年

"意识流"术语开始进入中国知识界。

1928 年

6 月,徐志摩赴日、美、英、法、印度等国。8—9 月间正在伦敦,并数度前往剑桥大学故地重游。在伦敦期间,他读了伍尔夫的长篇小说《到灯塔去》,致信"布鲁姆斯伯里团体"重要成员与伍尔夫的朋友罗杰·弗莱,表达了拜访伍尔夫夫妇的急切心情。

12 月,刚刚回国的徐志摩在苏州女子中学做了一场《关于女子》的讲演。讲演稿后刊于 1929 年 10 月《新月》月刊第 2 卷第 8 号。作为针对特定受众的演讲,徐志摩论述的中心是女性问题,两次提到了伍尔夫。首先,在分析女性创作条件、探讨中外女性创作环境时,他提到了伍尔夫《一间自己的屋子》中关于女性创作空间问题的基本观点。他虽然并未直接提及伍尔夫的名字,但"英国

---

① 由于不同时期、不同著(译)者对伍尔夫的译名有所差异,所以本部分保留原著(译)者使用的译名不变,仅在译名上标出引号。

一位名小说家"指的即是伍尔夫,而"一篇文章"也即伍尔夫后来根据自己的剑桥演说整理而成的论著《一间自己的屋子》。为了激励中国的女学生们自立自强,说明历史上英国女性的创作同样是在遭受歧视的艰难处境下进行的,徐志摩还举出了《一间自己的屋子》中提到的温澈西夫人、纽卡所夫人的遭遇作为例证。在论及英国当代妇女作家时,徐志摩再度提及伍尔夫:"近时如曼殊斐儿、薇金娜吴尔夫等都是卓然成家为文学史上增加光彩的作者。"

1929 年

5 月,徐志摩在为自己的小说集《〈轮盘〉》所撰的"自序"中,提到了"胡尔弗夫人"即伍尔夫:"我念过佛洛贝尔,我佩服。我念过康赖特,我觉得兴奋。我念过契诃甫,曼殊斐儿,我神往。我念过胡尔弗夫人,我拜倒。……"他于当年 2 月完成的短篇小说《轮盘》,初步体现出模仿伍尔夫式的意识流小说的努力。

8 月 10 日,赵景深在第 20 卷第 8 号《小说月报》上发表《二十年来的英国小说》一文,说明伍尔夫为英国意识流小说的代表人物之一,指出"伍尔芙夫人是当与丽佳笙和朱士并论的","他们是有名的心理小说家……俄国柴霍甫和法国柏洛司特影响他们最大"。

1930 年

2 月,赵景深在上海神州国光社出版了《一九二九年的世界文学》一书,将伍尔夫称为"小说家的爱因斯坦",因为她"也说人的身体有四度,时间也是人身所不可少的本质","其实所谓时间,不过是心情变迁"。

12月,日本学者千叶龟雄等人所著《现代世界文学大纲》,由张我军翻译,在上海神州国光社出版。该书在论及意识流小说时着重强调了乔伊斯和伍尔夫在打破文学陈规方面的特殊贡献:"佐伊士……吴尔弗夫人等人,都实行因袭之打破,而以五光八门的手法问世了。"

1931 年

6月,邵洵美署名浩文,在《新月》第3卷第8期发表随笔《小说与故事——读郁达夫的〈薇蕨集〉》,在探讨小说中"故事"的重要地位时提到了伍尔夫:"近代的小说作家很多忽略了'故事'。英国女小说家吴尔芙氏也在和我同样地怨诉:'同时代的作家已失却了一切的信仰心了。他们里面最认真的也只不过写些关于他们自己的事情。他们已不会创造一个他们自己的世界了。他们也不会讲故事了,因为他们自己便先不相信那些故事是真的。'我们还是说小说已另走了条新路呢,还是说小说已没落了呢? 试想一篇小说而没有了故事! 当然一篇小说的存在并不完全靠了故事,但是没有故事的小说却也难有其存在的理由。"

6月10日,赵景深在《现代文学评论》第1卷第3期上发表《英美小说之现在及其未来》一文,将现代小说受到的最重要影响归结于科学"心理的势力",认为其中以"现代最有权威的小说家"普鲁斯特、乔伊斯和理查逊为代表。而"吴尔芙夫人"即伍尔夫是英语世界中"现代小说"的最好代表:"也许英文小说中最好的例证是吴尔芙夫人……她的秘诀……在于专选择有力的最激动情感的地方来描写。"

李健吾唯一的一部长篇小说《心病》经朱自清推荐,在叶圣陶编辑的《妇女杂志》上连载。1934年2月7日,朱自清又专门为此写了评介文章,发表于《大公报》文艺副刊,认为小说写作"直到近两年,才有不以故事为主而专门描写心理的,像施蛰存先生的《石秀》诸篇便是;……但施先生只写了些短篇;长篇要算这本《心病》是第一部。施先生的描写还依着逻辑的顺序,李先生的却有些处只是意识流的纪录;这是一种新手法,李先生自己说是受了吴尔芙夫人等的影响"。

1932 年

9月,叶公超翻译了"吴尔芙夫人"的《墙上一点痕迹》(即意识流短篇小说《墙上的斑点》),刊登于《新月》第4卷第1期,为迄今所见最早的伍尔夫意识流小说中译文。在"译者识"中,叶公超将伍尔夫称为"是近十年来英国文坛上最轰动一时的作家",认为她"违背了传统的观念。她所注意的不是感情的争斗,也不是社会人生的问题,乃是极渺茫,极抽象,极灵敏的感觉,就是心理分析学所谓下意识的活动。……吴尔芙的技术完全是根据这种事实来的。……在描写个性方面,她可以说别开生面"。

11月19日,费鉴照在天津出版的《益世报》上发表了《英国现代散文作家华尔孚佛琴尼亚》一文,对伍尔夫的生活经历与创作风格作了介绍。

1934 年

4月20日,彭生荃在《人世间》杂志第2期发表了评介伍尔夫传记小说《弗勒虚》(即《弗拉西》)的文章,提到了伍尔夫独特的文风。"编者按"中写道:"华尔甫夫人文笔细腻温柔,作风又极怡然,自适。……其文体似议论而非议论,似演讲而非演讲,总在讲理中夹入追忆,议论中加入幻想,是现代小品文体之最成功者。"

9月1日,范存忠译述的《班乃脱先生与白朗夫人》发表于《文艺月刊》第6卷第3期。此为伍尔夫意识流美学思想在中国文坛的最早译介。

卞之琳翻译了伍尔夫的论文《论俄国小说》,发表于天津的《大公报》。

林徽因的短篇小说《九十九度中》发表于《学文》杂志第1期。小说呈现了"生命本身"的内在律动,追踪各色人等的飘忽思绪、混乱回忆、联想甚至幻觉等,将不同人物的意识流交织并呈在读者面前以展示人性的丰富性。

1935 年

年轻的英国诗人、伍尔夫的侄子、范尼莎·贝尔与克莱夫·贝尔的长子朱利安·贝尔获得中英文化协会与国立武汉大学任命,来华担任为时两年的英语与英国文学教授。

10月,凌叔华开始旁听朱利安·贝尔讲授的"莎士比亚"和"英国现代文学"课程。

11月1日,朱利安·贝尔在给好友艾迪·普雷菲尔的信中称凌叔华为"一个中国的布鲁姆斯伯里人",是"我所碰到过的最出色的女性","她和弗吉尼亚一样敏感,充满了智慧"。

11月15日,朱利安·贝尔在给姨妈伍尔夫的信中写道:"叔华告诉我,在北平也有个中国的布鲁姆斯伯里。就我所了解,确实和伦敦的(布鲁姆斯伯里)很相似。"

12月,石璞翻译的《狒拉西》作为"世界文学名著"之一种由上海商务印书馆出版。译文前有《译序》、《作者渥尔芙夫人传》及《勃朗宁夫人小传》三方面的内容。在《译序》中,石璞说明自己的翻译意图在于"介绍出她更多的作品,为本国努力的作者作一参考"。

李健吾撰写评论《九十九度中——林徽因女士作》,肯定了小说体现出来的现代性特征,指出林徽因是"承受了""现代英国小说的影响"。

1936 年

卞之琳翻译了伍尔夫的短篇小说《在果园里》,收入《西窗集》出版。和《墙上的斑点》一样,该小说同样是一篇表现人物在静态中由于外物的诱发而产生丰富的联想与感触的短篇佳作。

朱利安·贝尔在信中告诉伍尔夫:"我对院长夫人怀有柏拉图式的爱情,她是中国优秀的女作家……她热烈地崇拜您的作品。"

凌叔华的中文短篇小说《无聊》由凌叔华与朱利安·贝尔合作,译成 *What's the Point of it?*,发表于温源宁主编、上海出版的英文刊物《天下》月刊第 3 卷第 1 期。

1936—1937 年间

国立清华大学文科研究所在开设的外国文学课程中,新增了由陈福田主讲的乔叟和吴可渎主讲的伍尔夫研究课程。

1937 年

2 月,金东雷在上海商务印书馆出版了《英国文学史纲》,在"现代"部分论及伍尔夫与乔伊斯在精细刻画人物心理方面的独特贡献,指出"胡尔芙夫人和朱慈都是劳伦斯派的作家,一般人因他们俩作风相似常相提并论。胡尔芙夫人著有《杰格勃的房间》、《到灯塔去》、《旅行》、《朝朝暮暮》、《特洛薇夫人》、《爱伦杜》等小说。……他俩描写人们的心理,无微不至,都是极有价值的作家"。这里提及的伍尔夫作品,分别是《雅各的房间》、《到灯塔去》、《远航》、《夜与日》、《达罗卫夫人》和《奥兰多》。

7月,朱光潜在《文学杂志》第1卷第3期发表了《桥》一文,对废名的小说《桥》进行了评论,指出了废名小说"直没入心灵深处"的"破天荒"的意义,并论及其与普鲁斯特与伍尔夫小说的可比性。

凌叔华的中文短篇小说《疯了的诗人》由凌叔华与朱利安·贝尔合作,译成 *A poet goes Mad*,发表于《天下》第4卷第4期;另一篇中文短篇小说《写信》由凌叔华一人译为 *Writing a Letter*,发表于《天下》第5卷第5期。

7月,朱利安·贝尔牺牲于西班牙内战前线。

1938年

3月24日,凌叔华致信伍尔夫。

4月5日,伍尔夫致信凌叔华。信中写道:"我唯一的劝告——这也是对我自己的劝告——就是:工作。所以,让我们来想想看,你是否能全神贯注地去做一件本身值得做的工作。我没有读过你的任何作品,不过,朱利安在信中常常谈起,并且还打算让我看看你的作品。他还说,你的生活非常有趣,确实,我们曾经讨论过(通过书信),你是否有可能用英文写下你的生活实录。这正是我现在要向你提出的劝告。你的英文相当不错,能给人留下你希望造成的印象,凡是令人费解的地方,可以由我来做些修改。""你是否可以开一个头,把你所能记得起来的任何一件都写下来?由于在英国没人知道你,你的书可以写得比一般的书更自由,那时,我再来看看是否能把它印出来。不过,请考虑到这一点,不是

仅仅把它当做一种消遣，而是当做一件对别人也大有裨益的工作
来做。我觉得自传比小说要好得多。"

4月9日，伍尔夫致信凌叔华。信中写道："如果我能对你的
工作助以一臂之力，请来信告诉我。我确信，工作是此时一个人能
活下去的唯一途径。"

7月7日，凌叔华致信伍尔夫。

7月24日，凌叔华致信朱利安·贝尔的母亲范尼莎。

7月27日，伍尔夫致信凌叔华，并寄赠了《夏洛蒂·勃朗特
传》和兰姆散文集。信中写道："我总在盼着你把自传写下
去。……《夏洛蒂·勃朗特传》或许能使你领略到十九世纪英国
女作家的生活——她们面临的种种困难，以及她如何克服这些困
难。""希望你再来信，告诉我你的工作进行得怎样了。请记住，我
将乐于给你任何力所能及的帮助，我将乐于拜读你的作品，并且改
正任何错误。不过，你怎么想就怎么写，这是唯一的方法。"

10月15日，伍尔夫致信凌叔华。信中写道："你寄来的大作
一章，我终于拜读了。……我要告诉你，我非常喜欢这一章，我觉
得它极富有魅力。……读着读着，就渐渐地明白了。各不相同的
面貌，使我感到有一种魅力，那些明喻已十分奇特而富有诗
意。……如果你继续寄给我下面的各章，我就能有一个完整的印
象。这只是一个片断。请写下去，放手写。至于你是否从中文直
译成英文，且不要去管它。说实在的，我劝你还是尽可能接近于中
国情调，不论是在文风上，还是在意思上。你尽可以随心所欲地，
详尽地描写生活、房舍、家具陈设的细节，就像你在为中国读者写
一样。然后，如果有个英国人在文法上加以润色，使它在一定程度
上变得容易理解，那么我想，就有可能保存它的中国风味，英国人
读时，既能够理解，又感到新奇。"

10 月 16 日,范尼莎致信凌叔华。

11 月 16 日,凌叔华致信伍尔夫。

12 月 12 日,凌叔华致信伍尔夫,继续和她讨论有关非母语写作的困难问题。

1939 年

2 月 28 日,伍尔夫致信凌叔华。信中写道:"我常羡慕你,你生活在一片有着古老文化的、广阔荒凉的大地上。我从你所写的东西里体会到了这一点。你的画给文尼莎寄过吗?你高兴写信的时候就写吧,不管发生了什么事,请把你的自传写下去。尽管我还不能对你有所帮助,把它做到底将会是一件大事。我把劝告自己的话奉送给你,那就是,为了完成一桩非属个人的事业,只顾耕耘,不问收获。"

7 月 16 日,伍尔夫致信凌叔华。信的最后写道:"飞机不断在我们头上盘旋,周围到处是防空掩体,但我仍然相信我们会有和平。"

12 月 5 日,范尼莎致信凌叔华。

1941 年

3 月 28 日,伍尔夫自沉于乌斯河。

5 月 27 日,范尼莎致信凌叔华。

陈东林撰写的《英作家伍尔夫自杀》一文发表于 11 月 1 日出刊的第 55 期《宇宙风乙刊》。

1942 年

萧乾辞去伦敦大学东方学院的教职,奔赴剑桥大学王家学院当了一名专攻英国心理派小说,即今天所谓的意识流小说的研究生。后来,他在《回顾我的创作道路》中写道:"40年代,我曾有幸在剑桥钻研了几位我慕名已久的作家。我读过吴尔芙夫人、劳伦斯和福斯特的全集,迷上过亨利·詹姆斯,甚至死抠过乔伊斯的《尤利西斯》和她(他)那天书般的《芬内根的苏醒》。"

萧乾在剑桥大学完成论文《詹姆士四杰作——兼论心理小说之短长》。该文向国内读者介绍了亨利·詹姆士的人生与艺术,重点分析了《某夫人绘像》、《鸽翼》、《大使》、《金碗》四部作品,描绘了作家的创作方法渐由现实主义向心理分析过渡的轨迹。文中四处提到伍尔夫的作品以作比照。

1943年

9月,冯亦代翻译的伍尔夫论文《论现代英国小说——"材料主义"的倾向及其前途》在郭沫若主编的《中原》第1卷第2期刊登。

9月15日,《时与潮文艺》第2卷第1期刊登了方重撰写的名著介绍《乔叟和他的康妥波雷故事》、范存忠撰写的名著译介《卡莱尔的英雄与英雄崇拜》、谢庆尧撰写的介绍性文章《英国女作家吴尔芙夫人》以及吴景荣撰写的书评《吴尔芙夫人的〈岁月〉》。谢文称伍尔夫往往被人误认为是一个不易了解的作家,指出"从大处看来,吴尔芙夫人对文学的贡献是不可磨灭的"。谢文还高度评价了意识流小说对拓展小说创作空间、表达真正的人的灵魂的无可替代的价值。在为《岁月》撰写的书评中,吴景荣指出:"一个人的'自我',在现代错综复杂的社会中,绝非外表的行动可以表现;在内心黑暗的角隅里,在下意识里,才可以探求真理的埋藏所在。"

1944 年

3 月,冯亦代翻译的雷蒙·莫蒂美论文《伍尔芙论》发表于《中原》第 1 卷第 3 期。雷蒙·莫蒂美(Raymond Mortimer)通常被认为是"布鲁姆斯伯里团体"中的年轻一代,后来继任《新政治家》的文学编辑一职,兼任《星期日泰晤士报》的高级文学评论员。他的《伍尔芙论》属于圈内人士所撰写的一篇有着较高可信度的回忆文字。

1945 年

11 月,谢庆垚译述的《到灯塔去》作为由巴金主编的"中英文化协会文艺丛书"之一,在重庆的商务印书馆出版。译文前有译者序,简介了作者的生平和创作。该译本为长达 62 页的节译本。

1946 年

1 月,由 J. B. Priestley 撰写、李儒勉译述的《英国小说概论》由重庆商务印书馆出版。该著中提到"'意识之流'底方法我们发现它应用在《一个青年人底艺术家的画像》和《游利西斯》里⋯⋯这个方法底较精致的使用可以在弗姬亚渥而芙底小说里看到,特别是《德拉卫夫人》与《到灯塔》,这两部小说像变化快的有色影片,间或有极深刻的描写"。

5 月,谢庆垚译述的《到灯塔去》再次在上海的商务印书馆出版。

9 月,柳无忌的《西洋文学的研究》于上海大东书局出版。书中指出"维多利亚正统的新叛徒⋯⋯乔也斯,吴尔芙夫人⋯⋯可称为心理分析派",认为他们的创作特色是"要废除时间与形式……小说没有了时间性,于是也没有形式、动作与布局。唯一重要的就是……表现人物……来回游动的下意识,那股滚滚不尽的紊杂无章的意识之流"。

12月31日,白桦翻译的罗曼·罗兰所著《渥尔夫传》发表于《文迅》第6卷第10期。

萧乾回国并到复旦大学任教,开设《当代英国小说》课程,讲授乔伊斯、伍尔夫以及E. M.福斯特等作家的作品,并将意识流小说和现实主义作品相提并论,作为课程的两大论题进行了探讨。

1947 年

5月31日,汪曾祺在天津《益世报·文学周刊》第43期发表论文《短篇小说的本质——在解鞋带和刷牙的时候之四》。文中化用了伍尔夫著名论文《贝内特先生与布朗夫人》中所使用的比喻:"吴尔芙夫人以在火车中与白朗宁太太同了一段路的几位先生的不同感情冲动譬像几种不同的写小说法,我们现在单摘取同车一事来说明小说与其人物的关系。"

6月,王还翻译的"伍尔孚"《一间自己的屋子》作为"文化生活丛刊"之第39种,在上海文化生活出版社出版。

6月15日,T. S.艾略特、R.麦考来、V.萨克微尔·韦斯特和W.卜络迈四位英国文学界人士纪念伍尔夫的一组文章由柳无忌译出,总题为《维玑尼亚和她的朋友》,刊登于《文迅》第7卷第1期。

凌叔华定居英国,访问伍尔夫在萨塞克斯的故居僧舍。

1948 年

4月18日,萧乾的书评《吴尔芙夫人》发表于上海《大公报·星期文艺》第78期。

8月15日,萧乾在《大公报》上发表了题为《谈"纠正"及其他——写给××的一封信》的文章,总结了自己研究英国心理分析小说的缘起以及在踏返故土之后审美与情感取向上的变化:"因为想知道哈代死后向来重技巧的英国小说界有些怎样的进境,在剑桥我研究的四位作家(V. Woolf,E. M. Forster,James Joyce,D. H. Lawrence),两个是文体家,一个是温和主义者,另一个是矿工出身的,但终于走上了神秘路上去的。在英国,我为他们文学的成就所眩惑,有时研究的心情中夹杂了过重的崇拜。然而回来不上几个月,接触了中国的黄土,重见了中国的创痕,我评价很自动地在修改着了。"

9月25日,萧乾的论文《V. 吴尔芙与妇权主义》发表于《新路》周刊第1卷第20期。

陈尧光撰写的有关伍尔夫的传记性文章《吴尔芙夫人》发表于上海《文潮》月刊第5卷第6期。

1952 年

凌叔华完成自传性小说《古韵》全稿。

5月29日,凌叔华致信伦纳德·伍尔夫。谈到《古韵》时这样写道:"我写这部作品的计划开始于[1938年]写信给弗吉尼亚期间。当时,她是第一个也是唯一的一个鼓励我不断写作的人。"

8月29日,凌叔华致信伦纳德·伍尔夫,赞美弗吉尼亚·伍尔夫道:"她一定有一颗伟大的心灵;她甚至竭力去帮助一个远在千里之外、过着和她完全不同的生活的人。"

1953 年

凌叔华致信伦纳德·伍尔夫,忆及朱利安·贝尔当年对她才华的赞赏："朱利安总是对我说，我的故事和风格让他想起了那些俄国小说，那是他自学生时代起就十分喜欢的作品。我脑海中下定决心，要写出一部像托尔斯泰的《战争与和平》那样的著作来。"

凌叔华的《古韵》由伍尔夫夫妇创办的著名的霍加斯出版社出版。凌叔华将该著题献给了弗吉尼亚·伍尔夫和维塔·萨克维尔-韦斯特。

1962 年

凌叔华在巴黎东方博物馆举办了她个人的绘画和所收藏的元明清名家画作及中国文物古玩展，主持该活动的是法国国家研究院院长、法兰西学院院士、传记大师安德烈·莫洛亚。他在后来印成的纪念册的序言中写道："她结识了两位英国作家弗吉尼亚·伍尔夫和维塔·塞克维尔·韦斯特，在两位的指导下，尝试着用英文写作，并成功地将自己中文作品里那充满诗意的韵致融会在了英文作品之中。"

朱虹翻译了伍尔夫论文《班奈特先生和勃朗太太》，收入作家出版社出版的《现代英美资产阶级文艺理论文选》。

1964 年

袁可嘉的论文《美英"意识流"小说述评》发表于人民文学出版社出版的《文学研究集刊》第 1 册。全文三万余字，对英美"意识流"小说进行了全面的评述和批判，重点评述了八部最为重要的英美"意识流"小说，分别是乔伊斯的《青年艺术家画像》、《尤利西斯》、《芬内根们的苏醒》，伍尔夫的《黛洛维夫人》、《到灯塔去》、《海浪》，福克纳的《喧嚣和狂乱》、《当我临终之际》。关于伍尔夫，袁可嘉写道："伍尔孚在政治上当然是个保守派，精神上还是个贵族主义者,但她反对种族歧视,要求妇女平等。"该文大约是 1949 至 1978 年间中国大陆发表的唯一一篇在批判中评介意识流小说的长篇论文,不仅批判文字与文本细读的篇幅不成比例,在对文本的阐释中还提供了许多珍贵的第一手翻译资料。

1969 年

霍加斯出版社重版了凌叔华的《古韵》,并译成法、德、俄、瑞典等国语言出版。

1975 年

张秀亚翻译的《自己的屋子》在台北纯文学出版社出版。

1978 年

《外国文艺》在上海创刊。该刊物由上海译文出版社创办并负责出版,当年为 3 期,从 1979 年开始改为双月刊。在 20 世纪 70 年代末 80 年代初的思想文化解放运动中,该刊大量译介了西方现代主义各家各派的作品。

1979 年

袁可嘉撰写论文《欧美现代派文学漫议》和《象征派诗歌·意识流小说·荒诞派戏剧——欧美现代派文学述评》,对伍尔夫小说诗化的结构、象征的色彩和独特的时空处理技巧,都作了较为中肯的评述。

《外国文学动态》杂志第 2 期在介绍国外研究动态时,提到了剑桥大学出版社于 1978 年出版的罗杰·普尔撰写的新著《不为人知的吴尔夫》。

1980 年

《世界文学》杂志第 3 期刊登了杨苡翻译的"弗吉尼亚·伍尔芙"随笔《〈简·爱〉与〈呼啸山庄〉》一篇。前有译者对作家生平与创作成就的综述。

作家王蒙在《鸭绿江》杂志第 2 期率先发表了《关于"意识流"的通讯》；在《小说选刊》杂志第 2 期又发表了《关于〈春之声〉的通讯》。他还与李陀、张洁、宗璞等作家在《文艺报》第 9 期上专门组织了一次主题为"文学表现手法探索"的笔谈，重点探讨对意识流技巧的借鉴与使用。

1981 年

《外国文艺》杂志第 3 期刊登了舒心翻译的伍尔夫短篇小说《邱园记事》和赵少伟翻译的伍尔夫论文《现代小说》。在《邱园记事》正文前，编者加上按语说："《邱园记事》虽然篇幅不长，却给读者一个彩色缤纷的印象，很能反映她的艺术特色。""《邱园记事》是在伍尔夫创作了两部传统小说之后，开始新的创作方法的最先的实验，作品着意的不再是外界的事物本身，而是事物给予人的印象，带给人的感受以及人对它们所作出的主观反应，最终强调的是人的意识活动与复杂的内心世界。《邱园记事》与《墙上的斑点》都发表于 1919 年。"

杨岂深等主编的《英国文学选读》由上海译文出版社出版。在第 2 册的第 379—390 页中，收入了伍尔夫论文《现代小说》的原文。

该年同时出现了短篇小说《墙上的斑点》的三个中文本：第一次出现于《译丛》第 2 期，刘象愚译；第二次出现于 7 月出版的《外国现代派作品选》第二册（上），文美惠译；第三次出现于陈焜论文集《西方现代派文学研究》，作为其中第十一篇论文的附录，也是文美惠的译文。

作家高行健的《现代小说技巧初探》一书由广州花城出版社出版。老作家叶君健为之作序。在这本薄薄的小册子中，高行健用随笔的形式探讨了意识流、象征、怪诞、非逻辑、情节淡化、时间与空间等现代小说理论问题，在当时的文学界引起了意外又在意中的强烈反响。

孙凤城、孙坤荣与谭得伶三位学者共同编写的《现代欧美文学》在北京师范大学出版社出版，伍尔夫的名字开始出现于新时期以来的文学史类著作中。编者一方面相对客观地介绍了伍尔夫的创作特点和主要成就；另一方面又带着对生活在资本主义世界中的作家创作的警惕，对她的作品流露出来的"消极"情绪持保留态度，对其评价也努力往揭露资本主义世界黑暗的"积极"意义上靠。

刘炳善编著、陆佩弦审订的大学外语系英语专业教材《英国文学简史》由上海外语教育出版社出版。在该著第七部分"世纪之交的英国文学"的第五章《二次世界大战之间的英国文学》中，有较长一段文字概括了伍尔夫的生平、文学思想及在意识流小说艺术发展史上的地位，简述了《达罗卫夫人》、《奥兰多》、《海浪》及批评著作《普通读者》的基本内容。

朱虹在《世界文学》杂志第4期发表了《美国当前的"妇女文学"》一文。该文因首度引入了具有西方女性主义色彩的"妇女文学"概念，并介绍了欧美女性主义思潮中一系列代表性的学者与著作，而被认为是中国大陆最早介绍西方女性主义文学批评的文字。作者还从"妇女意识"这一视角切入，对西方女性主义文化发展史上的先驱人物伍尔夫、波伏瓦等的文艺思想均作了评述。

1982 年

吴钧燮翻译了伍尔夫的长篇小说《海浪》,发表在由外国文学出版社编辑出版的《外国文学季刊》第 4 期。

1983 年

伍蠡甫主编的《现代西方文论选》在上海译文出版社出版,其中专门列出"意识流小说派"一章,刊登了伍尔夫、普鲁斯特等意识流小说家的文论,收入朱虹翻译的《班奈特先生和勃朗太太》,这标志着伍尔夫的现代小说理论开始进入中国大学权威文论教材的视野。

6 月,由中国社科院外文所《文艺理论译丛》编委会所编、中国文艺联合出版公司出版的《文艺理论译丛》复刊。第 1 辑即开始了对"西方现代主义文学资料"的推介,首推的即为"意识流"。在这一辑中,推出了和意识流相关的哲学家、心理学家和作家们三个方面的论述。哲学方面,选译了亨利·柏格森关于"绵延"的论述;心理学方面,选译了威廉·詹姆斯关于"意识流"的阐述,弗洛伊德关于"无意识结构"和"梦的理论",以及荣格关于"集体无意识和原型"的论述;作家论述方面,选译了意识流小说先驱亨利·詹姆斯在小说《卡萨玛西公主》的序言中关于"中心意识"的论述、朱虹翻译的伍尔夫《班乃特先生和勃朗太太》、詹姆斯·乔伊斯《一个艺术家青年时代的画像》中的有关片断,还有深受伍尔夫影响的法国新小说派代表人物娜塔丽·萨洛特的论文集《怀疑的时代》中的《对话与潜对话》一章。在该辑下一个栏目"西方现代文学流派介绍"中,又分别刊登了宋授荃翻译、杨静远校对的美国学者梅尔文·弗里德曼的《"意识流"概述》（为其1957年出版的专著《意识流：文学方法研究》第一章），郭家申翻译的苏联学者乌尔诺夫为1968年《简明文学百科全书》所作的《"意识流"文学》词条以及鲁汉翻译的美国学者艾布拉姆斯为1981年《文学名词词汇》撰写的《意识流》。

1984 年

女作家宗璞在《文学评论》杂志第3期发表《小说和我》一文，提倡"内观的手法"，认为它"透过现实的外壳去写本质，虽然荒诞不经，却求神似"。这段有关"现实的外壳"的表述，和伍尔夫于《现代小说》中提出的著名的"封套"说十分相似。

《文艺理论译丛》第2辑在"西方现代文学流派及其代表人物评介"（二）栏下，刊登了麻乔志翻译的1963年伦敦出版的《现代世界文学简明百科全书》中的《维·伍尔孚》词条。

1985 年

王春元、钱中文主编的"现代外国文艺理论译丛"之一、汪培基等翻译的《英国作家论文学》一册在北京的三联书店出版，其中收入范国恩翻译的"V. 吴尔夫"三篇随笔作品，分别是《当代文学》、《俄国观点》和《感伤旅行》。在三篇译文前的简单介绍提到伍尔夫的"生命三部曲"，还说"吴尔夫是二十世纪英国'心理小说派'最著名的代表作家"，与理查逊和梅·辛克莱齐名。当时翻译为《当代文学》的这篇文章，即是伍尔夫于1919年首发、后收入1925年出版的《普通读者》一集的《现代小说》；《俄国观点》也是《普通读者》一集中的名篇；第三篇《感伤旅行》则收入1932年出版的《普通读者》二集。

《外国文学》第 6 期刊登了胡南平翻译的"维吉尼亚·吴尔夫"的短篇小说《公爵夫人和珠宝商》。译者只在前面分析了小说"揭露了资产阶级和贵族的腐朽本质"的内容特征,并未特别指出其在意识流方面的特色。

侯维瑞的《现代英国小说史》由上海外语教育出版社出版。在关于伍尔夫的部分,作者在"在病魔的阴影下勤奋创作"、"与传统作家的论战"、"《达罗卫夫人》和早期作品"、"《到灯塔去》:成熟的时期"、"《浪》和后期作品"与"小说形式上的改革"6 个小标题下,分述了伍尔夫的创作成就与特色,详略有当地介绍了包括《出航》、《夜与日》、《星期一或星期二》、《雅各布的房间》、《达罗卫夫人》、《到灯塔去》、《奥兰多》、《浪》、《岁月》、《幕间》、《弗拉希》等在内的几乎所有小说作品;而在评述过程中,作者结合文本解读,细致分析了作家在作品风格和时间处理方面所进行的改革,比较了她的意识流艺术与乔伊斯等作家的异同;在论述《到灯塔去》中众说纷纭的有关灯塔的象征意蕴时,论者则多方面说明了其丰富的含义,列出各家观点供读者思考。

叶君健文集《读书与欣赏》由武汉大学出版社出版。在《有关武汉的回忆》一文中,叶君健深情回忆了自己当年和朱利安·贝尔的交往和友谊。本文集中还收录了叶君健的研究专论《芙吉妮娅·吴尔芙和"意识流"》,并在其后附了他亲自翻译的伍尔夫短篇小说《伦敦植物园》,即《邱园记事》。

1986 年

瞿世镜翻译的伍尔夫随笔集《论小说与小说家》在上海译文出版社出版。

唐在龙、尹建新合译的伍尔夫长篇小说《黑夜与白天》由湖南人民出版社出版。

周定之翻译了"弗吉尼亚·吴尔夫"于 1927 年发表的短篇小说《新礼服》，发表于《外国文学》杂志第 6 期。译者在前面的介绍中特别提及其意识流技巧："通过陶乐威太太客厅里镜子中的影子，碟子里爬动的苍蝇，从女裁缝手间啄食的金丝雀，成衣店的模特儿等种种形象与猥琐而有启示性的细节揭示了人物内心深层的活动和那种脆弱、敏感的苦涩，虚荣、屈辱的困窘等情绪感受，把人物的家庭、社会、生活环境、现实与梦想、过去与现在汇流在一起，准确细致地表现了她的精神状态，创造了梅宝这一鲜明形象。"

王家湘翻译了伍尔夫传记小说《弗拉西》中的第三章，刊登于《外国文学》杂志第 7 期，当时译名为《爱犬小辉传》。

瞿世镜在《外国文学研究》杂志第 1 期"作品欣赏"栏下，发表了《〈达罗威夫人〉的人物·主题·结构》一文。

1987 年

伍蠡甫、胡经之共同主编的《西方文艺理论名著选编》由北京大学出版社出版，其中收录了伍尔夫《现代小说》和《班奈特先生和勃朗太太》两篇最有代表性的论文。

徐天池、蒋海新翻译的"弗吉尼亚·吴尔夫"传记小说《弗拉希》在《世界文学》杂志第 3—4 期连载。前面的"编者按"介绍了勃朗宁夫人，也简介了"吴尔夫"这部传记的素材来源以及写作特色："吴尔夫以优美细腻的风格、委婉多姿的笔触和生动幽默的形象刻画赋予这部小说特殊的魅力。读者在阅读小狗弗拉希的故事时，被作者巧妙地引导着，去了解布朗宁夫人一生中的几段重要经历……在吴尔夫的笔下，不仅布朗宁夫人敏感多情、勇敢执拗的个性和布朗宁先生热情奔放、沉着坚定的性格得到了生动的描绘，就连当时的伦敦社会也得到了深刻的再现。至于布朗宁夫人热情支持意大利的民族主义运动以及关于她对神秘主义走火入魔般着迷的几段描写，则更使人加深了对女主人公的了解。"第3期杂志还附有屠岸、章燕合译的勃朗宁夫人描写爱犬弗拉希的两首诗，一并刊登，并在译文中插入了伍尔夫的姐姐、画家范尼莎·贝尔为这部小说所作的插图。

戴维·洛奇所编、葛林等翻译的《二十世纪文学评论》上、下两册由上海译文出版社出版，其中上册收有赵少伟翻译的伍尔夫论文《现代小说》。

瞿世镜在《当代文艺思潮》杂志第5期发表了长文《伍尔夫·意识流·综合艺术》，坚持了自己关于伍尔夫既是一位意识流大师，又综合运用了其他多种艺术手段的基本观点。本文堪称建立在文本细读基础上写就的一篇富有力度和开拓精神的论文。

程爱民、王正文翻译了美国学者罗伯特·汉弗莱的专著《现代小说中的意识流》，在湖南人民出版社出版。

黄梅的《玛丽们的命运——"女人与小说"杂谈之二》发表于《读书》杂志第8期。该文从伍尔夫《一间自己的屋子》中虚拟的莎士比亚妹妹"朱迪斯"的文学雄心和悲惨遭遇说开去，介绍了英国文学史上作为诗人雪莱岳母和妻子的两位玛丽由于自身性别的限制而遭遇的创作上的坎坷，认为"她们的作品揭示了女性生活经验（如不平等的两性关系、婚姻、生育等）对文学创作的影响，也反映了中产阶级妇女思想与社会主导意识形态既依存又抵触的复杂关系"。

1988 年

孙梁、苏美、瞿世镜翻译的伍尔夫长篇小说《达洛卫夫人　到灯塔去》在上海译文出版社出版。

瞿世镜编选的"外国文学研究资料丛书"之一《伍尔夫研究》由上海文艺出版社出版。除"前言"外正文分三辑，分别是"总论"、"作品评论"和"伍尔夫论文选"。"总论"和"作品评论"部分收入了爱·摩·福斯特的《弗吉尼亚·伍尔夫》、梅尔文·弗里德曼的《理查森与伍尔夫：意识流在英国》、托·史·艾略特的《悼念弗·伍尔夫》、凯瑟琳·曼斯菲尔德的《评〈夜与日〉》等著名作家与评论家的论文、论著；"伍尔夫论文选"部分则收录了伍尔夫的六篇重要论文，除了《论现代小说》、《贝内特先生与布朗太太》和《狭窄的艺术之桥》这三篇最有代表性的"现代小说"理论名篇外，另三篇分别为《论笛福》、《妇女与小说》和《论托马斯·哈代的小说》。"附录"包含《弗·伍尔夫作品目录》、《参考书目》和《弗·伍尔夫年表》三部分。迄今为止，该著一直是国内伍尔夫研究的重要参考资料。

智量、光华选编的《外国文学名家论名家》（续编）由华东师范大学出版社出版，其中首篇即是由瞿世镜翻译的伍尔夫《论托马斯·哈代的小说》。这是伍尔夫于1928年1月所写的悼念大作家哈代的论文，为伍尔夫最深刻、优美的评论文章之一。

凌叔华的《古韵》在美国再版。

与凌叔华、苏雪林并称为"珞珈山三女杰"的剧作家袁昌英之女杨静远译出《弗吉尼亚·伍尔夫书信集》中收录的伍尔夫致凌叔华的6封信，在《中国之友》第1期刊出。

吴亮、章平、宗仁发所编的《意识流小说》选本作为"新时期流派小说精选丛书"之一由时代文艺出版社出版，收录了王蒙的《风筝飘带》、赵振开的《稿纸上的月亮》、刘索拉的《蓝天绿海》、高行健的《雨、雪及其他——一篇非小说的小说》和李陀的《七奶奶》等

12篇小说。前有纪众撰写的《新时期小说创作中的意识流》一文，概要介绍了意识流小说产生的背景和基本特征，概括了中国意识流小说的一些特点。

宋耀良选编的《中国意识流小说选：1980—1987》由上海社会科学院出版社出版。

1989年

杨静远翻译的伍尔夫致凌叔华的6封信发表于《外国文学研究》第3期。

王还翻译的伍尔夫论著《一间自己的屋子》由北京的三联书店再版。

柳鸣九主编的"西方文艺思潮论丛"之一《意识流》在中国社会科学出版社出版。第一部分收录的是中国学者的专题论文，第二部分的翻译资料中选入了朱虹翻译的《班奈特先生和勃朗太太》。

瞿世镜撰写的传记类著作《意识流小说家伍尔夫》由上海文艺出版社出版。

瞿世镜选编的《意识流小说理论》由四川文艺出版社出版。

胡经之主编的《西方文艺理论名著教程》经过修订被充实为上、下两册，由北京大学出版社再版。在下册即关于20世纪西方文论的部分，以17页的较长篇幅论述了伍尔夫的"现代小说"理论，包括"伍尔芙和意识流小说的发展"、"伍尔芙对传统小说的观点"、"伍尔芙关于'人物中心'和'内在真实'的观点"和"伍尔芙观点的影响及其评价"四个部分，基本上涵盖了伍尔夫"现代小说"理论的核心思想，肯定了其对于意识流小说美学与实践的重要贡献。

胡敏、林树明等翻译的、由英国学者玛丽·伊格尔顿主编的《女权主义文学理论》由湖南文艺出版社出版。作为严格意义上第一本进入中国的西方女性主义文学批评著作的选本，该书对推动国内的女性文化与文学研究作出了重要贡献。主体部分有五章内容，第一、第二、第三章中均收录了伍尔夫的著作，第一章"寻觅女性的传统"收录了《一间自己的屋子》片断；第二章"妇女与文学创作"收录了《一间自己的屋子》片断和《妇女的职业》一文；第三章"性别与文学类型"也收录了《一间自己的屋子》中的相关内容。

1990 年

朱利安·贝尔当年在武汉大学的学生叶君健在《外国文学评论》第 1 期发表《谈外国文学研究和创作》一文，其中写道：伍尔夫是他"从之学习并且从中真正得到了实际教益的"数位外国作家之一。

瞿世镜翻译的《论小说与小说家》繁体字本在台北联经出版事业公司出版。

李乃坤选编的《伍尔夫作品精粹》在河北教育出版社出版。

《世界文学》杂志第 3 期在"评论"栏目下，发表了主万翻译的"弗吉尼亚·吴尔夫"的《传记文学的艺术》一文，选自伦纳德·伍尔夫编选的伍尔夫散文集《飞蛾之死》(1942)。"编者按"写道："《传记文学的艺术》是理论界较早地把传记认认真真地视为一门艺术的文章之一。欧洲 20 世纪后期传记文学的理论和实践证实了吴尔夫的眼光。"

女作家赵玫在《外国文学评论》杂志第 4 期"中国作家与外国文学"栏下发表了《在他们中穿行》一文，深情回顾了《论小说与小说家》带给自己在情感与智力方面的冲击以及对自己未来职业发展的启发。

1991 年

伍尔夫逝世 50 周年。

凌叔华《古韵》的中文本由傅光明译出,在台湾业强出版社出版。

《世界文学》杂志第 3 期在"散文"栏目下,集中刊登了"弗吉尼亚·吴尔夫"所作的散文 5 篇,分别是杨静远翻译的《笑的价值》、《安达卢西亚的小客店》、《夜行记》以及刘炳善翻译的《威廉·赫兹利特》和《纽卡塞公爵夫人》。杨译三篇都是伍尔夫初登文坛时的作品,写于 1905 年。杨静远高度评价了伍尔夫的散文成就:"她的散文作品,除为报刊撰写的大量书评,还有人物特写、纪念与回忆文章、游记、抒发个人见地和情怀的小品随笔集等,总计逾一百万言。她的散文见解新颖独到、不同流俗,文笔生动、流畅、遒劲、机敏、细腻、风趣,有很大的可读性。"刘译两篇分别译自 1932 年的《普通读者》二集和 1925 年的《普通读者》一集。前文纵谈英国著名浪漫派散文家和批评家威廉·赫兹利特一生的文学成就,主要谈他的随笔,兼及他的评论著作,指出在他的作品中具有思想家和艺术家双重因素相互交错的特色,并予以细致分析。后文则以生动轻灵的文笔,描绘了 17 世纪英国女作家纽卡塞夫人的独特个性。

瞿世镜的专著《音乐·美术·文学——意识流小说比较研究》由学林出版社出版。

1992 年

汪曾祺在《外国文学评论》第 2 期上发表了散文《西窗雨》,自陈"喜欢在气质上比较接近我的作家",谈到大学时代广泛涉猎外国文学,尤其喜爱英国作家的作品。而在"英国文学里,我喜欢弗吉尼亚·伍尔夫。她的《到灯塔去》、《海浪》写得很美。我读过她的一本很薄的小说《弗拉西》,是通过一只小狗的眼睛叙述伯朗宁和伯朗宁夫人的恋爱过程,角度非常别致"。

申丽平等翻译的美国学者梅·弗里德曼的专著《意识流,文学手法研究》在华东师范大学出版社出版。

刘坤尊再度翻译了罗伯特·汉弗莱的《现代小说中的意识流》,在广西师范大学出版社出版。

1993 年

吴钧燮翻译的伍尔夫长篇小说《海浪》由外国文学出版社出版。

《世界文学》杂志第 2 期在"20 世纪名家作品选登"栏目下,发表了杨静远翻译的"弗吉尼亚·吴尔夫"短篇小说三篇,即《公爵夫人和珠宝商》、《杂种狗"吉卜赛"》和《遗物》。译者在"前记"中写道:"选译她的三篇晚期作品,除充分表现她成熟的技巧,也都具有相当富于戏剧性的情节和人物性格,可以说达到了形式与内容的统一。"

袁可嘉的《欧美现代派文学概论》由广西师范大学出版社出版,次年荣获全国外国文学优秀图书一等奖。该书经作者修订后,于 2003 年再版。

1994 年

傅光明翻译的凌叔华《古韵》中文本由中国华侨出版社出版。

韦虹翻译的伍尔夫传记小说《奥兰多:一部传记》在哈尔滨出

版社出版。

刘炳善翻译的伍尔夫散文集《书和画像》被列入"文化生活译丛"之一在北京的三联书店出版,其中收入从《普通读者》一集与二集中精选出来的散文24篇,即《普通读者》、《蒙田》、《钮卡塞公爵夫人》、《谈谈伊夫林》、《论笛福》、《阿狄生》、《简·奥斯丁》、《现代小说》、《〈简·爱〉与〈呼啸山庄〉》、《乔治·爱略特》、《本特利博士》、《保护人和番红花》、《现代随笔》、《对当代文学的印象》、《鲁宾孙漂流记》、《多萝西·奥斯本的〈书信集〉》、《斯威夫特的〈致斯苔拉小札〉》、《感伤的旅行》、《切斯特菲尔德勋爵的〈教子书〉》、《德·昆西的自传》、《玛丽·沃尔斯顿克拉夫特》、《多萝西·华兹华斯》、《威廉·赫兹利特》和《"我是克里斯蒂娜·罗塞蒂"》。

孙梁、苏美、瞿世镜翻译的《达洛卫夫人　灯塔行》在台北桂冠图书股份有限公司出版。

孔小炯、黄梅翻译的《纯净之泉:伍尔夫随笔集》在台北幼狮文化事业公司出版。

1995 年

世界妇女大会在北京召开。

中国的女性文化年。

刘炳善翻译的伍尔夫散文集《书和画像》在北京的三联书店重版。

《外国文学评论》杂志第2期设置了"女性文学研究"专栏,共发表7篇论文。其中,刘意青的《用笔写出一个天下——续谈女人与小说》分为三部分:第一部分纵向勾勒了西方女权运动和女性主义文学批评的发展阶段;第二部分"房间、阁楼及其他"从伍尔夫《一间自己的屋子》中"房间"这一概念的隐喻意义出发并展开,讨论了《一间自己的屋子》、《阁楼上的疯女人》等著作中涉及的女性命运与文化空间问题;第三部分"三个'P'的等式"对18世纪以来妇女小说家用笔打开一个天下的成就进行了评述,站在性别立场上分析了18世纪男作家笔下的女性人物形象,并对女性主义批评中的"三P"等式以及法国学派女性主义沉溺于抽象的理论界定的倾向进行了批评。童燕萍的《路在何方——读弗吉尼亚·吴尔夫的〈一个自己的房间〉》对伍尔夫《一间自己的屋子》中的基本思想进行了归纳,分为"我们的母亲没有钱"、"我们的母亲有太多的孩子"、"她们没有自己的传统"和"理想的创作心态"四部分。本期《外国文学评论》封三上还刊登了杰奎琳·莫罗创作的伍尔夫的平版画像。

1996 年

孔小炯、黄梅翻译的《伍尔芙随笔集》由深圳的海天出版社出版。

王正文等翻译的《维吉尼亚·吴尔夫文学书简》由安徽文艺出版社出版。

黄梅编选的"蓝袜子丛书"英国卷《自己的一间屋》在河北教育出版社出版,其中收入张玲翻译的"维吉尼亚·吴尔夫"短篇小说《新装》和王义国翻译的《自己的一间屋》(节选)。

《名作欣赏》杂志第6期在"世界文坛之窗"栏目下,发表了高彦梅翻译的伍尔夫随笔名篇《飞蛾之死》以及高彦梅对该作的赏析文章《晶莹的生命之珠——伍尔夫〈飞蛾之死〉赏析》。《飞蛾之死》原收于《飞蛾之死及其他》随笔集中,于1932年由霍加斯出版社出版。

王佐良的《英国文学史》由商务印书馆出版,在第十八章《二十世纪小说》和第十九章《二十世纪散文》中,分别论述了伍尔夫在小说和散文两方面的贡献。

林树明的《战争阴影下挣扎的弗·伍尔夫》一文发表于《外国文学评论》杂志第3期。该文巧妙地将对伍尔夫女性主义思想的分析与她的战争观联系了起来,指出了伍尔夫将反对父权制与反对战争暴力结合起来的特征。

李维屏的《英美意识流小说》由上海外语教育出版社出版。

1997 年

戴红珍、宋炳辉翻译的《伍尔芙日记选》在天津百花文艺出版社出版。

孙梁、苏美、瞿世镜翻译的《达洛卫夫人 到灯塔去》在上海译文出版社重版。

谷启楠等翻译的伍尔夫"生命三部曲"《达洛维太太 到灯塔去 海浪》由人民文学出版社出版。

金光兰翻译的伍尔夫长篇小说《岁月》由敦煌文艺出版社出版。

1998

伍厚恺、王晓路翻译的《伍尔夫随笔》由四川人民出版社出版。

陆扬、李定清编著的《伍尔夫是怎样读书写作的》由长江文艺出版社出版。该著分为《读书与人生》、《作为女人来阅读》、《英国作家》、《意识流说》、《小说与形式》、《现代小说》、《普通读者》和《死亡意识》八章,前有卷首语,后有"弗吉尼亚·伍尔夫生平创作年表"、"弗吉尼亚·伍尔夫逝世后出版著作书目"两种。

1999 年

王家湘的《二十世纪的吴尔夫评论》一文发表于《外国文学》杂志第 5 期。该文梳理了 20 世纪以来西方评论界、学术界对伍尔夫认识的变化过程。

瞿世镜编选的《伍尔夫批评散文》由上海文艺出版社出版。

王环翻译的《一间自己的屋子》由沈阳出版社出版。

伍厚恺的评传《弗吉尼亚·伍尔夫:存在的瞬间》由四川人民出版社出版。

李赋宁总主持的新编《欧洲文学史》1—3 卷于 1999—2001 年间由商务印书馆陆续推出。黄梅执笔撰写了第三卷上册中关于伍尔夫的部分。黄梅首先较为详细地论述了伍尔夫优越的成长环境、"布鲁姆斯伯里团体"的活动、她以文学随笔与评论开始的试笔阶段、她在文坛崭露头角并与爱德华时代三位老作家的论战以及她崇尚"精神主义"的文学观。随后,转入了对伍尔夫最重要的数部小说作品的分析、介绍与评论。黄梅还对作家的随笔散文高度重视,用重要篇幅予以介绍,将其以《普通读者》为代表的散文分成三类:第一类是写生活中的经历和体验的短篇随笔;第二类是有关文学史、文学理论、作家和作品的论文和评论;第三类是有关妇女问题的文字。黄梅特意介绍了《自己的一间屋》和《三枚金币》中的女性主义思想,凸显了伍尔夫作为当代女性主义文化与文学批评先驱的重要地位。

刘凯芳翻译了英国文论家和小说家马尔科姆·布雷德伯里题为《弗吉尼亚·伍尔夫》的论文,发表于《外国文艺》杂志第 5 期。

马睿的《从伍尔夫到西苏的女性主义批评》发表于《外国文学

研究》杂志第3期。该文将伍尔夫纳入西方女性主义文化与文学发展的历史链条之中进行了分析。

姜云飞的《"双性同体"与创造力问题——弗吉尼亚·伍尔夫女性主义诗学理论批评》发表于《文艺理论研究》第3期。

2000年

上海译文出版社出版了"伍尔夫文集",包括孙梁、苏美翻译的《达洛卫夫人》、瞿世镜翻译的《到灯塔去》、曹元勇翻译的《海浪》、瞿世镜翻译的《论小说与小说家》和方平翻译的《爱犬富莱西》5种。

刘炳善所编《伍尔夫散文》作为"世界文化名人文库"之一种,由中国广播电视出版社出版。

胡家峦主编、黄梅等翻译的《吴尔夫经典散文选》由湖南文艺出版社出版。

黄梅编选的《吴尔夫精选集》作为"外国文学名家精选书系"第四批十种之首,由山东文艺出版社出版。分为"中短篇小说"、"长篇小说"、"散文"、"文学随笔"、"妇女问题论著"和"日记书信选"六辑,前有黄梅的"编选者序",后有附录的《吴尔夫生平及创作年表》。六辑分得很细,也很全面,恰如其分地反映了作家的主要特色与成就,亦体现出新时期以来到20世纪末中国学界对伍尔夫的新的认识水平。"中短篇小说"中收入四篇作品,分别是文美惠翻译的《墙上的斑点》、舒心翻译的《邱园记事》、张玲翻译的《新装》和徐天池、蒋海新翻译的《弗拉希》;"长篇小说"选的是谷启楠翻译的《达洛维太太》;"散文"部分选了五篇。由于作家在文学评论上用力甚勤,"文学随笔"部分选目最众,达22篇之多,包括了黄梅翻译的《玛丽·沃斯通克拉夫特》、《奥罗拉·李》、《"我是克里斯蒂娜·罗塞蒂"》、《妇女和小说》，刘炳善翻译的《多萝西·华兹华斯》、《一个人应该怎样读书》，瞿世镜翻译的《论托马斯·哈代的小说》、《俄国人的观点》、《论心理小说家》，朱虹翻译的《班奈特先生和勃朗太太》，赵少伟翻译的《现代小说》等著名篇什；"妇女问题论著"则选择了堪称姊妹篇的《自己的一间屋》和《三枚金币》的部分篇章。

伍厚恺翻译了林德尔·戈登所著的伍尔夫传记《弗吉尼亚·伍尔夫：一个作家的生命历程》，由四川人民出版社出版。该著主要论述了伍尔夫的生命历程，认为她的一生是一位作家对自我进行创造和再创造的一生，她的创作与生活息息相关。

张秀亚翻译的《自己的房间》由台北天培文化公司出版。

2001 年

伍尔夫逝世 60 周年。

石云龙、王义国等翻译的 4 卷本《伍尔芙随笔全集》由中国社会科学出版社出版，其中收录了伍尔夫几乎全部的散文随笔作品。分别是：石云龙等翻译的《伍尔芙随笔全集 I，普通读者（一辑二辑）》、王义国等翻译的《伍尔芙随笔全集 II，自己的一间屋·瞬间集·船长临终时》、王斌等翻译的《伍尔芙随笔全集 III，三枚旧金币·飞蛾之死·现代作家》和王义国等翻译的《伍尔芙随笔全集 IV，花岗岩与彩虹·书和画像》。

黄梅、张耀东翻译的《伍尔芙散文》由浙江文艺出版社出版。

陈元标翻译的《达洛卫夫人》由远方出版社出版。

王家湘翻译的《达洛维夫人 到灯塔去 雅各布之屋》由译林出版社出版。

罗伊和赛勒斯选编的《弗吉尼亚·伍尔夫》英文版作为"剑桥

文学"丛书之一,由上海外语教育出版社引进出版,分别从文化、政治、社会、历史、语言、心理学、女性主义等视角出发,全面分析、解读了伍尔夫及其作品。

崔卫平的《伍尔夫:在沉默和言语之间》在《人民文学》杂志第6期发表。该文分析了伍尔夫为了探究女性的"沉默"而尝试自己的"言语"的行为与成就,在此意义上分析了伍尔夫的意识流实验、她对女性话语的重视之与女性主义之间的内在逻辑和对女性主义文化建构的贡献。

白雅翻译的《奥兰多》由台北新瀚文化事业公司出版。

王葳真翻译的《三枚金币》由台北天培文化公司出版。

唐嘉慧翻译的《一只叫活力的狗》(即《弗拉西》)由台北市圆神出版社出版。

2002 年

黄梅等翻译的《墙上的斑点:弗吉尼亚·伍尔夫小说》由浙江文艺出版社出版。

易晓明的传记《优美与疯癫——弗吉尼亚·伍尔夫传》由中国文联出版社出版。

罗婷、李爱云的论文《伍尔夫在中国文坛的接受与影响》发表于《湘潭大学社会科学学报》第5期,开始体现出中国学术界思考伍尔夫与中国文化与文学关系的自觉意识。

黄必康翻译的美国学者苏珊·兰瑟的专著《虚构的权威:女性作家与叙述声音》由北京大学出版社出版。该译著为申丹主编的"新叙事理论译丛"之一,其中第六章《缺席的虚构:女性主义、现代主义、弗吉尼亚·吴尔夫》专门分析了伍尔夫的叙述语言。

奈吉尔·尼可森著、洪凌翻译的伍尔夫传记《找不到出口的灵魂——吴尔芙的美丽与哀愁》由台北县新店市左岸文化事业有限公司出版。

吴庆宏的"当代大师系列"《吴尔芙》由台北市生智文化事业有限公司出版。

2003 年

"吴尔夫文集"12 种由人民文学出版社推出，其中包括了伍尔夫的全部长篇小说和大部分散文随笔作品。具体如下：蒲隆翻译的《雅各的房间 闹鬼的屋子及其他》、蒲隆翻译的《岁月》、林燕翻译的《奥兰多》、谷启楠翻译的《幕间》、吴均燮翻译的《海浪》、黄宜思翻译的《远航》、马爱新翻译的《普通读者Ⅰ》、石永礼、蓝仁哲等翻译的《普通读者Ⅱ》、马爱农翻译的《到灯塔去》、唐伊翻译的《夜与日》、谷启楠翻译的《达洛维太太》和贾辉丰翻译的《一间自己的房间：本涅特先生和布朗太太及其他》。

盛宁在《外国文学评论》杂志第 3 期发表了《关于伍尔夫的"1910 年的 12 月"》一文。该文重点考察了伍尔夫作为现代小说理论的先驱人物在现代小说理念与现代小说美学实践方面的贡献，对伍尔夫在《贝内特先生与布朗夫人》中提出的一个著名的、且引起争议的论断"1910 年的 12 月，或在此前后，人性发生了变化"中的"人性"问题作出了令人信服而又更为准确与合理的阐释。

2004 年

高奋、鲁彦的《近 20 年国内弗吉尼亚·伍尔夫研究述评》一文发表于《外国文学研究》杂志第 5 期。两位作者对 20 世纪 80 年代以来中国大陆包括译介出版、总体研究和作品研究三个方面在内的伍尔夫研究进行了简述。

余光照翻译的传记作品《吴尔芙》在百家出版社出版。该传记原作者为英国学者约翰·雷门。

吴元迈主编的5卷本《20世纪外国文学史》由译林出版社出版。在第2卷"1914年至1929年的外国文学"第2章《英国文学》中,列有专节介绍伍尔夫的创作。撰写者对伍尔夫后期作品如《岁月》与《幕间》花了较多的笔墨予以评介,对伍尔夫的女性主义思想也予以高度重视。

李娟的《转喻与隐喻——吴尔夫的叙述语言和两性共存意识》发表于《外国文学评论》杂志第1期。该文将叙述语言的分析和思想的研究结合了起来,认为《达罗卫夫人》通过对转喻和隐喻两种叙述语言形式的运用,分别表达了男性和女性认知世界的不同方式。

2005 年

山东画报出版社出版了《古韵》的图文版,更名为《古韵:凌叔华的文与画》。

萧易翻译的昆汀·贝尔所著《伍尔夫传》由江苏教育出版社出版。昆汀·贝尔为克莱夫·贝尔与范尼莎·贝尔的次子、朱利安·贝尔的弟弟。作为伍尔夫研究史上最为经典的传记著作,该书曾获英国詹姆斯·泰特·布莱克传记文学奖、达夫·库珀奖等多项大奖。

2006 年

徐冰翻译,加拿大学者S.P.罗森鲍姆编著的《岁月与海浪:布鲁姆斯伯里文化圈人物群像》由江苏教育出版社出版,其中收录了伍尔夫为老友罗杰·弗莱所撰写的传记《罗杰·弗莱》的节选。

季进翻译、昆汀·贝尔所著的《隐秘的火焰:布鲁姆斯伯里文化圈》由江苏教育出版社出版。

杜争鸣、王杨翻译,加拿大学者 S. P. 罗森鲍姆编著的《回荡的沉默:布鲁姆斯伯里文化侧影》由江苏教育出版社出版。

郝琳的《伍尔夫之"唯美主义"研究》一文发表于《外国文学》杂志第 6 期,是中国学者考察伍尔夫与英国文学传统关联的一篇颇有深度的论文。

2007 年

张中载的《小说的空间美——"看"〈到灯塔去〉》一文发表于《外国文学》杂志第 4 期。

吕洪灵的《伍尔夫"中和"观解析:理智与情感之间》发表于《外国文学研究》杂志第 3 期。该文从情感与理智这一视角切入,分析了伍尔夫如何看待理性以及理性与情感在伍尔夫创作中的关系问题,集中对作家的"中和"观进行了探讨,认为"中和"、"在某种意义上是其'双性同体'思想的另一种表达"。

吕洪灵的英文专著《情感与理性——论弗吉尼亚·伍尔夫的妇女写作观》由南京师范大学出版社出版。该著以伍尔夫的小说、散文和近年来披露的日记等为主要研究对象,并参用 20 世纪以来西方文学批评的重要成果,探讨了伍尔夫妇女创作思想形成的历史过程,提出了情感与理性的关系是伍尔夫文学创作及妇女创作思想之理论核心的基本观点。

2008 年

唐嘉慧翻译的伍尔夫传记小说《弗勒希:一条狗的传记》由上

海译文出版社出版。

　　万江波、韦晓保、陈荣枝翻译，美国学者帕特里卡·劳伦斯的专著《丽莉·布里斯科的中国眼睛》由上海书店出版社出版。该著挖掘了朱利安·贝尔与凌叔华之间的密切联系，以此为线索，深入考察了"布鲁姆斯伯里"与中国作家徐志摩、萧乾等的联系，在现代主义的背景之下，将中英文学作了有趣的比较研究。

　　凌叔华著、陈学勇编撰的《中国儿女——凌叔华佚作·年谱》由上海书店出版社出版。

　　5月，杨莉馨的论文《"布鲁姆斯伯里人"与中国现代作家的文学因缘》发表于由江苏人民出版社出版的《跨文化对话》第23辑。该文追述了伍尔夫与中国作家凌叔华之间一段奇妙而感人的翰墨之缘。

　　8月20日，崔卫平在《中华读书报》"我的经典"栏目下发表了《句子，句子》一文，回忆了自己在20世纪90年代初期反复阅读《伍尔夫随笔集》时的美好感受。

　　吴锡民的专著《接受与阐释：意识流小说诗学在中国：1979—1989》在中国社会科学出版社出版。书中第六章《"传入"文本与"接受"文本之对读——从伍尔芙墙壁上的"蜗牛"到李陀厨房里的"煤气罐"》从"伍尔芙与李陀的文学审美观念"、"'蜗牛'与'煤气罐'之对读"以及"'蜗牛'与'煤气罐'之礼遇"三个层面，以比较文学平行研究的角度，对伍尔夫的《墙上的斑点》与当代中国作家李陀的短篇小说《七奶奶》展开了比较分析。

2009 年

　　"伍尔夫文集"5种由上海译文出版社再版，包括孙梁、苏美翻译的《达洛卫夫人》，瞿世镜翻译的《到灯塔去》，曹元勇翻译的《海浪》，瞿世镜翻译的《论小说与小说家》和唐嘉慧翻译的《弗勒希——一条狗的传记》。

　　杨莉馨的《论"新月派"作家与伍尔夫的精神契合与文学关联》一文发表于《南京师大学报》第 2 期，对伍尔夫与中国现代文学团体"新月派"主要成员徐志摩、林徽因等之间的丰富联系进行了考察。

附录三：弗吉尼亚·伍尔夫
致凌叔华的六封信

（原收于《弗吉尼亚·伍尔夫书信集》第六卷）

杨静远　译

第1封信(1938年4月5日,自塔维斯托克广场52号)

亲爱的苏·凌：

　　我希望你已经收到了我对你的第一封信的复函。我收到你的信仅仅几天以后,就给你写了回信,文尼莎①刚刚又转来你三月三日的信,但愿我能对你有所帮助。我知道你有充分的理由比我们更不快乐,所以,我想要给你什么劝慰,那是多么愚蠢呵。但我唯一的劝告——这也是对我自己的劝告——就是:工作。所以,让我们来想想看,你是否能全神贯注地去做一件本身值得做的工作。我没有读过你的任何作品,不过,朱利安在信中常常谈起,并且还打算让我看看你的作品。他还说,你的生活非常有趣,确实,我们曾经讨论过（通过书信）,你是否有可能用英文写下你的生活实录。这正是我现

---

①　即弗吉尼亚·伍尔夫的姐姐范尼莎·贝尔。

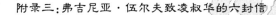

在要向你提出的劝告。你的英文相当不错，能给人留下你希望造成的印象，凡是令人费解的地方，可以由我来做些修改。

你是否可以开一个头，把你所能记得起来的任何一件事都写下来？由于在英国没人知道你，你的书可以写得比一般的书更自由，那时，我再来看看是否能把它印出来。不过，请考虑到这一点，不是仅仅把它当做一种消遣，而是当做一件对别人也大有裨益的工作来做。我觉得自传比小说要好得多。你问我，我推荐你读哪些书，我想，十八世纪的英语是最合适外国人读的英语。你喜欢读书信吗？有考珀的，华尔浦尔的，都很清晰易懂；司各特的小说（《罗布·罗伊》）；简·奥斯丁的小说；再有就是，盖斯凯尔夫人的《夏洛蒂·勃朗特传》。现在作家中，乔治·穆尔的小说就写得很平易。我可以给你寄一些英文书，可是我不知道这些书你是否有了。不过，从来信中可以看出，你的英文写得很好，你不需要效法他人，只需速读，以便取得新的词汇，我这里不谈政治，你可以从我说过的话里看出，我们英国人是多么深深地同情你们，又爱莫能助。从此间的友人那儿我们得知有关中国的事态，不过，也许现在事情会有所转变，最坏的时候就要过去。

无论如何请记住，如果你来信谈到有关你自己的任何事，或者是有关政治的事，我总是高兴的，能读到你的作品，并加以评论，对我来说将是一大快事。因此，请考虑写你的自传吧，如果你一次只写来几页，我就可以读一读，我们就可以讨论一番，但愿我能做得更多。致以最深切的同情。

你的弗·伍尔夫

第 2 封信（1938 年 4 月 9 日，自塔维斯托克广场 52 号）

亲爱的苏·凌：

几天前，我收到你三月三日的信，当即写了回信。可是我真蠢，竟忘了寄航空信，因此，我补寄此信，告诉你我已经写了信。我所要说的唯一重要的事，是请你撰写你的自传，我将欣然拜读，并作必要的修改。现在，你的另一封信（三月二十四日）又收到了，信中谈到，你已经开始动笔，我非常高兴。朱利安常说，你的生活极为有趣；你还说过，他请求你把它写下来——简简单单，一五一十写下来，完全不必推敲语法。我还问你，是否要我给你寄去一些旧英文书——例如，十八世纪的书——以便你可以从中学习词汇。不过，这些事你都可以在我的那封信中读到。如果我能对你的工作助以一臂之力，请来信告诉我。我确信，工作是此时一个人能活下去的唯一途径。此信我将立即寄出，以便你能早日收到。

寄上我们的同情，并随时期待从你处获悉有关你和你们的战事及政局的消息。

你的弗·伍尔夫

第3封信（1938年7月27日）

亲爱的苏·凌：

我刚去造访了克里斯托弗·伊舍伍德①，他交给我你送给我的那只可爱的小盒子及其中的两件小礼品。我无需说，

————————

① 伊舍伍德和 W. H. 奥登曾来华，写了一本有关中国国内战争的书《战时纪行》，1939年。

你为我弄到这些礼品，使我深受感动。我将把它们摆在我的案头——不是为了忆起你的音容，因为我还从来没有见过你；但我仍然时常想念着你，非常感谢。我听朱利安说，他们见到你多么愉快。不过他只在这儿呆了一会儿，我来不及从他那儿听到更多的消息，我总在盼着你把自传写下去。现寄上小书两本，一本是(盖斯凯尔夫人的)《夏洛蒂·勃朗特传》，另一本是兰姆的散文集。我认为兰姆的英文散文写得很好，不过，请不要把它当做练笔的范本来读，只读来消遣就行了。《夏洛蒂·勃朗特传》或许能使你领略到十九世纪英国女作家的生活——她们面临的种种困难以及她如何克服这些困难。从另一方面说，她的一生也是极有意思的。以后，我还将陆续给你寄书，不过有一个条件，就是你不要谢我。当然，你绝不要考虑付钱。书在英国很便宜，花几便士就能买到一本。你想要什么书，请把书名告诉我。

我们将迁居萨塞克斯，我希望在那儿能有更多的时间。伦敦是太拥挤了。就政局而言，眼下这里是个宁静的时期，这就是说，希特勒下一步的行动，我们正拭目以待。人们谈论战争已经厌倦了，可是我们仍旧什么也不干，只一味购买武器。此时，天空中满是飞机。

希望你再来信，告诉我你的工作进行得怎样了。请记住，我将乐于给你任何力所能及的帮助，我将乐于拜读你的作品，并且改正任何错误。不过，你怎么想就怎么写，这是唯一的方法。

致以衷心的问候，再见。请称呼我弗吉尼亚，我不喜欢被称为伍尔夫夫人。

弗·伍尔夫

第4封信（1938年10月15日，自萨塞克斯僧舍）

我用打字机打下了此信，以便省你的眼力，因为我的书写体太难认了。你寄来的大作一章，我终于拜读了。由于某种原因，我将它搁置了一段时，现在我要告诉你，我非常喜欢这一章，我觉得它极富有魅力。自然，对于一个英国人，初读是有些困难的，有些地方不大连贯；那众多的妻妾也叫人摸不着头脑，她们都是些什么人？是哪一个在说话？可是，读着读着，就渐渐地明白了。各不相同的面貌，使我感到有一种魅力，那些明喻已十分奇特而富有诗意。就原稿现在这个样子来说，广大读者是否能读懂，我说不好。我只能说，如果你继续寄给我下面的各章，我就能有一个完整的印象。这只是一个片断。请写下去，放手写。至于你是否从中文直译成英文，且不要去管它。说实在的，我劝你还是尽可能接近于中国情调，不论是在文风上，还是在意思上。你尽可以随心所欲地，详尽地描写生活、房舍、家具陈设的细节，就像你在为中国读者写一样。然后，如果有个英国人在文法上加以润色，使它在一定程度上变得容易理解，那么我想，就有可能保存它的中国风味，英国人读时，既能够理解，又感到新奇。

前一段时间，我没有读你的稿子，也没有写信讨论它，一个原因是英国的局势令人感到不安，我们几乎确认，战争已迫在眉睫。一切准备都做好了，连防毒面具都已发下来了；还发布了命令，让腾出房子收容伦敦疏散的儿童。在这种气氛下，一个人是很难集中心思在书本上的。现在，那一阵紧张至少暂时是过去了。

因此，请原谅我这样久没有给你写信，等下次你给我寄来更多的章节——我希望为时不久——时，我将很快给你写信。我们即将去伦敦，那里的很多房子还都用沙袋保护着，但我知道，中国的情况还要糟得多。我感到，唯一的解脱是工作，希望你继续写下去，因为你也许会写出一本非常有趣的书。

你是否收到了我八月的信和一包书？请来信告知；因为，如果书安全寄到，我还要再寄一些给你。在伦敦，很容易买到便宜书，请不要考虑付款，寄书给你是我的一大乐趣。告诉我你想要什么书，我很难猜到。你寄来的手稿，我都妥为保存，你的手稿我读来毫不困难，因此，不需要打字。

你亲爱的弗·伍尔夫

第5封信(1939年2月28日，自萨塞克斯僧舍)

亲爱的苏：

我高兴地得知，你终于收到我的信，今后我仍将给你寄航空信。我收到你的几封来信，你寄来的各章，我也妥为保存。但我希望你留一份底稿，以免冒邮寄中丢失的风险。究竟应该建议你怎样来写，仍然是一个不易回答的问题。不过，我敢肯定地说，你应该坚持写下去。困难之处，正如你所说的，是在英文方面。我感到，如果某个英国人把你的文字修改成正规的英语散文，全书的情趣就将破坏无余。然而，如保持现有状况，英国读者自然是不容易充分领会你的意思。我想，你大概是无法将它口授给一个有教养的英国人吧？如能那样，也许就能把意识和情趣统一起来。这就全看你能不能找到这样一个人,他能较快地理解,并且善于表达。这一点,我只能听凭你自己解决。因为,我不知道你能遇到什么样的机会。同时,我想最好是,把尽可能多的章节集在一起,然后整个通读一遍。零零星星地读是无法获得一个真实印象的。不过,我所看过的部分,已足以使我感兴趣和入迷。出版的问题自然是要取决于许多因素,有些事是我们无法控制的,现在考虑它也无用。不过请写下去,让我们希望有朝一日书籍的前途将更光明。眼下,出版一本书真是难而又难。人们除了政治,什么都不读。而且,我们不得不计划把我们的印刷所迁出伦敦。当然,一旦打起仗来,我们还将面临整个关门停业的前途。在这种不稳定的局面下,要继续工作是很困难的。不过,我个人感到,要摆脱这持续不断的紧张状况,唯一的办法是工作。我们这里情况更糟了,因为意大利又开始侵吞别国领土(阿尔巴尼亚)了。美国总统的呼吁是否被听取,我们不知道;如果不被听取,那么战争将无法制止。我们正在乡间过复活节。终日里,飞机不断在房上掠过,每天都有不幸的难民上门求援。我正读乔叟,并且试着为我们的老友罗杰·弗赖作传。文尼莎和她的孩子们也来了,我们一块儿玩保龄球,试着继续画画、种花,就好像我们无疑能再活十年。如果我去伦敦,我将看看能否找到什么书寄给你,只是我很难猜到你喜欢哪些书。没关系,书是很便宜的,你可以随便扔掉。

我本希望能见到克里斯托弗·伊舍伍德,但未能如愿,他和奥登先生像许多人一样,到美国去了。听说他们不喜欢美国,不过,好歹那儿有更多的安全感,并且可以更好地工作,据他们说是这样的。不过,我曾想从他那儿听到更多有关你的情况，你的生活和这里的生活似乎远隔数百万里。这里春意正浓，我们的花园里盛开着蓝色、粉色、白色的花；所有的山头都一片翠绿，不过山都很小，我们的那条小河，小得如同一条大蛇。朱利安曾涉水过河，还在水上放一只小小的船。从另一方面说，人们挤在一起，我们难得有一天独自生活。你喜欢这种生活平衡的变动吗？我常羡慕你，你生活在一片有着古老文化的、广阔荒凉的大地上。我从你所写的东西里体会到了这一点。你的画给文尼莎寄过吗？你高兴写信的时候就写吧，不管发生了什么事，请把你的自传写下去。尽管我还不能对你有所帮助，把它做到底将会是一件大事。我把劝告自己的话奉送给你，那就是，为了完成一桩非属个人的事业，只顾耕耘，不问收获。

此信我将航寄，如安全寄到，请告诉我。此信是我写了一上午书以后，在一间园舍里写的，如果你不介意我的潦草字迹，我还要再写。

你的弗·伍尔夫

第6封信(1939年7月16日，自塔维斯托克广场52号)

亲爱的苏：

我恐怕是太疏于给你回信了。这部分是由于我不是一个写信的能手。那天整个上午，我都在写罗杰·弗赖，所以，我对打字机已厌烦透了。然后，我们就去法国度假，驱车游览布列塔尼。紧接着，我婆母发生了意外，病故了。现在，我们不得不迁出这所房子——屋里堆满了书籍、文稿、活字、家具，搬到另一所房子里去。九月份我们的地址将是梅克兰堡广场三十七号,届时请将信寄往该址。

再者,也很难想出有什么值得奉告的消息。人们只一味大谈特谈战争逸事,这类逸事,你们自己已经听够了。我们此间盛传战争下个月就要爆发,议员哈罗德·尼科尔森两天前就跟我说过这话。直至今日,人已经变得麻木不仁了。除了那种沉闷、晦暗的阴郁气氛,似乎什么也感觉不到了。我想我们大概已经习以为常了。不过,如果真的打起仗来,情况会有所不同的。和你一样,我觉得工作是最好的事情;我手头的工作多得难以胜任,这种工作是沉闷的——挑选信件,找寻引文,设法把它们串在一起。罗杰·弗赖留下了大量的资料,非常有趣,可是也千头万绪。我总在想,要是朱利安在,能帮助我就好了。我把你寄来的各章都归在一起了,我告诉过你,在全书完成之前,我不拟读它。请继续写下去,因为它可能是一本非常有趣的书。真对不起,我没给你寄更多的书——一个原因是,我担心寄去的书你永远也收不到。不过,本周我将去买一些廉价书,兴许你会喜欢它们。可问题又来了,我不知道寄什么书好,新书还是老书?诗歌还是小说,还是传记?请告诉我喜欢要什么。

多谢你寄来的红黑两色的招贴画,我很喜欢。你说你要给文尼莎也寄点什么,我正要去和她共进晚餐,这是件令人高兴的事。我真希望你也住在附近,可以前来参加。眼下,这些小小的聚会是我们的最大享受,我们谈论绘画而不谈战争。我们为我们所受的一切苦难深感遗憾,然而,万里迢迢相隔,谈这些又有什么用?任何时候你想写信,就写吧。来信会转寄到新址。下周我们将去萨塞克斯,地址是修士居,罗德美尔,刘易斯。在那儿是不是能安心工作?还是装满了一屋子的难民?飞机不断在我们头上盘旋,周围到处是防空掩体,但我仍然相信我们会有和平。就此停笔,致以衷心的问候,请相信我的同情——尽管这似乎是无补于事的,

你的弗·伍尔夫

后　　记

　　2006 年年底,我有幸获得了教育部人文社会科学规划基金项目"弗吉尼亚·伍尔夫汉译与接受史研究"的立项。经过两年多的努力,终于如期完成了课题研究。在电脑上前前后后翻看打下的约 30 万字书稿,想象着它在不久的将来变成一本书的模样,心中有着如释重负的快感和期待感。虽然书稿质量的高下受到个人能力的局限,但我确实尽力了。

　　弗吉尼亚·伍尔夫一直是深受我个人,同时也是众多中国读者喜爱的作家,在 20 世纪以来的中外文化与文学交流史上也有着特殊的、多方面的影响。因此我从汉译与接受这一小小的视角深入了下去,尽可能地搜集史料,勾勒出了近百年来伍尔夫在中国文坛走过的历程。在研究展开的过程中,我既深深感受到了历史对于文学形态的深刻影响,也沉迷于伍尔夫之与中国现当代众多作家丰富而又独具特色的契合与关联。每当发现了一些前所未知的史实或材料,总是又惊又喜。我会想象当年在中国的"布鲁姆斯伯里"、北平北总布胡同"太太的客厅"中林徽因侃侃而谈的曼妙,想象珞珈山下凌叔华与朱利安·贝尔共同伏案、修改英文小说的默契,甚至仿佛还看到了萧乾在萨塞克斯的"僧舍"花园中与伦纳德·伍尔夫一起边摘苹果边聊故人,以及在灯下翻阅女作家大摞

尚未面世的日记时的情景……多好啊,深入历史,亦能丰富自己的内心。不久前,我有幸再度获得了一次出国访学的机会。这次我将把目标锁定在英国,一定会去看看闻名遐迩的"布鲁姆斯伯里"、伍尔夫夫妇的霍加斯出版社、在《一间自己的屋子》中被女作家调侃地合称为"牛桥"的牛津大学与剑桥大学、滋养了徐志摩诗的灵感的"康河",以及女作家香消玉殒的乌斯河……

伍尔夫与 20 世纪中国文化与文学的关系这一小小的切片,也从一个侧面使我约略窥见了中国文学历经艰难,穿越历史的阴霾,不断向现代转型的过程,看到了保持稳定、宽松、开放的社会环境对于思想独立与学术发展的至关重要的作用,看到了中国人文社会科学研究回馈世界的必要与可能。中华民族是一个在历史上曾以智慧广泛而深刻地影响了全世界的伟大民族。20 世纪以来,这个民族的思想创造力却有所减弱。所以,我们在众多中外文化与文学关系的课题中,每每看到的是中国作家对西方文学思潮、作家作品的接受,或者是西方文学观念、艺术技巧、作家作品、批评话语对中国作家、学者的影响等。这些固然是文学交流中的题中应有之义,然而,文化与文学的影响却不应该总是单向度的、拿来型的。我们还应当在中国文化与文学现代化与国际化的背景下拿出去,以本民族更为强大的思想原创性、用更为丰厚的精神美学产品奉献给这个世界、影响这个世界。这是我所期待的,相信在不久的未来也是可以看到的。

在近三年资料搜集和书稿写作的过程中,得到了众多前辈师长、同行与朋友的关心与帮助。南京师范大学文学院院长朱晓进教授、副院长杨洪承教授作为中国现当代文学国家重点学科和211 重点项目的负责人,不仅一直关注着我研究的进展,还为书稿的顺利出版鼎力提供了经费支持;汪介之教授作为比较文学与世界文学学科的学术带头人多年来一直扶持着我学术上的发展,不仅审阅了书稿的部分内容,提出了宝贵的修改意见,还向我提供了重要的参考资料;我硕士阶段的导师钱林森教授和博士阶段的导师杨正润教授一直对我鼓励有加,殷殷有望于我的成长。我应向他们一一表示衷心的感谢!书稿撰写期间,我有幸进入南京大学人文社会科学高级研究院任驻院学者一年。高级研究院作为一个跨学科的平台不仅为我提供了优渥的科研环境,亦慷慨地为本书的出版提供了经费支持。在此,我也向高级研究院院长周宪教授、副院长王杰教授、马敬老师、陈勇老师、陈春芳老师表示由衷的谢意!此外,书稿的部分内容先后发表于《跨文化对话》、《南京师范大学学报》、《澳门理工学院学报》、《首都师范大学学报》等刊物,在此分别向各刊的主编或论文的责编钱林森教授、陆林研究员、刘萌春先生、刘艳女士表示诚挚的感谢!人民出版社的方国根编审、夏青编辑为书稿的顺利出版付出了辛勤的劳动,在此也要深表敬意。研究生姜炜帮我通读了书稿上编的文字,以细心的工作为我找出了部分不妥之处,我也向她表示谢意。此外,我的先生王华宝编审也为书稿的顺利面世付出了心血,并多年来无私地在各方面帮助我、提醒我。所以本书稿的面世,也离不开我的亲人、包括父母和女儿事实上的帮助和精神上的支持。

书稿完成之际,正值古城南京进入杨柳轻拂、桃樱绽放的美好时节。从寓所的阳台上远观,江心洲的红瓦白墙依稀可辨。期待着小书面世之际,也期待着能获得方家的批评与指点。书稿自然是有种种不尽如人意之处的,但它见证了自己某一时段的思考与努力。而师长与同行的指正,无疑会帮助自己更进一步。

杨莉馨写于 2009 年春夏之交

责任编辑:夏　青
版式设计:东昌文化

图书在版编目(CIP)数据

20世纪文坛上的英伦百合——弗吉尼亚·伍尔夫在中国/杨莉馨 著.
-北京:人民出版社,2009.11
ISBN 978-7-01-008175-5

Ⅰ.2…　Ⅱ.杨…　Ⅲ.①伍尔夫,V.(1882~1941)-人物研究
②伍尔夫,V.(1882~1941)-文学研究
Ⅳ.K835.615.6 1561.065

中国版本图书馆 CIP 数据核字(2009)第 154868 号

20世纪文坛上的英伦百合
20 SHIJI WENTAN SHANG DE YINGLUN BAIHE
——弗吉尼亚·伍尔夫在中国

杨莉馨　著

人民出版社 出版发行
(100706　北京朝阳门内大街 166 号)

北京市文林印务有限公司印刷　新华书店经销

2009 年 11 月第 1 版　2009 年 11 月北京第 1 次印刷
开本:880 毫米×1230 毫米 1/32　印张:13.75
字数:329 千字　印数:0,001-3,000 册

ISBN 978-7-01-008175-5　　定价:32.00 元

邮购地址 100706　北京朝阳门内大街 166 号
人民东方图书销售中心　电话 (010)65250042　65289539